Rowohlts Klassiker der
Literatur und der
Wissenschaft

Herausgegeben von
Ernesto Grassi
unter Mitarbeit von
Walter Hess

Deutsche Literatur
Band 4

Menschheitsdämmerung

Ein Dokument
des Expressionismus

—

Mit Biographien
und Bibliographien
neu herausgegeben
von

KURT PINTHUS

ROWOHLT

Umschlagentwurf Werner Rebhuhn
Erstmalig beim Ernst Rowohlt Verlag, Berlin 1920, unter dem Titel
‹Menschheitsdämmerung, Symphonie jüngster Dichtung› erschienen

1.–20. Tausend	September 1959
21.–30. Tausend	Januar 1960
31.–35. Tausend	Januar 191
36.–45. Tausend	Juli 1961
46.–50. Tausend	Mai 1963
51.–58. Tausend	September 1964
59.–65. Tausend	Februar 1966
66.–70. Tausend	Januar 1968
71.–78. Tausend	Januar 1969
79.–85. Tausend	Oktober 1970
86.–90. Tausend	November 1972

Revidierte Ausgabe
mit wesentlich erweitertem bio-bibliographischem Anhang

© Ernst Rowohlt Verlag, Berlin, 1920
© Rowohlt Taschenbuch Verlag, Hamburg, 1959
Gesetzt aus der Linotype-Aldus-Buchschrift
und der Palatino (D. Stempel AG)
Gesamtherstellung Clausen & Bosse, Leck/Schleswig
Printed in Germany
ISBN 3 499 45055 0

Pinthus · Menschheitsdämmerung

NACH 40 JAHREN

(New York, Sommer 1959)

Vor genau 40 Jahren, Ende des Jahres 1919, erschien die Sammlung ‹Menschheitsdämmerung — Symphonie jüngster Dichtung› zum ersten Male. Damals ein explosives Pionierwerk, ein avantgardistisches Experiment — heute als «immer noch die beste», als «repräsentativste», als «klassische Anthologie des Expressionismus», ja als «erste und einzige Sammlung dieses Kreises» erachtet. Die sich in jenem Jahrzehnt «jüngste Generation» nannten, sind heute die Generation der Alten — oder Toten. Ein junger Literatur- und Zeitkritiker in Berlin, Freund vielen Freunden, der leidenschaftlich seine Epoche und deren Literatur liebte, stellte 1919 dies stürmische, vorwärtsstürmende Buch zusammen; — ein aus seinem Lande Ausgetriebener, Ausgebürgerter, der Mitte seines achten Jahrzehnts sich nähernd, gibt von New York aus in einer Taschenbuch-Serie von Klassikern diese Sammlung neu heraus . . . in der alten Gestalt. Warum?

Ist so große Nachfrage nach diesem Buch vorhanden? Wirkt es noch lebendig, von Leben zeugend; vielleicht Leben weckend? Ist es nur als historisches Dokument noch wichtig? Oder wird es wieder gedruckt, weil Herausgeber und Verleger, ein sicherlich sehr seltener Fall, fünfzig Jahre lang Freunde' und literarisch verbunden blieben?

Die drei Leitgedanken des Buches waren: die charakteristischsten von den vielen dem Expressionismus zugezählten Dichtern des Jahrzehnts 1910—1920 darzubieten; sie so darzubieten, daß sich ein äußeres und inneres Bild dieses Jahrzehnts offenbart; die Dichter nicht in chronologischer oder alphabetischer Folge aufziehen zu lassen, sondern ihre Gedichte nach großen Hauptmotiven, kleinen und kleinsten Motiven zu ordnen, zu verflechten und zu komponieren, ähnlich dem Aufbau einer Symphonie in vier Sätzen.

Diese Leitgedanken wurden sofort bei Erscheinen der Sammlung erkannt und anerkannt. Das Buch, von dem Verleger und Herausgeber bescheiden eine Gasse für den Expressionismus erhofften, machte plötzlich dieser dichterischen Bewegung eine breite Straße frei. Es erlebte in zwei Jahren vier Drucke mit 20 000 Exemplaren und fand, wie der Herausgeber damals schreiben konnte, «rasch die Anteilnahme der Zeit, deren Ausgeburt es darstellte». Keine Gedichtsammlung unseres Jahrhunderts ist so oft zitiert worden wie ‹Menschheitsdämmerung›, und was über sie gedruckt ist, macht das Vielfache ihres Umfangs aus. Viele der in diesem Buch enthaltenen Gedichte gelten heute als die besten oder wenigstens typischsten des

Expressionismus und sind in unzählige spätere Anthologien und in Schulbücher eingegangen. Universitäten in Europa und Amerika legen für die Lyrik des 20. Jahrhunderts diese Sammlung, wie man sagt, zugrunde. Ein holländischer Gelehrter behauptet sogar, die Einleitung des Herausgebers habe «die Forschung beeinflußt», und er führt Gelehrte wie WALZEL, F. J. SCHNEIDER, HUIZINGA, CHRISTIANSEN an, die der «optimistischen Tendenz» (er meint «positiven Tendenz») jener Darstellung des Expressionismus gefolgt seien. Aber das Buch, von Nazis wie von Bomben gleicherweise in Tausenden von Exemplaren zerstört, wurde nach der Auferstehung Deutschlands und besonders nach der Wiederentdeckung des Expressionismus mehr verlangt und beachtet als vor 1933. Es ist kaum noch antiquarisch zu haben und erzielt auf Auktionen ungewöhnliche Preise.

All dies wird natürlich nicht gesagt, um die ‹Menschheitsdämmerung› oder den Herausgeber oder den Expressionismus zu rühmen, sondern um die Neu-Ausgabe zu rechtfertigen.

Wie beurteilt man nun heute den Expressionismus des Jahrzehnts 1910—1920, in der Literaturgeschichte jetzt Epoche des ‹Früh›- und ‹Hoch›-Expressionismus genannt, als dessen Repräsentant die ‹Menschheitsdämmerung› gilt? Das bisher umfangreichste neuere Werk über den dichterischen Expressionismus, herausgegeben von den Professoren HERMANN FRIEDMANN und OTTO MANN, zusammen mit zwölf anderen Literarhistorikern, unter dem Titel ‹Expressionismus — Gestalten einer literarischen Bewegung› (Heidelberg 1956), sagt in der Vorbemerkung: «Das zeitgeschichtliche Phänomen (des Expressionismus) ist für uns heute wieder erregend: wie eine Generation junger Dichter sich dem Verfall des europäischen Menschen und seiner Kunst entgegenstellt. Seine Impulse und Auswirkungen sind für uns heute noch da in den Dichtern, die in ihrer Jugend durch den Expressionismus befruchtet worden sind. Aber dieser Expressionismus ist zugleich mehr als eine nur zeitgeschichtliche Bewegung und eine nur literaturgeschichtliche Kraft. Er hat uns in seinen höchsten Werken Dichtungen beschert, deren überzeitlichen Rang wir heute zu erkennen beginnen und die wir in unseren klassischen Dichtungsbestand aufnehmen müssen.»

Wie aber äußern sich die expressionistischen Dichter des Jahrzehnts 1910—1920 selber jetzt in unserem Jahrzehnt 1950—1960? Nur die beiden seien zitiert, die sich anfangs am nächsten standen in der zertrümmernden Ablehnung der damaligen Welt und die später dichterisch wie politisch am weitesten auseinander gerieten: GOTTFRIED BENN und JOHANNES R. BECHER.

Gottfried Benn, zumindest in seiner frühen Zeit seit 1912 als ein Hauptdichter des Expressionismus erachtet und in der rapiden Simultaneität und weltweiten Willkürlichkeit seiner Assoziationen immer ein Expressionist geblieben, schrieb ein Jahr vor seinem Tode, 1955, fast siebzigjährig, die Einleitung zu der Anthologie ‹Lyrik des expressionistischen Jahrzehnts›, in der er, nach anfänglichen Bedenken über eine einheitliche Definition jener Dichtung und über seine Zugehörigkeit zu ihr, schließlich begeistert ausbricht: «Ein Aufstand mit Eruptionen, Ekstasen, Haß, neuer Menschheitssehnsucht, mit Zerschleuderung der Sprache zur Zerschleuderung der Welt... Sie [die Dichter] kondensierten, filtrierten, experimentierten, um mit dieser expressiven Methode sich, ihren Geist, die aufgelöste, qualvolle, zerrüttete Existenz ihrer Jahrzehnte bis in jene Sphären der Form zu erheben, in denen über versunkenen Metropolen und zerfallenen Imperien der Künstler, er allein, seine Epoche und sein Volk der menschlichen Unsterblichkeit weiht... Noch aber steht sie da: 1910—1920. Meine Generation! Hämmert das Absolute in abstrakte harte Formen: Bild, Vers, Flötenlied... Es war eine belastete Generation: verlacht, verhöhnt, politisch als entartet ausgestoßen — eine Generation jäh, blitzend, stürzend, von Unfällen und Kriegen betroffen, auf kurzes Leben angelegt... Also der Expressionismus und das expressionistische Jahrzehnt: ...Stieg auf, schlug seine Schlachten auf allen katalaunischen Gefilden und verfiel. Trug seine Fahne über Bastille, Kreml, Golgatha, nur auf den Olymp gelangte er nicht oder auf anderes klassisches Gelände.»

Johannes R. Becher in seinem Bekenntnisbuch ‹Das poetische Prinzip›, 1957, gleichfalls ein Jahr vor seinem Tode, als Kultusminister der Deutschen Demokratischen Republik, beginnt: «Wenn ich von meiner eigenen Vergangenheit spreche, von meiner poetischen, was habe ich nicht selber dazu beigetragen, um die expressionistische Rebellion im Nachherein zu korrigieren und meine ungestümen Verskolosse meinen gegenwärtigen Einsichten anzupassen...» Aber ein paar Seiten später packt auch ihn sehnsüchtige Sympathie für jene ferne Jugend: «Mag es uns auch mißlungen sein, was wir so überschwenglich, so heftig erstrebten, in der Dichtung die ‹coincidentia oppositorum› des Nicolaus Cusanus zu verwirklichen, immerhin einiges bleibt, und vor allem bleibt es lehrreich, insofern man sich die Mühe nimmt, über unsere Bemühungen von damals nachzudenken... So haben wir in keinem klassischen Werk die Idee des Simultanismus, den Geist eines expressionistischen Pantheismus verwirklicht, aber ich bin überzeugt, man wird eines Tages wieder auf diese Versuche zurückkommen und mit vielem, vielem inzwischen in Vergessenheit Geratenem auch diesen unseren Aufruhr um die Jahrhundertwende wieder entdecken...»

Jeder wird erkennen, wie in der nüchternen Begeisterung des Alters in beiden Dichtern die fast gleiche schwärmerische Erinnerung an jene Jugendepoche weiterlebt. — Da diese Zitaten-Reihe mit dem Urteil zweier westdeutscher Literarhistoriker begonnen wurde, sei sie beschlossen mit einem der führenden Literarhistoriker Ostdeutschlands (seit 1963 in der Bundesrepublik). Professor HANS MAYER, eine Generation jünger als BENN und BECHER, gibt zu, nachdem er (in einem Gedenkbuch für den Dichter RUDOLF LEONHARD) erklärt hat, wie fern seiner Generation der ‹Neuen Sachlichkeit› jene ‹Menschheits-dämmerung› lag: «Es war ersichtlich: dergleichen Dichtung gehörte unmittelbar zusammen, entsprang einem gemeinsamen Zeiterlebnis, einer gemeinsamen menschlichen, gesellschaftlichen und künstlerischen Entscheidung... Alle Einwände mögen gelten. Trotzdem: welch ein Reichtum, welche Leidenschaft des Hasses und der Menschenfreundlichkeit.»

Was aber, wird man jetzt fragen, denkt der Herausgeber heute selbst über die ‹Menschheitsdämmerung›, über den Expressionismus und dessen Wirkungen. Dem Herausgeber sind diese Fragen unzählige Male gestellt worden, in Deutschland wie in Amerika, in Unterredungen wie in Briefen; er hat sie von Literarhistorikern und Studenten gehört; er wurde darüber interviewt und am Radio ausgeforscht. Um schneller und präziser antworten zu können, tritt der Herausgeber aus seiner Anonymität heraus ins individuelle Ich.

Was ich über die sogenannte expressionistische Generation zu sagen habe, ist in den zwölf Seiten des Vorworts ‹Zuvor› der Urausgabe von 1920 zu finden, und in dem dreiseitigen ‹Nachklang› der späteren Auflagen. Dort habe ich dargelegt, wie diese Dichtung war und warum sie so war und sein mußte; ich habe erklärt, wie sie entstand und wohin sie zielte und strebte. Deshalb bitte ich jeden inständig, die dieser Einleitung folgenden, wörtlich wieder abgedruckten Bemerkungen ‹Zuvor› und ‹Nachklang› aufmerksam zu lesen. Wenn der Stil fremdartig oder überschwenglich erscheint, so hat man ein Beispiel dafür, wie der expressionistische Prosa-Stil im Essay um 1920 klang, im Gegensatz zum nüchtern-präzisen Stil, den die jetzige Einleitung anstrebt.

Als die Neu-Ausgabe geplant wurde, warf man die Frage auf: soll die Sammlung up-to-date gebracht, Veraltetes, Ungenießbares, vielleicht Lächerliches herausgeworfen und sollen dafür spätere Gedichte dieser und anderer Dichter des Expressionismus einkomponiert werden? Ich bestand darauf, daß die ‹Menschheitsdämmerung› als historisches Dokument genauso wiederveröffentlicht werden müsse, wie sie vor 40 Jahren erschienen ist. Das hatte ich schon 1922, als das 15.—20. Tausend des Buches gedruckt werden sollte, gefordert und im ‹Nachklang› begründet. Die Worte von 1922 gelten heute erst recht.

Es ist also in dieser Gedichtsammlung kein Buchstabe (außer

Druckfehlern) geändert worden. Kein einziges Gedicht wurde weggelassen, wohl aber sind die ganz wenigen Gedichte der ersten Drucke, die in späteren Auflagen durch andere der gleichen Dichter (auf deren Wunsch) ersetzt wurden, wieder eingefügt, so daß also die Neu-Ausgabe sämtliche Gedichte enthält, die in allen vier Drucken 1920—1922 erschienen waren. Deshalb findet man z. B. IWAN GOLLS Gedicht ‹Der Panamakanal› sowohl in der überarbeiteten ersten Fassung wie in der späteren Fassung von 1918, die mir der Dichter für die letzten Drucke gab.

Wenn man wissen will, was ich heutzutage kritisch über die einzelnen Dichter und Gedichte dieser Sammlung, was ich über das Fortleben des Expressionismus und über einen Vergleich der heutigen jungen Generation mit der damaligen denke, so kann ich mich nur sehr zögernd äußern. Denn ich habe, seit zu Anfang der zwanziger Jahre die Lyrik des deutschen Expressionismus sich verströmt hatte, mich mehr und mehr dem Theater, Film und Radio zugewandt und, nach meiner Emigration, in Amerika als akademischer Lehrer wie als Wissenschaftler und Schriftsteller mich ganz dem vergleichenden Theater der Gegenwart, der Theatergeschichte aller Zeiten und Völker gewidmet und in den letzten Jahren einem bisher kaum gekannten Feld: der Vorgeschichte des Theaters, d. h. dem Theater der prähistorischen und primitiven Menschen sowie der vorgriechischen Hochkulturen und vorkolumbianischen amerikanischen Zivilisationen. Aber gerade die weitreichende stetige Beschäftigung mit der Ausdruckskunst vieler Gruppen und Völker seit 20 000 Jahren hat mir viel tiefere Einblicke in die Literatur und Kunst unseres Jahrhunderts offengelegt als sie mir früher möglich waren.

Deshalb mögen nur einige aphoristisch-hindeutende Bemerkungen als Antwort folgen. Wahrscheinlich werden für die meisten heute in deutsch-sprechenden Ländern Lebenden, ob Ältere oder Jüngere, ungefähr dieselben Gedichte jener Epoche lebendig, aufschlußreich und wirksam sein wie für mich. Ich freue mich, daß DÄUBLER und ELSE LASKER-SCHÜLER, HEYM, TRAKL, STADLER, BENN, GOLL und WERFEL sozusagen zu expressionistischen Klassikern aufgerückt sind, die man verehrt und studiert. Ich freue mich, daß man STRAMM und den frühen BECHER als Sprach-Phänomene untersucht. Aber ich beklage, daß so viele jener Hunderte von Dichtern, daß fast all die Dutzende von Zeitschriften, Jahrbüchern, Anthologien und Reihen-Publikationen der expressionistischen Literatur ganz und gar verschollen und kaum noch auffindbar sind, und daß man von eigenwüchsigen und eigenwertigen Dichtern wie etwa EHRENSTEIN und ZECH, WOLFENSTEIN und LICHTENSTEIN kaum noch etwas weiß.

Es ist schwierig, der heutigen literarischen Jugend, in welcher der einzelne isoliert bleibt und es weiß und oft darunter leidet, deutlich zu machen, daß in jenen Jahren 1910—1922 die jungen Autoren in Prag, Berlin, München, Wien, Leipzig, über alle deutschsprechenden Länder, ja über ganz Europa hin, trotz vieler individueller Unterschiede in Gesinnung, Wollen und Ausdrucksform sich als eine Einheit, eine Gemeinschaft, eine Gemeinsamkeit fühlten — im Kampf gegen faulig absterbende Vergangenheit und zukunfthindernde Tradition, für neue Bewußtseinsinhalte, neue Ideen und Formen, von denen sie wahrscheinlich wußten, daß sie gar nicht so neu waren, wie sie es, der Wirkung wegen, überbetonten.

Nicht wie in früheren literarischen Gruppenbildungen: Sturm und Drang, Romantik, Junges Deutschland, handelte es sich um einige oder ein Dutzend oder einige Dutzend Autoren, sondern tatsächlich um Hunderte, die sich kannten, erkannten und anerkannten. Erst spätere zusammenfassende Betrachtung wird erweisen, daß es nicht nur hier und da in Deutschland oder Europa einige Gruppen von Künstlern und Literaten gab, die Expressionisten genannt wurden oder sich selbst so oder mit ähnlicher Kennzeichnung nannten, sondern daß ursprünglich von APOLLINAIRE und COCTEAU bis zu den Surrealisten in Frankreich, von den Futuristen zu UNGARETTI und MONTALE in Italien, von den deutschschreibenden Expressionisten zu MAJAKOWSKI und JESSENIN in Rußland, von POUND und ELIOT zu AUDEN und SPENDER, von JIMENEZ und GUILLÉN zu GARCÍA LORCA und schließlich bis zu den jüngeren Amerikanern eine weltweite bewußte Gemeinschaft vorhanden war (die freilich allmählich in viele, oft gegnerische Richtungen auseinanderbrach). Aber es müßte schon jetzt weit stärker betont werden, daß die deutschen Expressionisten zu den Frühesten und Ersten dieser Gemeinschaft gehörten, daß ihre Zahl und Ausdrucksfähigkeit um 1920 reicher als in der Dichtung anderer Länder war.

Deshalb ist es tragische Ironie, daß manche der jetzigen jungen Lyriker in Deutschland den Expressionismus nach der Nazi-Zeit aus zweiter Hand kennenlernten und von ihm lernten, etwa von ELIOT, SAINT-JOHN PERSE, AUDEN, LORCA oder im Drama von THORNTON WILDER und TENNESSEE WILLIAMS, die mit vielen anderen später begonnen hatten als jene Generation um 1910. Nur einige Beispiele: THORNTON WILDER lebte in den zwanziger Jahren lange in Berlin, um das Theater zu studieren; AUDEN und SPENDER und ISHERWOOD arbeiteten mit deutschen Expressionisten zusammen und übersetzten sie; TENNESSEE WILLIAMS war in New York ein Schüler PISCATORS.

Zu jener Zeit, als die deutsche Literatur nach 1945 sich zu regen, nachzuholen und nachzuahmen begann, war noch nicht wieder entdeckt, noch nicht wieder gedruckt, war fast ganz verschwunden und vergessen, was man einst deutschen Expressionismus genannt hatte.

Aber die Expressionisten der romanischen und englischen Sprachen sind sofort nach Ende des zweiten Weltkriegs bis heute vielfach ins Deutsche übersetzt worden. Wenn man die deutschen Expressionisten der Jahre 1910—1922 ins Englische oder Französische übersetzte, so würde man den Zusammenhang und die Priorität erkennen. IWAN GOLL, zweisprachig aufgewachsen, konnte frühzeitig selber seine Dichtung ins Französische übertragen und galt von jeher in Frankreich mehr als in Deutschland; deshalb schrieb er seit 1930 nur noch französisch, bis er auf dem Sterbelager um 1950 seine schönsten Gedichte wieder in deutscher Sprache hinsang.

Hier muß von dem schon angedeuteten Problem gesprochen werden: daß der Expressionismus mit seinen Abzweigungen gar nicht so neu war, wie man glaubte oder glauben machen wollte. Es ist in letzter Zeit mehrfach versucht worden, zu zeigen, besonders von HUGO FRIEDRICH in ‹Die Struktur der modernen Lyrik› (rowohlts deutsche enzyklopädie Nr. 25, 1956), wie eng der Expressionismus mit der Revolutionierung der französischen Lyrik durch BAUDELAIRE, MALLARMÉ und RIMBAUD verwandt ist oder zusammenhängt. Man kann einwenden, daß eine so völlige Sprachzertrümmerung, ein so lauter Schrei des Erwachens und des Erweckenwollens wie im deutschen Expressionismus niemals in jener französischen Literatur-Revolution vorhanden war. In Prosa und Drama wird immer wieder auf LAUTRÉAMONT und JARRY als Vorläufer in der Anhäufung wild verwirrter Assoziationen hingewiesen. Man wird schließlich auf gewisse Forderungen, Formulierungen und Versuche der Romantik, vor allem auf NOVALIS, FRIEDRICH SCHLEGEL und selbstverständlich auf HÖLDERLIN zurückgeführt werden. Über die Ähnlichkeit des Expressionismus mit den Formen des Barock ist schon viel gesagt worden. Aber es handelt sich in der Wiederkehr gewisser übersteigerter Ausdrucksmittel, jenseits der Konventionen von Realität, Logik und Kausalität, wahrscheinlich weniger um Beeinflussung als um ähnliche oder parallele Bewußtseinslagen und ablehnende Reaktionen zur sogenannten Wirklichkeit. In Spanien jedoch war das, was wir Expressionismus nennen, in Gestalt jener simultanen nicht logisch oder kausal koordinierten Assoziationen schon seit Jahrhunderten in der Lyrik vorhanden und dominiert auch im Volkslied, wie übrigens im Volkslied vieler anderer Völker.

Eine Dissertation über die ‹Menschheitsdämmerung› weist mehrfach darauf hin, wie ähnlich die Ideen des aktivistischen Expressionismus den Gedanken LUDWIG FEUERBACHS sind. Der Verfasser stellt fast wörtliche Übereinstimmungen zwischen FEUERBACH und Stellen in Gedichten oder in meinen und anderer Schriften jener Zeit fest. Ich war verblüfft, auch für meine Freunde, denn gewißlich hatten wir niemals FEUERBACH gelesen. — So hat BENN mehrfach beteuert, daß er MALLARMÉ nicht kenne und RIMBAUD erst in sehr vorgerückten Jahren in Übersetzung gelesen habe, wiewohl die Parallele zwischen Mallarmé und Benns späterer Lyrik erstaunlich ist.

Die eben genannte Arbeit will nachweisen, daß die Ur-Ausgabe der ‹Menschheitsdämmerung› den Untertitel ‹Symphonie jüngster Dichtung› «mit Recht trägt, daß es dem Herausgeber wirklich gelang, die vielfältigen, oft weit auseinandergehenden Strömungen des lyrischen Expressionismus nach einer bestimmten Idee zu einer großen Symphonie zu vereinigen, die sich als ein selbständiges Kunstwerk über die historischen Realitäten und Zufälligkeiten jener dichterischen Bewegung erhebt». Der Autor fügt Notenbeispiele an, und zwar Beethovens sogenannte ‹Humanitäts-Melodie› aus der erst 1884 aufgefundenen Kantate auf den Tod des liberalen Kaisers Josef II. zu den Worten: «Da stiegen die Menschen, die Menschen ans Licht» — jene Melodie, die Beethoven fünfzehn Jahre später im ‹Fidelio› abermals in den Oboen und Flöten aufklingen läßt, als Leonore dem befreiten Geliebten die Ketten abnimmt.

Die Humanitäts-Melodie kann als das messianische Hauptmotiv des Expressionismus bezeichnet werden. Und damit trifft man auf einen merkwürdigen Zusammenhang, der bisher nirgends angedeutet worden ist. In dem in Holland erschienenen Buch ‹Im Schatten des Nihilismus› wird nachzuweisen versucht, daß der deutsche Expressionismus, bis auf ganz wenige Ausnahmen, eine nihilistische Bewegung gewesen sei, die durch Zerstörung aller Werte und Formen den Nazismus vorbereitet habe. Diese Behauptung ist vielfach aufgestellt und wiederholt worden, und ein Student schrieb mir klipp und klar, er wolle in seiner Dissertation nachweisen, daß die ‹Menschheitsdämmerung› ein Werk des Teufels sei. Nun ist es freilich leicht, unter Tausenden von Gedichten einer ganzen Epoche ein paar Dutzend völlig negierender, hilflos pessimistischer und gefährlich nihilistischer Zitate herauszupicken. Überdies leben wir in der Zeit eines derart durchgeführten Konformismus, sowohl in den demokratisch wie in den sozialistisch regierten Ländern, daß jede Aggression, jede Kritik und Negierung der monopolisierten Gewohnheits-Anschauungen und -Werte als Nihilismus gebrandmarkt wird. Aber wenn die expressionistischen Dichter zerstörten, so zerstörten sie aus tiefem Leid an der Gegenwart und aus fanatischem Glauben an einen Neubeginn in den Künsten, im Leben des Einzelnen und in der menschlichen Gemeinschaft. Deshalb war ihre zerstörerische Leidenschaft nicht nihilistisch, sondern aufbauend; ‹Umsturz und Aufbau› hieß 1919 eine Reihe von Dichtungen und Schriften. GOETHE hat Kontinuität auch in der Zerstörung durch die Literatur 1797 folgendermaßen formuliert: «Die literarische Welt hat das Eigene, daß in ihr nichts zerstört wird, ohne daß etwas Neues daraus entsteht, und zwar etwas Neues derselben Art.»

Auch der Humanismus der Renaissance war eine Gemeinschafts-Bewegung über ganz Europa; auch der Humanismus hat durch die geistige Zerstörung der vorangehenden Epoche des Mittelalters ein neues Zeitalter schaffen wollen; und es war der Humanismus, der sich unmittelbar mit dem Menschen beschäftigte und an den Menschen wandte — wie der Expressionismus. Die Expressionisten waren enttäuschte Humanisten, da die Wirklichkeit, in der sie lebten, nichts gemein hatte mit jener, die der Humanismus der Gymnasien und Universitäten lehrte. Man könnte sagen, daß die sozialistischen oder utopischen Forderungen des Expressionismus nicht von MARX, wie man annimmt, sondern vom Humanismus herstammen (wahrscheinlich kam auch Marx daher). Denn der Humanismus hatte einst das Wort und die Idee der Utopie geschaffen.

Der Hauptunterschied zwischen der Generation nach dem zweiten Weltkrieg und der nach dem ersten besteht wahrscheinlich darin, daß die Jüngeren weder das Bewußtsein der Gemeinsamkeit und den Willen zu gemeinsamer Wirkung hatten, noch besessen waren von dem anfänglichen Glauben jener Dichtung 1910 — 1920 an den Sieg menschheitsfördernder Ideen und befreiter und befreiender Formen. Die Überlebenden des zweiten Weltkriegs in Deutschland hatten offenbar nichts mehr zu zerstören; sie fanden sich in einer zerstörten Welt. Sie hatten nichts aufzubauen und zu verkünden, denn die Trümmer reichten grade hin, eine neue Wirtschaft, ein neues privates Dasein zu schaffen. Im Vergleich mit der pathetischen oder schwärmerischen Expressivität von einst scheint die jetzige Lyrik eher in sich gekehrt, mehr skeptisch bedenkend. Statt des selbstbewußten Ausbruchs: «Beglänzt von Morgen, wir sind die verheißnen Erhellten» (E. W. LOTZ), ertönte die bange Frage: «Mit zager Stimme rede ich zu dir: Wirst du mich hören?» (K. KROLOW). Statt der aufrufenden, aufschreienden Gedichttitel der Expressionisten heißt die erfolgreichste Anthologie der Nachkriegszeit ‹Ergriffenes Dasein› (HOLTHUSEN und KEMP) oder einfach und bescheiden ‹Transit, Lyrikbuch der Jahrhundertmitte› (HÖLLERER).

Die heutige Dichtung zehrt offensichtlich von der Vergangenheit mehr als die vorhergehenden literarischen Strömungen. Auch der Expressionismus um 1920 hatte viele Nachahmer erzeugt. Man spaßte damals: es wird viel gebechert, gewerfelt und gezecht; so könnte man heute sagen: es wird viel getraklt, gebennt und gegollt. Hölderlins Melodie zieht wie ein unendliches Motiv durch die Lyrik. Ein neuer Klassizismus, eine neue Romantik, ja ein neues Biedermeier sind hörbar.

Es tut nichts zur Sache, ob man fragt: hat der Expressionismus weitergelebt? oder: ist er wieder aufgelebt? Tatsache ist, daß er lebt, und zwar nicht nur als eine viel durchforschte und diskutierte literarische Bewegung oder in seiner großen Zahl von bereits als klassisch anerkannten Gedichten, sondern über das Historische hinaus in einer Entwicklung, die niemand erwartete. Mögen Anklage und Schrei, Posaunenstöße und Fanfarengeschmetter der damaligen Forderungen verhallt und verschollen sein und heutiger Jugend wenig gelten — grade jenes Element, das einst am heftigsten verurteilt und lächerlich gemacht wurde: zersprengte, zersprengende Sprache, Unform oder Mißform, tumultuarische oder träumerische Aneinanderreihung der alogischen, akausalen Assoziationen — damals Hilfsmittel des kämpfenden Geistes —, all dies ist allmählich zur wirklichen Form geworden, zum unbewußten oder selbstverständlichen Erbgut, zum Allgemeingut späterer Generationen. Und damit eint sich die deutsche Dichtung abermals mit der zeitgenössischen Lyrik der Weltliteratur, folgend der Forderung, in der sich merkwürdigerweise schon der Aufklärer DIDEROT und die Romantiker NOVALIS und FRIEDRICH SCHLEGEL zusammenfanden, und die in revolutionärer oder moderner Poesie der romanischen und später der englisch-sprechenden Völker ausgeführt wurde: Dichtung müsse dunkel und chaotisch sein.

Aber wie sich die Wissenschaft bemüht, nicht nur ins Unbewußte, Ungewußte vorzudringen, sondern es zur Bewußtheit, zum Wissen zu klären, so wird — das habe ich seit vierzig Jahren ausgesprochen — auch eine zukünftige Lyrik von überirdischer Klarheit, von lichtester Kenntnis und Erkenntnis möglich sein.

Wie die Entwicklung sich auch gestalten möge, man wird zugeben müssen, daß der Expressionismus die letzte gemeinsame, allgemeine und bewußte Bemühung einer ganzen Generation war zur Neuschöpfung und Weiterbildung der Kunst, Musik und Dichtung — und, wie er anfangs hoffte, auch der Menschheit. So müssen wir denn annehmen und hinnehmen, daß die expressionistische Dichtung in ihren Visionen und Formen mehr als jemals eine Generation vorher das voranzeigende Barometer der Erschütterungen unseres Jahrhunderts war — nicht nur in den schauerlichen Vorahnungen des ersten Weltkriegs und der durch ihn bewirkten Zusammenbrüche bisheriger Ordnungen und Werte, sondern weit über den zweiten Weltkrieg und die erste Jahrhunderthälfte hinaus bis zur Hilflosigkeit gegen die derzeitige Selbstzerstörung der Menschheit. PAUL ZECH hat schon vor Jahrzehnten Aufstieg und Sturz einer Weltraumrakete auf eine Insel des Pazifischen Ozeans bis zu den Licht- und Vernichtungseffekten in einer kolossalischen Ballade besungen, und für viele Gedichte BENNS von der Bewußtheit des Zerstörtseins stehe hier die beginnende Zeile «Verlorenes Ich, zersprengt von Stratosphären». Aber die expressionistischen Dichter sind gleichzeitig vorangegangen in der Aufdeckung unbekannter Bewußtseinsinhalte und jener bereits mehrfach charakterisierten, den äußeren und inneren Kosmos durchschwärmenden Assoziationen sowie in den heute eigentlich noch aktuelleren Forderungen des Friedens und der gegenseitigen Hilfe unter den Völkern.

Dennoch rate ich den Enkeln nicht, das im Buch ‹Menschheitsdämmerung› Gebotene oder Wiedergebotene nachzuahmen. Ich glaube nicht, wie manche Jüngere anraten, daß die heutige Dichtung bewußt eine Brücke zurückschlagen solle zu dem, was gerettet wurde aus der (von Muschg geschilderten) ‹Zerstörung der deutschen Literatur›. Wohl aber sei den Enkeln der Mut jener Generation 1910 bis 1920 gewünscht: der Mut der Liebe zum gegenwärtigen und zukünftigen Menschen und der Mut zum immerwährenden Versuch in Leben und Dichtung.

Ausführung und Entscheidung des hier Angedeuteten soll zukünftiger Literarhistorie überlassen bleiben, die sich bisher so gründlich und freundlich (oder feindlich) mit der Dichtung auseinandergesetzt hat, wie sie in der ‹Menschheitsdämmerung› zu finden ist. Gerade weil bereits so viel über den Expressionismus und seine Dichter geschrieben wurde, entschied ich mich, den — jenseits des Gedicht-Teils — mir zugemessenen knappen Raum nicht zu einem weiteren ausführlichen Essay, sondern zu etwas ganz anderem zu benutzen und, wie ich hoffe, zu nutzen. Nämlich zu einer mühseligen Arbeit, die bisher noch nicht getan wurde: zu den wenigen bereits bekannten Biographien und Bibliographien knappe, tatsachengefüllte Lebensläufe und vor allem möglichst vollständige Bücherlisten der Autoren zusammenzustellen und im Anhang ‹Dichter und Werke› anzufügen.

Denn es war den Nazis gelungen, die dreiundzwanzig Dichter der ‹Menschheitsdämmerung›, sowohl die, welche noch lebten, wie die, welche bereits tot waren, getötet wurden oder sich selbst getötet haben, in solchem Ausmaß als entartet oder zumindest als unerwünscht zu brandmarken und ihre Werke zu verbieten, zu verbrennen und auszurotten, daß ihr Leben oft in Dunkel gehüllt ist, viele ihrer Bücher fast oder völlig unauffindbar und selbst die Titel ihrer Veröffentlichungen nur mit größter Mühe feststellbar sind. Es gibt, soviel ich weiß, kein Nachschlagebuch, das Lebensdaten und Bibliographien jener Dichter auch nur einigermaßen zuverlässig und vollständig bietet, und selbst Einzeldarstellungen, Dissertationen und Gesammelte Werke zeigen Fehler und Lücken. Das wissenschaftliche Sammelwerk ‹Expressionismus, Gestalten einer literarischen Bewegung› gesteht: «Die üblichen bibliographischen Quellen sind in hohem Maße widersprüchlich.» Und wenn es auch ankündigt, «daß ein höchstmögliches Maß von Zuverlässigkeit angestrebt» wurde, so sind in einigen Fällen die biographischen und vor allem die bibliographischen Angaben selbst über sehr bekannte Dichter nicht korrekt oder vollständig — sie können es gar nicht sein —, und noch weniger korrekt oder vollständig können, wo es auch immer sei, bio-bibliographische Bemerkungen über weniger bekannte, vernachlässigte und vergessene Dichter sein. Selbst Angehörige und Freunde der Dichter vermögen oft keine zuverlässigen Auskünfte zu geben, denn sie leben weit über alle Welt zerstreut, und das Material der Toten wie Erinnerung an sie sind vielfach geschwunden.

Als einer der letzten Überlebenden jener Generation, der all diese Dichter, soweit sie 1919 noch lebten, gut gekannt hat und die ihnen Nahestehenden kennt, habe ich eine bereits vor fünfzehn Jahren begonnene Arbeit, eine Bibliographie aller Ausgetriebenen und Umgekommenen aufzustellen und ihren Schicksalen nachzugehen, für die Dichter der ‹Menschheitsdämmerung› in zeitraubender Sucharbeit zu Ende geführt. Diese mühsame Sucharbeit wurde eine Arbeit der Liebe. Sie soll Dank und Denkmal sein für die Dichter — damit sie weiterleben oder wiederleben.

So ist der bio-bibliographische Anhang sehr umfangreich geworden, zum Nachteil dieser Einleitung. Aber ich glaube, wenn auch um 1920 manche Autoren, wie es damals üblich war, Anonymität für sich forderten, daß jetzt jene Freunde der Literatur, die vor 1933 diese Dichter und ihre Werke kannten oder liebten, und erst recht jene Jüngeren, die nach 1945 sie kennenlernten, ein Recht haben zu wissen: wo und wie haben sie gelebt, wann und wie sind sie gestorben, was haben sie veröffentlicht, vor 1920, nach 1920, nach 1933 und im Exil?

Aus den Bibliographien mag man ersehen, wie ungewöhnlich umfangreich an Zahl wie an Themen und literarischen Gebieten das Werk einiger ist, wobei man bedenken muß, daß Vieles im Manuskript verschollen ist oder ungedruckt blieb. Die Nachlässe mancher Dichter sind erhalten, aber über viele Länder verstreut. Deshalb habe ich, soweit es möglich war, auch Ort und Art der Dichternachlässe verzeichnet.

Vielleicht gibt es in diesen Bio-Bibliographien noch Lücken und Irrtümer; aber soviel ich weiß, finden sich hier zum erstenmal, zumindest in allgemein zugänglicher Buchform, vollständige Bibliographien zu Becher, Ehrenstein, Goll, Hasenclever, Heym, Heynicke, Klemm, Else Lasker-Schüler, Leonhard, Otten, Rubiner, Stramm, Werfel, Wolfenstein, Zech. Auch der mit dem Expressionismus vertraute Leser oder Gelehrte wird in dieser Neuausgabe manches Neue finden. Selbst anonyme und illegal verbreitete Schriften, Publikationen kleinster und vernichteter Auflagen sind verzeichnet, z. B. eine politische Gedichtsammlung von RUDOLF LEONHARD, die als Reclam-Bändchen nach Deutschland eingeschmuggelt wurde. Es gelang mir, eine Zeichnung OSKAR KOKOSCHKAS von GEORG TRAKL in New York zu finden, die hier zum erstenmal veröffentlicht wird (vgl. nähere Angaben und die Ausführungen Kokoschkas dazu im Abbildungsverzeichnis, S. 382).

Erst die große von W. STERNFELD in London auf Veranlassung der Deutschen Akademie für Sprache und Dichtung in Darmstadt vorbereitete Bibliographie der deutschen Literatur im Exil, in die auch mein vorerwähntes Material aufgegangen ist, wird zeigen, wieviel tausend Bücher und Broschüren, trotz aller Schwierigkeiten, außerhalb des Nazireichs in allen Kontinenten veröffentlicht wurden. Die Deutsche Bibliothek in Frankfurt hat sehr verheißungsvoll begonnen, die gesamte Literatur des Exils, das Schiller-Nationalmuseum in Marbach sogar, die gesamte expressionistische Literatur zu sammeln und zu vereinigen.

Die oft gestellte Frage, wie die expressionistischen Dichter sich nach 1922 weiterentwickelt haben und weshalb diese Gemeinschaft in so gegensätzliche, einander feindliche Individuen oder Gruppen sich zersplitterte, kann hier (aus Raummangel) nicht beantwortet werden. Die Zersplitterung ins Politische, ins Religiöse, in die sogenannte ‹reine Kunst›, ins Volkstümliche, ins Klassische, die Wendung mancher Lyriker zu Roman, Drama und Komödie mehr traditioneller und schlagkräftiger Art war eine Folge der Enttäuschung, als nach 1920 der Expressionismus nicht die erhoffte Wirkung erzielte und die ersehnte Wandlung zur Erneuerung des Menschen und der Gesellschaft nicht eintrat; wie auch des Einflusses der rapide erstarkenden Parteien rechts und links. Fast alle expressionistischen Dichter wandten sich später einfacheren, herkömmlicheren Formen zu. Bezeichnend ist, daß die beiden, die anfangs als die Wildesten und Entfesseltsten galten, BECHER und BENN, in reiferen Jahren sich klassischer Strophenformen, meist der des gereimten Vierzeilers, bedienten, wenn auch mit völlig verschiedenartigen und verschiedenwertigen Ausdrucksmitteln und Gehalten.

Als ich schließlich den bio-bibliographischen Teil in der endgültigen Form zusammenstellte, packte mich, als ich das Ganze überblickte, Staunen, Entsetzen und Bewunderung. Ich war nun gewiß, daß ich das Recht und die Pflicht hatte, diese Dank- und Denkmalsarbeit zu übernehmen. Wahrscheinlich kann kein Essay das vermitteln, was die knappen, nüchtern-trockenen biographischen Angaben und die Listen der Werke mit den Erscheinungsorten und -jahren aus Bewußtsein und Urteil des denkenden Lesers emporrufen. Hier ist eine Generation von Umgetriebenen, Ausgetriebenen und

Unsteten, von Märtyrern und Duldern, von Kämpfern und Beharrlichen, von Frühgestorbenen und in Leiden Gealterten, wie sie sicherlich niemals und nirgends in der Weltliteratur vorhanden war.

Aber man wird einwenden: 1933 waren bereits sieben der Dreiundzwanzig nicht mehr am Leben und einige sind damals in Deutschland verblieben. Betrachten wir die drei Gruppen:

Die 1933 bereits Toten: GEORG HEYM war, nach düsteren Vorahnungen und Visionen, im Januar 1912 beim Eislaufen in der Havel ertrunken; ALFRED LICHTENSTEIN, ERNST WILHELM LOTZ, ERNST STADLER, AUGUST STRAMM waren zu Beginn des 1. Weltkriegs gefallen; GEORG TRAKL hatte sich nach der Schlacht von Grodek in verzweifelter Halbbewußtlosigkeit selbst getötet; LUDWIG RUBINER wurde 1920 von der Nachkriegs-Grippe dahingerafft.

Die nach 1933 in Deutschland Gebliebenen: JAKOB VAN HODDIS, seit 1913 geisteskrank in Privatpflege oder Anstalten, wurde 1942 behördlich abtransportiert, um ermordet zu werden; THEODOR DÄUBLER, nach jahrzehntelangem Wanderleben meist in großer Armut, schon 1933 schwer krank, starb verlassen und vereinsamt 1934 im Schwarzwald; GOTTFRIED BENN, ja-sagend zum Nazi-Beginn, wurde sehr bald aufs rüdeste attackiert und 1936 mit seiner ganzen Produktion verboten —, er hat sich von dem ‹Doppelleben› niemals, auch nicht in den letzten Jahren seines Ruhms, wieder erholt; WILHELM KLEMM hatte seit 1922 schon geschwiegen, weil man es nicht statthaft fand, daß der Mitinhaber seriöser Verlagsanstalten expressionistische Gedichte veröffentlichte, unter den Nazis wurde er politisch verfolgt und aus der Schrifttumskammer ausgeschlossen; KURT HEYNICKES einen Kompromiß suchende ‹chorische Spiele› wurden bald als unerwünscht bezeichnet, so daß er sich in den heiteren Unterhaltungsroman flüchtete.

Alle anderen aber waren verboten, verbannt, verbrannt: WALTER HASENCLEVER, nach vieljährigem Umherirren, tötete sich 1940 in einem französischen Lager beim Herannahen der deutschen Truppen mit Veronal, weil er wußte, was ihm bevorstand; ALFRED WOLFENSTEIN schied nach fünfjährigem schweifendem Untergrundleben in einem Pariser Hospital 1945 freiwillig aus dem Leben; ALBERT EHRENSTEIN verendete nach zwei Jahrzehnten des Vegetierens und langer Krankheit in tiefstem Elend 1950 in New York; ELSE LASKER-SCHÜLER starb in lebenslang gewohnter Armut 1945 in Jerusalem. KARL OTTEN erblindete im Exil in London, veröffentlicht aber weiterhin Dichtungen und Romane und setzt sich in großen Anthologien von Drama und Prosa für die Gefährten seiner Jugend ein; FRANZ WERFEL erlag wenige Jahre nach abenteuerlicher Flucht über die Pyrenäen einem Herzschlag in Kalifornien, ebenso wie nach zehnjährigen entbehrungsvollen Wanderungen durch Südamerika PAUL

ZECH auf der Straße in Buenos Aires. RENÉ SCHICKELE, immer zwischen Deutschland und Frankreich lebend und dichtend, starb verzweifelt 1940 in Südfrankreich, während sein letztes Buch in Amsterdam von den Nazis vernichtet wurde. IWAN GOLL, bei der Besetzung Frankreichs nach New York geflüchtet, erkrankte an Leukämie, an der er dahinsiechte. Nur zwei kehrten zurück, nach Ost-Deutschland, nach Berlin: RUDOLF LEONHARD, mehrfach aus französischem Lager und Gefängnis entkommen und untergrund lebend, kam als Leidender, um drei Jahre nach seiner Rückkunft zu sterben; und JOHANNES R. BECHER, nach zehn Jahren Moskau und Taschkent, gestand 1955 als höchster Kulturbeamter und gefeiertster Dichter der Deutschen Demokratischen Republik am Ende seiner ‹Poetischen Konfession›: «So sehr habe ich dich [die Poesie] geliebt, daß ich auch das, was mir aus tiefster Seele zuwider war, nicht ausschlug und mancherlei unternahm, was nicht nur die Hände beschmutzte, sondern worunter auch die Seele Schaden litt — und dadurch auch — meine Liebe zu dir.»

Als ich vor vierzig Jahren diese Dichter einen «Zug von sehnsüchtigen Verdammten» nannte, wußte ich nicht, wie sehr diese damals mehr symbolische Charakterisierung zu grausiger Realität werden sollte. Der Leser, das Schicksal der Dreiundzwanzig überblickend, wird, erschüttert, zugleich bewundern, daß all diese Dichter auch an der Front des ersten Weltkriegs, wie in Verfolgtsein und Exil, in Heimatlosigkeit und Verzweiflung, in Krankheit, Unverstandensein und Elend, immer weiter schrieben und dichteten, wo sie auch waren auf diesem Planeten, von Rußland bis zum südlichsten Feuerland, verfolgt und verfemt in der Heimat, in Frankreich auf steter Flucht und in Verborgenheit, in England oder Amerika in den elendesten Berufen neu anfangend. Und man soll niemals vergessen: die hier dargestellten Dichter stehen für eine zehnfache, hundertfache Zahl.

ZUVOR

(Berlin, Herbst 1919)

Der Herausgeber dieses Buches ist ein Gegner von Anthologien; — deshalb gibt er diese Sammlung heraus.

Nicht werden hier — nach bisherigem Brauch der Anthologien — viele Dichter, die zufällig zur selben Zeit leben, in alphabetischer Folge je mit ein paar Gedichten aneinandergereiht. Auch nicht sollen Gedichte zusammengestellt werden, die alle ein gemeinschaftliches Thema bindet (etwa Liebesgedichte oder Revolutions-Lyrik). Dies Buch hat nicht den pädagogischen Ehrgeiz, Musterbeispiele guter Poesie zu bieten; es flicht nicht nach der Mode biederer Großväterzeit Blüten der Lyrik, noch Perlen der Dichtung zum Kranz.

Sondern: Dies Buch nennt sich nicht nur ‹eine Sammlung›. Es *ist* Sammlung!: Sammlung der Erschütterungen und Leidenschaften, Sammlung von Sehnsucht, Glück und Qual einer Epoche — unserer Epoche. Es ist gesammelte Projektion menschlicher Bewegung aus der Zeit in die Zeit. Es soll nicht Skelette von Dichtern zeigen, sondern die schäumende, chaotische, berstende Totalität unserer Zeit.

Stets war die Lyrik das Barometer seelischer Zustände, der Bewegung und Bewegtheit der Menschheit. Voranzeigend kündete sie kommendes Geschehen..., die Schwingungen der Gemeinschaftsgefühle..., das Auf, Ab und Empor des Denkens und Sehnens. Dies empfand man in Deutschland so deutlich, daß man die Kultur ganzer Epochen nach der Art ihrer Dichtung charakterisierte: Empfindsamkeit, Sturm und Drang, Romantik, Junges Deutschland, Butzenscheibenpoesie.

Die Geisteswissenschaften des ersterbenden 19. Jahrhunderts — verantwortungslos die Gesetze der Naturwissenschaften auf geistiges Geschehen übertragend — begnügten sich, in der Kunst nach entwicklungsgeschichtlichen Prinzipien und Beeinflussungen nur das Nacheinander, das Aufeinander schematisch zu konstatieren; man sah kausal, vertikal.

Dieses Buch will auf andere Weise zur Sammlung kommen: Man horche in die Dichtung unserer Zeit..., man horche quer durch, man blicke rund herum, ... nicht vertikal, nicht nacheinander, sondern horizontal; man scheide nicht das Aufeinanderfolgende auseinander, sondern man höre zusammen, zugleich, simultan. Man höre den Zusammenklang dichtender Stimmen: man höre symphonisch. Es ertönt die Musik unserer Zeit, das dröhnende Unisono der Herzen und Gehirne.

Ebensowenig wie die Anordnung der Gedichte nach dem äußerlichen Schema des Alphabets erfolgte, durfte sie deshalb nach der

Chronologie der einzelnen Gedichte oder Dichter, nach der Gruppierung literarischer Cliquen, nach der Feststellung gegenseitiger Beeinflussung oder formaler Gemeinsamkeiten geschehen. Keine mechanische, historische Folge ward angestrebt, sondern dynamisches, motivisches Zusammenklingen: Symphonie!

Man möge also nicht nur auf die einzelnen Instrumente und Stimmen des lyrischen Orchesters lauschen: die aufschwebende Sehnsucht der Violinen, die herbstlich-klagende Melancholie der Celli, die purpurnen Posaunen der Erweckung, das ironische Staccato der Klarinetten, die Paukenschläge des Zusammensturzes, das zukunftlockende Marciale der Trompeten, das tiefe, dunkle Raunen der Oboen, den brausenden Sturzbach der Bässe, das rapide Triangelgeklingel und die bleckenden Beckenschläge genußgierigen Totentanzes. Sondern es kommt darauf an, aus den lärmenden Dissonanzen, den melodischen Harmonien, dem wuchtigen Schreiten der Akkorde, den gebrochensten Halb- und Vierteltönen — die Motive und Themen der wildesten wüstesten Zeit der Weltgeschichte herauszuhören. Diese bewegenden Motive (zeugte sie ein inneres Geschehen aus uns heraus, oder ließ nur ein gleichgültiges Werden sie ungeheuer in uns erklingen?) variieren sich je nach Wesen und Wollen der Dichter, rauschen empor zum zersprengenden Fortissimo oder schwinden hin im beglückenden Dolce. Das Andante des Zweifels und der Verzweiflung steigert sich zum befreienden Furioso der Empörung, und das Moderato des erwachenden, erweckten Herzens erlöst sich zum triumphalen Maestoso der menschenliebenden Menschheit.

Wenn in diesem Buche weder wahllos und ungesichtet die Stimmen der in unserer Zeit Dichtenden ertönen, noch die Dichtungen einer bewußt sich zusammenschließenden literarischen Gruppe oder Schule gesammelt sind, so soll dennoch ein Gemeinsames die Dichter dieser Symphonie einen. Diese Gemeinsamkeit ist die Intensität und der Radikalismus des Gefühls, der Gesinnung, des Ausdrucks, der Form; und diese Intensität, dieser Radikalismus zwingt die Dichter wiederum zum Kampf gegen die Menschheit der zu Ende gehenden Epoche und zur sehnsüchtigen Vorbereitung und Forderung neuer, besserer Menschheit.

Man erwarte also weder ein Gesamtbild der lyrischen Dichtung unserer Zeit, noch eine nach (lügnerischen) absoluten Maßstäben der Qualitätsbeurteilung zusammengestellte Auswahl der besten zeitgenössischen Gedichte. Sondern charakteristische Dichtung jener Jugend, die recht eigentlich als die junge Generation des letzten Jahrzehnts zu gelten hat, weil sie am schmerzlichsten an dieser Zeit litt, am wildesten klagte und mit leidenschaftlicher Inbrunst nach dem edleren, menschlicheren Menschen schrie.

Demnach mußten nicht nur alle epigonischen und eklektischen

Dichter wegfallen, nicht nur die unzähligen, die sich damit beschäftigen, Gefühl, das nicht aus der Tiefe, sondern aus dem Herkömmlichen entspringt, in herkömmliche Reime zu bringen, sondern es war nötig, auch jene sehr begabten Dichter auszuscheiden, die, willentlich jenseits oder über der Zeit stehend, schöne und große Gefühle zu ästhetisch vollkommenen Gebilden oder zu klassischen Strophen formen. Ausgeschieden werden mußten auch alle die, deren Dichtung Kunstgewerbe des Worts, Ornament der Anschauung, gereimte Historie ist, ferner solche, die nur Zeitereignisse besingen oder freudig begleiten, kleine Spezialbegabungen und alle die, welche zwischen den Generationen stehen oder nicht den Mut zur selbständigen Formung haben. Aber wie die Epigonen der älteren Dichtung, so durften auch die Nachläufer der jüngsten Dichtung nicht aufgenommen werden, die glauben, neu und jung zu sein, wenn sie problematische Vorbilder programmatisch nachahmen.

Die Entscheidung darüber, welche Dichter zur vielfältigen Gemeinsamkeit der jungen Generation unserer Zeit zu zählen sind, kann nicht eine Angelegenheit der Altersfeststellung einzelner Dichter, noch eine Sache objektiv kritischer Analyse sein, sondern muß letzten Endes durch intuitives Gefühl und persönliches Urteil getroffen werden. Gerade weil diese persönliche Entscheidung nötig war, darf der Herausgeber aus seiner Anonymität hervortreten und zur weiteren Klärung einiges Persönliche sagen, um dann um so schneller ins Allgemeine führen zu können.

Seit zehn Jahren las ich fast alle gedruckten lyrischen Bücher und sehr viele ungedruckte. Es schien nicht leicht, aus dieser Unzahl die Dichter zu bezeichnen, welche jene eigentliche Generation unserer Epoche ausmachen. Aber als ich inmitten der menschendurchtobten Stadt noch einmal die Hunderte von Gedichtbänden durchsah, konnte ich schließlich fast mit automatischer Sicherheit die für diese Generation wesentlichen Dichter vereinigen (auch wenn sie selbst sich dieser Gemeinsamkeit nicht bewußt waren). Nachdem diese Abgrenzung geschehen war, gab es zwei Möglichkeiten der Sammlung: entweder ich konnte möglichst viele Dichter dieser Generation aufnehmen, so daß jeder nur mit ganz wenigen Gedichten erschien; oder ich konnte möglichst wenige Dichter auswählen und jeden einzelnen mit möglichst vielen Gedichten auftreten lassen. Ich entschied mich für das zweite Prinzip, da es nicht nur ein vollständiges Bild der Zeitbewegung, sondern auch einen möglichst vollkommenen Umriß von der Begabung, Eigenart, Spannweite der einzelnen Dichter gewährte (so daß man an der Hand des alphabetischen Registers, trotzdem die Gedichte jedes einzelnen durch das ganze Buch verstreut sind, sich wiederum von jedem Dichter urteilgestattende, geschlossene Gestalt verschaffen kann). Deshalb wurden nach langem Abwägen aus der großen Schar dieser Generation, die sich oft selbst als gemeinsame Phalanx aufrief, für das Buch die selbständigsten und charakteristischsten ausgewählt, damit jene Mannigfaltigkeit der Motive und Formen entstehen konnte, aus der die geistige Symphonie der zerrissenen Totalität unserer Zeit zusammenstrahlt.

Gegen zwei Dichter allerdings könnte man einwenden, daß sie jenseits dieser Generation stehen. Aber ELSE LASKER-SCHÜLER läßt als erste den Menschen ganz Herz sein — und dehnt dennoch dies Herz bis zu den Sternen und zu allen Buntheiten des Ostens. Und THEODOR DÄUBLER gehört nicht zu denen, die den Kosmos schlechtweg besingen, sondern er durchwirkt die Welt so sehr mit Geist und Idee, daß er Natur und Menschheit noch einmal zu strotzend-unmateriellem Leben erschafft; er findet tiefe Möglichkeiten der Sprache, die nicht nur neu sind, sondern überraschend weit hinein in Wesen und Zusammenhang des Geschehens leuchten.

Die ausgewählten Gedichte dieser etwa zwei Dutzend Dichter fügten sich schnell, beinahe von selbst, nach wenigen großen Motiven zu jener Symphonie zusammen, die ‹Menschheitsdämmerung› genannt wurde. Alle Gedichte dieses Buches entquellen der Klage um die Menschheit, der Sehnsucht nach der Menschheit. Der Mensch schlechthin, nicht seine privaten Angelegenheiten und Gefühle, sondern die Menschheit, ist das eigentliche unendliche Thema. Diese Dichter fühlten zeitig, wie der Mensch in die Dämmerung versank..., sank in die Nacht des Untergangs..., um wieder aufzutauchen in die sich klärende Dämmerung neuen Tags. In diesem Buch wendet sich bewußt der Mensch aus der Dämmerung der ihm aufgedrängten, ihn umschlingenden, verschlingenden Vergangenheit und Gegenwart in die erlösende Dämmerung einer Zukunft, die er selbst sich schafft.

Die Dichter dieses Buches wissen wie ich: es birgt unsere Jugend; freudig beginnendes, früh verschüttetes, zerstörtes Leben. Was in den letzten Jahren der Menschheit gar nicht oder nur dumpf bewußt war, was nicht in Zeitungen und Abhandlungen zu lesen stand: das ward in dieser Generation mit unbewußter Sicherheit Wort und Form. Das wissenschaftlich nicht Feststellbare im Menschen — hier trat es prophetisch wahr und klar ans Licht.

Deshalb ist dies Buch keine angenehme und bequeme Lektüre und der Einwand läßt sich leicht erheben, daß im letzten Jahrzehnt manche reiferen, vollkommeneren, qualitativ besseren Gedichte entstanden sind. Aber kann eine Dichtung, die Leid und Leidenschaft, Willen und Sehnsucht dieser Jahre zu Gestalt werden läßt und die aus einer ideenlosen, ideallosen Menschheit, aus Gleichgültigkeit, Verkommenheit, Mord und Ansturm hervorbrach — kann diese Dichtung ein reines und klares Antlitz haben? Muß sie nicht chaotisch sein wie die Zeit, aus deren zerrissenem, blutigem Boden sie erwuchs?

Ein virtuoser Philolog würde eine vollständige Charakteristik dieser Dichtung nur aus Zitaten dieses Buches mosaikartig zusammenstellen können. Doch soll nicht im voraus gesagt werden, was jeder wissen wird, wenn er das Buch gelesen hat. Auch sollen nicht die einzelnen Dichter der Reihe nach charakterisiert werden; denn die meisten von ihnen sind zu reich und vielgestaltig, als daß sie für immer mit einigen einengenden Schlagworten belastet einhergehen sollen. Aber ich will einen Querschnitt durch diese Poesien versuchen, so daß aus der grausamen Wunde des Schnittes das Wesentliche entströmt, was sie eint zur Dichtung dieser Epoche.

Die Jünglinge dieser Generation fanden sich in einer Zeit, aus der jedes Ethos geschwunden war. Es galt, in jeder Situation Haltung zu bewahren; möglichst umfangreich und mannigfaltig mußte die Menge des genießerisch Rezipierten sein; Kunst wurde ganz nach ästhetischem, Leben ganz nach statistisch materiellem Maß gemessen; und der Mensch und seine geistige Betätigung schienen nur da zu sein, um psychologisch, analytisch betrachtet, nach historischen Maximen definiert zu werden. Wenn einer der jungen Dichter versuchte, tiefer von der Oberfläche in sich einzudringen, zerbrach er unter der Last der Umwelt (WALTER CALÉ). Zwar empfand man die Notwendigkeit, von der realistischen Schilderung der Umwelt, vom Auffangen der vorüberjagenden Impressionen sich zu entfernen — und kam doch nur zur äußersten Differenzierung und Sublimierung der zerlegten Genüsse, wodurch wiederum der Genuß vernichtet wurde (HARDEKOPF, LAUTENSACK).

Aber man fühlte immer deutlicher die Unmöglichkeit einer Menschheit, die sich ganz und gar abhängig gemacht hatte von ihrer eigenen Schöpfung, von ihrer Wissenschaft, von Technik, Statistik, Handel und Industrie, von einer erstarrten Gemeinschaftsordnung, bourgeoisen und konventionellen Bräuchen. Diese Erkenntnis bedeutet zugleich den Beginn des Kampfes gegen die Zeit und gegen ihre Realität. Man begann, die Um-Wirklichkeit zur Un-Wirklichkeit aufzulösen, durch die Erscheinungen zum Wesen vorzudringen, im Ansturm des Geistes den Feind zu umarmen und zu vernichten, und versuchte zunächst, mit ironischer Überlegenheit sich der Umwelt zu erwehren, ihre Erscheinungen grotesk durcheinander zu würfeln, leicht durch das schwerflüssige Labyrinth hindurchzuschweben (LICHTENSTEIN, BLASS) — oder mit varietéhaftem Zynismus ins Visionäre zu steigern (VAN HODDIS).

Doch schon fühlten die gereizten und überempfindlichen Nerven und Seelen dieser Dichter deutlich auf der einen Seite das dumpfe Heranrücken der liebe- und freudeberaubten proletarischen Massen, von der andern Seite den heranrollenden Zusammenbruch einer Menschheit, die ebenso hochmütig wie gleichgültig war. Aus der strotzenden Blüte der Zivilisation stank ihnen der Hauch des Verfalls entgegen, und ihre ahnenden Augen sahen bereits als Ruinen eine wesenlos aufgedunsene Kultur und eine ganz auf dem Mechanischen und Konventionellen aufgetürmte Menschheitsordnung. Ein ungeheurer Schmerz schwoll empor — und am frühesten und klarsten in denen, die in dieser Zeit, an dieser Zeit starben: HEYM hämmerte (nach RIMBAUDS und BAUDELAIRES strengem Vorbild) Visionen des Todes, des Grauens, der Verwesung in zermalmenden Strophen; TRAKL glitt, nichtachtend der realen Welt hölderlinisch in ein unendlich blaues Strömen tödlichen Hinschwindens, das ein Herbstbraun vergeblich zu rahmen trachtete; STADLER sprach und rang mit Gott und der Welt, sehnsuchtgemartert, inbrünstig wie Jakob mit dem Engel; LICHTENSTEIN quirlte in leidvoller Heiterkeit die Gestalten und Stimmungen der Stadt zu bitterlustigen Tränken schon in der beseligenden Gewißheit, «groß über alles wandelt mein Menschenangesicht»; und LOTZ unter Wolken, aus Drangsal bürgerlichen Daseins, rief nach Glanz und Aufbruch. Immer fanatischer und leidenschaftlicher donnerte zerfleischende Klage und Anklage. Die Verzweiflungen EHRENSTEINS und BECHERS rissen die düstere Welt mitten entzwei; BENN höhnte die faulende Abgebrauchtheit des Kadavermenschen und pries die ungebrochenen Ur-Instinkte; STRAMM löste seine Leidenschaft vom Trugbild der Erscheinungen und Assoziationen los und ballte reines Gefühl zu donnernden Ein-Worten, gewitternden Ein-Schlägen. Der wirkliche Kampf gegen die Wirklichkeit hatte begonnen mit jenen furchtbaren Ausbrüchen, die zugleich die Welt vernichten und eine neue Welt aus dem Menschen heraus schaffen sollten.

Man versuchte, das Menschliche im Menschen zu erkennen, zu retten und zu erwecken. Die einfachsten Gefühle des Herzens, die Freuden, die das Gute dem Menschen schafft, wurden gepriesen. Und man ließ das Gefühl sich verströmen in alle irdische Kreatur über die Erdoberfläche hin; der Geist entrang sich der Verschüttung und durchschwebte alles Geschehen des Kosmos — oder tauchte tief in die Erscheinungen hinab, um in ihnen ihr göttliches Wesen zu finden. (So verknüpft sich die Jugend HASENCLEVERS, STADLERS, WERFELS, SCHICKELES, KLEMMS, GOLLS, HEYNICKES mit der Kunst der Älteren WHITMAN, RILKE, MOMBERT, HILLE.) Immer deutlicher wußte man: der Mensch kann nur gerettet werden durch den Menschen, nicht durch die Umwelt. Nicht Einrichtungen, Erfindungen, abgeleitete Gesetze sind das Wesentliche und Bestimmende, sondern der Mensch! Und da die Rettung nicht von außen kommen kann — von dort ahnte man längst vor dem Weltkrieg Krieg und Vernichtung —, sondern nur aus den inneren Kräften des Menschen, so geschah die große Hinwendung zum Ethischen.

Während im Weltkrieg der gewußte Zusammenbruch sich in der

Realität ereignete, war bereits die Dichtung wiederum der Zeit vorangestürmt: Aus den Ausbrüchen der Verfluchung brachen die Schreie und Aufforderungen zur Empörung, zur Entscheidung, zur Rechenschaft, zur Erneuerung (BECHER, RUBINER, HASENCLEVER, ZECH, LEONHARD, HEYNICKE, OTTEN, WERFEL, GOLL, WOLFENSTEIN), nicht aus Lust an der Revolte, sondern um durch die Empörung das Vernichtende und Vernichtete ganz zu vernichten, so daß Heilendes sich entfalten konnte. Aufrufe zum Zusammenschluß der Jugend, zum Aufbruch einer geistigen Phalanx ertönten; nicht mehr das Individuelle, sondern das allen Menschen Gemeinsame, nicht das Trennende, sondern das Einende, nicht die Wirklichkeit, sondern der Geist, nicht der Kampf aller gegen alle, sondern die Brüderlichkeit wurden gepriesen. Die neue Gemeinschaft wurde gefordert. Und so gemeinsam und wild aus diesen Dichtern Klage, Verzweiflung, Aufruhr aufgedonnert war, so einig und eindringlich posaunten sie in ihren Gesängen Menschlichkeit, Güte, Gerechtigkeit, Kameradschaft, Menschenliebe aller zu allen. Die ganze Welt und Gott bekommen Menschenangesicht: die Welt fängt im Menschen an, und Gott ist gefunden als Bruder —, selbst die Steinfigur steigt menschlich herab, die Stadt der Qualen wird zum beglückenden Tempel der Gemeinschaft, und triumphierend steigt das erlösende Wort empor: Wir sind!

Jeder erkennt, wie ungeheuer weit der Bogen ist von CALÉS Verzweiflung «Und keine Brücke ist von Mensch zu Mensch»..., von WERFELS «Fremde sind wir auf der Erde alle»... bis zu BECHERS «Keiner dir fremd, / Ein jeder dir nah und Bruder»... KLEMMS «Wir kommen uns so nahe, wie sich nur Engel kommen können»... HEYNICKES «Ich fühle, / endelos, / daß ich nicht einsam bin... so nahe bist Du, / Bruder Mensch»... «Doch das Lächeln schlägt Bogen von mir zu Dir / ... wir schenken einander das Ich und das Du — / ewig eint uns das Wort: / MENSCH.»

Es scheint, daß nachbetrachtende Darstellung stets den direkten Einfluß der Dichtung auf die realen Zeit- und Volksereignisse überschätzte. Die Kunst einer Zeit ist nicht Verursacher des Geschehens (wie man das z. B. allzusehr von der revolutionären Lyrik aller Zeiten annahm), sondern sie ist voranzeigendes Symptom, geistige Blüte aus demselben Humus wie das spätere reale Geschehen — sie ist bereits selbst Zeit-Ereignis. Zusammenbruch, Revolution, Neuaufrichtung ward nicht von der Dichtung dieser Generation verursacht; aber sie ahnte, wußte, forderte dies Geschehen. Das Chaotische der Zeit, das Zerbrechen der alten Gemeinschaftsformen, Verzweiflung und Sehnsucht, gierig fanatisches Suchen nach neuen Möglichkeiten des Menschheitslebens offenbart sich in der Dichtung dieser Generation mit gleichem Getöse und gleicher Wildheit wie in der Realität..., aber wohlgemerkt: nicht als Folge des Weltkriegs, sondern bereits vor seinem Beginn, und immer heftiger während seines Verlaufs.

So ist allerdings diese Dichtung, wie manche ihrer Programmatiker forderten (und wie wurde dieser Ruf mißverstanden!): politische Dichtung, denn ihr Thema ist der Zustand der gleichzeitig lebenden Menschheit, den sie beklagt, verflucht, verhöhnt, vernichtet, während sie zugleich in furchtbarem Ausbruch die Möglichkeiten zukünftiger Änderung sucht. Aber — und nur so kann politische Dichtung zugleich Kunst sein — die besten und leidenschaftlichsten dieser Dichter kämpfen nicht gegen die äußeren Zustände der Menschheit an, sondern gegen den Zustand des entstellten, gepeinigten, irregeleiteten Menschen selbst. Die politische Kunst unserer Zeit darf nicht versifizierter Leitartikel sein, sondern sie will der Menschheit helfen, die Idee ihrer selbst zur Vervollkommnung, zur Verwirklichung zu bringen. Daß die Dichtung zugleich dabei mitwirkte, gegen realpolitischen Irrsinn und eine entartete Gesellschaftsordnung anzurennen, war nur ein selbstverständliches und kleines Verdienst. Ihre größere überpolitische Bedeutung ist, daß sie mit glühendem Finger, mit weckender Stimme immer wieder auf den Menschen selbst wies, daß sie die verlorengegangene Bindung der Menschen untereinander, miteinander, das Verknüpftsein des einzelnen mit dem Unendlichen — zur Verwirklichung anfeuernd — in der Sphäre des Geistes wiederschuf.

Demgemäß ist es natürlich, daß dies die Worte sind, die sich am meisten in ihr finden: Mensch, Welt, Bruder, Gott. Weil der Mensch so ganz und gar Ausgangspunkt, Mittelpunkt, Zielpunkt dieser Dichtung ist, deshalb hat die Landschaft wenig Platz in ihr. Die Landschaft wird niemals hingemalt, geschildert, besungen; sondern sie ist ganz vermenscht: sie ist Grauen, Melancholie, Verwirrung des Chaos, ist das schimmernde Labyrinth, dem Ahasver sehnsuchtsvoll sich entwinden will; und Wald und Baum sind entweder Orte der Toten, oder Hände, die zu Gott, zur Unendlichkeit hinsuchen. Mit rasender Schnelligkeit bewegt sich diese Dichtung vom fanatischen Kampfruf zum Sentimentalen, vom anarchischen Toben zur Didaktik des Ethischen. Wenig nur ist Freude und Glück in ihr; Liebe ist Schmerz und Schuld — Arbeit wird zu gefühlvernichtender Qual; noch das Trinklied ist dumpfes Schuldbekenntnis; und lichtere, frohere Töne erklingen nur aus der Sehnsucht nach dem Paradies, das verloren ist, und das doch vor uns liegt.

Niemals war das Ästhetische und das *L'art pour l'art*-Prinzip so mißachtet wie in dieser Dichtung, die man die ‹jüngste› oder ‹expressionistische› nennt, weil sie ganz Eruption, Explosion, Intensität ist — sein muß, um jene feindliche Kruste zu sprengen. Deshalb meidet sie die naturalistische Schilderung der Realität als Darstellungsmittel, so handgreiflich auch diese verkommene Realität war; sondern sie erzeugt sich mit gewaltiger und gewaltsamer Energie ihre Ausdrucksmittel aus der Bewegungskraft des Geistes (und bemüht sich keineswegs, deren Mißbrauch zu meiden). Sie entschleudert ihre Welt... in ekstatischem Paroxismus, in quälender Traurigkeit, in süßestem musikalischen Gesang, in der Simultaneität durcheinanderstürzender Gefühle, in chaotischer Zerschmetterung der Sprache, grausigster Verhöhnung menschlichen Mißlebens, in flagellantisch schreiender, verzückter Sehnsucht nach Gott und dem Guten, nach Liebe und Brüderlichkeit. So wird auch das Soziale nicht als realistisches Detail, objektiv etwa als Elendsmalerei dargestellt (wie von der Kunst um 1890), sondern es wird stets ganz ins Allgemeine, in die großen Menschheitsideen hingeführt. Und selbst der Krieg, der viele dieser Dichter zerschmetterte, wird nicht sachlich realistisch erzählt; — er ist stets als Vision da (und zwar lange vor seinem Beginn), schwelt als allgemeines Grauen, dehnt sich als unmenschlichstes Übel, das nur durch den Sieg der Idee vom brüderlichen Menschen aus der Welt zu schaffen ist.

Die bildende Kunst dieser Jahre zeigt dieselben Motive und Symptome, zeigt das gleiche Zersprengen der alten Formen und das Durchlaufen aller formalen Möglichkeiten bis zur Konsequenz völliger Auflösung der Realität, zeigt den gleichen Einbruch und Ausbruch des Menschlichen und den gleichen Glauben an die lösende, bindende Macht des menschlichen Geistes, der Idee. Es geschah bereits, daß manche Versuche und Entartungen für nachahmende Nichtkönner zur leeren Form, zur Formel, zur geschäftsmäßigen Phrase wurden. Und Pathos, Ekstase, große Gebärde brechen nicht nur hervor und empor, sondern stürzen oftmals zusammen im Krampf, weil sie zur Form sich nicht verwesentlichen können. Immer wieder aber bläst in die ungeheure Eruption des Gefühls klärend und reinigend der Geist; erschallt aus dem Zerfallenden der Ruf nach der Gemeinsamkeit des Menschlichen; schwebt über dem ziellosen Chaos der Gesang der Liebe.

Und immer wieder muß gesagt werden, daß die Qualität dieser Dichtung in ihrer Intensität beruht. Niemals in der Weltdichtung scholl so laut, zerreißend und aufrüttelnd Schrei, Sturz und Sehnsucht einer Zeit, wie aus dem wilden Zuge dieser Vorläufer und Märtyrer, deren Herzen nicht von den romantischen Pfeilen des Amor oder Eros, sondern von den Peinigungen verdammter Jugend, verhaßter Gesellschaft, aufgezwungener Mordjahre durchbohrt wurden. Aus irdischer Qual griffen ihre Hände in den Himmel, dessen Blau sie nicht erreichten; sie warfen sich, sehnsuchtsvoll die Arme ausbreitend, auf die Erde, die unter ihnen auseinanderbarst; sie riefen zur Gemeinschaft auf und fanden noch nicht zueinander; sie posaunten in die Tuben der Liebe, so daß diese Klänge den Himmel erbeben ließen, nicht aber durch das Getöse der Schlachten, Fabriken und Reden zu den Herzen der Menschen drangen.

Freilich wird die Musik dieser Dichtung nicht ewig sein wie die Musik Gottes im Chaos. Aber was wäre die Musik Gottes, wenn ihr nicht die Musik des Menschen antwortete, die sich ewig nach dem Paradies des Kosmos sehnt... Von den vielen, vielen Dichtungen dieser Generation werden fast alle mit den verebbenden Stürmen ihrer Epoche untergegangen sein. Statt einiger großer leuchtender wärmender Gestirne wird Nachlebenden ihre Menge wie die von unzähligen kleinen Sternen erschimmernde Milchstraße erscheinen, die fahlklärenden Glanz in wogende Nacht gießt.

Keiner dieser Dichter kokettiert mit der Unsterblichkeit, keiner wirft sich den Triumphmantel mit distanzierend heroischer Gebärde um, keiner will als Olympier in edler Haltung entschweben; und wenn diese Dichter in ausschweifender Weitschweifigkeit, in unmäßigem Fortissimo psalmodieren, stöhnen, klagen, schreien, fluchen, rufen, hymnen — so geschieht es niemals aus Hochmut, sondern aus Not und Demut. Denn nicht sklavisches Kriechen, untätiges Warten ist Demut; sondern es ist Demut, wenn einer hintritt und öffentlich aussagt, bekennt und fordert vor Gott und den Menschen, und seine Waffen sind nur sein Herz, sein Geist und seine Stimme.

Als einer, der mitten unter ihnen stand, vielen durch Freundschaft und allen durch Liebe zu ihren Werken verbunden, trete ich vor und rufe: Laßt es genug sein, die Ihr Euch selbst nicht genügtet, denen der alte Mensch nicht mehr genügte; laßt es genug sein, weil Euch diese zerklüftete, ausbrechende, zerwühlende Dichtung nicht genügen darf! Laßt es nicht genug sein! Sondern helft, alle, voraneilend dem Menschheitswillen, einfacheres, klareres, reineres Sein zu schaffen. Denn jener Augenblick wird, muß kommen, da aus Beethovens Symphonie, die uns den Rhythmus unserer Jugend gab, im wildesten Chaos der tobenden Musik plötzlich die *vox humana* emporsteigt: Freunde, nicht diese Töne! Lasset uns andere anstimmen und freudenvollere!

Ihr Jünglinge aber, die Ihr in freierer Menschheit heranwachsen werdet, folget nicht diesen nach, deren Schicksal es war, im furchtbaren Bewußtsein des Unterganges inmitten einer ahnungslosen, hoffnungslosen Menschheit zu leben, und zugleich die Aufgabe zu haben, den Glauben an das Gute, Zukünftige, Göttliche bewahren zu müssen, das aus den Tiefen des Menschen quillt! So gewiß die Dichtung unserer Zeit diesen Märtyrerweg wandeln mußte, so gewiß wird die Dichtung der Zukunft anders sich offenbaren: sie wird einfach, rein und klar sein müssen. Die Dichtung unserer Zeit ist Ende und zugleich Beginn. Sie hat alle Möglichkeiten der Form durchrast — sie darf wieder den Mut zur Einfachheit haben. Die Kunst, die durch Leidenschaft und Qual der unseligsten Erdenzeit zersprengt wurde —, sie hat das Recht, reinere Formen für eine glücklichere Menschheit zu finden.

Diese zukünftige Menschheit, wenn sie im Buche ‹Menschheitsdämmerung› («Du Chaos-Zeiten schrecklich edles Monument») lesen wird, möge nicht den Zug dieser sehnsüchtigen Verdammten verdammen, denen nichts blieb als die Hoffnung auf den Menschen und der Glaube an die Utopie.

NACHKLANG

(Berlin, April 1922)

Dies Buch, im Herbst 1919 zusammengefügt, fand rasch die Anteilnahme der Zeit, deren Ausgeburt es darstellt. Schnell mußten die Auflagen aufeinander folgen..., und jetzt, fast drei Jahre später, im Frühling 1922, da es gilt, das zwanzigste Tausend der ‹Menschheitsdämmerung› vorzubereiten, erhebt sich die Frage, ob ich das Werk umarbeiten soll: Vermodertes herausstoßen, Später-Entstandenes einkomponieren, neue Motive erklingen machen, andere Gruppierung, anderen Aufbau anstreben.

Ich entschloß mich, das Werk unverändert zu lassen. Nicht nur, weil die Beurteiler aller Gesinnungen und Richtungen äußerten, daß der Hauptwert dieses Buches in seiner Einheitlichkeit, in seiner symphonischen Wirkung bestünde; nicht nur, weil man — was beabsichtigt war — fühlte, daß hier ein geschlossenes Dokument für das aufgewühlte Gefühl und die dichterische Ausdrucksform einer zeitgenössischen Generation vorlag. Sondern, unsere Zeit und Dichtung kritisch betrachtend, muß ich einsehen, daß die ‹Menschheitsdämmerung› nicht nur ein geschlossenes, sondern ein abgeschlossenes, abschließendes Dokument dieser Epoche ist. Klar herausgesagt: es ist, nach Abschluß dieser lyrischen Symphonie nichts gedichtet worden, was zwingenderweise noch in sie hätte eingefügt werden müssen.

Wer, abstreifend den revolutionären Furor, offenäugig in die Gegenwart blickt, weiß, daß diese Jahre bedeutsamer sind im Zusammenbruch des Alten als im Erwachen des Neuen, gleichviel ob wir von den Geschehnissen im Politischen, im Gemeinschaftsleben, im Wirtschaftlichen oder in der Kunst sprechen. Freilich: Es geschieht viel..., aber was geschieht, sind nur die Auflösungsvorgänge der langsam, aber unaufhaltsam zusammenstürzenden Vergangenheit Europas. Was uns als neu und verwirrend gilt, sind stets nur die konzentriert und übersteigert sich zu Tode hastenden Elemente des Alten. Die Fundamente der wirklichen Zukunft sind noch nicht ersichtlich.

Das gilt auch im Bezirk der Kunst. Was hier so neuartig und trächtig schien, waren im wesentlichen Zerstörungsformen des Alten, vom gestaltauflösenden Kubismus der Malerei bis zur ekstatischen Ein-Wort-Lyrik. Mochten die Künstler selbst fühlen, daß ihr Werk mehr oppositionell als schöpferisch war, oder geschah es, daß ihre Kraft nicht ausreichte, Reifes, Zukunftswertiges zu schaffen — es ist bereits zehn Jahre nach dem gewaltigen und gewaltsamen Aufbruch dieser Jugend eine allgemeine Stagnation in den Gefilden der Kunst festzustellen.

Von den dreiundzwanzig Dichtern dieses Buches sind sieben nicht mehr unter den Lebenden. Die anderen haben in den letzten Jahren entweder überhaupt nichts Wesentliches mehr geschaffen, oder jedenfalls nichts, was über das bisher Geleistete als neu oder qualitativ besser emporragt. Sie wiederholen sich oder tasten qualvoll weiter. Selbst wenn man, nüchtern-sachlich gesprochen, die unheilvollen Zustände in Betracht zieht, die dem Dichter und dem Verleger die Produktion unendlich erschweren, muß man den Mut haben, zu sagen, daß die junge Dichtung unserer Zeit fruchtlos und unfruchtbar zu werden droht.

Was von der kleinen Schar dieses Buches zu sagen ist, das gilt in verstärktem Maße von der großen Menge der mitlebenden Dichter. Viele sind gestorben..., viele sind im bürgerlichen Leben verschollen, aufgesaugt vom praktischen Beruf oder skeptischen Müßiggang..., und die Unzahl der anderen begnügt sich damit — bald blasser, bald überreizter —, das zum tausendsten Male zu stöhnen, zu stammeln, zu schreien, was die Führenden bereits im zweiten Jahrzehnt dieses Jahrhunderts in ihren Büchern niedergelegt haben. Schon muß ich mit Bewußtsein feierlich sagen «niedergelegt haben», denn schneller als jede andere Generation ist diese in die Literaturgeschichte eingegangen, ist historisch geworden; zum Paradigma, zum Schema sind für die Nachfolgenden ihre Gedichte erstarrt.

Frühzeitig erstarb die Dichtung dieser Jugend, denn weder die voranschreitenden noch die nachrückenden Dichter vermochten dies Werk weiterzuführen. Es scheint für Deutschland ein geistiges Gesetz zu sein, daß jede künstlerische Bewegung alsbald eine Reaktionsbewegung wachruft, denn schon beginnen Bestrebungen zu triumphieren, die klassischen und romantischen Vorbildern folgen. Manchem Leser wird dies Buch, dessen Dichtung als Fanfare und Fanal gewollt war und für kurze Zeit auch so wirken konnte, bereits als ein Herbarium erscheinen. Es ist wahr: manches ist für immer tot..., manches zündet nicht mehr..., manches ist Übergang und Wirrsal..., einiges jedoch ist so vollendet und schön, wie es nur einmal gedichtet werden kann..., manches Gute ist schon in die Lesebücher übergegangen. Alles aber ist Zeugnis für die Glut einer inneren und äußeren Bewegung, die fast gänzlich wieder erloschen ist. Die Glut dieser Generation hatte sich aus Opposition gegen das Gewesene, Verwesende entzündet und konnte für Augenblicke in die Zukunft leuchten, aber nicht die Menschheit zur großen Tat oder zum großen Gefühl entflammen.

So ist, nochmals sei es gesagt, dies Buch, mehr als ich beim Zusammenfügen ahnen konnte, ein abschließendes Werk geworden — und deshalb soll es bleiben, wie es damals war: ein Zeugnis von tiefstem Leid und tiefstem Glück einer Generation, die fanatisch glaubte und glauben machen wollte, daß aus den Trümmern durch den Willen aller sofort das Paradies erblühen müsse. Die Peinigungen der Nachkriegszeit haben diesen Glauben zerblasen, wenn auch noch der Wille in vielen lebt. Von der kleinen lyrischen Schar dieses Buches blieb nichts als der gemeinsame Ruf von Untergang und Zukunftsglück. Und dennoch beginnen schon einige, wie, neben DÄUBLER und ELSE LASKER-SCHÜLER, der tote HEYM und der lebende WERFEL über die Zeit hinauszuragen.

Mächtig, doch nicht allmächtig haben die Ereignisse eines Jahrzehnts die Seelen, Geister und die äußeren Lebensumstände der Zeitgenossen zerpflügt. Aber die große allgemeine neue Dichtung, von vielen als Stab und Weiser ersehnt, ist nicht entsprossen, weder den Nachkommen des alten Bürgertums, noch den anrückenden Massen der Proletarier, weder dem Glanz der über die Erdoberfläche hemmungslos schweifenden Neubeglückten, noch der Qual des neugewordenen Proletariats. Im Dunkel der Jugend, die jetzt aufwächst, sind kaum einige Lichtlein für die Dichtung zu erblicken.

Lasset uns deshalb verehrende Erinnerung der Dichterschar wahren, die Großes und Zukunft enthusiastisch zumindest gewollt hat und zuversichtlich glaubte, Erste einer neuen Menschheitsepoche zu sein. Man verhöhne sie nicht und beschuldige sie nicht, daß sie nur aufrührerische Letzte gewesen seien, die sich von der Untergangsdämmerung hinweg zum Glühen vermeintlicher Morgendämmerung wandten, aber erlahmen mußten, bevor sie an der Spitze ihrer Zeitgenossen gereinigt ins Licht treten konnten.

STURZ UND SCHREI

JAKOB VAN HODDIS

WELTENDE

Dem Bürger fliegt vom spitzen Kopf der Hut,
In allen Lüften hallt es wie Geschrei.
Dachdecker stürzen ab und gehn entzwei,
Und an den Küsten — liest man — steigt die Flut.

Der Sturm ist da, die wilden Meere hupfen
An Land, um dicke Dämme zu zerdrücken.
Die meisten Menschen haben einen Schnupfen.
Die Eisenbahnen fallen von den Brücken.

GEORG HEYM

UMBRA VITAE

Die Menschen stehen vorwärts in den Straßen
Und sehen auf die großen Himmelszeichen,
Wo die Kometen mit den Feuernasen
Um die gezackten Türme drohend schleichen.

Und alle Dächer sind voll Sternedeuter,
Die in den Himmel stecken große Röhren,
Und Zauberer, wachsend aus den Bodenlöchern,
Im Dunkel schräg, die ein Gestirn beschwören.

Selbstmörder gehen nachts in großen Horden,
Die suchen vor sich ihr verlornes Wesen,
Gebückt in Süd und West und Ost und Norden,
Den Staub zerfegend mit den Armen-Besen.

Sie sind wie Staub, der hält noch eine Weile.
Die Haare fallen schon auf ihren Wegen.
Sie springen, daß sie sterben, und in Eile,
Und sind mit totem Haupt im Feld gelegen,

Noch manchmal zappelnd. Und der Felder Tiere
Stehn um sie blind und stoßen mit dem Horne
In ihren Bauch. Sie strecken alle Viere,
Begraben unter Salbei und dem Dorne.

Die Meere aber stocken. In den Wogen
Die Schiffe hängen modernd und verdrossen,
Zerstreut, und keine Strömung wird gezogen,
Und aller Himmel Höfe sind verschlossen.

Die Bäume wechseln nicht die Zeiten
Und bleiben ewig tot in ihrem Ende,
Und über die verfallnen Wege spreiten
Sie hölzern ihre langen Finger-Hände.

Wer stirbt, der setzt sich auf, sich zu erheben,
Und eben hat er noch ein Wort gesprochen,
Auf einmal ist er fort. Wo ist sein Leben?
Und seine Augen sind wie Glas zerbrochen.

Schatten sind viele. Trübe und verborgen.
Und Träume, die an stummen Türen schleifen,
Und der erwacht, bedrückt vom Licht der Morgen,
Muß schweren Schlaf von grauen Lidern streifen.

WILHELM KLEMM

MEINE ZEIT

Gesang und Riesenstädte, Traumlawinen,
Verblaßte Länder, Pole ohne Ruhm,
Die sündigen Weiber, Not und Heldentum,
Gespensterbrauen, Sturm auf Eisenschienen.

In Wolkenfernen trommeln die Propeller.
Völker zerfließen. Bücher werden Hexen.
Die Seele schrumpft zu winzigen Komplexen.
Tot ist die Kunst. Die Stunden kreisen schneller.

O meine Zeit! So namenlos zerrissen,
So ohne Stern, so daseinsarm im Wissen
Wie du, will keine, keine mir erscheinen.

Noch hob ihr Haupt so hoch niemals die Sphinx!
Du aber siehst am Wege rechts und links
Furchtlos vor Qual des Wahnsinns Abgrund weinen!

JOHANNES R. BECHER

VERFALL

Unsere Leiber zerfallen,
Graben uns singend ein:
Berauschte Abende wir,
Nachtsturm- und meerverscharrt

Heißes Blut vertrocknet,
Eitergeschwür verrinnt.

Mund Ohr Auge verhüllet
Schlaf Traum Erde der Wind.
Gelblich träger Würmer
Enggewundener Gang.
Pochen rollender Stürme.
Wimpern blutrot lang.
... «Bin ich zerbröckelnde Mauer,
Säule am Wegrand die schweigt?
Oder Baum der Trauer,
Über den Abgrund geneigt?» ...
Süßer Geruch der Verwesung,
Raum Haus Haupt erfüllend.
Blumen, flatternde Gräser.
Vögel, Lieder quillend.

«Ja —, verfaulter Stamm ...»
Schimmel Geächz Gestöhn.
Unter wimmelnder Himmel Flucht
Furchtbarer Laut ertönt:
Pauke. Tube Gedröhn.
Donner. Wildflammiges Licht.
Zimbel. Schlagender Ton.
Trommelgeschrill. Das zerbricht. —

Der ich mich dir, weite Welt,
Hingab, leicht vertrauend,
Sieh, der arme Leib verfällt,
Doch mein Geist die Heimat schaut.
Nacht, dein Schlummer tröstet mich,
Mund ruht tief und Arm.
Heller Tag, du lösest mich
Auf in Unruh ganz und Harm.

Daß ich keinen Ausweg finde,
Ach, so weh zerteilt!
Blende bald, bald blind und Binde.
Daß kein Kuß mich heilt!
Daß ich keinen Ausweg finde,
Trag wohl ich nur Schuld:
Wildstrom, Blut und Feuerwind
Schande, Ungeduld.

Tag, du herbe Bitternis!
Nacht, gib Traum und Rat!
Kot Verzerrung Schnitt und Riß —
Kühle Lagerstatt ...

Alles muß noch ferne sein,
Fern, o fern von mir —
Blüh empor im Sternenschein,
Heimat, über mir!

Einmal werde ich am Wege stehn,
Versonnen, im Anschaun einer großen Stadt.
Umronnen von goldener Winde Wehn.
Licht fällt durch der Wolken Flucht matt.
Verzückte Gestalten, in Weiß gehüllt...
Meine Hände rühren
An Himmel, golderfüllt,
Sich öffnend gleich Wundertüren.

Wiesen, Wälder ziehen herauf.
Gewässer sich wälzen. Brücken.
Gewölbe. Endloser Ströme Lauf.
Grauer Gebirge Rücken.
Rotes Gedonner entsetzlich schwillt.
Drachen, Erde speiend.
Aufgerissener Rachen, die Sonne brüllt.
Empörung Lachen Geschrei.

Verfinsterung. Erde- und Blutgeschmack.
Knäuel. Gemetzel weit...
... «Wann erscheinest du, ewiger Tag?
Oder hat es noch Zeit?
Wann ertönest du, schallendes Horn,
Schrei du der Meerflut schwer?
Aus Dickicht, Moorgrund, Grab und Dorn
Rufend die Schläfer her?»...

GEORG HEYM

DER GOTT DER STADT

Auf einem Häuserblocke sitzt er breit.
Die Winde lagern schwarz um seine Stirn.
Er schaut voll Wut, wo fern in Einsamkeit
Die letzten Häuser in das Land verirrn.

Vom Abend glänzt der rote Bauch dem Baal,
Die großen Städte knieen um ihn her.
Der Kirchenglocken ungeheure Zahl
Wogt auf zu ihm aus schwarzer Türme Meer.

Wie Korybanten-Tanz dröhnt die Musik
Der Millionen durch die Straßen laut.
Der Schlote Rauch, die Wolken der Fabrik
Ziehn auf zu ihm, wie Duft von Weihrauch blaut.

Das Wetter schwält in seinen Augenbrauen.
Der dunkle Abend wird in Nacht betäubt.
Die Stürme flattern, die wie Geier schauen
Von seinem Haupthaar, das im Zorne sträubt.

Er streckt ins Dunkel seine Fleischerfaust.
Er schüttelt sie. Ein Meer von Feuer jagt
Durch eine Straße. Und der Glutqualm braust
Und frißt sie auf, bis spät der Morgen tagt.

JOHANNES R. BECHER

BERLIN

Der Süden wird verbluten in der Sonne Stunden.
Der Taten Gott erzürnt aus Lavagrüften schlug.
Es kreiset um das Land der Berge Flammenrunde.
Da brachen auf wir schwarz, ein dünner Totenzug.

Der Süden ist bestimmt zu ewiger Trauer Schlafe.
Wir haben unserer Träume Barken ausgebrannt.
Wir winken mit den Fackeln nach dem stillen Hafen,
Die streichet aus der Finsternisse Mutterhand.

Des Südens Atem klebt an unseren krummen Rücken
Mit Winden lau und dumpfer Glocken Grabgedröhn.
Betrübet euch! Des Abends rote Nebelmücken
Bestürmen euch mit Sang. Laßt uns vorübergehn!

Maultiere brechen hart von schartigem Messergrate.
Lawinen übertünchen uns mit Liebe weißem Fächer.
Wildbäche überblitzen hoch der Brücken Drahte.
Geysire platzen aus der brüchigen Felsen Köcher.

Wir sanken morgens in der Spalten grüne Kammern.
Wir tauchten mittags ein in Gletschermühle Becken.
Es sauste nieder des Erdrutsches Keulenhammer.
Des Winters Sturm riß uns aus wohlichtem Verstecke.

In Höhlenlöchern warteten die zarten Wunder.
Mit Gerten schlugen wir uns Labung aus dem Stein.

Wir stürzten ab mit nasser Büschel Fleckenschrunde.
Wir starben in den Kelchen der Enziane klein.

Wir tauten auf beim Hirtengruß und dem Geblöke
Der Herden. Aus der Blumen Grunde warmem Lauch
Sog uns zu Funkengärten schräger Purpurkegel.
Es trug uns Raub der neuen Heimat Wirbelhauch.

Aus Dächerfirnen strahlt der Meere Glanzgebreite,
Urwälder sind in Schlot und Balken hochgewachsen.
Der Rauche rußiger Hain beschattet die Gemäuer.
Der Krater Trichter schrumpften, schiefe Aschenzacken.

Der Wiesen Fluren tanzen um als Wimmelplätze.
In langer Straßen Schluchten weinen Abendröten.
Ein Quellenstrudelschwarm zum Himmel hetzet
Bei Kellertunnelnot und Krach der Speicherböden ...

Berlin! Du weißer Großstadt Spinnenungeheuer!
Orchester der Äonen! Feld der eisernen Schlacht!
Dein schillernder Schlangenleib ward rasselnd aufgescheuert,
Von der Geschwüre Schutt und Moder überdacht!

Berlin! Du bäumst empor dich mit der Kuppeln Faust,
Um die der Wetter Schwärme schmutzige Klumpen ballen!
Europas mattes Herze träuft in deinen Krallen!
Berlin! In dessen Brust die Brut der Fieber haust!

Berlin! Wie Donner rattert furchtbar dein Geröchel!
Die heiße Luft sich auf die schwachen Lungen drückt.
Der Menschen Schlamm umwoget deine wurmichten Knöchel.
Mit blauer Narben Kranze ist dein Haupt geschmückt!

Wir wohnen mit dem Monde in verlassener Klause,
Der wandelt nieder auf der Firste schmalem Joche.
Der Tage graue Gischt zu sternenen Küsten brauset.
Auf Winkeltreppe ward ein Mädchen wüst zerstochen.

Wir lungern um die Staatsgebäude voll Gepränge.
Wir halten Bomben für der Wagen Fahrt bereit.
Die blonde Muse längs sich dem Kanale schlängelt,
Quecksilberlicht aus Läden lila sie beschneit.

Auf Pflaster Nebeldämpfe feuchte Wickel pressen.
Auf trägem Damme erste Stadtbahnzüge schnaufen.
Die alten Huren mit den ausgefransten Fressen,
Sie schleichen in den bleichen Morgen, den zerrauften ...

O Stadt der Schmerzen in Verzweiflung düsterer Zeit!
Wann grünen auf die toten Bäume mit Geklinge?
Wann steigt ihr Hügel an in weißer Schleier Kleid?
Eisflächen, wann entfaltet ihr der Silber Schwinge?

Auf prasselnder Scheiter Haufen brennet der Prophet.
Der Kirchen Türme ragen hager auf wie Galgen.
Die Haare Flachs. Sein Leib auf Messingfüßen steht,
Im Ofen heiß wie glühender Erzkoloß zerwalket.

Und seine Stimme schwillt wie Wasserrauschen groß,
Da löschet aus des Brandes Qual auf heiliges Zeichen.
Ein fahles Schiff, das löset sich vom Ufer los,
Sich das Gerüste hebt und in die Nacht entweichet. —

Einst kommen wird der Tag!... Es rufet ihn der Dichter,
Daß er aus Ursprungs Schächten schneller her euch reise!
Des Feuers Geist ward der Geschlechter Totenrichter.
Es zerren ihn herauf der Bettler Orgeln heiser.

Einst kommen wird der Tag!... Die himmlischen Legionen,
Sie wimmeln aus der Wolken Ritze mit Geschmetter.
Es schlagen zu mit Knall der Häuser Särgebretter.
Zerschmeißen euch. Es hallelujen Explosionen.

Einst kommen wird der Tag!... Da mit des Zorns Geschrei
Der Gott wie einst empört die milbige Kruste sprengt.
Im Scherbenhorizonte treibt ein fetter Hai,
Dem blutiger Leichen Fraß aus zackichtem Maule hängt.

ALFRED WOLFENSTEIN

STÄDTER

Nah wie Löcher eines Siebes stehn
Fenster beieinander, drängend fassen
Häuser sich so dicht an, daß die Straßen
Grau geschwollen wie Gewürgte sehn.

Ineinander dicht hineingehakt
Sitzen in den Trams die zwei Fassaden
Leute, wo die Blicke eng ausladen
Und Begierde ineinander ragt.

Unsre Wände sind so dünn wie Haut,
Daß ein jeder teilnimmt, wenn ich weine,
Flüstern dringt hinüber wie Gegröhle:

Und wie stumm in abgeschloßner Höhle
Unberührt und ungeschaut
Steht doch jeder fern und fühlt: alleine.

JAKOB VAN HODDIS

DIE STADT

Ich sah den Mond und des Ägäischen
Grausamen Meeres tausendfachen Pomp.
All meine Pfade rangen mit der Nacht.

Doch sieben Fackeln waren mein Geleit
Durch Wolken glühend, jedem Sieg bereit.

«Darf ich dem Nichts erliegen, darf mich quälen
Der Städte weiten Städte böser Wind?
Da ich zerbrach den öden Tag des Lebens!»

Verschollene Fahrten! Eure Siege sind
Zu lange schon verflackt. Ah! helle Flöten
Und Geigen tönen meinen Gram vergebens.

ALFRED WOLFENSTEIN

BESTIENHAUS

Ich gleite, rings umgittert von den dunklen Tieren,
Durchs brüllende Haus am Stoß der Stäbe hin und her,
Und blicke weit in ihren Blick wie weit hinaus auf Meer
In ihre Freiheit ... die die schönen nie verlieren.

Der harte Takt der engen Stadt und Menschheit zählt
An meinen Zeh'n, doch lose schreiten Einsamkeiten
Im Tigerknie, und seine baumgestreiften Seiten
Sind keiner Straße, nur der Erde selbst vermählt.

Ach ihre reinen heißen Seelen fühlt mein Wille
Und ich zerschmelze sehnsuchtsvoller als ein Weib.
Des Jaguars Blitze gelb aus seinem Sturmnachtleib
Umglühn mein Schneegesicht und winzige Pupille.

Der Adler sitzt wie Statuen still und scheinbar schwer
Und aufwärts aufwärts in Bewegung ungeheuer!

Sein Auftrieb greift in mich und spannt mich in sein Steuer —
Ich bleibe still, ich bin von Stein, es fliegt nur er.

Es steigen hoch der Elefanten graue Eise,
Gebirge, nur von Riesengeistern noch bewohnt:
Von Wucht und Glut des wilden Alls bin ich umthront
Und ich steh eingesperrt in ihrem freien Kreise.

ALFRED LICHTENSTEIN

DIE DÄMMERUNG

Ein dicker Junge spielt mit einem Teich.
Der Wind hat sich in einem Baum gefangen.
Der Himmel sieht verbummelt aus und bleich,
Als wäre ihm die Schminke ausgegangen.

Auf lange Krücken schief herabgebückt
Und schwatzend kriechen auf dem Feld zwei Lahme.
Ein blonder Dichter wird vielleicht verrückt.
Ein Pferdchen stolpert über eine Dame.

An einem Fenster klebt ein fetter Mann.
Ein Jüngling will ein weiches Weib besuchen.
Ein grauer Clown zieht sich die Stiefel an.
Ein Kinderwagen schreit und Hunde fluchen.

ERNST STADLER

ABENDSCHLUSS

Die Uhren schlagen sieben. Nun gehen überall in der Stadt die Ge-
    schäfte aus.
Aus schon umdunkelten Hausfluren, durch enge Winkelhöfe aus
    protzigen Hallen drängen sich die Verkäuferinnen heraus.
Noch ein wenig blind und wie betäubt vom langen Eingeschlossen-
    sein
Treten sie, leise erregt, in die wollüstige Helle und die sanfte Offen-
    heit des Sommerabends ein.
Griesgrämige Straßenzüge leuchten auf und schlagen mit einem Ma-
    le helleren Takt,
Alle Trottoirs sind eng mit bunten Blusen und Mädchengelächter
    vollgepackt.
Wie ein See, durch den das starke Treiben eines jungen Flusses wühlt,
Ist die ganze Stadt von Jugend und Heimkehr überspült.

Zwischen die gleichgültigen Gesichter der Vorübergehenden ist ein
    vielfältiges Schicksal gestellt —
Die Erregung jungen Lebens, vom Feuer dieser Abendstunde über-
    hellt,
In deren Süße alles Dunkle sich verklärt und alles Schwere schmilzt,
    als wäre es leicht und frei,
Und als warte nicht schon, durch wenige Stunden getrennt, das triste
    Einerlei
Der täglichen Frohn — als warte nicht Heimkehr, Gewinkel schmutzi-
    ger Vorstadthäuser, zwischen nackte Mietskasernen ge-
    keilt,
Karges Mahl, Beklommenheit der Familienstube und die enge Nacht-
    kammer, mit den kleinen Geschwistern geteilt,
Und kurzer Schlaf, den schon die erste Frühe aus dem Goldland der
    Träume hetzt —
All das ist jetzt ganz weit — von Abend zugedeckt — und doch schon
    da, und wartend wie ein böses Tier, das sich zur Beute
    niedersetzt,
Und selbst die Glücklichsten, die leicht mit schlankem Schritt
Am Arm des Liebsten tänzeln, tragen in der Einsamkeit der Augen
    einen fernen Schatten mit.
Und manchmal, wenn von ungefähr der Blick der Mädchen im Ge-
    spräch zu Boden fällt,
Geschieht es, daß ein Schreckgesicht mit höhnischer Grimasse ihrer
    Fröhlichkeit den Weg verstellt.
Dann schmiegen sie sich enger, und die Hand erzittert, die den Arm
    des Freundes greift,
Als stände schon das Alter hinter ihnen, das ihr Leben dem Verlö-
    schen in der Dunkelheit entgegenschleift.

THEODOR DÄUBLER

DIADEM

Die Bogenlampen krönen Sonnenuntergänge,
Ihr lila Scheinen wird den Abend überleben.
Sie geistern schwebend über lärmendem Gedränge.
Es muß verglaste Früchte andrer Welten geben!

Beschwichtigt nicht ihr Lichtgeträufel das Getöse?
Ich kann das Wesen dieser Lampen schwer vernehmen.
Die Sterne scheinen klug, der Mond wird gerne böse.
Warum erblaßt du unter Sternendiademen?

Wilhelm Lehmbruck · Theodor Däubler

FLÜGELLAHMER VERSUCH

Es schweift der Mond durch ausgestorbne Gassen,
Es fällt sein Schein bestimmt durch bleiche Scheiben.
Ich möchte nicht in dieser Gasse bleiben,
Ich leid es nicht, daß Häuser stumm erblassen.

Doch was bewegt sich steil auf den Terrassen?
Ich wähne dort das eigenste Betreiben,
Als wollten Kreise leiblich sich beschreiben,
Ich ahne Laute, ohne sie zu fassen.

Es mag sich wohl ein weißer Vogel zeigen,
Fast wie ein Drache trachten aufzusteigen,
Dabei sich aber langsam niederneigen.

Wie scheint mir dieses Mondtier blind und eigen,
Es klopft an Scheiben, unterbricht das Schweigen
Und liegt dann tot in Hainen unter Feigen.

GEORG HEYM

DIE DÄMONEN DER STÄDTE

Sie wandern durch die Nacht der Städte hin,
Die schwarz sich ducken unter ihrem Fuß.
Wie Schifferbärte stehen um ihr Kinn
Die Wolken schwarz vom Rauch und Kohlenruß.

Ihr langer Schatten schwankt im Häusermeer
Und löscht der Straßen Lichterreihen aus.
Er kriecht wie Nebel auf dem Pflaster schwer
Und tastet langsam vorwärts Haus für Haus.

Den einen Fuß auf einen Platz gestellt,
Den anderen gekniet auf einen Turm,
Ragen sie auf, wo schwarz der Regen fällt,
Panspfeifen blasend in den Wolkensturm.

Um ihre Füße kreist das Ritornell
Des Städtemeers mit trauriger Musik,
Ein großes Sterbelied. Bald dumpf, bald grell
Wechselt der Ton, der in das Dunkel stieg.

Sie wandern an dem Strom, der schwarz und breit
Wie ein Reptil, den Rücken gelb gefleckt
Von den Laternen, in die Dunkelheit
Sich traurig wälzt, die schwarz den Himmel deckt.

Sie lehnen schwer auf einer Brückenwand
Und stecken ihre Hände in den Schwarm
Der Menschen aus, wie Faune, die am Rand
Der Sümpfe bohren in den Schlamm den Arm.

Einer steht auf. Dem weißen Monde hängt
Er eine schwarze Larve vor. Die Nacht,
Die sich wie Blei vom finstern Himmel senkt,
Drückt tief die Häuser in des Dunkels Schacht.

Der Städte Schultern knacken. Und es birst
Ein Dach, daraus ein rotes Feuer schwemmt.
Breitbeinig sitzen sie auf seinem First
Und schrein wie Katzen auf zum Firmament.

In einer Stube voll von Finsternissen
Schreit eine Wöchnerin in ihren Wehn.
Ihr starker Leib ragt riesig aus den Kissen,
Um den herum die großen Teufel stehn.

Sie hält sich zitternd an der Wehebank.
Das Zimmer schwankt um sie von ihrem Schrei,
Da kommt die Frucht. Ihr Schoß klafft rot und lang,
Und blutend reißt er von der Frucht entzwei.

Der Teufel Hälse wachsen wie Giraffen.
Das Kind hat keinen Kopf. Die Mutter hält
Es vor sich hin. In ihrem Rücken klaffen
Des Schrecks Froschfinger, wenn sie rückwärts fällt.

Doch die Dämonen wachsen riesengroß.
Ihr Schläfenhorn zerreißt den Himmel rot.
Erdbeben donnert durch der Städte Schoß
Um ihren Huf, den Feuer überloht.

GOTTFRIED BENN

KLEINE ASTER

Ein ersoffener Bierfahrer wurde auf den Tisch gestemmt.
Irgendeiner hatte ihm eine dunkelhellila Aster
zwischen die Zähne geklemmt.

Als ich von der Brust aus
unter der Haut
mit einem langen Messer
Zunge und Gaumen herausschnitt,
muß ich sie angestoßen haben, denn sie glitt
in das nebenliegende Gehirn.
Ich packte sie ihm in die Brusthöhle
zwischen die Holzwolle,
als man zunähte.
Trinke dich satt in deiner Vase!
Ruhe sanft,
kleine Aster!

JAKOB VAN HODDIS

TRISTITIA ANTE...

Schneeflocken fallen. Meine Nächte sind
Sehr laut geworden, und zu starr ihr Leuchten.
Alle Gefahren, die mir ruhmvoll deuchten,
Sind nun so widrig wie der Winterwind.

Ich hasse fast die helle Brunst der Städte.

Wenn ich einst wachte und die Mitternächte
Langsam zerflammten — bis die Sonne kam —,
Wenn ich den Prunk der weißen Huren nahm,
Ob magrer Prunk mir endlich Lösung brächte,

War diese Grelle nie und dieser Gram.

ERNST STADLER

TAGE

O Gelöbnis der Sünde! All' ihr auferlegten Pilgerfahrten in entehrte
Betten!
Stationen der Erniedrigung und der Begierde an verdammten Stät-
ten!
Obdach beschmutzter Kammern, Herd in der Stube, wo die Speise-
reste verderben,
Und die qualmende Öllampe, und über der wackligen Kommode
der Spiegel in Scherben!
Ihr zertretnen Leiber! du Lächeln, krampfhaft in gemalte Lippen ein-
geschnitten!

Armes, ungepflegtes Haar! ihr Worte, denen Leben längst entglit-
        ten —
Seid ihr wieder um mich, hör' ich euch meinen Namen nennen?
Fühl' ich aus Scham und Angst wieder den einen Drang nur mich zer-
        brennen:
Sicherheit der Frommen, Würde der Gerechten anzuspeien,
Trübem, Ungewissem, schon Verlornem mich zu schenken, mich zu
        weihen,
Selig singend Schmach und Dumpfheit der Geschlagenen zu fühlen,
Mich ins Mark des Lebens wie in Gruben Erde einzuwühlen.

ALFRED WOLFENSTEIN

Verdammte Jugend

Von Hause fort, durch Straßen fort,
Euch unbekannt und jedem Ort,
Nur wie der Himmel rasch und hoch
Durch fremden Lärm und ohne Wort!

Wie schön allein, und dies verwühlt
Und keiner drin, der mich befühlt,
Der voll Verwandtschaft dumm und dicht
In meiner Brust verhaßt sich sühlt!

Hier ist nicht Heim, hier ist es auf,
Nicht Liebe plump, nur Kampf und Kauf!
Ah fließt die Straße strotzend aus
Zu andern ein in riesigem Lauf.

Ah sprüht es schroff pferdlos vorbei
Und brodelt schwarz der Menge Brei
Und Häuser flattern hingepeitscht
Von Licht, Geläut, Gezisch, Geschrei.

Die Steine ziehn in falscher Ruh,
Gehackt vom Schlag des Heers der Schuh,
Den fahlen Köpfen funkeln wund
Von schneller Glut die Lampen zu.

Hier Antlitze wie Tiere fremd
Und Augen wie in Eis geklemmt
Und Augen, die nur sich besehn,
Hier Antlitze, von nichts gehemmt!

Du Gottlose, mein Haupt zerstäub —
Entmenschlichte, mein Herz zerstäub —
Mich ohne Heimat, ohne Weg
Du Straße ja betäub! betäub!

PAUL ZECH

FABRIKSTRASSE TAGS
(1911)

Nichts als Mauern. Ohne Gras und Glas
zieht die Straße den gescheckten Gurt
der Fassaden. Keine Bahnspur surrt.
Immer glänzt das Pflaster wassernaß.

Streift ein Mensch dich, trifft sein Blick dich kalt
bis ins Mark; die harten Schritte haun
Feuer aus dem turmhoch steilen Zaun,
noch sein kurzes Atmen wolkt geballt.

Keine Zuchthauszelle klemmt
so in Eis das Denken wie dies Gehn
zwischen Mauern, die nur sich besehn.

Trägst du Purpur oder Büßerhemd —:
immer drückt mit riesigem Gewicht
Gottes Bannfluch: *uhrenlose Schicht.*

PAUL ZECH

SORTIERMÄDCHEN
(1911)

Pilzbeschuppte Mauern, dunkler Winkel am Kanal,
überrauscht von Drehgekreisch der hitzigen Kräne:
blinder Fenster Zwielicht kriecht in einen Arbeitssaal.

Bleiche Mädchen, schon zu reif für Traum und Träne,
angestarrt von des Entsagens trocknem Grind
und an Schwielen Wucherung verschollener Pläne,

bleiche Mädchen hinter Mauern, am Kanal, halb blind,
bleiche Mädchen, ach, was fragt ihr viel nach Bann und Bäumen
eines Winds in Gärten, die wie Abend sind.

Wasser, die um den gespitzten Kiel der Schlepper schäumen,
sangen nie von blitzenden Regatten, nie vom Mond,
der auf Liebesinseln tropft und nie von Kais, die Bäder säumen.

Wasser, das um Fensterluken spült und kühl den Raum bewohnt,
Atmet den Geruch von Teer und Aas und Gerberlaugen,
und noch nie hat euch Gebrüll von Untergängen zart geschont.

Über die zerwühlten Ballen von Metallen, die nichts taugen
zu Geräten, hängt ihr das verknöcherte Gesicht:
dumpfer Wille in den Händen und gestumpftes Weiß in Augen.

Manchmal bricht ein Lied, das sich dem Radgeräusch verflicht,
aus den Munden, die an Fäulnis der Gebisse kranken...
bricht ein Lied — und du, Maria, hörst es nicht?

An den Fenstern aber schwanken
Schatten boshaft wie die Nächte, die das Stroh
eurer Laken mit verwelktem Knospenrot beranken.

Und ihr zuckt zurück und fingert wütend roh
an den Brüsten, an der Schenkel brüchigen Ruinen,
und die Augen saugen Blitze her von irgendwo.

So verhaßt wie die belarvten, überstählten Mienen
des blutjungen Meisters euch erscheinen, ist kein Ding;
nicht die Syphilitiker und Säufer in Kantinen.

Eingesponnen in des Uhrwerks engen Ring:
O was nützen Gifte ausgelaugt aus Fetzen
einer Jugend, die unfruchtbar verging!

Während eure Brüder Unerfülltes scharf an Aufruhr wetzen,
Schwestern jenseits des Kanals sich rosa drehn im Tanz,
müßt ihr heftige Gedanken auf Metalle hetzen.

Und nur einmal fällt von Blut und Schnee ein Kranz
in die grau verfilzten Strähnen eurer Scheitelbahnen,
wenn ihr, süß berauscht vom Funkeln der Monstranz,
eure Lippen drücken dürft auf Säume von Soutanen.

Ludwig Meidner · Paul Zech

PAUL ZECH

FRÄSER

Gebietend blecken weiße Hartstahl-Zähne
aus dem Gewirr der Räder. Mühlen gehn profund,
sie schütten auf den Ziegelgrund
die Wolkenbrüche krauser Kupferspäne.

Die Gletscherkühle riesenhafter Birnen
beglänzt Fleischnackte, die von Öl umtropft
die Kämme rühren; während automatenhaft gestopft
die Scheren das Gestänge dünn zerzwirnen.

Ein Fäusteballen hin und wieder und ein Fluch,
Werkmeisterpfiffe, widerlicher Brandgeruch
an Muskeln jäh empor geleckt: zu töten!

Und es geschieht, daß sich die bärtigen Gesichter röten,
daß Augen wie geschliffene Gläser stehn
und scharf, gespannt nach innen sehn.

ALFRED LICHTENSTEIN

NEBEL

Ein Nebel hat die Welt so weich zerstört.
Blutlose Bäume lösen sich in Rauch.
Und Schatten schweben, wo man Schreie hört.
Brennende Biester schwinden hin wie Hauch.

Gefangne Fliegen sind die Gaslaternen.
Und jede flackert, daß sie noch entrinne.
Doch seitlich lauert glimmend hoch in Fernen
Der giftge Mond, die fette Nebelspinne.

Wir aber, die, verrucht, zum Tode taugen,
Zerschreiten knirschend diese wüste Pracht.
Und stechen stumm die weißen Elendsaugen
Wie Spieße in die aufgeschwollne Nacht.

DER AUSFLUG

Du, ich halte diese festen
Stuben und die dürren Straßen
Und die rote Häusersonne,
Die verruchte Unlust aller
Längst schon abgeblickten Bücher
Nicht mehr aus.

Komm, wir müssen von der Stadt
Weit hinweg.
Wollen uns in eine sanfte
Wiese legen.
Werden drohend und so hilflos
Gegen den unsinnig großen,
Tödlich blauen, blanken Himmel
Die entfleischten, dumpfen Augen,
Die verwunschnen,
Und verheulte Hände heben. —

THEODOR DÄUBLER

HÄTTE ICH EIN FÜNKCHEN GLÜCK

Hätte ich ein Fünkchen Glück, wäre alles anders!
Wollte blauer Tauwind hold meine Segel schweelen,
Blitzte gleich durch mich der Geist eines kühnen Landers,
Und ich müßte immer mehr, mich ums Mehr zerquälen.

Wäre wenig anders nur: hätte ich ein Fünkchen Glück,
Träumt ich nicht voll Brunstgewalt in die nackte, kalte Nacht,
Denn ich fühlte mich im Weib, bis in meinen Grund zurück:
Würde je mein Graun getilgt, hätt ich keinen Sturm durchwacht!

Wüßte ich, warum ich fromm, daseinsscheu und seltsam bin,
Ahnte ich, weshalb um mich nirgends grünes Glück gedeiht,
Hätte dieses kleine Sein plötzlich schrecklich vielen Sinn!
Nirgends fände ich den Zweck und ich stürbe doch vor Leid.

Dennoch höre, Erde mich: ich bin auch ein Kind von dir!
Erde, ach, ich liebe dich. Liebe ist mein Erdensang.
Erde, liebe deinen Sohn, wie die Pflanze, wie das Tier!
Erde, warum bin ich hier liebesarm und totenbang?

Hätte ich ein Fünkchen Glück, hielt ich rein das Glück!
So ist oft mein Traumgesicht wild auf Lust erpicht.
Alles bleibt in mir Versuch. Nie gelingt ein Stück.
Sing ich das, so glaube ich, daß mein Herz mir bricht.

ALBERT EHRENSTEIN

So schneit auf mich die tote Zeit

Hofft nichts von mir.
Ich habe niemals Sonne gehabt,
Ich habe den Steinen mein Leid gebracht.
Ich hoffte Glück vom Tier.

An mir vorüber sprang der Wunsch der rasselosen Dirnen,
Und nie klang mir das deutsche Wort: ich liebe dich!
Sie recken dem Kommis die grundlos eiteln Stirnen,
Boshaft gähnt mich das Weib an: ich betrübe dich.

So schneit auf mich die tote Zeit.
Danklos trinkt sie den Wein, und was sich beut,
Mein Sehnen darf erlahmen;
Sie wahrt, um Fleisch besorgt, mit plötzlich keuscher Eile
Des Anstands lange Langeweile.
: Weib wird Zeit.

AUGUST STRAMM

Untreu

Dein Lächeln weint in meiner Brust
Die glutverbissenen Lippen eisen
Im Atem wittert Laubwelk!
Dein Blick versargt
Und
Hastet polternd Worte drauf.
Vergessen
Bröckeln nach die Hände!
Frei
Buhlt dein Kleidsaum
Schlenkrig
Drüber rüber!

WAS?

Ist es wirklich wahr,
Ruft in jeder Stimme,
Wenn sie noch so leise klingt,
Ursprungslos und wunderbar
Gott in seinem Grimme:
Wenn dir DAS zu Herzen dringt,
Menschenkind, so glimme!

Was, oh was? ich horche ja!
Horche manchem Leben,
Bin dem Winde immer nah,
Winde mich zum Nichts zurück,
Selbst mich zu erheben:
Trachte, als von Gott ein Stück,
Frei vor Gott zu beben!

Stürme umarmen mich,
Halsen uns alle und rufen:
«Als mir noch niemand glich,
Blieb ich so still in dir;
Als wir uns schufen,
Wurden wir Wind und Tier
Und mußten verstufen.»

Böen ereignet euch!
Höhen vernehmt eure Höhe!
Dann heul ich euch nach. Ich der Geist.
Dann zerr ich an jedem Gesträuch
Und wehe: wehe, wenn ich entflöhe!
Dann würdet ihr, die ihr vereist,
Nicht wissen, daß ihr zerreißt.

Menschen, so fasset euch:
Lauscht in die stürmenden Stimmen:
Helft mir, begreift einen Schrei!
Die Seelen durchfegt ein Gekeuch!
Ihr löscht nicht das Gottesergrimmen:
Ach, würde ein einziger frei,
So müßten wir klimmen, erglimmen!

Der Wirrwarr verwirbelt nicht mehr.
Wir waren vielleicht nie beisammen.
Wie schwer wird der Geist jedem Meer,
Und dem Geiste die Schöpfung wie leer!

Wir müssen uns fliehend verdammen:
Jungfräulich doch immer entstammen:
Zusammen geht alles ursprünglich einher.

THEODOR DÄUBLER

EINSAM

Ich rufe! Echolos sind alle meine Stimmen.
Das ist ein alter, lauteleerer Wald.
Ich atme ja, doch gar nichts regt sich oder hallt.
Ich lebe, denn ich kann noch lauschen und ergrimmen.

Ist das kein Wald? Ist das ein Traumerglimmen?
Ist das der Herbst, der schweigsam weiter wallt?
Das war ein Wald! Ein Wald voll alter Urgewalt.
Dann kam ein Brand, den sah ich immer näher klimmen.

Erinnern kann ich mich, erinnern, bloß erinnern.
Mein Wald war tot. Ich lispelte zu fremden Linden,
Und eine Quelle sprudelte in meinem Innern.

Nun starr ich in den Traum, das starre Waldgespenst.
Mein Schweigen, ach, ist aber gar nicht unbegrenzt.
Ich kann in keinem Wald das Echo-Schweigen finden.

ALFRED LICHTENSTEIN

SOMMERFRISCHE

Der Himmel ist wie eine blaue Qualle.
Und rings sind Felder, grüne Wiesenhügel —
Friedliche Welt, du große Mausefalle,
Entkäm ich endlich dir ... O hätt ich Flügel —

Man würfelt. Säuft. Man schwatzt von Zukunftsstaaten.
Ein jeder übt behaglich seine Schnauze.
Die Erde ist ein fetter Sonntagsbraten,
Hübsch eingetunkt in süße Sonnensauce.

Wär doch ein Wind ... zerriß mit Eisenklauen
Die sanfte Welt. Das würde mich ergetzen.
Wär doch ein Sturm ... der müßt den schönen blauen
Ewigen Himmel tausendfach zerfetzen.

NACHT IM DORFE

Vor der verschlungnen Finsternis stöhnt
Stöhnt mein Mund.
Ich, an Lärmen unruhig gewöhnt,
Starre suchend rund:

Berge von Bäumen behaart ruhn
Schwarz wüst herein,
Was ihre Straßen nun tun
Äußert kein Schein, kein Schrei'n.

Aber ein wenig sich zu irrn
Wünscht, wünscht mein Ohr,
Schwänge nur eines Käfers Schwirrn
Mir ein Auto vor.

Wäre nur ein Fenster drüben bewohnt,
Doch im gewölbten Haus
Nichts als Sterne und hohlen Mond
— Halt ich nicht aus —

Halt ich nicht aus, meinem Schlaf allmächtig umstellt,
Fremd, fremd und nah —
Durch den See noch näher geschwellt
Liegt es lautlos da.

Aber glaubt mich nicht schwach,
Daß ich — soeben die Stadt noch gehaßt —
Nun das Land flieh —: es ist nur die Nacht,
Nur auf dich, diese Nacht, war ich nicht gefaßt —

Wie du tot oder tausendfach unbekannt
Mein schwarzes Bett umlangst,
Nirgends durchbrochen von menschlicher Hand,
Gottlose Angst.

GEORG TRAKL

DE PROFUNDIS

Es ist ein Stoppelfeld, in das ein schwarzer Regen fällt.
Es ist ein brauner Baum, der einsam dasteht.
Es ist ein Zischelwind, der leere Hütten umkreist —
Wie traurig dieser Abend.

Am Weiler vorbei
Sammelt die sanfte Waise noch spärliche Ähren ein.
Ihre Augen weiden rund und goldig in der Dämmerung
Und ihr Schoß harrt des himmlischen Bräutigams.

Bei der Heimkehr
Fanden die Hirten den süßen Leib
Verwest im Dornenbusch.

Ein Schatten bin ich ferne finsteren Dörfern.
Gottes Schweigen
Trank ich aus dem Brunnen des Hains.

Auf meine Stirne tritt kaltes Metall.
Spinnen suchen mein Herz.
Es ist ein Licht, das in meinem Mund erlöscht.

Nachts fand ich mich auf einer Heide,
Starrend von Unrat und Staub der Sterne.
Im Haselgebüsch
Klangen wieder kristallne Engel.

GEORG TRAKL

RUH UND SCHWEIGEN

Hirten begruben die Sonne im kahlen Wald.
Ein Fischer zog
In härenem Netz den Mond aus frierendem Weiher.

In blauem Kristall
Wohnt der bleiche Mensch, die Wang' an seine Sterne gelehnt;
Oder er neigt das Haupt in purpurnem Schlaf.

Doch immer rührt der schwarze Flug der Vögel
Den Schauenden, das Heilige blauer Blumen,
Denkt die nahe Stille Vergessenes, erloschene Engel.

Wieder nachtet die Stirne in mondenem Gestein;
Ein strahlender Jüngling
Erscheint die Schwester in Herbst und schwarzer Verwesung.

In den Nachmittag geflüstert

Sonne, herbstlich dünn und zag,
Und das Obst fällt von den Bäumen.
Stille wohnt in blauen Räumen
Einen langen Nachmittag.

Sterbeklänge von Metall;
Und ein weißes Tier bricht nieder.
Brauner Mädchen rauhe Lieder
Sind verweht im Blätterfall.

Stirne Gottes Farben träumt,
Spürt des Wahnsinns sanfte Flügel.
Schatten drehen sich am Hügel
Von Verwesung schwarz umsäumt.

Dämmerung voll Ruh und Wein;
Traurige Gitarren rinnen.
Und zur milden Lampe drinnen
Kehrst du wie im Traume ein.

ALBERT EHRENSTEIN

Verzweiflung

Wochen, Wochen sprach ich kein Wort;
Ich lebe einsam, verdorrt.
Am Himmel zwitschert kein Stern.
Ich stürbe so gern.

Meine Augen betrübt die Enge,
Ich verkrieche mich in einen Winkel,
Klein möchte ich sein wie eine Spinne,
Aber niemand zerdrückt mich.

Keinem habe ich Schlimmes getan,
Allen Guten half ich ein wenig.
Glück, dich soll ich nicht haben.
Man will mich nicht lebend begraben.

Nach einer Zeichnung von Oskar Kokoschka · Georg Trakl

LEID

Wie bin ich vorgespannt
Den Kohlenwagen meiner Trauer!
Widrig wie eine Spinne
Bekriecht mich die Zeit.
Fällt mein Haar,
Ergraut mein Haupt zum Feld,
Darüber der letzte
Schnitter sichelt.
Schlaf umdunkelt mein Gebein.
Im Traum schon starb ich,
Gras schoß aus meinem Schädel,
Aus schwarzer Erde war mein Kopf.

ALBERT EHRENSTEIN

AUF DER HARTHERZIGEN ERDE

Dem Rauch einer Lokomotive juble ich zu,
Mich freut der weiße Tanz der Gestirne,
Hell aufglänzend der Huf eines Pferdes,
Mich freut den Baum hinanblitzend ein Eichhorn,
Oder kalten Silbers ein See, Forellen im Bache,
Schwatzen der Spatzen auf dürrem Gezweig.
Aber nicht blüht mir Freund noch Feind auf der Erde,
Ferne Wege gehe ich durch das Feld hin.

Ich zertrat das Gebot
«Ringe, o Mensch, dich zu freuen und Freude zu geben den Andern!»

Düster umwandle ich mich,
Vermeidend die Mädchen und Männer,
Seit mein weiches, bluttränendes Herz
Im Staube zerstießen, die ich verehrte.
Nie neigte sich meinem einsam jammernden Sinn
Die Liebe der Frauen, denen ihr Atmen ich dankte.
Ich, der Fröstelnde, lebe dies weiter. Lange noch.
Ferne Wege schluchze ich durch die Wüste.

GOTTFRIED BENN

Der junge Hebbel

Ihr schnitzt und bildet: den gelenken Meißel
in einer feinen weichen Hand.
Ich schlage mit der Stirn am Marmorblock
die Form heraus.
Meine Hände schaffen ums Brot.

Ich bin mir noch sehr fern.
Aber ich will Ich werden!
Ich trage einen tief im Blut,
der schreit nach seinen selbsterschaffenen
Götterhimmeln und Menschenerden. —

Meine Mutter ist eine so arme Frau,
daß ihr lachen würdet, wenn ihr sie sähet,
Wir wohnen in einer engen Bucht,
ausgebaut an des Dorfes Ende.
Meine Jugend ist mir wie ein Schorf:
eine Wunde darunter.
Da sickert täglich Blut hervor.
Davon bin ich so entstellt. —

Schlaf brauche ich keinen.
Essen nur so viel, daß ich nicht verrecke!
Unerbittlich ist der Kampf
und die Welt starrt von Schwertspitzen.
Jede hungert nach meinem Herzen.
Jede muß ich, Waffenloser,
in meinem Blut zerschmelzen.

ALFRED WOLFENSTEIN

Die gottlosen Jahre

Musik nicht will ich machen, sondern schreiten
Und zeigen meine Schritte.
Musik nicht gibt das hart geballte Reiten
Der Heere von Seelen, die streiten
Um meine Mitte.

Und ist kein Boden mehr, kein Traum zu schreiten,
So sollt ihr noch mein Stehn verspüren,
Ich laß wie ein Gebirge mich nicht gleiten,
So gut befreundet immer noch mit Möglichkeiten,
Kein Schicksal soll mir meine Stirn entführen.

Am scharfen Rande ausgesogner Weiten,
Auf nichts als meinen zitternd spitzen Zehen,
Erwachsen, sehend nur mein Sehen,
Entstürzt dem ersten Garten und mit keiner zweiten
Musik als meinem Warten —: spürt mich stehen.

ALBERT EHRENSTEIN

DER WANDERER

Meine Freunde sind schwank wie Rohr,
Auf ihren Lippen sitzt ihr Herz,
Keuschheit kennen sie nicht;
Tanzen möchte ich auf ihren Häuptern.

Mädchen, das ich liebe,
Seele der Seelen du,
Auserwählte, Lichtgeschaffene,
Nie sahst du mich an,
Dein Schoß war nicht bereit,
Zu Asche brannte mein Herz.

Ich kenne die Zähne der Hunde,
In der Wind-ins-Gesicht-Gasse wohne ich,
Ein Sieb-Dach ist über meinem Haupte,
Schimmel freut sich an den Wänden,
Gute Ritzen sind für den Regen da.

«Töte dich!» spricht mein Messer zu mir.
Im Kote liege ich;
Hoch über mir, in Karossen befahren
Meine Feinde den Mondregenbogen.

KURT HEYNICKE

ERHEBE DIE HÄNDE

Erhebe die Hände,
Angesicht,
urnamenlos
über mein Haupt,
das feucht ist von Wein und Lachen!

Ich stürze in blitzende Stunden,
reiße mein Blut hoch in blühende Frauen,

und wiege dahin in singende Geigen —
siehe —
es neigen sich alle Stunden,
ich könnte jung sein,
und mein Herz ein Sommer —
aber tief in mir schluchzt ein Gedanke —
fern
verhaltenes Weinen steigt dunkelher
und umarmt meine Jugend...
Dies ist ewig:
Das Nein.

Hätte ich alle Lust,
fremd höben sich meine Schultern,
meine Lippe wäre Verachtung:
Ich bin ein Wanderer
und darf nicht verweilen...

FRANZ WERFEL

FREMDE SIND WIR AUF DER ERDE ALLE

Tötet euch mit Dämpfen und mit Messern,
Schleudert Schrecken, hohe Heimatworte,
Werft dahin um Erde euer Leben!
Die Geliebte ist euch nicht gegeben.
Alle Lande werden zu Gewässern,
Unterm Fuß zerrinnen euch die Orte.

Mögen Städte aufwärts sich gestalten,
Niniveh, ein Gottestrotz von Steinen!
Ach, es ist ein Fluch in unserm Wallen...
Flüchtig muß vor uns das Feste fallen,
Was wir halten, ist nicht mehr zu halten,
Und am Ende bleibt uns nichts als Weinen.

Berge sind, und Flächen sind geduldig...
Staunen, wie wir auf und nieder weichen.
Fluß wird alles, wo wir eingezogen.
Wer zum Sein noch Mein sagt, ist betrogen.
Schuldvoll sind wir, und uns selber schuldig,
Unser Teil ist: Schuld, sie zu begleichen!

Mütter leben, daß sie uns entschwinden.
Und das Haus ist, daß es uns zerfalle.
Selige Blicke, daß sie uns entfliehen.

Selbst der Schlag des Herzens ist geliehen!
Fremde sind wir auf der Erde Alle,
Und es stirbt, womit wir uns verbinden.

WALTER HASENCLEVER

TRITT AUS DEM TOR, ERSCHEINUNG

Tritt aus dem Tor, Erscheinung, namenlose!
Kommt, ihr geheimnisvollen frühen Triebe!
Kehr wieder, Sonntag! Schlafe mit mir, Rose
Am weißen Kleide meiner ersten Liebe!
Und wenn ich von euch ritt auf einem Pferde
Schwarz in die Dunkelheit des Meers — was war ich!
Ein Strahl des Lichts, ein Stück von meiner Erde,
Ein Abenteuer, bunt, verbrannt und fahrig.
Mein altes Haus, wer deine Ruhe fände!
O sag mir nicht, daß auf den fremden Inseln
Jetzt Affen schrein und Papageien winseln —
Ich könnte wieder reisen ohne Ende!

WILHELM KLEMM

PHILOSOPHIE

Wir wissen nicht was das Licht ist
Noch was der Äther und seine Schwingungen —
Wir verstehen das Wachstum nicht
Und die Wahlverwandtschaften der Stoffe.

Fremd ist uns, was die Sterne bedeuten
Und der Feiergang der Zeit.
Die Untiefen der Seele begreifen wir nicht
Noch die Fratzen, unter denen sich die Völker vernichten.

Unbekannt bleibt uns das Gehen und Kommen.
Wir wissen nicht, was Gott ist!
Oh Pflanzenwesen im Dickicht der Rätsel
Deiner Wunder größtes ist die Hoffnung!

AUGUST STRAMM

SCHWERMUT

Schreiten Streben
Leben sehnt
Schauern Stehen
Blicke suchen
Sterben wächst
Das Kommen
Schreit!
Tief
Stummen
Wir.

ALBERT EHRENSTEIN

SCHMERZ

Gott, du alter Epimethide,
Warum hast du deinen Zahn
In mich gebohrt?
Immer noch, immer noch umringt mich die Wehmut,
Endlos dröhnen die Klagen,
Gedenk ich langsam zerfallender Zeiten
Und der unersättlichen Schenkel,
Die mich nicht sättigen wollen.
Siehe, die Dinge sind lieb und wollen mich trösten,
Die Bäume grünen aufs neue,
Unermüdlich kündet die Uhr mir die Zeit,
Und nächtlich besuchen die Ärmsten der Tiere,
Alte Wanzen mein Lager,
Sich erbarmend meines Alleinseins.
Aber was weiß ein Weib von Herz und Sitte?!
Nimmer glaub' ich an Musen.
Nicht wiegt mein Vers,
: Bemannt mit vergänglich ihr näheren Menschen
Treibt sie dahin.
Gott, noch niemals fleht ich Dich an,
Nicht betet der Stolz,
Nun bitt' ich:
Beschütze mein Herz vor Liebe,
Genug schon litt
Meine unsterbliche Seele.

ALBERT EHRENSTEIN

Ich bin des Lebens und des Todes müde

Und ob die großen Autohummeln sausen,
Äroplane im Äther hausen,
Es fehlt dem Menschen die stete, welterschütternde Kraft.
Er ist wie Schleim, gespuckt auf eine Schiene.

Und löst sich selbst die Klammer um die fernste Ferne,
Erdklammer, die uns noch nicht läßt,
Weist dereinst an der Ecke ein heiliger Weltenschutzmann
Zum nächsten Nebelstern kürzeste Wege,
  — Sterblich vor allen ist die Erinnerung,
  Die staubabwischende Göttin;
Schöne Laubfrösche wuchsen der Dämmernden auf
Und starben dann.
Die brausenden Ströme ertrinken machtlos im Meer.
Nicht fühlten die Siouxindianer in ihren Kriegstänzen Goethe,
Und nicht fühlte die Leiden Christi der erbarmungslos ewige Sirius!

Nie durchzuckt vom Gefühl,
Unfühlend einander und starr
Steigen und sinken
Sonnen, Atome: die Körper im Raum.

AUGUST STRAMM

Verzweifelt

Droben schmettert ein greller Stein
Nacht grant Glas
Die Zeiten stehn
Ich
Steine.
Weit
Glast
Du!

WILHELM KLEMM

Lichter

Lichter brennen auf wachsverwehten Kerzen,
Stille Versammlung weißer, schlanker Apostel,
Ruhige Flammen des Geistes auf schmalen Häuptern,
Die leise züngeln unter dem Hauch der Nacht.

Lichter brennen. Lodernde Opferglut
Im Dome der Nacht. Sturmzeichen, was willst du verkünden?
Feuersbrunst, flammengehörntes Fanal,
Oh, wie dein rasendes Herz mich durchglüht!

Lichter schwinden. Wie Grubenlampen, die langsam
In finstren Stollen verwischen, wie letzte Funken
Verträumt schwelen in Rauch und schwarzen Ruinen.
Erinnerung, deren Erinnerung schwindet.

Lichter verlöschen. Nacht und Verlassenheit
Stürzen herein. Unsere Herzen schauern tiefer —
Blinde Engel fahren verstört empor —
Flügelgeflatter und Wimmern ohne Ende.

KURT HEYNICKE

GETHSEMANE

Alle Menschen sind der Heiland.
In dem dunklen Garten trinken wir den Kelch.
Vater, laß ihn nicht vorübergehn.
Wir sind alle einer Liebe.
Wir sind alle tiefes Leid.
Alle wollen sich erlösen.
Vater, deine Welt ist unser Kreuz.
Laß sie nicht vorübergehn.

ALBERT EHRENSTEIN

UNENTRINNBAR

Wer weiß, ob nicht
Leben Sterben ist,
Atem Erwürgung,
Sonne die Nacht?
Von den Eichen der Götter
Fallen die Früchte
Durch Schweine zum Kot,
Aus dem sich die Düfte
Der Rosen erheben
In entsetzlichem Kreislauf,
Leiche ist Keim,
Und Keim ist Pest.

Nach einer Zeichnung von Adolph de Haer · Kurt Heynicke

GEORG HEYM

DER KRIEG
(1911)

Aufgestanden ist er, welcher lange schlief,
Aufgestanden unten aus Gewölben tief.
In der Dämmrung steht er, groß und unbekannt,
Und den Mond zerdrückt er in der schwarzen Hand.

In den Abendlärm der Städte fällt es weit,
Frost und Schatten einer fremden Dunkelheit.
Und der Märkte runder Wirbel stockt zu Eis.
Es wird still. Sie sehn sich um. Und keiner weiß.

In den Gassen faßt es ihre Schulter leicht.
Eine Frage. Keine Antwort. Ein Gesicht erbleicht.
In der Ferne zittert ein Geläute dünn,
Und die Bärte zittern um ihr spitzes Kinn.

Auf den Bergen hebt er schon zu tanzen an,
Und er schreit: Ihr Krieger alle, auf und an!
Und es schallet, wenn das schwarze Haupt er schwenkt,
Drum von tausend Schädeln laute Kette hängt.

Einem Turm gleich tritt er aus die letzte Glut,
Wo der Tag flieht, sind die Ströme schon voll Blut.
Zahllos sind die Leichen schon im Schilf gestreckt,
Von des Todes starken Vögeln weiß bedeckt.

In die Nacht er jagt das Feuer querfeldein,
Einen roten Hund mit wilder Mäuler Schrein.
Aus dem Dunkel springt der Nächte schwarze Welt,
Von Vulkanen furchtbar ist ihr Rand erhellt.

Und mit tausend hohen Zipfelmützen weit
Sind die finstren Ebnen flackend überstreut,
Und was unten auf den Straßen wimmelnd flieht,
Stößt er in die Feuerwälder, wo die Flamme brausend zieht.

Und die Flammen fressen brennend Wald um Wald,
Gelbe Fledermäuse, zackig in das Laub gekrallt,
Seine Stange haut er wie ein Köhlerknecht
In die Bäume, daß das Feuer brause recht.

Eine große Stadt versank in gelbem Rauch,
Warf sich lautlos in des Abgrunds Bauch.
Aber riesig über glühnden Trümmern steht,
Der in wilde Himmel dreimal seine Fackel dreht

Über sturmzerfetzter Wolken Widerschein,
In des toten Dunkels kalten Wüstenein,
Daß er mit dem Brande weit die Nacht verdorr,
Pech und Feuer träufet unten auf Gomorrh.

ERNST STADLER

DER AUFBRUCH

Einmal schon haben Fanfaren mein ungeduldiges Herz blutig gerissen,
Daß es, aufsteigend wie ein Pferd, sich wütend ins Gezäum verbissen.
Damals schlug Tamburmarsch den Sturm auf allen Wegen,
Und herrlichste Musik der Erde hieß uns Kugelregen.
Dann, plötzlich, stand Leben stille. Wege führten zwischen alten Bäumen.
Gemächer lockten. Es war süß, zu weilen und sich versäumen,
Von Wirklichkeit den Leib so wie von staubiger Rüstung zu entketten,
Wollüstig sich in Daunen weicher Traumstunden einzubetten.
Aber eines Morgens rollte durch Nebelluft das Echo von Signalen,
Hart, scharf, wie Schwerthieb pfeifend. Es war wie wenn im Dunkel plötzlich Lichter aufstrahlen.
Es war wie wenn durch Biwakfrühe Trompetenstöße klirren,
Die Schlafenden aufspringen und die Zelte abschlagen und die Pferde schirren.
Ich war in Reihen eingeschient, die in den Morgen stießen, Feuer über Helm und Bügel,
Vorwärts, in Blick und Blut die Schlacht, mit vorgehaltnem Zügel.
Vielleicht würden uns am Abend Siegesmärsche umstreichen,
Vielleicht lägen wir irgendwo ausgestreckt unter Leichen.
Aber vor dem Erraffen und vor dem Versinken
Würden unsre Augen sich an Welt und Sonne satt und glühend trinken.

WALTER HASENCLEVER

DIE LAGERFEUER AN DER KÜSTE
Mai 1914

Die Lagerfeuer an der Küste rauchen.
Ich muß mich niederwerfen tief in Not.
Leoparden wittern mein Gesicht und fauchen.
Du bist mir nahe, Bruder, Tod.

Verworren zuckt Europa noch im Winde
Von Schiffen auf dem fabelhaften Meer;
Durch die ungeheure Angst bricht her
Schrei einer Mutter nach dem kleinen Kinde.
Es starb mein Pferd heut nacht in meiner Hand.
Wie hast du mich verlassen, Kreatur!
Aus dem Kadaver steigt das fremde Land
Hinauf zu einer andern Sonnenuhr.

ALBERT EHRENSTEIN

DIE NACHTGEFANGENEN
(Geschrieben am 29. Juni 1914)

Als ich ganz zernichtet war.
Vor Nacht und Hölle und Pest und Erde
Verging im dunkel tosenden Raume,
Erschienen die Dinge
Trost zu schütten über den Gram.
Das Licht kam,
Silberne Möwen schwebend im Reinen,
Und die Hügel der Sonne: bewaldetes Erz,
Die Seen und Teiche des Grünen,
Wege in liebliches Land
Und verfallen im Abend Ruinen.

Die Hände über den Augen, wehrt ich entwandelnd ab:

«Die schwarze Schnecke des Todes kroch
Mir über den Weg. Auch ich roch
Einst weißduftenden Klee und liebte die lichtbehauchten Wolken.
Ich freute mich der Rädergesänge
Der langachsigen Wagen,
Ich freute mich der eintönig sich wiegenden Pappeln Weg entlang,
Ich freute mich der Sonne widerblitzenden,
Rastlos vergleitenden Schienen,
Ich freute mich der staubweißen Bäche
Meiner ländlichen Straßen.

Aber ich sah die Nachtgefangenen:
Dunkles sinnend die Späher des Bösen,
Aber ich sah hanakische Bauern,
Bunte Vogelscheuchen im Feld,
Den Schnellzug anstaunen,
Der ihre Grünäcker mit Ruß und Asche bestreut,
Aber ich sah auf Gibraltar die letzten Affen Europas frierend hin-
        sterben,
Aber ich sah indische Tänzerinnen, gazellengangbegabte,

Vor dem Champagner und Abschaum
Eingläserner Jünglinge tanzen,
Aber ich sah Elefanten, dschungelrohrdurchbrechende,
Sich nach den Brosamen eines Kindes bücken,
Aber ich sah Dreadnoughts ertrinken,
Umschwärmt von den tötenden Torpedohaifischen,
Aber ich sah — und Tränen entstürzten dem Tag —
Aber ich sah arme Soldaten am Sonntag der Freiheit
Starr auf Gerüsten hocken,
Hochsegelnden Fliegern zum Zeichen,
Aber ich sah einen Turmfalken,
Gewohnt im Äther zu weiden,
Sich einwühlen in den Sand eines Breslauer Käfigs,
— Und ich muß dem Schweiß dieser nächtlichen Tage entrinnen!
Nicht bin ich von den traumumspülten Leichen,
Eingedickt in Schlaf.
Wenn vom verhängten Luftkreis Schwüle abwärts sintert,
Wenn Baumwipfel ineinanderstöhnen, sturmzerquält,
Wenn rollend kommt himmellang gefahren
Der Gottheit Drache,
Will ich nicht mehr der Wetter bitteres Naß,
Der Wolken Säure,
Ich will den Blitz in mich!«

Der schwere Engel des Todes wuchs vor mich:
«Endlich gedenkest du mein,
Du liebtest mich vorzeiten.
Werbend um schärfste Lust.
So werde, was du bist,
Auf der Erde, die dich frißt!»

Mit den Händen griff der Malmer in meinen Staub,
Entwirbelnd verschwand ich Geraubter
Im neu ergrünenden Laub.

FRANZ WERFEL

DER KRIEG

Auf einem Sturm von falschen Worten,
Umkränzt von leerem Donner das Haupt,
Schlaflos vor Lüge,
Mit Taten, die sich selbst nur tun, gegürtet,
Prahlend von Opfern,
Ungefällig scheußlich für den Himmel —
So fährst du hin,
Zeit,

In den lärmenden Traum,
Den Gott mit schrecklichen Händen,
Aus seinem Schlafe reißt
Und verwirft.

Höhnisch, erbarmungslos,
Gnadenlos starren die Wände der Welt!
Und deine Trompeten,
Und trostlosen Trommeln,
Und Wut deiner Märsche,
Und Brut deines Grauens,
Branden kindisch und tonlos
Ans unerbittliche Blau,
Das den Panzer schlägt,
Ehern und leicht sich legt,
Um das ewige Herz.
Mild wurden im furchtbaren Abend
Geborgen schiffbrüchige Männer.
Sein goldenes Kettlein legte das Kind
Dem toten Vogel ins Grab,
Die ewige unwissende,
Die Heldentat der Mutter noch regt sie sich.
Der Heilige, der Mann,
Hingab er sich mit Jauchzen und vergoß sich.
Der Weise brausend, mächtig,
Siehe,
Erkannte sich im Feind und küßte ihn.
Da war der Himmel los,
Und konnte sich vor Wundern nicht halten,
Und stürzte durcheinander.
Und auf die Dächer der Menschen,
Begeistert, goldig, schwebend,
Der Adlerschwarm der Gottheit
Senkte sich herab.

Vor jeder kleinen Güte
Gehn Gottes Augen über,
Und jede kleine Liebe
Rollt durch die ganze Ordnung.

Dir aber wehe,
Stampfende Zeit!
Wehe dem scheußlichen Gewitter
Der eitlen Rede!
Ungerührt ist das Wesen vor deinem Anreiten,
Und den zerbrechenden Gebirgen,
Den keuchenden Straßen,
Und den Toden, tausendfach, nebenbei, ohne Wert.

Und deine Wahrheit ist
Des Drachen Gebrüll nicht,
Nicht der geschwätzigen Gemeinschaft
Vergiftetes, eitles Recht!
Deine Wahrheit allein,
Der Unsinn und sein Leid,
Der Wundrand und das ausgehende Herz,
Der Durst und die schlammige Tränke,
Gebleckte Zähne,
Und die mutige Wut
Des tückischen Ungetüms.
Der arme Brief von zu Hause,
Das Durch-die-Straße-Laufen
Der Mutter, die weise,
Das alles nicht einsieht.

Nun da wir uns ließen,
Und unser Jenseits verschmissen,
Und uns verschwuren,
Zu Elend, besessen von Flüchen...
Wer weiß von uns,
Wer von dem endlosen Engel,
Der weh über unsern Nächten,
Zwischen den Fingern der Hände,
Gewichtlos, unerträglich, niederfallend,
Die ungeheuren Tränen weint?!

Geschrieben am 4. August 1914.

ALBERT EHRENSTEIN

DER KRIEGSGOTT

Heiter rieselt ein Wasser,
Abendlich blutet das Feld,
Aber aufreckend das wildbewachsene Tierhaupt,
Den Menschen feind,
Zerschmettere ich, Ares,
Zerkrachend schwaches Kinn und Nase,
Kirchtürme abdrehend vor Wut,
Euere Erde.
Lasset ab, den Gott zu rufen, der nicht hört.
Nicht hintersinnet ihr dies:
Ein kleiner Unterteufel herrscht auf der Erde,
Ihm dienen Unvernunft und Tollwut.
Menschenhäute spannte ich an Stangen um die Städte.
Der ich der alten Burgen Wanketore
Auf meine Dämonsschultern lud,

Ich schütte aus die dürre Kriegszeit,
Steck' Europa in den Kriegssack.
Rot umblüht euer Blut
Meinen Schlächterarm,
Wie freut mich der Anblick!
Der Feind flammt auf
In regenbitterer Nacht,
Geschosse zerhacken euere Frauen,
Auf den Boden
Verstreut sind die Hoden
Euerer Söhne
Wie die Körner von Gurken.
Unabwendbar eueren Kinderhänden
Rührt euere Massen der Tod.
Blut gebt ihr für Kot,
Reichtum für Not,
Schon speien die Wölfe
Nach meinen Festen,
Euer Aas muß sie übermästen.
Bleibt noch ein Rest
Nach Ruhr und Pest?
Aufheult in mir die Lust,
Euch gänzlich zu beenden.

KURT HEYNICKE

DAS BILD

Welt,
wie du taumelst!
An meiner ausgestreckten Hand vorbei,
bunt und blutbefallen,
Welt!

Es stürzt ein Schrei von Mitternacht gen Mitternacht,
ein Schrei, o Welt,
dein Schrei!

Deiner Mütter Schrei,
deiner Kinder Schrei —
Heere wanken an roter Wand,
rauchend und röchelnd sinkt goldenes Land,
Heere wanken und steigen und gehn —
ewig Heere,
Kriegerheere,
Mütterheere,
Menschenheere!

Taumeln, Fallen, Gebären und Stehn!
Hände kämpfen und bluten und flehn,
Hände, Leiber und Angesichte
gelb im vergifteten Lichte der Tage
stürze, o Welt!

Ich will nicht an den Wänden stehn!
O, meine Brüder!
Ich will untergehn!

ALBERT EHRENSTEIN

DER BERSERKER SCHREIT

Die Welt möcht' ich zerreißen,
Sie Stück für Stück zerglühn
An meinem lebensheißen
Und todesstarken Sinn.

Ich habe Land besessen,
Und Meer dazu, wieviel!
Ich habe Menschen gefressen,
Und weiß kein Ziel.

Und neue Sehnen wachsen,
Und neue Kraft ertost.
Vorwärts mit tausend Achsen,
Eh' mir die Pest raubt West und Ost!

WILHELM KLEMM

SCHLACHT AN DER MARNE

Langsam beginnen die Steine sich zu bewegen und zu reden.
Die Gräser erstarren zu grünem Metall. Die Wälder,
Niedrige, dichte Verstecke, fressen ferne Kolonnen.
Der Himmel, das kalkweiße Geheimnis, droht zu bersten.
Zwei kolossale Stunden rollen sich auf zu Minuten.
Der leere Horizont bläht sich empor.

Mein Herz ist so groß wie Deutschland und Frankreich zusammen,
Durchbohrt von allen Geschossen der Welt.
Die Batterie erhebt ihre Löwenstimme
Sechsmal hinaus in das Land. Die Granaten heulen.
Stille. In der Ferne brodelt das Feuer der Infanterie,
Tagelang, wochenlang.

AUGUST STRAMM

WACHE

Das Turmkreuz schrickt ein Stern
Der Gaul schnappt Rauch
Eisen klirrt verschlafen
Nebel Streichen
Schauer
Starren Frösteln
Frösteln
Streicheln
Raunen
Du!

AUGUST STRAMM

PATROUILLE

Die Steine feinden
Fenster grinst Verrat
Äste würgen
Berge Sträucher blättern raschlig
Gellen
Tod.

AUGUST STRAMM

STURMANGRIFF

Aus allen Winkeln gellen Fürchte Wollen
Kreisch
Peitscht
Das Leben
Vor
Sich
Her
Den keuchen Tod
Die Himmel fetzen
Blinde schlächtert wildum das Entsetzen

ALFRED LICHTENSTEIN

DIE SCHLACHT BEI SAARBURG

Die Erde verschimmelt im Nebel.
Der Abend drückt wie Blei.
Rings reißt elektrisches Krachen
Und wimmernd bricht alles entzwei.

Wie schlechte Lumpen qualmen
Die Dörfer am Horizont.
Ich liege gottverlassen
In der knatternden Schützenfront.

Viel kupferne feindliche Vögelein
Surren um Herz und Hirn.
Ich stemme mich steil in das Graue
Und biete dem Morden die Stirn.

ALBERT EHRENSTEIN

DER DICHTER UND DER KRIEG

Ich sang die Gesänge der rotaufschlitzenden Rache,
Und ich sang die Stille des waldumbuchteten Sees;
Aber zu mir gesellte sich niemand,
Steil, einsam
Wie die Zikade sich singt,
Sang ich mein Lied für mich.
Schon vergeht mein Schritt ermattend
Im Sand der Mühe.
Vor Müdigkeit entfallen mir die Augen,
Müde bin ich der trostlosen Furten,
Des Überschreitens der Gewässer, Mädchen und Straßen.
Am Abgrund gedenke ich nicht
Des Schildes und Speeres.
Von Birken umweht,
Vom Winde umschattet,
Entschlaf' ich zum Klange der Harfe
Anderer,
Denen sie freudig trieft.
Ich rege mich nicht,
Denn alle Gedanken und Taten
Trüben die Reinheit der Welt.

Max Oppenheimer · Alfred Lichtenstein

PAUL ZECH

MUSIK DER STERNE

In Höhlen Schwermut Du, vor Drähten
der Feindschaft, jedem Stoß gestellt —:
horch, wie in den geschoß-gemähten
Wipfeln Musik der Sterne schwellt;

wie mit dem immer Dunklerwerden
des Horizontes und Radaus
aus Mauerflanken anderer Erden
Gott auferbaut ein Orgelhaus.

Und hebst Du erst die düstere Braue,
zerbrichst Du Schild und Schwert,
fällt von Dir ab die altersgraue
Montur. Du steifst Dich, unbeschwert,

von dem Geschehenen des Tages,
am Rand der Gräben wie ein Baum.
Dein noch vor Stunden wanderzages
Da-Sein verzweigt sich schon dem Raum.

Bist Silbermasche jetzt des Flores,
aus Stern und Wind und Blatt,
bist Vorhang eines Tores,
das keinen Ausgang hat.

Du bist gefangen
und irgendwo im Licht
spurlos zergangen.
Du fühlst Dich selber nicht.

Du fühlst nur, wie sich nichts als Noten
Dir hinreihn, bis die Kette klingt,
Dich und das Brüderheer der Toten
der Psalm des Lichts lobsingt,

aus Stimme Wald und Stimme Sterne
die große Schöpferfuge braust,
um die die Weltkaserne
als toter Neumond saust.

Zuletzt ist Gott nur noch alleine
zuckender Puls im All...
Weit über Wind und Wassern hämmert seine
Urewigkeit wie Flügel von Metall.

Die Heimat der Toten

I

Der Wintermorgen dämmert spät herauf.
Sein gelber Turban hebt sich auf den Rand
Durch dünne Pappeln, die im schnellen Lauf
Vor seinem Haupte ziehn ein schwarzes Band.

Das Rohr der Seen saust. Der Winde Pfad
Durchwühlte es mit dem ersten Lichte grell.
Der Nordsturm steht im Feld wie ein Soldat
Und wirbelt laut auf seinem Trommelfell.

Ein Knochenarm schwingt eine Glocke laut.
Die Straße kommt der Tod, der Schifferknecht.
Um seine gelben Pferdezähne staut
Des weißen Bartes spärliches Geflecht.

Ein altes totes Weib mit starkem Bauch,
Das einen kleinen Kinderleichnam trägt.
Er zieht die Brust wie einen Gummischlauch,
Die ohne Milch und welk herunterschlägt.

Ein paar Geköpfte, die vom kalten Stein
Im Dunkel er aus ihren Ketten las.
Den Kopf im Arm. Im Eis den Morgenschein,
Das ihren Hals befror mit rotem Glas.

Durch klaren Morgen und den Wintertag
Mit seiner Bläue, wo wie Rosenduft
Von gelben Rosen, über Feld und Hag
Die Sonne wiegt in träumerischer Luft.

Des goldenen Tages Brücke spannt sich weit
Und tönt wie einer großen Leier Ton,
Die Pappeln rauschen mit dem Trauerkleid,
Die Straße fort, wo weit der Abend schon

Mit Silberbächen überschwemmt das Land,
Und grenzenlos die ferne Weite brennt.
Die Dämmerung steigt wie ein dunkler Brand
Den Zug entlang, der in die Himmel rennt.

Ein Totenhain, und Lorbeer, Baum an Baum,
Wie grüne Flammen, die der Wind bewegt,
Sie flackern riesig in den Himmelsraum,
Wo schon ein blasser Stern die Flügel schlägt.

Wie große Gänse auf dem Säulenschaft
Sitzt der Vampyre Volk und friert im Frost.
Sie prüfen ihrer Eisenkrallen Kraft.
Und ihre Schnäbel an der Kreuze Rost.

Der Efeu grüßt die Toten an dem Tor,
Die bunten Kränze winken von der Wand.
Der Tod schließt auf. Sie treten schüchtern vor,
Verlegen drehend die Köpfe in der Hand.

Der Tod tritt an ein Grab und bläst hinein.
Da fliegen Schädel aus der Erde Schoß
Wie große Wolken aus dem Leichenschrein,
Die Bärte tragen rund von grünem Moos.

Ein alter Schädel flattert aus der Gruft,
mit einem feuerroten Haar beschwingt,
Das um sein Kinn, hoch oben in der Luft,
Der Wind zu feuriger Krawatte schlingt.

Die leere Grube lacht aus schwarzem Mund
Sie freundlich an. Die Leichen fallen um
Und stürzen in den aufgerissenen Schlund.
Des Grabes Platte überschließt sie stumm.

II

Die Lider übereist, das Ohr verstopft
Vom Staub der Jahre, ruht ihr eure Zeit.
Nur manchmal ruft euch noch ein Traum, der klopft
Von fern an eure tote Ewigkeit,

In einem Himmel, der wie Schnee so fahl
Und von dem Zug der Jahre schon versteint.
Auf eurem eingefallenen Totenmal
Wird eine Lilie stehn, die euch beweint.

Der Märznacht Sturm wird euren Schlaf betaun.
Der große Mond, der in dem Osten dampft,
Wird tief in eure leeren Augen schaun,
Darin ein großer, weißer Wurm sich krampft.

So schlaft ihr fort, vom Flötenspiel gewiegt
Der Einsamkeit, im späten Weltentod,
Da über euch ein großer Vogel fliegt
Mit schwarzem Flug ins gelbe Abendrot.

Der Ritt

Als mich mein Traum verschlug,
Fand ich mich wandern im schönsten Nachmittag
Den Hügel nieder, der schwebte und mit Flügeln schlug.
Zu meinen Füßen lag
Das Land in goldenem Staat,
Das Land in Schwaden rauschend der gereiften Saat.

Ich kam wie aus viel Not,
Wie einer, der das Hemd der Krankheit von sich warf,
Und leichter und geschmeidiger sich tragen darf
Als je; — in Por und Ader pocht
Begeisterung das dünne Blut, das ihn nicht unterjocht.

So trat ich heiter ein
Ins Tal der Ernten, das von Korn und Sonne schwoll.
Um Brust und Hüfte schwankten Ähren schwer und voll,
Die fast verwuchsen meinen eiligen Rain.
Doch leicht für meine Sohlen war der Traum,
Die vielen Vogelflüge mir zu Häupten sah ich kaum.

Die Vögel hatten hier wohl einen Sinn...
Und plötzlich war die Erde meinen Sohlen schwer, so schwer,
Als wirkte mächtiges Metall von unten her;
Mein Knie, mein Puls, sie stockten her und hin.
Ich sprach zu mir: Bannt meinen Schritt magnetisches Metall,
Was fahren diese Vögel schreiend klatschend unterm All?...

Dies aber sah ich: Überall
Zerknickt, zerdrückt die Ernte niederlag,
Wie von Regenschwall, wie von Hagelfall
Verheert. — Und im golden niederwandelnden Tag
Rings im Getreide sah ich viele tote Männer hingestreckt,
Die hatten Sonntagskleider an, doch ihre Köpfe waren schon schwarz
      gefleckt.
— Die liegen hier sehr lang —
Dacht' ich und schloß das Aug'. Doch wie durch einen Riß
Sah ich die vielen schwarzen Köpfe, sah manch blinkendes Gebiß,
An aufgetriebenen Westen manche Silberkette blank:
— Die trugen Diebe nicht und nicht die großen Elstern fort —
So sagte ich — die Elstern, die so schreien über diesem Ort.

Ich schüttelte von Schultern nicht
Den Bann. Wie sehr ich kämpfte auch, ich mußte schaun...
Es froren und es stachen mich die Wurzeln meiner Brau'n.
Die Toten lagen starr im späten Licht.

Ich fühlte meinen Leib wie einen ungefügen Sack.
Doch plötzlich war's, als ritte ich, als trüg mich einer huckepack.

Es trug mich einer huckepack,
Fest meine Schenkel preßten brüchiges Schulternpaar.
Es flatterte vor mir ein Schopf farbloses Haar.
Nur manchmal mühsam war, schwarz wie von Lack
Ein Antlitz fragend hergedreht: Ob ich auch ritte recht ...
Der Tote, der mich trug, er grinste schief, wie ein gutmütiger
           Knecht.

Auf dem ich ritt und ritt.
Er war schnellfüßig, wie nicht leicht
Ein Rennpferd ist, das nicht schnaubt noch keucht.
Doch plötzlich schwankte er und fiel in Schritt.
Er stand und wandte mir sein arm zerfreßnes Antlitz her ...
Mir aber war's, als ob mein eigen Bild verwest im Spiegel wär.

Er klappte mit dem Mund
Und sprach: «Mein Bruder du, es ist genug,
Genug, daß Gott für dich mich fällte und erschlug.
Ich nahm dein Los auf mich. Du aber bist gesund.
Nun aber sage mir: Ist so gerichtet denn gerecht,
Daß du mein Reiter bist und Herr — und ich dein Pferd und Knecht?

Steig nur aus deinem Sattel gleich,
Mach mein Genick von deinen Schenkeln frei!
Ich weiß, dir, guter Bruder, ist es einerlei.
Dein Aug' ist von Erbarmen naß, dein Mut ist weich.
Verwes ich nicht für dich, vom Wurm geschwärzt, vom Wind ge-
           bleicht?
Komm! Trag mich du ein Stückchen Wegs! Ich bin so leicht, so
           leicht.»

Ich aber lachte voll Gewalt
Und spornte seinen Leib mit meinem Schuh.
«Ich steige nicht von meinem Sitz. Lauf zu! Trab Marsch! Lauf zu!
Und spiegelst du mir noch so sehr die eigene Gestalt,
Und bröckelt auch in deinem Antlitz ab mein eigenes Gesicht,
Ich bin dein Reiter, toter Bruder, und ich laß dich nicht!

Ich habe tief erkannt,
Ich tauchte auf den Grund der Angst! Die würgt,
Die sich zur Gnade nie verbürgt,
Ich fühl' von nun an ewig um den Hals die Hand.
Ich reite, weil's mich reitet! Wild bewußt der lückenlosen Not
Bin ich ihr Herr und Reiter gar auf meinem eigenen Tod!»

Und lachend riß ich ab
Vom Haselbusch die Gerte, und ich schlug
Des Toten Flanken leicht. Er seufzte auf und trug
Erst störrisch meine Last, doch bald im scharfen Trab,
Und folgte endlich willig meiner heiteren Gewalt.
So ritt ich in den Abend ein und es umfing uns Wald.

Und dieser Wald — er war
Die Harfe meines Lebens übers Abendrot gespannt.
Und ich griff in die Stränge mit meiner großen Hand,
Und nannte den Triumph und nannte die Gefahr!
Es flüsterte des Toten Tritt, zart flüsterten die Eichen mit,
Ich aber ritt auf meinem Tod und sang den Rausch von diesem Ritt.

GOTTFRIED BENN

MANN UND FRAU GEHN DURCH DIE KREBSBARACKE

Der Mann:
Hier diese Reihe sind zerfallene Schöße
und diese Reihe ist zerfallene Brust.
Bett stinkt bei Bett. Die Schwestern wechseln stündlich.

Komm, hebe ruhig diese Decke auf.
Sieh, dieser Klumpen Fett und faule Säfte
das war einst irgendeinem Mann groß
und hieß auch Rausch und Heimat. —

Komm, sieh auf diese Narbe an der Brust.
Fühlst du den Rosenkranz von weichen Knoten?
Fühl ruhig hin. Das Fleisch ist weich und schmerzt nicht. —

Hier diese blutet wie aus dreißig Leibern.
Kein Mensch hat so viel Blut. —
Hier dieser schnitt man
erst noch ein Kind aus dem verkrebsten Schoß. —

Man läßt sie schlafen. Tag und Nacht. — Den Neuen
sagt man: hier schläft man sich gesund. — Nur Sonntags
für den Besuch läßt man sie etwas wacher. —

Nahrung wird wenig noch verzehrt. Die Rücken
sind wund. Du siehst die Fliegen. Manchmal
wäscht sie die Schwester. Wie man Bänke wäscht. —

Hier schwillt der Acker schon um jedes Bett.
Fleisch ebnet sich zu Land. Glut gibt sich fort.
Saft schickt sich an zu rinnen. Erde ruft. —

DIE MORGUE

Die Wärter schleichen auf den Sohlen leise,
Wo durch das Tuch es weiß von Schädeln blinkt.
Wir, Tote, sammeln uns zur letzten Reise
Durch Wüsten weit und Meer und Winterwind.

Wir thronen hoch auf kahlen Katafalken,
Mit schwarzen Lappen garstig überdeckt.
Der Mörtel fällt. Und aus der Decke Balken
Auf uns ein Christus große Hände streckt.

Vorbei ist unsre Zeit. Es ist vollbracht.
Wir sind herunter. Seht, wir sind nun tot.
In weißen Augen wohnt uns schon die Nacht,
Wir schauen nimmermehr ein Morgenrot.

Tretet zurück von unserer Majestät.
Befaßt uns nicht, die schon das Land erschaun
Im Winter weit, davor ein Schatten steht,
Des schwarze Schulter ragt im Abendgraun.

Ihr, die ihr eingeschrumpft wie Zwerge seid,
Ihr, die ihr runzlig liegt auf unserm Schoß,
Wir wuchsen über euch wie Berge weit
In Ewige Todes-Nacht, wie Götter groß.

Mit Kerzen sind wir lächerlich umsteckt,
Wir, die man früh aus dumpfen Winkeln zog
Noch grunzend, unsre Brust schon blau gefleckt,
Die nachts der Totenvogel überflog.

Wir Könige, die man aus Bäumen schnitt,
Aus wirrer Luft im Vogel-Königreich,
Und mancher, der schon tief durch Röhricht glitt,
Ein weißes Tier, mit Augen rund und weich.

Vom Herbst verworfen. Faule Frucht der Jahre,
Zerronnen sommers in der Gossen Loch,
Wir, denen langsam auf dem kahlen Haare
Der Julihitze weiße Spinne kroch.

Ruhen wir aus im stummen Turm, vergessen?
Werden wir Welle einer Lethe sein?
Oder, daß Sturm uns treibt um Winteressen,
Wie Dohlen reitend auf dem Feuerschein?

Werden wir Blumen sein? Werden wir Vögel werden,
Im Stolze des Blauen, im Zorne der Meere weit?
Werden wir wandern in den tiefen Erden,
Maulwürfe stumm in toter Einsamkeit?

Werden wir in den Locken der Frühe wohnen,
Werden wir blühen im Baum, und schlummern in Frucht,
Oder Libellen blau auf den See-Anemonen
Zittern am Mittag in schweigender Wasser Bucht?

Werden wir sein wie ein Wort von niemand gehöret?
Oder ein Rauch, der flattert im Abendraum?
Oder ein Weinen, das plötzlich Freudige störet?
Oder ein Leuchter zur Nacht? Oder ein Traum?

Oder — wird niemand kommen?
Und werden wir langsam zerfallen,
In dem Gelächter des Monds,
Der hoch über Wolken saust,

Zerbröckeln in Nichts,
— Daß ein Kind kann zerballen
Unsere Größe dereinst
In der dürftigen Faust.

Wir, Namenlose, arme Unbekannte,
In leeren Kellern starben wir allein.
Was ruft ihr uns, da unser Licht verbrannte,
Was stört ihr unser frohes Stell-Dich-Ein?

Seht den dort, der ein graues Lachen stimmt
Auf dem zerfallnen Munde fröhlich an,
Der auf die Brust die lange Zunge krümmt,
Er lacht euch aus, der große Pelikan.

Er wird euch beißen. Viele Wochen war
Er Gast bei Fischen. Riecht doch, wie er stinkt.
Seht, eine Schnecke wohnt ihm noch im Haar,
Die spöttisch euch mit kleinem Fühler winkt.

— Ein kleines Glöckchen —. Und sie ziehen aus.
Das Dunkel kriecht herein auf schwarzer Hand.
Wir ruhen einsam nun im weiten Haus,
Unzählige Särge tief an hoher Wand.

Was kommt er nicht? Wir haben Tücher an
Und Totenschuhe. Und wir sind gespeist.
Wo ist der Fürst, der wandert uns voran,
Des große Fahne vor dem Zuge reist?

Wo wird uns seine laute Stimme wehen?
In welche Dämmerung geht unser Flug?
Verlassen in der Einsamkeit zu stehen
Vor welcher leeren Himmel Hohn und Trug?

Ewige Stille. Und des Lebens Rest
Zerwittert und zerfällt in schwarzer Luft.
Des Todes Wind, der unsre Tür verläßt,
Die dunkle Lunge voll vom Staub der Gruft,

Er atmet schwer hinaus, wo Regen rauscht,
Eintönig, fern, Musik in unserm Ohr,
Das dunkel in die Nacht dem Sturme lauscht,
Der ruft im Hause traurig und sonor.

Und der Verwesung blauer Glorienschein
Entzündet sich auf unserm Angesicht.
Eine Ratte hopst auf nacktem Zehenbein,
Komm nur, wir stören deinen Hunger nicht.

Wir zogen aus, gegürtet wie Giganten,
Ein jeder klirrte wie ein Goliath.
Nun haben wir die Mäuse zu Trabanten,
Und unser Fleisch ward dürrer Maden Pfad.

Wir, Ikariden, die mit weißer Schwinge
Im blauen Sturm des Lichtes einst gebraust,
Wir hörten noch der großen Türme Singen,
Da rücklings wir in schwarzen Tod gesaust.

Im fernen Plan verlorner Himmelslande,
Im Meere weit, wo fern die Woge flog,
Wir flogen stolz in Abendrotes Brande
Mit Segeln groß, die Sturm und Wetter bog.

Was fanden wir im Glanz der Himmelsenden?
Ein leeres Nichts. Nun schlappt uns das Gebein,
Wie einen Pfennig in den leeren Händen
Ein Bettler klappern läßt am Straßenrain.

Was wartet noch der Herr? Das Haus ist voll,
Die Kammern rings der Karavanserei,
Der Markt der Toten, der von Knochen scholl,
Wie Zinken laut hinaus zur Wüstenei.

JULIAN

Sonne, goldener Diskos des Titanen Helios!
Helios, der du, knietief watend im grauen Weltall,
Schleuderst die goldene Scheibe!
Kletterte ich nicht an des Gebets Mastbaum
Nach fernem Himmel,
Weinte ich nicht, und waren die Tränen
Dir nicht gehorsam?
Opfernd vergoß ich mein Blut,
Den trostlosen, rotschluchzenden Mohn.
Licht: betend starrt' ich dich an,
Bis im gelben Sonnengespinst die Augen starben.
Nun entsinkt nicht silberner Punkt,
Zitterlicht keines Sternes der Nacht.
Aus zermorschtem, wipfellosem, erdarmem Stamm
Streckt mich ein Ast
Auf verfaulter, taufrierender Rinde:
Des kahlen Holzes letztes, herbstverlorenes Blatt.

GEORG TRAKL

AN DEN KNABEN ELIS

Elis, wenn die Amsel im schwarzen Wald ruft,
Dieses ist dein Untergang.
Deine Lippen trinken die Kühle des blauen Felsenquells.

Laß, wenn deine Stirne leise blutet,
Uralte Legenden
Und dunkle Deutung des Vogelflugs.

Du aber gehst mit weichen Schritten in die Nacht,
Die voll purpurner Trauben hängt,
Und du regst die Arme schöner im Blau.

Ein Dornenbusch tönt,
Wo deine mondenen Augen sind.
O, wie lange bist, Elis, du verstorben.

Dein Leib ist eine Hyazinthe,
In die ein Mönch die wächsernen Finger taucht.
Eine schwarze Höhle ist unser Schweigen,

Daraus bisweilen ein sanftes Tier tritt
Und langsam die schweren Lider senkt.
Auf deine Schläfen tropft schwarzer Tau,

Das letzte Gold verfallener Sterne.

GEORG TRAKL

ELIS

1

Vollkommen ist die Stille dieses goldenen Tags.
Unter alten Eichen
Erscheinst du, Elis, ein Ruhender mit runden Augen.

Ihre Bläue spiegelt den Schlummer der Liebenden.
An deinem Mund
Verstummten ihre rosigen Seufzer.

Am Abend zog der Fischer die schweren Netze ein.
Ein guter Hirt
Führt seine Herde am Waldsaum hin.
O! wie gerecht sind, Elis, alle deine Tage.

Leise sinkt
An kahlen Mauern des Ölbaums blaue Stille,
Erstirbt eines Greisen dunkler Gesang.

Ein goldener Kahn
Schaukelt, Elis, dein Herz am einsamen Himmel.

2

Ein sanftes Glockenspiel tönt in Elis' Brust
Am Abend,
Da sein Haupt in schwarze Kissen sinkt.

Ein blaues Wild
Blutet leise im Dorngestrüpp.

Ein brauner Baum steht abgeschieden da;
Seine blauen Früchte fielen von ihm.

Zeichen und Sterne
Versinken leise im Abendweiher.

Hinter dem Hügel ist es Winter geworden.

Blaue Tauben
Trinken nachts den eisigen Schweiß,
Der von Elis' kristallener Stirne rinnt.

Immer tönt
An schwarzen Mauern Gottes einsamer Wind.

ELSE LASKER-SCHÜLER

Senna Hoy

Seit du begraben liegst auf dem Hügel,
Ist die Erde süß.

Wo ich hingehe nun auf Zehen,
Wandele ich über reine Wege.

O deines Blutes Rosen
Durchtränken sanft den Tod.

Ich habe keine Furcht mehr
Vor dem Sterben.

Auf deinem Grabe blühe ich schon
Mit den Blumen der Schlingpflanzen.

Deine Lippen haben mich immer gerufen,
Nun weiß mein Name nicht mehr zurück.

Jede Schaufel Erde, die ich barg,
Verschüttete auch mich.

Darum ist immer Nacht an mir,
Und Sterne schon in der Dämmerung.

Und ich bin unbegreiflich unseren Freunden
Und ganz fremd geworden.

Aber du stehst am Tor der stillsten Stadt
Und wartest auf mich, du Großengel.

MEINE MUTTER

War sie der große Engel,
Der neben mir ging?

Oder liegt meine Mutter begraben
Unter dem Himmel von Rauch —
Nie blüht es blau über ihrem Tode.

Wenn meine Augen doch hell schienen
Und ihr Licht brächten.

Wäre mein Lächeln nicht versunken im Antlitz,
Ich würde es über ihr Grab hängen.

Aber ich weiß einen Stern,
Auf dem immer Tag ist;
Den will ich über ihre Erde tragen.

Ich werde jetzt immer ganz allein sein
Wie der große Engel,
Der neben mir ging.

JAKOB VAN HODDIS

DER TODESENGEL

I

Mit Trommelwirbeln geht der Hochzeitszug,
In seid'ner Sänfte wird die Braut getragen,
Durch rote Wolken weißer Rosse Flug,
Die ungeduldig gold'ne Zäume nagen.

Der Todesengel harrt in Himmelshallen
Als wüster Freier dieser zarten Braut.
Und seine wilden, dunklen Haare fallen
Die Stirn hinab, auf der der Morgen graut.

Die Augen weit, vor Mitleid glühend offen
Wie trostlos starrend hin zu neuer Lust,
Ein grauenvolles, nie versiegtes Hoffen,
Ein Traum von Tagen, die er nie gewußt.

II

Er kommt aus einer Höhle, wo ein Knabe
Ihn als Geliebte wunderzart umfing.
Er flog durch seinen Traum als Schmetterling
Und ließ ihn Meere sehn als Morgengabe.

Und Lüfte Indiens, wo an Fiebertagen
Das greise Meer in gelbe Buchten rennt.
Die Tempel, wo die Priester Cymbeln schlagen,
Um Öfen tanzend, wo ein Mädchen brennt.

Sie schluchzt nur leise, denn der Schar Gesinge
Zeigt ihr den Götzen, der auf Wolken thront.
Und Totenschädel trägt als Schenkelringe,
Der Flammenqual mit schwarzen Küssen lohnt.

Betrunkne tanzen nackend zwischen Degen,
Und einer stößt sich in die Brust und fällt.
Und während blutig sich die Schenkel regen,
Versinkt dem Knaben Tempel, Traum und Welt.

III

Dann flog er hin zu einem alten Manne
Und kam ans Bett als grüner Papagei.
Und krächzt das Lied: «O schmähliche Susanne!»
Die längst vergeßne Jugendlitanei.

Der stiert ihn an. Aus Augen glasig blöde
Blitzt noch ein Strahl. Ein letztes böses Lächeln
Zuckt um das zahnlose Maul. Des Zimmers Öde
Erschüttert jäh ein lautes Todesröcheln.

IV

Die Braut friert leise unterm leichten Kleide.
Der Engel schweigt. Die Lüfte ziehn wie krank.
Er stürzt auf seine Knie. Nun zittern beide.
Vom Strahl der Liebe, der aus Himmeln drang.

Posaunenschall und dunkler Donner lachen.
Ein Schleier überflog das Morgenrot.
Als sie mit ihrer zärtlichen und schwachen
Bewegung ihm den Mund zum Küssen bot.

Ludwig Meidner · Jakob van Hoddis

OPHELIA

I

Im Haar ein Nest von jungen Wasserratten,
Und die beringten Hände auf der Flut
Wie Flossen, also treibt sie durch den Schatten
Des großen Urwalds, der im Wasser ruht.

Die letzte Sonne, die im Dunkel irrt,
Versenkt sich tief in ihres Hirnes Schrein.
Warum sie starb? Warum sie so allein
Im Wasser treibt, das Farn und Kraut verwirrt?

Im dichten Röhricht steht der Wind. Er scheucht
Wie eine Hand die Fledermäuse auf.
Mit dunklem Fittich, von dem Wasser feucht
Stehn sie wie Rauch im dunklen Wasserlauf,

Wie Nachtgewölk. Ein langer, weißer Aal
Schlüpft über ihre Brust. Ein Glühwurm scheint
Auf ihrer Stirn. Und eine Weide weint
Das Laub auf sie und ihre stumme Qual.

II

Korn. Saaten. Und des Mittags roter Schweiß.
Der Felder gelbe Winde schlafen still.
Sie kommt, ein Vogel, der entschlafen will.
Der Schwäne Fittich überdacht sie weiß.

Die blauen Lider schatten sanft herab.
Und bei der Sensen blanken Melodien
Träumt sie von eines Kusses Karmoisin
Den ewigen Traum in ihrem ewigen Grab.

Vorbei, vorbei. Wo an das Ufer dröhnt
Der Schall der Städte. Wo durch Dämme zwingt
Der weiße Strom. Der Widerhall erklingt
Mit weitem Echo. Wo herunter tönt

Hall voller Straßen. Glocken und Geläut.
Maschinenkreischen. Kampf. Wo westlich droht
In blinde Scheiben dumpfes Abendrot,
In dem ein Kran mit Riesenarmen dräut,

Mit schwarzer Stirn, ein mächtiger Tyrann,
Ein Moloch, drum die schwarzen Knechte knien.

Last schwerer Brücken, die darüber ziehn
Wie Ketten auf dem Strom, und harter Bann.

Unsichtbar schwimmt sie in der Flut Geleit,
Doch wo sie treibt, jagt weit den Menschenschwarm
Mit großem Fittich auf ein dunkler Harm,
Der schattet über beide Ufer breit.

Vorbei, vorbei. Da sich dem Dunkel weiht
Der westlich hohe Tag des Sommers spät.
Wo in dem Dunkelgrün der Wiesen steht
Des fernen Abends zarte Müdigkeit.

Der Strom trägt weit sie fort, die untertaucht,
Durch manchen Winters trauervollen Port.
Die Zeit hinab. Durch Ewigkeiten fort,
Davon der Horizont wie Feuer raucht.

ALBERT EHRENSTEIN

DER EWIGE SCHLAF

Ich war der silberschenklige Schenke
Und schenkte den weltentrückenden Wein.
Bin ich entwirbelt schon dem Freudentanz der Zeiten,
Hat schon die Lust sich drehend umgeschwungen
In Trauer?

Rollend liegt das reiche Jahr
Vor meinen Sandalen,
Ich aber muß verhetzt und wund,
Bloßfüßig über Stoppelfelder.

Im Fließen des Wassers seh' ich den Durst,
Im Leuchten der Sonne Nacht ohne Sterne.
Genuß verlor mir allen Leib,
Aus Horen wurden Keren.
Der Erinnerung Wälder, so todesstille,
Kamen und Unkenrufe.

Was wollt ihr Weiber, arm und nackt,
Schmerz, Liebesfurchen um die jungen Augen?
Nicht acht' ich eure leichte Landschaft,
Das windgewiegte Schlummergras.
Ich höre euer Haar ergrauen!

Ich? Wer bin ich?
Ich bin ein Zeitblock,
Der bröckelt ab und fällt zurück ins Meer.
Ich bin ein Winselwind, der Pfützen trübt,
Ich bin der Blitz, der zuckend verzuckt,
Ich bin der Schnee, der kommt und vergeht,
Ich bin die Ruderspur, die im Teiche sich verliert,
Ich bin der Samen im Schoß einer Hure!

So laß auch Du die purpurne Gebärde,
Du bist der gute Tod,
Ich bin ein Häuflein Erde.
O komme bald und menge mich,
Erde in die Erde.

FRANZ WERFEL

TRINKLIED

Wir sind wie Trinker,
Gelassen über unsern Mord gebeugt.
In schattiger Ausflucht
Wanken wir dämmernd.
Welch ein Geheimnis da?
Was klopft von unten da?
Nichts, kein Geheimnis da,
Nichts da klopft an.

Laß du uns leben!
Daß wir uns stärken an letzter Eitelkeit,
Die gut trunken macht und dumpf!
Laß uns die gute Lüge,
Die wohlernährende Heimat!
Woher wir leben?
Wir wissen's nicht ...
Doch reden wir hinüber, herüber
Zufälliges Zungenwort.

Wir wollen nicht die Arme sehn,
Die nachts aus schwarzem Flusse stehn.

Ist tiefer Wald in uns,
Glockenturm über Wipfeln?
Hinweg, hinweg!
Wir leben hin und her.
Reich du voll schwarzen Schlafes uns den Krug!
Laß du uns leben nur,
Und trinken laß uns, trinken!

Doch wenn ihr wachtet!
Wenn ich wachte über meinem Mord!
Wie flöhen die Füße mir!
Unter den Ulmen hier wär' ich nicht.
An keiner Stätte wäre ich.
Die Bäume bräunten sich,
Wie Henker stünden die Felsen!
In jedes Feuer würf' ich mich,
Schmerzlicher zu zerglühn!

Trinker sind wir über unserem Mord.
Wort deckt uns warm zu.
Dämmerung und in die Lampe Sehn!
Ist kein Geheimnis da?
Nein, nichts da!
Kommt denn und singt ihr!
Und ihr mit Kastagnetten, Tänzerinnen!
Herbei! Wir wissen nichts.
Kämpfen wollen wir und spielen.
Nur trinken, trinken laß du uns!

GEORG TRAKL

HELIAN

In den einsamen Stunden des Geistes
Ist es schön, in der Sonne zu gehn
An den gelben Mauern des Sommers hin.
Leise klingen die Schritte im Gras; doch immer schläft
Der Sohn des Pan im grauen Marmor.

Abends auf der Terrasse betranken wir uns mit braunem Wein.
Rötlich glüht der Pfirsich im Laub;
Sanfte Sonate, frohes Lachen.

Schön ist die Stille der Nacht.
Auf dunklem Plan
Begegnen wir uns mit Hirten und weißen Sternen.

Wenn es Herbst geworden ist,
Zeigt sich nüchterne Klarheit im Hain.
Besänftigte wandeln wir an roten Mauern hin
Und die runden Augen folgen dem Flug der Vögel.
Am Abend sinkt das weiße Wasser in Graburnen.

In kahlen Gezweigen feiert der Himmel.
In reinen Händen trägt der Landmann Brot und Wein
Und friedlich reifen die Früchte in sonniger Kammer.

O wie ernst ist das Antlitz der teueren Toten.
Doch die Seele erfreut gerechtes Anschaun.

Gewaltig ist das Schweigen des verwüsteten Gartens,
Da der junge Novize die Stirne mit braunem Laub bekränzt,
Sein Odem eisiges Gold trinkt.

Die Hände rühren das Alter bläulicher Wasser
Oder in kalter Nacht die weißen Wangen der Schwestern.

Leise und harmonisch ist ein Gang an freundlichen Zimmern hin,
Wo Einsamkeit ist und das Rauschen des Ahorns,
Wo vielleicht noch die Drossel singt.

Schön ist der Mensch und erscheinend im Dunkel,
Wenn er staunend Arme und Beine bewegt,
Und in purpurnen Höhlen stille die Augen rollen.

Zur Vesper verliert sich der Fremdling in schwarzer Novemberzer-
        störung,
Unter morschem Geäst, an Mauern voll Aussatz hin,
Wo vordem der heilige Bruder gegangen,
Versunken in das sanfte Saitenspiel seines Wahnsinns.

O wie einsam endet der Abendwind.
Ersterbend neigt sich das Haupt im Dunkel des Ölbaums.

Erschütternd ist der Untergang des Geschlechts.
In dieser Stunde füllen sich die Augen des Schauenden
Mit dem Gold seiner Sterne.

Am Abend versinkt ein Glockenspiel, das nicht mehr tönt,
Verfallen die schwarzen Mauern am Platz,
Ruft der tote Soldat zum Gebet.

Ein bleicher Engel
Tritt der Sohn ins leere Haus seiner Väter.

Die Schwestern sind ferne zu weißen Greisen gegangen.
Nachts fand sie der Schläfer unter den Säulen im Hausflur,
Zurückgekehrt von traurigen Pilgerschaften.

O wie starrt von Kot und Würmern ihr Haar,
Da er darein mit silbernen Füßen steht,
Und jene verstorben aus kahlen Zimmern treten.

O ihr Psalmen in feurigen Mitternachtsregen,
Da die Knechte mit Nesseln die sanften Augen schlugen,
Die kindlichen Früchte des Holunders
Sich staunend neigen über ein leeres Grab.

Leise rollen vergilbte Monde
Über die Fieberlinnen des Jünglings,
Eh dem Schweigen des Winters folgt.

Ein erhabenes Schicksal sinnt den Kidron hinab,
Wo die Zeder, ein weiches Geschöpf,
Sich unter den blauen Brauen des Vaters entfaltet,
Über die Weide nachts ein Schäfer seine Herde führt.
Oder es sind Schreie im Schlaf,
Wenn ein eherner Engel im Hain den Menschen antritt,
Das Fleisch des Heiligen auf glühendem Rost hinschmilzt.

Um die Lehmhütten rankt purpurner Wein,
Tönende Bündel vergilbten Korns,
Das Summen der Bienen, der Flug des Kranichs.
Am Abend begegnen sich Auferstandene auf Felsenpfaden.

In schwarzen Wassern spiegeln sich Aussätzige;
Oder sie öffnen die kotbefleckten Gewänder
Weinend dem balsamischen Wind, der vom rosigen Hügel weht.

Schlanke Mägde tasten durch die Gassen der Nacht,
Ob sie den liebenden Hirten fänden.
Sonnabends tönt in den Hütten sanfter Gesang.

Lasset das Lied auch des Knaben gedenken,
Seines Wahnsinns, und weißer Brauen und seines Hingangs,
Des Verwesten, der bläulich die Augen aufschlägt.
O wie traurig ist dieses Wiedersehn.

Die Stufen des Wahnsinns in schwarzen Zimmern,
Die Schatten der Alten unter der offenen Tür,
Da Helians Seele sich im rosigen Spiegel beschaut
Und Schnee und Aussatz von seiner Stirne sinken.

An den Wänden sind die Sterne erloschen
Und die weißen Gestalten des Lichts.

Dem Teppich entsteigt Gebein der Gräber,
Das Schweigen verfallener Kreuze am Hügel,
Des Weihrauchs Süße im purpurnen Nachtwind.

O ihr zerbrochenen Augen in schwarzen Mündern,
Da der Enkel in sanfter Umnachtung
Einsam dem dunkleren Ende nachsinnt,
Der stille Gott die blauen Lider über ihn senkt.

Die Götter

Uns Gefesselte umringen
Teufel, die uns tierisch zwingen.
Mich verfluch' ich, der ich kam,
Ehe Licht die Erde nahm.

Kein Segel blüht uns im Winde.
Sturm ward. Freunde,
Die Haare verschnitten, die Füße vereist,
Dem Werk entritten, leibverlöteter Geist,
Stallwachend beriechen Roßäpfel zur nächtlichen Stunde.
Oder verstummt in Verstümmlung,
Die entwandelte Hand vom trauernden Mantelärmel umplodert,
Krückten sie sich die Wand entlang,
Bis sie die Erde verschlang.

Klagend verließ ich sie;
Niemand liebt mich auf Erden,
So lechze ich nicht, mein Blut zu vergießen,
Niemand freut sich der Spende.
Schmerzgebild aus Grauen und Gram
Nicht mehr tröstete mich die Wiese,
Der Heimat zärtlicher Halm,
Im Traume floh ich ins Dschungel.
Nicht da, nicht dort!
Ein Königstiger auf Java,
Stark und sein eigener Gott,
— Zerkrümmt verging ich unter seinen Pranken.
Letzter Atem entsank. Die Seele stieg. Nicht hoch.
Hinsirrend über fahle Moore,
Im schwarzen Schwarm der Schatten,
Fern den herrlichen
Gestaden Gottes
Schaute sie nur die Götter.
Näher stob ich dem flirrenden Reigen,
Hob mich betend hinan meinem Gott:

«Phoibos Apollon,
Neunfach umtanzt dich der Tag mit rosigen Musen,
Was klirrt deine schicksalbehangene Schulter?
Niemand verletzte den Chryses.
Deine vergoldeten Priester beleidigen dich?
Verseuchten Halbdichter den Vers, Zeithunde die Zeitung,
Schone das schuldlose Volk,
Gnädig umwandle dein Reich,
Erstick' uns nicht in Pest und gelber Verwesung!»

Antwortend umdrang mich unfriedlicher Berggesang:
«Ihr redet gern vom Glücke,
Und lebet lustzerschabt,
Doch hat euch viel geliebt, gelabt,
War es der Weiber Lücke.

Euch Zwerge wirbeln die Winde,
Bis ihr am Felsen zerschellt,
Ihr torkelt, trunkene Blinde,
Von Asche zu Asche gefällt.

Über dem Schiffbruch irdischer Gewalten
Wehen wir Götter selig dahin,
Euch frommt nach Feldgreueln brandschwarzes Erkalten,
Wir sind die Freude, wir sind der Sinn.

Die ihr Gott und Wort,
Tatherz verlort,
Zum Kampf verdammt
Rafft ihr euch fort,

Narren, Scharen der Waren!
Über Felsen der Zeit
Blutsturz rot rollt,
Ihr sollt euch töten, Barbaren!»

Da blickte ich alles versteinert.
Der greise Zeus verfolgt noch das Kuhweib,
Wodans Einaug zu Ehren schnarrt das Einglas im Feld.
Sah Mohammed, ferne dem Gipfel des Sieges,
Wegmüde zum Berg, der stets weiter zurückweicht.
Jesus Christus hütet das Holz,
Starr genagelt ans Kreuz.

Vergebens war das Gebet der dreißig Gerechten.
Aus Mordnächten des Nordens
Scholl unendliche Klage,
Jammer zerhackte mein Herz,
Israel winselt im Winter,
Der Ewige
Beschneidet sein Volk.

Gegen den unerbittlichen Dornbusch warf sich die Seele,
Ob sie dem Zorn sich als Opfer vermähle:
«In den Marmorbrüchen von Carrara
Dünkte sich dein Volk geboren,
Eckstein ward es dann den Hunden,
Auserkoren! Auserkoren!

Du hast es gesendet
Unter die Sichelwagen deines Grimmes!
In dir ist es beendet,
Wer hat dich ausgeboren?»

Nicht nahm er mich an,
Aus unerforschlichem Nebel-Nirwana
Überkam mich im Grauen Gruß des Suddhodana:

«Die ihr herrschet: lebt, ihr kennt mich nicht.
Was da icht, sieht sein Gesicht.
Sterbet bis ins wärmste Seelenherz!
Schmutz ist Leben, Erde Schmerz.
Raum, du Trübsal,
Wahn die Zeit,
Im Weltwirrsal
Sei der Tod gebenedeit.»
Sprach der Teufel traumesschlau:

«O, wie leicht verweht selbst dieses Blau!
Im Wunder seid ihr Götter nicht bewandert.
Keiner ist Meister des Baus,
Da immer das Heiligtum hinwelkt.
Auf den Häuptern der Asketen paaren sich Insekten!
Ist euch Vormenschen das Ewige unerreichbar,
Knirscht nicht vor Göttern um irdische Hilfe.
Die zeitliche Losung keimt auch in euerem Hirn.
Im Hahnenkampf der Völker
Anschwillt manch Vaterland.
Nicht lockt es, namenlos im stumpfen Heerwald
Mitzuheulen das Erzgebrüll der Schlachten.
Tiefere Schmerzen pflanzt in Heldenzähne der Geist.
Weh über die Infuln-Helme!
Abkratzt den jesuitischen Kanonenchristen
Die bluteiternde Kruste!
Nicht jung mit den verbrauchten Schatten
Hinwandern über die Wiese!
Erst wenn euch Vergehenden der Tod nicht mehr gilt,
Atmet, Assassinen, die Amokluft
In Kämpfen mit den wahren Barbarenzaren:
Aller Welt Geldfürsten.
Erdherrn, die nach Übermacht dürsten,
Muß man die Glut
Löschen mit ihrem Blut.
Glückt es den Brownings, den Bomben,
Fallen weniger Heerhekatomben!»

Und rettete steil ich mich aus dem Traum hervor,
Ich, auch ich, ich habe gemordet!
Bitteres essen die Menschen.

Warum mein Gott

Was schufst Du mich, mein Herr und Gott,
Der ich aufging, unwissend Kerzenlicht,
Und dahin jetzt im Winde meiner Schuld,
Was schufst Du mich, mein Herr und Gott,
Zur Eitelkeit des Worts,
Und daß ich dies füge,
Und trage vermessenen Stolz,
Und in der Ferne meiner selbst
Die Einsamkeit?!
Was schufst Du mich zu dem, mein Herr und Gott?

Warum, warum nicht gabst Du mir
Zwei Hände voll Hilfe,
Und Augen, waltend Doppelgestirn des Trostes?
Und eine Stimm aprilen, regnend Musik der Güte,
Und Stirne überhangen
Von süßer Lampe der Demut?
Und einen Schritt durch tausend Straßen,
Am Abend zu tragen alle
Glocken der Erde
Ins Herz, ins Herze des Leidens ewiglich?!

Siehe, es fiebern
So viele Kindlein jetzt im Abendbett,
Und Niobe ist Stein und kann nicht weinen.
Und dunkler Sünder starrt
In seines Himmels Ausgemessenheit.
Und jede Seele fällt zur Nacht
Vom Baum, ein Blatt im Herbst des Traumes.
Und alle drängen sich um eine Wärme,
Weil Winter ist
Und warme Schmerzenszeit.

Warum, mein Herr und Gott, schufst Du mich nicht,
Zu Deinem Seraph, goldigen, willkommenen,
Der Hände Kristall auf Fieber zu legen,
Zu gehn durch Türenseufzer ein und aus?!
Gegrüßet und geheißen:
Schlaf, Träne, Stube, Kuß, Gemeinschaft, Kindheit, mütterlich?!
Und daß ich raste auf den Ofenbänken,
Und Zuspruch bin, und Balsam Deines Hauses,
Nur Flug und Botengang, und mein nichts weiß,
Und im Gelock den Frühtau Deines Angesichts!

Ludwig Meidner · Franz Werfel

Wir nicht

Ich lauschte in die Krone des Baums; — da hieß es im Laub:
     Noch — nicht!
Ich legte das Ohr an die Erde; — da klopft's unter Kraut und Staub:
     Noch — nicht!
Ich sah mich im Spiegel; mein Spiegelbild grinste:
     Du — nicht!
     Das war mein Gericht.
     Ich verwarf mein Lied,
     Und das lüsterne Herz, das sich nicht beschied.
Ich trat auf die Straße. Sie strömte schon abendlich.
Auf der Stirne der Menschen fand ich das Wort: Wir nicht.
Doch in allen Blicken las ich geheimnisvoll ein Lob,
Und wußte: Auch ich vom lauten Trug entstellt
Werde nochmals begonnen, weil neu ein Schoß mich hält
Wie all dies Wesen um mich. Da lobte ich den Tod,
Und weinend pries ich allen Samen in der Welt.

ERWECKUNG DES HERZENS

ALFRED WOLFENSTEIN

DAS HERZ

Vergessen lag das Herz in unsrer Brust,
Wie lang! ein Kiesel in des Willens Lust,
Nur mit den wasserkühlen spiegelnden Händen
Manchmal berührt, unbewußt.

Einsiedlerisch in sich geschweift so klein,
Nicht nötig für den lückenlosen Stein
Der großen Stadt und für den stählernen Geldthron,
In spitzes Rad griff volles Herz nicht ein.

Doch einmal endet der entseelte Lauf,
Nie steigt aus Umwelt Licht herauf,
Was uns umscheint, ist Himmel nie! Der Morgen
Bricht innen aus dem Menschen auf —

Das Herz — das schmal wie eine Sonne brennt,
Doch Sterne rings nach seinen Strahlen nennt,
Das kleine Herz blickt unermeßlich
Aus seiner Menschenseele Firmament!

O Stirn, das Zeichen dieses Herzens trag,
Gedanken, tiefer hallt von seinem Schlag,
Das Herz wird die gewaltige Einheit innen!
Im Weltall leuchtets als des Menschen Tag.

FRANZ WERFEL

DER DICKE MANN IM SPIEGEL

Ach Gott, ich bin das nicht, der aus dem Spiegel stiert,
Der Mensch mit wildbewachsner Brust und unrasiert.
            Tag war heut so blau,
            Mit der Kinderfrau
Wurde ja im Stadtpark promeniert.

Noch kein Matrosenanzug flatterte mir fort
Zu jenes strengverschlossenen Kastens Totenort.
            Eben abgelegt,
            Hängt er unbewegt,
Klein und müde an der Türe dort.

Und ward nicht in die Küche nachmittags geblickt,
Kaffee roch winterlich und Uhr hat laut getickt,

Lieblich stand verwundert,
Der vorher getschundert
Übers Glatteis mit den Brüderchen geschickt.

Auch hat die Frau mir heut wie immer Angst gemacht.
Vor jenem Wächter Kakitz, der den Park bewacht.
Oft zu schnöder Zeit,
Hör im Traum ich weit
Diesen Teufel säbelschleppen in der Nacht.

Die treue Alte, warum kommt sie denn noch nicht?
Von Schlafesnähe allzuschwer ist mein Gesicht.
Wenn sie doch schon käme
Und es mit sich nähme,
Das dort oben leise singt, das Licht!

Ach abendlich besänftigt tönt kein stiller Schritt,
Und Babi dreht das Licht nicht aus und nimmt es mit.
Nur der dicke Mann
Schaut mich hilflos an,
Bis er tieferschrocken aus dem Spiegel tritt.

PAUL ZECH

AUS DEN FENSTERN EINES KESSELHAUSES

Schon hat die Glut mich eisern abgeschraubt
vom Tag. Es war ein karges Gartenglück:
halb Traum, halb in die Wirklichkeit zurück.
Und dennoch war ich vom Azur belaubt.

Dies Blaue, dieses Gott und Kindern gute Tun
war nur zu kurz, war Diebstahl an dem Blut,
womit ich dienen muß in harten Schuhn,
für einen Herrn, daß sich vermehr' sein Gut.

Er will von mir nicht weniger als das,
wofür ich bin mit Atem, Muskel, Hirn.
Was bleibt mir anders noch als roter Haß
im Herzen, und die Adern auf der Stirn?

Vergehenden Gesichts, ein Rad in dem Betrieb:
was bleibt mir anderes noch als mich zu drehn
auf Noten, die ich blindlings unterschrieb.
Ich habe nicht mehr Kraft zurückzugehn.

Das Feuer loht, die Kessel wachsen aus
im Unterirdischen gewaltig breit.
Doch im Gewölbe dieses Höllenbaus
bleibt eine Stunde auf, wo niemand nach mir schreit.

Ein Fensterloch geschnitten in die Nacht:
da press' ich mein Gesicht hinein und fühl
wie ein Gewühl mein Auge weicher macht
mit wehendem Gehauch, und Tropfen kühl.

Bist Du es Wald, den immer ich durchmaß
wenn Nacht die Stämme mauerhaft umschwoll?
Ich weiß nur, daß ich einmal dich besaß
blühenden Grüns im Mai die Fäuste voll.

Jetzt schließt der Mond dich auf unendlich tief.
Und Wipfel scheinen weiß und kummerlos.
Und wie schon einmal mich ein Schauer überlief
vor einem Auge schwarz, wie eines Gottes groß:

erschreckt mich des Gewässers dunkles Glas
herwehend dieser Erde Seele. Mir herzu
die Jugend wieder, die ich nie besaß,
nur eines Vaters rutenhartes Du.

Es rinnt und rauscht und duftet unsichtbar
und schwemmt das Böse fort: nun bist du alt!
Schon treffen Zweige mein verwehtes Haar,
und Flaum des Laubs hat über mich Gewalt.

Die Kesselfeuer löschen alle aus
in mir. Die harten Schwielen sie vergehn.
Gesang der Ferne donnert durch das Haus.
Vor Sternen sind die Räder nicht zu sehn.

Da ist nicht Sein ... und ist doch meine Welt
mit Lichtern und verklärtem Tun,
klingt wie aus mir und ist um mich gestellt
auf einer Insel heilig auszuruhn.

ALFRED LICHTENSTEIN

SPAZIERGANG

Der Abend kommt mit Mondschein und seidner Dunkelheit.
Die Wege werden müde. Die enge Welt wird weit.

Opiumwinde gehen feldein und feldhinaus.
Ich breite meine Augen wie Silberflügel aus.

Mir ist, als ob mein Körper die ganze Erde wär.
Die Stadt glimmt auf: Die tausend Laternen wehn umher.

Schon zündet auch der Himmel fromm an sein Kerzenlicht.
... Groß über alles wandert mein Menschenangesicht —

ERNST WILHELM LOTZ

GLANZGESANG

Von blauem Tuch umspannt und rotem Kragen,
Ich war ein Fähnrich und ein junger Offizier.
Doch jene Tage, die verträumt manchmal in meine Nächte ragen,
Gehören nicht mehr mir.

Im großen Trott bin ich auf harten Straßen mitgeschritten,
Vom Staub der Märsche und vom grünen Wind besonnt.
Ich bin durch staunende Dörfer, durch Ströme und alte Städte geritten,
Und das Leben war wehend blond.

Die Biwakfeuer flammten wie Sterne im Tale,
Und hatten den Himmel zu ihrem Spiegel gemacht,
Von schwarzen Bergen drohten des Feindes Alarm-Fanale,
Und Feuerballen zersprangen prasselnd in Nacht.

So kam ich, braun vom Sommer und hart von Winterkriegen,
In große Kontore, die staubig rochen herein,
Da mußte ich meinen Rücken zur Sichel biegen
Und Zahlen mit spitzen Fingern in Bücher reihn.

Und irgendwo hingen die grünen Küsten der Fernen,
Ein Duft von Palmen kam schwankend vom Hafen geweht,
Weiß rasteten Karawanen an Wüsten-Zisternen,
Die Häupter gläubig nach Osten gedreht.

Auf Ozeanen zogen die großen Fronten
Der Schiffe, von fliegenden Fischen kühl überschwirrt,

Und breiter Prärien glitzernde Horizonte
Umkreisten Gespanne, für lange Fahrten geschirrt.

Von Kameruns unergründlichen Wäldern umsungen,
Vom mörderischen Brodem des Bodens umloht,
Gehorchten zitternde Wilde, von Geißeln der Weißen umschwungen,
Und schwarz von Kannibalen der glühenden Wälder umdroht!

Amerikas große Städte brausten im Grauen,
Die Riesenkräne griffen mit heiserm Geschrei
In die Bäuche der Schiffe, die Frachten zu stauen,
Und Eisenbahnen donnerten landwärts vom Kai. ———

So hab ich nachbarlich alle Zonen gesehen,
Rings von den Pulten grünten die Inseln der Welt,
Ich fühlte den Erdball rauchend sich unter mir drehen,
Zu rasender Fahrt um die Sonne geschnellt. ———

Da warf ich dem Chef an den Kopf seine Kladden!
Und stürmte mit wütendem Lachen zur Türe hinaus.
Und saß durch Tage und Nächte mit satten und glatten
Bekannten bei kosmischem Schwatzen im Kaffeehaus.

Und einmal sank ich rückwärts in die Kissen,
Von einem angstvoll ungeheuren Druck zermalmt. —
Da sah ich: Daß in vagen Finsternissen
Noch sternestumme Zukunft vor mir qualmt.

FRANZ WERFEL

DER SCHÖNE STRAHLENDE MENSCH

Die Freunde, die mit mir sich unterhalten,
Sonst oft mißmutig, leuchten vor Vergnügen,
Lustwandeln sie in meinen schönen Zügen
Wohl Arm in Arm, veredelte Gestalten.

Ach, mein Gesicht kann niemals Würde halten,
Und Ernst und Gleichmut will ihm nicht genügen,
Weil tausend Lächeln in erneuten Flügen
Sich ewig seinem Himmelsbild entfalten.

Ich bin ein Korso auf besonnten Plätzen,
Ein Sommerfest mit Frauen und Bazaren,
Mein Auge bricht von allzuviel Erhelltsein.

Ich will mich auf den Rasen niedersetzen
Und mit der Erde in den Abend fahren.
O Erde, Abend, Glück, o auf der Welt sein!!

ERNST WILHELM LOTZ

Ich flamme das Gaslicht an...

Ich flamme das Gaslicht an.
Aufrollendes Staunen umprallt die vier Zimmerwände.
Ich fühle mich dünn in der Mitte stehn,
Verkrampft in Taschen klein meine Hände,
Und muß dies alles sehn:

Die Mauern bauchen aus, von Dröhnen geschwellt:
Die Tafeln von Jahrtausend-Meistern dröhnen in ihren Flanken,
Von Halleluja-Geistern hinziehend musizierende Gedanken!
Ich erblicke mich schwimmend klein da hinein gestellt
Mit winzigem Stöhnen und Krampf
Vor solchem wogenhaft wuchtenden Tönen
Und solchem siegsicher schwingenden Wolkenkampf!

O so Gott zwingende Werke!
Ein spitzer Pinselstrich zerstiebt mich blind
Mit machtheiterm Wind und lässiger Stärke!

Meine Brust empört sich über dies brausende Sein.
Tief ziehe ich die Luft der Wände ein
— Diese Flut, diese Glut! —
Und stoße sie aus mir mit Husten und Speien:
Blut! Blut!

Und versinke in eisdurchwehte Nächte.
Und weiß, der Tod reckt unten seine Arme aus. —
Doch über mich hin fährt ein Gebraus
Springender Hufen und Leiber und sonnhafter Prächte und Mächte!

WALTER HASENCLEVER

Gasglühlicht summt

Gasglühlicht summt. Ich weiß, ich bin vorhanden,
Und meine Seele hängt am Büchertisch.
Ich schreibe ein Gedicht. Wo werd ich landen!
Im Dunst von großen, lauten Städten fanden
Indessen meine vielen Körper sich.

Schon tauml ich über harten Finsternissen
Ins schäumende Verrücktsein, in die Gruft.
Ein Nerv in meinem Hirn ist aufgerissen,
Nun züngelt Beute auf mit Natterbissen —
Da tanz ich — und es strömt die alte Luft.
Wenn Maskenbälle toller sich betäuben,
Kehrt unser Herz zum Urwald wieder um.
Doch unsre Seelen, ob sie gleich zerstäuben,
Entschweben langsam nach Elysium.

WALTER HASENCLEVER

DIE NACHT FÄLLT SCHERBENLOS

Die Nacht fällt scherbenlos ins Unbewußte;
Erlebnis bröckelt von dir ab wie Kruste.
Schon schirrt der Tag mit Faß, Laterne, Karren
Einäugige Pferde, die auf Futter harren.
Geliebte Fraun! Wo mögt ihr heute träumen!
In was für Betten dunkel euch verschäumen.
Lösch aus, du letzte Kerze, die noch brennt!
Mit froher Güte will ich mich umsäumen.
Wer treu ist, kehrt zurück aus Zwischenräumen
Zu einem gleichen Schicksal, das er kennt.
Ihn wird der eitle Schmerz nicht mehr betören
Dessen, der nichts verliert und nichts behält.
Wer treu ist, wird dem Menschlichsten gehören —
Und so erfüllt er sich in ewiger Welt.

WALTER HASENCLEVER

OFT AM ERREGUNGSSPIEL...

Oft am Erregungsspiel in fremden Zonen
Stockt unser Herz. Doch weiter kreist die Zeit.
Gib, große Erde, stärkre Sensationen,
Daß wir, die nur im Unerfüllten wohnen,
Nicht einsam werden vor Vergänglichkeit!
Denn wer sich liebt, der muß sich selbst zerstören
Und krank nach Festen auf der Gasse stehn;
Sein Ohr vermag den Schrei der Nacht zu hören,
Und manches Menschen Auge wird ihn sehn.
Die leere Luft von Kammern und von Zoten
Würgt ihn am Hals. Sein Durst erstickt im Brand.
Da rettet ihn der Schlaf. Begrabt die Toten!
Noch lockt im Osten unbetretnes Land.

KEHR MIR ZURÜCK, MEIN GEIST

Kehr mir zurück, mein Geist, im Blut verrieben;
Was du gelöst, das sammle wieder fest
Und halte mir das Gleichgewicht beim Lieben,
Sonst sterb ich am Gefühl, wie an der Pest.
Ich will jetzt mit dir sein und mit dir reisen;
Wir wollen wie zwei Kugeln uns umkreisen,
Aus einem hellen Raum ins Dunkel wehn.
Wenn je dich ein Genuß verzehrt, den töte!
Verkauf dein Weib, du wirst es überstehn.
Gleichviel ob Ekel oder Liebesnöte —
Am Himmel eilen Wind und Morgenröte,
Die Scheiben klirren, und die Züge gehn.

GOTTFRIED BENN

D-ZUG

Braun wie Kognak. Braun wie Laub. Rotbraun. Malaiengelb.
D-Zug Berlin—Trelleborg und die Ostseebäder. —

Fleisch, das nackt ging.
Bis in den Mund gebräunt vom Meer.
Reif gesenkt. Zu griechischem Glück.
In Sichel-Sehnsucht: wie weit der Sommer ist!
Vorletzter Tag des neunten Monats schon! —

Stoppel und letzte Mandel lechzt in uns.
Entfaltungen, das Blut, die Müdigkeiten,
Die Georginennähe macht uns wirr. —

Männerbraun stürzt sich auf Frauenbraun:

Eine Frau ist etwas für eine Nacht.
Und wenn es schön war, noch für die nächste!
Oh! Und dann wieder dies Bei-sich-selbst-sein!
Diese Stummheiten! Dies Getriebenwerden!
Eine Frau ist etwas mit Geruch.
Unsägliches! Stirb hin! Resede.
Darin ist Süden, Hirt und Meer.
An jedem Abhang lehnt ein Glück. —

Frauenhellbraun taumelt an Männerdunkelbraun:

Halte mich! Du, ich falle!
Ich bin im Nacken so müde.
O dieser fiebernde süße
letzte Geruch aus den Gärten. —

RENÉ SCHICKELE

BEI DER EINFAHRT IN DEN HAFEN VON BOMBAY

Ist nicht, was sich da erschlossen hat,
Ganz aus Wasserdunst gewoben,
Brandung, Buchten, breiter Strand,
In den Himmel aufgehoben
Und in einem Rosenbrand
Halb schon wie zerstoben?
Ist das nicht die himmeloffne Stadt,
Wo die Feuerblumen wohnen?

Meer in Sonne schleusende Alleen,
Drin Paläste rosig tauen,
Ist das nicht die goldne Spur,
Halb verweht im Blauen,
Und ein zitternd Abbild nur,
Wie sie ihre Hütten bauen,
Die sich auf dem Weg des Lichts ergehn,
Ruhnde Wandrer in Äonen?

WALTER HASENCLEVER

DER GEFANGENE

Keiner, der durch Vorstadt kreisend zieht,
Weiß, wen er liebt, an welches Weib er denkt.
Manchmal in Caféhaus-Walzerlied
Geschieht ein Blick, der ihn beglückt und kränkt.
Aufschäumt der schönen Jugend Melodie,
Gesicht und Ruhm und erstes Zeitungswort;
Schwarzer Fluß mit schmerzlicher Magie
Erscheint im Westen an dem alten Ort.
Dort lebt ein Herz, das, vielen zugesellt,
Sich tiefer senkte auf des Schicksals Grund;
Ein Herz mit ungeheurer Flamme: Welt —
Das jetzt trübe steigt in unsern Mund.
Noch sind Lokale mitternacht-erfüllt,
Geheul von Bürgern, die wir langsam töten.

Wird sich die ewige Stadt dem Antlitz röten?
Entschreiten wir der Ebene unverhüllt!
Schon aus beklommenem Hirn im Nebelschein
Glüht unterirdisch dumpfer Züge Fliehn.
Da stürzt der Kreisel in die Sinne ein,
Morgen steht — der Morgen über Berlin.
Ihr alle in Gefahr und Liebesgraun:
Wir wollen nach den weißen Pferden schaun.
Es schließt der Kreis sich um Gespenst und Jahr;
Lustfrohe Zeit, auch du, wie wunderbar.
Der süßen Gegenwart entrückter Sinn
Erhebt sich östlich zu der Lichtstadt hin,
Die riesenhaft in singender Gestalt
Am körperlosen Äther dir erschallt.
Die Droschke stolpert, wo wir oft gekniet
Vor einer Dame, welche unbekannt,
Bis ihre Strümpfe, die man plötzlich sieht,
Die unbequeme Lust zerriß und fand.
Als wir müde auf den Korridor
Hintraten, aufgeweckt, ins Schlummerland:
Welch ein Gedanke, wenn am fremden Tor
Noch eine kleine Lampe einsam stand.
Die Jalousie strömt fort in blauem Glanz;
Durch spitze Flächen ins Gehirn läuft Tanz.
Die Transparente über Wolk und Stern
Sind längst vergangen . . . ja, auch du bist fern.
Bald stirbt die Nacht am rosa Firmament,
Schon nahen Vögel, die nach Süden ziehn;
Wo bist du, Volk, das meinen Namen nennt?
Die Wolke flammt — der Morgen über Berlin.

FÜR KURT PINTHUS

RENÉ SCHICKELE

DIE LEIBWACHE

Und ich bin auch in mancher Stunde wie verdammt,
Ich weiß, daß doch ein Schein von meinem Blut,
Wo ich mich rühre, wo ich raste, mich umflammt
Wie eine große Glorie innerlicher Glut.
Darin ist alles das enthalten, was die Väter,
Ob sie Soldaten, Bauern, Sünder oder Beter
Von ihrem Innersten ins Äußere geglüht,
Daß es mein eigen Blut noch heute fühlt.

Denn ja, ich fühl's wie Rüstung, Schild und Feuerwall
Und Festung, die mich überall umgibt,

Und wieder so, daß es der Schöpfung wirren Schwall
Mit Netzen wie aus Blut und Sonnenstäubchen siebt,
Damit in meiner Augen Nähe kommt
Nur, was für Ewigkeiten ihnen frommt,
Und immer nur in meinem Herzen Wurzeln schlägt
Und darin gräbt, wes Wachstum dies mein Herz verträgt;

Und was es tiefer noch verankert in den Grund,
Von dem ich nichts weiß, als daß zu Beginn
Ein heißer Wille schwoll, der dann von Mund zu Mund
Sich fortgepflanzt bis her zu mir, der ich jetzt bin.
Und bei mir sind, die mich vor schwerstem Leid bewahren!
Ich recke mich inmitten himmlischer Husaren,
Heb ich die Hand, so winken tausend Hände mit,
Und halte ich, so hält mit mir der Geisterritt.

Im Schlaf spür ich sie wie im Biwak um mich her,
Sie liegen da, die Zügel umgehängt,
Sie atmen, regen sich wie ich, sind leicht und schwer,
Und manchmal, wenn sich einer an den andern drängt,
Ersteht ein Klingen, dessen Widerhallen
In meinem Körper bebt wie Niederfallen
Von eines Brunnens Strahl in einem Vestibül.
Dann ist's, daß ich das Herz der Mütter zittern fühl!

Dann ist's, daß wild und süß die Liebe überfließt
In mir und jeder Kreatur,
Rakete um Rakete in den Himmel schießt,
Im Dunkel still steht jede Uhr.
Und klare Meere spiegeln lichte Sterne,
Die Früchte zeigen schamlos ihre Kerne,
Es strömt ein Licht von mir zum fernsten Land,
Es schlägt ein Wellenschlag von mir den fernsten Strand.

Drum, bin ich auch in mancher Stunde wie verdammt,
Ich weiß trotzdem: ein Schein von meinem Blut,
Wo ich auch bin, ob schlafend oder wach, umflammt
Mein Tun mit einer Glorie innerlicher Glut,
Darin ist alles das enthalten, was die Väter,
Ob sie Soldaten, Bauern, Sünder oder Beter,
Mit ganzem Herzen ausgelebt zu meiner Hut.

DER SCHAUSPIELER
An Ernst Deutsch

Brich, Raubtier, aus des Zweifels Ketten!
Kulisse fällt. Das Morgenrot von Städten
Tropft aus der Wunde deiner Leidenschaft.

Du liebst in Wolken. Stirbst in Betten.
Musik umschürt den Aufruhr deiner Kraft.
Du wirst das Hymnische des Geistes retten,

Der deinen Körper durch das Wort erschafft.
Ich grüße dich aus trommelndem Orkan.
Du Bruder meines Rausches, meiner Träume,

Wie du dich schwingst durch die gedachten Räume,
Umkreisend dunkler Völker riesige Bahn:
Fühl ich mich eins mit dir geboren.

Du lebst! So sind die Taten nicht verloren.
Es atmet um die Wiege unsrer Horen
Der gleiche Schoß von Frauen und von Müttern.

Entbrenne, Träne, von des Grabes Toren
Atlantischer Ferne zügellosem Lauf.
O Süßigkeit, die Menschen zu erschüttern!

Der Vorhang stürzt. Wir brechen auf.

FRANZ WERFEL

HEKUBA

Manchmal geht sie durch die Nacht der Erde.
Sie, das schwerste ärmste Herz der Erde.
Wehet langsam unter Laub und Sternen,
Weht durch Weg und Tür und Atemwandern,
Alte Mutter, elendste der Mütter.

So viel Milch war einst in diesen Brüsten,
So viel Söhne gab es zu betreuen.
Weh dahin! — Nun weht sie nachts auf Erden,
Alte Mutter, Kern der Welt, erloschen,
Wie ein kalter Stern sich weiterwälzet.

Unter Stern und Laub weht sie auf Erden,
Nachts durch tausend ausgelöschte Zimmer,
Wo die Mütter schlafen, junge Weiber,
Weht vorüber an den Gitterbetten
Und dem hellen runden Schlaf der Kinder.

Manchmal hält am Haupt sie eines Bettes,
Und sie sieht sich um mit solchem Wehe,
Sie, ein dürftiger Wind von Schmerz gestaltet,
Daß der Schmerz in ihr Gestalt erst findet,
Und das Licht in toten Lampen weinet.

Und die Frauen steigen aus den Betten,
Wie sie fortweht — nackten schweren Schrittes ...
Sitzen lange an dem Schlaf der Kinder,
Schauen langsam in die Zimmertrübe,
Tränen habend unbegriffnen Wehes.

GOTTFRIED BENN

KARYATIDE

Entrücke Dich dem Stein! Zerbirst
Die Höhle, die Dich knechtet! Rausche
Doch in die Flur! Verhöhne die Gesimse — — —:
Sieh: durch den Bart des trunkenen Silen
Aus seinem ewig überrauschten
Lauten einmaligen durchdröhnten Blut
Träuft Wein in seine Scham.

Bespei die Säulensucht: toderschlagene
Greisige Hände bebten sie
Verhangenen Himmeln zu. Stürze
Die Tempel vor die Sehnsucht Deines Knies,
In dem der Tanz begehrt.

Breite Dich hin. Zerblühe Dich. Oh, blute
Dein weiches Beet aus großen Wunden hin:
Sieh, Venus mit den Tauben gürtet
Sich Rosen um der Hüften Liebestor —
Sieh', dieses Sommers letzten blauen Hauch
Auf Astermeeren an die fernen
Baumbraunen Ufer treiben; tagen
Sieh' diese letzte Glück-Lügenstunde
Unserer Südlichkeit,
Hochgewölbt.

ALFRED LICHTENSTEIN

MÄDCHEN

Sie halten den Abend der Stuben nicht aus.
Sie schleichen in tiefe Sternstraßen hinaus.
Wie weich ist die Welt im Laternenwind!
Wie seltsam summend das Leben zerrinnt...

Sie laufen an Gärten und Häusern vorbei,
Als ob ganz fern ein Leuchten sei,
Und sehen jeden lüsternen Mann
Wie einen süßen Herrn Heiland an.

JOHANNES R. BECHER

AUS DEN GEDICHTEN UM LOTTE

Wenn ich Dich nur denke
: Himmlischster Akkord :
Arme Fahnen schwenken,
Nord zieht tönend fort.

Wenn ich Dich nur fühl
: Palmen und Oasen :
Wind streicht Balsam kühl,
Engel-Chöre blasen.

Wenn ich Du bin, Dein
: Riese und Gewitter :
Keusch und demut-rein,
Frei im Käfig-Gitter.

Und des Siegs gewiß
: Mensch in Gottes Kraft :
Schoß nach Sturm und Riß.
Körper jäh gestrafft

Auf zum Firmament!
Rings im Sternen-Plan.
Ja Eroberer, wenn
Dein ich bin... Gesang.

Ludwig Meidner · Ernst Wilhelm Lotz

ERNST WILHELM LOTZ

WIR FANDEN GLANZ

Wir fanden Glanz, fanden ein Meer, Werkstatt und uns.
Zur Nacht, eine Sichel sang vor unserm Fenster.
Auf unsern Stimmen fuhren wir hinauf,
Wir reisten Hand in Hand.
An deinen Haaren, helles Fest im Morgen,
Irr flogen Küsse hoch
Und stachen reifen Wahnsinn in mein Blut.
Dann dursteten wir oft an wunden Brunnen,
Die Türme wehten stählern in dem Land.
Und unsre Schenkel, Hüften, Raubtierlenden
Stürmten durch Zonen, grünend vor Gerüchen.

ERNST WILHELM LOTZ

UND SCHÖNE RAUBTIERFLECKEN...

Bist du es denn?
Groß aus dem Weltraum nachts, der Spiegel ist,
Tönt dein zerwehtes Bildnis in meine Seele.
Die Sterne durchziehen harfend deine Brust.
Du aber ...

Du glänzt vielleicht versehnt im weißen Federbett,
Traum liegt dir hart im Schoß. —

Oder ein junger Liebling
Zieht fühlsam mit zeichnendem Finger
Die festen Runden deiner Brüste nach.
Ihr seid sehr heiß.
Und schöne Raubtierflecken zieren eure Rücken.

ELSE LASKER-SCHÜLER

EIN LIED DER LIEBE
(Sascha)

Seit du nicht da bist,
Ist die Stadt dunkel.

Ich sammle die Schatten
Der Palmen auf,
Darunter du wandeltest.

Immer muß ich eine Melodie summen,
Die hängt lächelnd an den Ästen.

Du liebst mich wieder —
Wem soll ich mein Entzücken sagen?

Einer Waise oder einem Hochzeitler,
Der im Widerhall das Glück hört.

Ich weiß immer,
Wann du an mich denkst —

Dann wird mein Herz ein Kind
Und schreit.

An jedem Tor der Straße
Verweile ich und träume

Und helfe der Sonne deine Schönheit malen
An allen Wänden der Häuser.

Aber ich magere
An deinem Bilde.

Um schlanke Säulen schlinge ich mich
Bis sie schwanken.

Überall steht Wildedel
Die Blüten unseres Blutes;

Wir tauchen in heilige Moose,
Die aus der Wolle goldener Lämmer sind.

Wenn doch ein Tiger
Seinen Leib streckte

Über die Ferne, die uns trennt,
Wie zu einem nahen Stern.

Auf meinem Angesicht
Liegt früh dein Hauch.

MEIN LIEBESLIED

(Sascha, dem himmlischen Königssohn)

Auf deinen Wangen liegen
Goldene Tauben.

Aber dein Herz ist ein Wirbelwind,
Dein Blut rauscht, wie mein Blut —

Süß
An Himbeersträuchern vorbei.

O, ich denke an dich — —
Die Nacht frage nur.

Niemand kann so schön
Mit deinen Händen spielen,

Schlösser bauen, wie ich
Aus Goldfinger;

Burgen mit hohen Türmen!
Strandräuber sind wir dann.

Wenn du da bist,
Bin ich immer reich.

Du nimmst mich so zu dir,
Ich sehe dein Herz sternen.

Schillernde Eidechsen
Sind dein Geweide.

Du bist ganz aus Gold —
Alle Lippen halten den Atem an.

ELSE LASKER-SCHÜLER

EIN ALTER TIBETTEPPICH

Deine Seele, die die meine liebet,
Ist verwirkt mit ihr im Teppichtibet,

Strahl in Strahl, verliebte Farben,
Sterne, die sich himmellang umwarben.

Unsere Füße ruhen auf der Kostbarkeit,
Maschentausendabertausendweit.

Süßer Lamasohn auf Moschuspflanzenthron,
Wie lange küßt dein Mund den meinen wohl
Und Wang die Wange buntgeknüpfte Zeiten schon?

AUGUST STRAMM

BLÜTE

Diamanten wandern übers Wasser!
Ausgestreckte Arme
Spannt der falbe Staub zur Sonne!
Blüten wiegen im Haar!
Geperlt
Verästelt
Spinnen Schleier!
Duften
Weiße matte bleiche
Schleier!
Rosa, scheu gedämpft, verschimmert
Zittern Flecken
Lippen, Lippen
Durstig, krause, heiße Lippen!
Blüten! Blüten!
Küsse! Wein!
Roter
Goldner
Rauscher
Wein!
Du und ich!
Ich und Du!
Du?!

AUGUST STRAMM

WUNDER

Du steht! Du steht!
Und ich
Und ich
Ich winge
Raumlos zeitlos wäglos
Du steht! Du steht!

Und
Rasen bäret mich
Ich
Bär mich selber!
Du!
Du!
Du bannt die Zeit
Du bogt der Kreis
Du seelt der Geist
Du blickt der Blick
Du
Kreist die Welt
Die Welt
Die Welt!
Ich
Kreis das All!
Und du
Und du
Du
Stehst
Das
Wunder!

ERNST STADLER

IN DER FRÜHE

Die Silhouette deines Leibs steht in der Frühe dunkel vor dem trü-
    ben Licht
Der zugehangnen Jalousien. Ich fühl, im Bette liegend, hostiengleich
    mir zugewendet dein Gesicht.
Da du aus meinen Armen dich gelöst, hat dein geflüstert «Ich muß
    fort» nur an die fernsten Tore meines Traums gereicht —
Nun seh ich, wie durch Schleier, deine Hand, wie sie mit leichtem
    Griff das weiße Hemd die Brüste niederstreicht...
Die Strümpfe... nun den Rock... Das Haar gerafft... schon bist
    du fremd, für Tag und Welt geschmückt...
Ich öffne leis die Türe... küsse dich... du nickst, schon fern, ein
    Lebewohl... und bist entrückt.
Ich höre, schon im Bette wieder, wie dein sachter Schritt im Treppen-
    haus verklingt,
Bin wieder im Geruche deines Körpers eingesperrt, der aus den Kis-
    sen strömend warm in meine Sinne dringt.
Morgen wird heller. Vorhang bläht sich. Junger Wind und Sonne
    will herein.
Lärmen quillt auf... Musik der Frühe... sanft in Morgenträume
    eingesungen schlaf ich ein.

WILHELM KLEMM

BEKENNTNIS

Die Schärpen des Himmels leuchten auf,
Seine majestätischen Schleppen rafft der Abend,
Das Panorama zieht sich zurück in den Sonnengrund,
Ein großer mystischer Adler fliegt vorüber.

Blutstropfen beginnen zu reden
Ein Ton wie unbestimmter, zitternder Nebel
Des Friedens blaue Sunde
Öffnen sich zwischen tausend goldnen Inseln.

Gewogen auf der Waage des Willens
Hab ich den Silberreif der Ewigkeit,
Aber jeder deiner Küsse wog schwerer.
Ich liebe dich, ehe ich für lange sterbe!

AUGUST STRAMM

DÄMMERUNG

Hell weckt Dunkel
Dunkel wehrt Schein
Der Raum zersprengt die Räume
Fetzen ertrinken in Einsamkeit
Die Seele tanzt
Und
Schwingt und schwingt
Und
Bebt im Raum
Du!
Meine Glieder suchen sich
Meine Glieder kosen sich
Meine Glieder
Schwingen sinken sinken ertrinken
In
Unermeßlichkeit
Du!

Hell wehrt Dunkel
Dunkel frißt Schein!
Der Raum ertrinkt in Einsamkeit
Die Seele
Strudelt
Sträubet

Halt!
Meine Glieder
Wirbeln
In
Unermeßlichkeit
Du!

Hell ist Schein!
Einsamkeit schlürft!
Unermeßlichkeit strömt
Zerreißt
Mich
In
Du!
Du!

AUGUST STRAMM

ABENDGANG

Durch schmiege Nacht
Schweigt unser Schritt dahin
Die Hände bangen blaß um krampfes Grauen
Der Schein sticht scharf in Schatten unser Haupt
In Schatten
Uns!
Hoch flimmt der Stern
Die Pappel hängt herauf
Und
Hebt die Erde nach
Die schlafe Erde armt den nackten Himmel
Du schaust und schauerst
Deine Lippen dünsten
Der Himmel küßt
Und
Uns gebärt der Kuß!

JOHANNES R. BECHER

ABENDGEBET UM LOTTE

I

Noch schnarchen kaum die Wärter —
Da web ich schon in Dir:
O Frucht! O Frühlingsgärten!
Wie mildesten Zephirs.

Geliebte, ich vergehe
In Schwarz und falberem Traum.
Dein Angesicht geschehe
Einst herrlichst überm Raum.

Geliebte, ich verwandelnd
Mich tiefst in Blätter-Wald.
Du aber, Du —: Du handele
Hoch überm Nacht-Turm kalt.

In ausgebrannten Kratern
Zerschmölz ich elend-rot.
Du blitzt aus Wolken-Quadern
Himmlischster Engel-Bot.

II

Wo tönst Du süß Geliebte?!
Ich gleite solchen Schritt.
Und bin der Wald-Betrübte,
Deß Ewigkeit verglitt.

Der muß die Nacht auch fressen,
So Quadern für und für,
Gekrallte Fäuste pressend,
Sich wälzend Ekel-Vieh.

O Spitze unseres Geistes!
Erscheinung wunderbar!
Wer wir sind ... Du nur weißt es:
Gestürzte Engel. Ja.

KURT HEYNICKE

In der Mitte der Nacht

Deine Liebe ist ein weißes Reh,
das in die Mitternacht meiner Sehnsucht flieht,
ein Baum von Tränen steht im Wald meiner Träume nach dir,
nun bist du da —
Erfüllung wirft mir der Mond aus der Schale seines Glanzes zu —
ich liebe dich,
du,
und stelle Nelkenduft vor deine Kammer,
und werfe Narzissen über dein Bett.
Ich selber komme silbern wie du

und wölbe mich hoch,
ein heiliger Hain
über dem Altar deiner frommen Seele.

DOKTOR BENN

Ich weine —
Meine Träume fallen in die Welt.

In meine Dunkelheit
Wagt sich kein Hirte.

Meine Augen zeigen nicht den Weg
Wie die Sterne.

Immer bettle ich vor deiner Seele;
Weißt du das?

Wär ich doch blind —
Dächte dann, ich läg in deinem Leib.

Alle Blüten täte ich
Zu deinem Blut.

Ich bin vielreich,
Niemandwer kann mich pflücken;

Oder meine Gaben tragen
Heim.

Ich will dich ganz zart mich lehren;
Schon weißt du mich zu nennen.

Sieh meine Farben,
Schwarz und stern

Und mag den kühlen Tag nicht,
Der hat ein Glasauge.

Alles ist tot,
Nur du und ich nicht.

VERLASSEN

Wo ich auch umgeh,
Tut mir das Herz weh,
Sie hat mich verlassen.

Wenn ich herumsteh,
Bald hier, bald da geh,
Ich kann es nicht fassen.

Mein Lieb, du mein Weh,
Du mein Kind, du mein Reh,
Hast mich wirklich verlassen?

ELSE LASKER-SCHÜLER

EIN LIED

Hinter meinen Augen stehen Wasser,
Die muß ich alle weinen.

Immer möcht ich auffliegen,
Mit den Zugvögeln fort;

Buntatmen mit den Winden
In der großen Luft.

O ich bin so traurig———
Das Gesicht im Mond weiß es.

Drum ist viel sammtne Andacht
Und nahender Frühmorgen um mich.

Als an deinem steinernen Herzen
Meine Flügel brachen,

Fielen die Amseln wie Trauerrosen
Hoch vom blauen Gebüsch.

Alles verhaltene Gezwitscher
Will wieder jubeln

Und ich möchte auffliegen
Mit den Zugvögeln fort.

Else Lasker-Schüler, Selbstporträt

ELSE LASKER-SCHÜLER

ABSCHIED

Aber du kamst nie mit dem Abend —
Ich saß im Sternenmantel.

... Wenn es an mein Haus pochte,
war es mein eigenes Herz.

Das hängt nun an jedem Türpfosten,
Auch an deiner Tür;

Zwischen Farren verlöschende Feuerrose
Im Braun der Girlande.

Ich färbte dir den Himmel brombeer
Mit meinem Herzblut.

Aber du kamst nie mit dem Abend —
... Ich stand in goldenen Schuhen.

ELSE LASKER-SCHÜLER

VERSÖHNUNG

Es wird ein großer Stern in meinen Schoß fallen...
Wir wollen wachen die Nacht,

In den Sprachen beten,
Die wie Harfen eingeschnitten sind.

Wir wollen uns versöhnen die Nacht —
So viel Gott strömt über.

Kinder sind unsere Herzen,
Die möchten ruhen müdesüß.

Und unsere Lippen wollen sich küssen,
Was zagst du?

Grenzt nicht mein Herz an deins —
Immer färbt dein Blut meine Wangen rot.

Wir wollen uns versöhnen die Nacht,
Wenn wir uns herzen, sterben wir nicht.

Es wird ein großer Stern in meinen Schoß fallen.

BEGEGNUNG

Sag aus meer- und wolkenhaftem Munde,
Schon verirrt in deines Bettes Nacht,
Wo du mit dem andern schliefst im Bunde:
Welche Stunde bist du aufgewacht?

Wann begannen dunkel dir zu tönen
Uhr und Glas auf deines Tisches Rand;
Wann erhobst du dich aus dumpfem Stöhnen,
Schauernd unter einer fremden Hand?

In derselben ängstlichen Sekunde
Schloß mir jene auf ihr Gartentor,
Wo ich stand verloren in der Runde
Schwarzer Bäume und dem Sternenchor.

Plötzlich allen nächtlichen Verbannten
War ich nahe in der gleichen Zeit —
Und da fühlt ich, daß wir uns erkannten
Tief in Treue aus der Wirklichkeit.

GEORG HEYM

DEINE WIMPERN, DIE LANGEN...

Deine Wimpern, die langen,
Deiner Augen dunkele Wasser,
Laß mich tauchen darein,
Laß mich zur Tiefe gehn.

Steigt der Bergmann zum Schacht
Und schwankt seine trübe Lampe
Über der Erze Tor,
Hoch an der Schattenwand,

Sieh, ich steige hinab,
In deinem Schoß zu vergessen,
Fern was von oben dröhnt,
Helle und Qual und Tag.

An den Feldern verwächst,
Wo der Wind steht, trunken vom Korn,
Hoher Dorn, hoch und krank
Gegen das Himmelsblau.

Gib mir die Hand,
Wir wollen einander verwachsen,
Einem Wind Beute,
Einsamer Vögel Flug,

Hören im Sommer
Die Orgel der matten Gewitter,
Baden in Herbsteslicht,
Am Ufer des blauen Tags.

Manchmal wollen wir stehn
Am Rand des dunkelen Brunnens,
Tief in die Stille zu sehn,
Unsere Liebe zu suchen.

Oder wir treten hinaus
Vom Schatten der goldenen Wälder,
Groß in ein Abendrot,
Das dir berührt sanft die Stirn.

Einmal am Ende zu stehen,
Wo Meer in gelblichen Flecken
Leise schwimmt schon herein
Zu der September Bucht.

Oben zu ruhn
Im Haus der dürftigen Blumen,
Über die Felsen hinab
Singt und zittert der Wind.

Doch von der Pappel,
Die ragt im Ewigen Blauen,
Fällt schon ein braunes Blatt,
Ruht auf dem Nacken dir aus.

Göttliche Trauer,
Schweige der ewigen Liebe.
Hebe den Krug herauf,
Trinke den Schlaf.

FRANZ WERFEL

ALS MICH DEIN WANDELN AN DEN TOD VERZÜCKTE

Als mich Dein Dasein tränenwärts entrückte
Und ich durch Dich ins Unermeßne schwärmte,
Erlebten diesen Tag nicht Abgehärmte,
Mühselig Millionen Unterdrückte?

Als mich Dein Wandeln an den Tod verzückte,
War Arbeit um uns und die Erde lärmte.
Und Leere gab es, gottlos Unerwärmte,
Es lebten und es starben Niebeglückte!

Da ich von Dir geschwellt war zum Entschweben,
So viele waren, die im Dumpfen stampften,
An Pulten schrumpften und vor Kesseln dampften.

Ihr Keuchenden auf Straßen und auf Flüssen!!
Gibt es ein Gleichgewicht in Welt und Leben,
Wie werd' ich diese Schuld bezahlen müssen!?

THEODOR DÄUBLER

DER ATEM DER NATUR

Der Atem der Natur, der Wind, die Phantasie der Erde,
Erträumt die Götterwolken, die nach Norden wehn.
Der Wind, die Phantasie der Erde, denkt sich Nebelpferde,
Und Götter sehe ich auf jedem Berge stehn!

Ich atme auf und Geister drängen sich aus meinem Herzen.
Hinweg, empor! Wer weiß, wo sich ein Wunsch erkennt!
Ich atme tief: ich sehne mich, und Weltenbilder merzen
Sich in mein Innres ein, das seinen Gott benennt.

Natur! nur das ist Freiheit, Weltalliebe ohne Ende!
Das Dasein aber macht ein Opferleben schön!
Oh Freinatur, die Zeit gestalten unsere Werkzeugshände,
Die Welt, die Größe, selbst die Überwindungshöhn!

Ein Wald, der blüht, das Holz, das brennend, wie mit Händen, betet,
Wir alle fühlen uns nur durch das Opfer gut.
Oh Gott, oh Gott, ich Mensch habe alleine mich verspätet,
Wie oft verhielt ich meine reinste Innenglut!

Im Tale steigt der Rauch, als wie aus einer Opferschale,
So langsam und fast heilig, überm Dorf empor.
Ich weiß es wohl, die Menschen opfern selbst von ihrem Mahle,
Da eine Gottheit sich ihr Herdfeuer erkor!

DER WALD

Ich bin der Wald voll Dunkelheit und Nässe.
Ich bin der Wald, den du sollst nicht besuchen,
Der Kerker, daraus braust die wilde Messe,
Mit der ich Gott, das Scheusal alt, verfluche.

Ich bin der Wald, der muffige Kasten groß.
Zieht ein in mich mit Schmerzgeschrei, Verlorene!
Ich bette euere Schädel weich in faules Moos.
Versinkt in mir, in Schlamm und Teich, Verlorene!

Ich bin der Wald, wie Sarg schwarz rings umhangen,
Mit Blätterbäumen lang und komisch ausgerenkt.
In meiner Finsternis war Gott zugrund gegangen...
Ich nasser Docht, der niemals Feuer fängt.

Horcht, wie es aus schimmlichten Sümpfen raunt
Und trommelt grinsend mit der Scherben Klapper!
Versteckt in jauchichtem Moore frech posaunt
Ein Käfer flach mit Gabelhorn auf schwarzer Kappe.

Nehmt euch in acht vor mir, heimtückisch-kalt!
Der Boden brüchig öffnet sich, es spinnt
Euch ein mein Astwerk dicht, es knallt
Gewitter auf in berstendem Labyrinth.

Doch du bist Ebene... Voll Sang, mit flatternder Mähne,
Von sanftem Luftzug glatt zurückgekämmt.
Gekniet vor mich, von stechender Hagel Tränen
Aus klobiger Wolken Schaff grau überschwemmt.

Ich bin der Wald, der einmal lächelt nur,
Wenn du ihn fern mit warmem Wind bestreichst.
Weicher umschlinget dürren Hals die Schnur.
Böses Getier sich in die Höhlen schleicht.

Die Toten singen, Vögel aufgewacht,
Von farbenen Strahlen blendend illuminiert.
Heulender Hund verreckt die böse Nacht.
Duftender Saft aus Wundenlöchern schwiert.

Du bist die Ebene... Hoch schwanket die Zitrone
Verfallenden Mondes über deinem Scheitel grad.
Du schläferst ein mich Strolch mit schwerem Mohne:
Du die im Traum ihm, blonder Engel, nahst.

Ich bin der Wald ... Goldbäche mir entsprungen,
Sie rascheln durch Schlinggräser mit Geflüster.
Wie Schlangen sanft mit langen Nadelzungen.
Es raset über mir der Sterne Lüster.

Ich bin der Wald ... Aufprasseln euere Länder
In meines letzten Brandes blutigem Höllenschein.
Es knicken um der eisigen Berge Ränder.
Gell springt der Meere flüssiges Gestein.

Ich bin der Wald, der fährt durch abendliche Welt, gelöst
Vom Grund, verbreitend euch betäubenden Geruch.
Bis meine Flamme grell den Horizont durchstößt,
Der löscht, der deckt mich zu mit rosenem Tuch.

Es ward der Blumen Wiese Gewölbe meines Grabes.
Aus meiner Trümmer Hallen sprießen empor der bunten
            Sträuße viel.
Da jene Ebene sank zu mir hinab,
Wie klingen wir schön, harmonisch Orgelspiel.

Ich bin der Wald ... Ich dringe leis durch euere Schlafe,
Da Lästerung und Raub und Mord ward abgebüßt,
Ich nicht Verhängnis mehr und schneidende Strafe.
Mein Dunkel euere brennenden Augen schließt.

IWAN GOLL

WALD

I

Durch Disteln war der Gang zu dir,
Verschlossen du im glühenden Kosmos
Wie ein Patriarch inmitten Gottes.

Prunkend schienst du staubigem Wanderer,
Verklärt und befriedigt,
Ein heiliger Knecht der Erde;
Und der Fremde fühlte sich fremder noch.

Goldene Leuchter troffen von süßem Abend,
Um die Leiter letzten Sonnenstrahls
Wirbelten geschäftig die rosa Engel,
Und die Nymphen, deine Töchter,
Hingen ihre silbernen Leiber um deine Lade.

Marc Chagall · Iwan und Claire Goll

Ein Veilchen fiel
Mir plötzlich wie ein blauer Stern zu Füßen:
Ich trug es in den goldnen Abend hin.

Wir beide mit unsern Augen
Leuchteten uns an und loderten gewaltig:
Wir beide hätten so gern geschrieen und geküßt!

Aber unsre Sprache war so schwach!
Und die Liebe so unsagbar traurig!
Wir welkten und wir starben auseinander.

III

In deinen tiefen Tieren aber,
Aus feuchten Augen gleichen Geistes dunkelnd,
Warst du mir ebenbürtig, Wald!

O, dein Geschöpf zu sein,
Nichts als ein Ton der Erde,
Der Schmetterling ein bunter Tropfen Sonne,
Und schlanke Füchse
Mit starkem Blut aus nahen Büschen fühlen:
Hingabe sein und brüderlicher Friede!

In deinen tiefen Tieren warst du mir geheiligt.
Und ich ergab mich dir,
Ging groß in Trieb und Düften auf.

PAUL ZECH

Der Wald

Reißt mir die Zunge aus: so habe ich noch Hände,
zu loben dieses inselhafte Sein.
Es wird ganz Ich und geht in mich hinein,
als wüchsen ihm aus meiner Stirn die Wände,

wo klar die Berge zu den Wolken steigen.
Ich will mit dem gerafften Licht
ins Blaue malen das noch nie geschriebene Gedicht
und es in alle Himmel klar verzweigen.

Denn hier ist Eingang zu dem Grenzenlosen;
hier ward die Welt zum zweiten Male Kind
aus den gezognen weißen und den schwarzen Losen.

Tritt ein, der du verwandert bist und blind!
Wenn einst in Träumen laut war hohes Rufen
um Gott —: die Bäume sind zu ihm die Stufen.

THEODOR DÄUBLER

DIE BUCHE

Die Buche sagt: Mein Walten bleibt das Laub.
Ich bin kein Baum mit sprechenden Gedanken,
Mein Ausdruck wird ein Ästeüberranken,
Ich bin das Laub, die Krone überm Staub.

Dem warmen Aufruf mag ich rasch vertraun,
Ich fang im Frühling selig an zu reden,
Ich wende mich in schlichter Art an jeden.
Du staunst, denn ich beginne rostigbraun!

Mein Waldgehaben zeigt sich sommerfroh.
Ich will, daß Nebel sich um Äste legen,
Ich mag das Naß, ich selber bin der Regen.
Die Hitze stirbt: ich grüne lichterloh!

Die Winterspflicht erfüll ich ernst und grau.
Doch schütt ich erst den Herbst aus meinem Wesen.
Er ist noch niemals ohne mich gewesen.
Da werd ich Teppich, sammetrote Au.

WILHELM KLEMM

DER BAUM

Das Himmlische flicht ins Irdische.
Wer das eine liebt, kann das andre nicht hassen.
Ich wuchs unaufhaltsam in meine Form.
Nun steh ich so, wie du mich gewollt hast.

Der Leib verwandelt sich im Lauf der Jahre,
Die Seele sucht ihre tausend Wege,
Alles, was ich bin, samt den Geschlechtern der Menschen
Strömt vorüber und kennt kaum das Ziel.

Ein Wipfel schwankt über meinem Haupte,
Wandert hin und her am blauen Himmelsplan,
Im Winde schmachtend nach Ferne und Abschied,
Doch im Abendfrieden ruht er am gleichen Ort.

GEORG HEYM

DER BAUM

Sonne hat ihn gesotten,
Wind hat ihn dürr gemacht,
Kein Baum wollte ihn haben,
Überall fiel er ab.

Nur eine Eberesche,
Mit roten Beeren bespickt,
Wie mit feurigen Zungen,
Hat ihm Obdach gegeben.

Und da hing er mit Schweben,
Seine Füße lagen im Gras.
Die Abendsonne fuhr blutig
Durch die Rippen ihm naß,

Schlug die Ölwälder alle
Über der Landschaft herauf,
Gott in dem weißen Kleide
Tat in den Wolken sich auf.

In den blumigen Gründen
Singendes Schlangengezücht,
In den silbernen Hälsen
Zwitscherte dünnes Gerücht.

Und sie zitterten alle
Über dem Blätterreich,
Hörend die Hände des Vaters
Im hellen Geäder leicht.

THEODOR DÄUBLER

DER BAUM

Es spielt der Wind mit vielen tausend nassen Blättern,
Und alle winken immer wieder anderm Wind,
Und Waldeswalzer höre ich im Schatten schmettern.

Auch meine Weisen singen, weil sie windwild sind!
Und viele Lieder wimmeln, wie die winzigen Bienen,
Um jeden Trieb, der sich der Blumungsglut besinnt.

Der Mut zu werben ist mir Sterblichstem erschienen:
Auf lauter Zweigen taut mein Urerkünden auf,
Und seiner will Vernunft, wie Bienen, sich bedienen.

Es horcht der Wind. Denn um zu horchen harrt sein Lauf.
Im Baum erlauscht, als Traumhauch, er sein lautes Rauschen.
Drum lauscht: es überbrausen Meere sich zu Hauf!

Es will, als Baum, die Erde sich am Baum berauschen.
Und was im Traum geschieht, wird auch ein eigner Traum,
Denn Träume können uns samt Träumlichem belauschen!

Verwurzle dich in mir, du Traum von meinem Baum!
In meiner Ruhe nisten schon die Sehnsuchtslieder,
Singt doch die Stille durch die Wurzeln bis zum Saum.

Die Wurzeln greifen fern in die Ergebung nieder!
Wie ist die Stille tief! So tief wie sie entschlief!
Doch in der Krone gibt der Baum den Norden wieder.

Er folgt dem Wind. Er wird was ihn als Baum berief.
Er stürzt die Liebe in die witternden Geschicke.
Er wirbt um sich und wirkt als Traum urbaumhaft tief.

Du Baum, ich weiß, wie ich als Dickicht mich bestricke.
Du bist von Liebe übervoll, ja liebestoll!
Du liebst, oh Baum, was ich als Du in mir erblicke.

Und «Du», nur «Dus», erlausch ich, wo ich rufen soll.
Das Dunkel aller Ruhe kennt das Du der Dinge!
Drum ist die Welt so holder Wonneworte voll.

Oh Sonne, horche wie ich in der Krone singe:
Der hohe Norden strotzt von mordendem Verstand,
Das Land aber hat Gold für Sternenschmetterlinge.

Ihr Dünkelwichte, Dinge im Vernunftgewand,
Es wickelt Euer Himmelswink euch aus den Wicken.
Die Schlingen fallen ab: es nagt der Fragebrand.

Es schlagen Wagnisschlangen auf zu Weltgeschicken!
Der Urwald leuchtet in das holde Weltenwohl:
Es glaubt der Baum! Und lauter Witterwipfel nicken!

Der Baum umwurzelt seiner Ruhe Wesenspol.
Er schützt die Nester, schirmt das Schmerzens-Ich der Tiere,
Denn jedes Blatt ist großer Duldung Erdsymbol.

So wirkt, daß nimmer sich ein Wirkungswink verliere!
Die Tiere aber sind schon mehr als Wimmerwind.
Sie irren sich ja nicht. Sie schwirren um das Ihre.

Entwirrt euch schier! Das Winzigste ist weltgesinnt!
Und horcht in eurem Baum aufs Morgen freier Meere.
Du große Sonne, wie genau ein Tag verrinnt!

Der Baum ist hoch. Er füllt schon seine Wesensehre.
Und über ihm begeistert sich ein Sternenkind
Und lauscht der Leidenschaft der Werdensschwere.

Wie viele Rehe weinend schon gefallen sind!
Oh Sternenkind, bewahre ihre Seelenträne
Und mache uns im Wandel harmlos und gelind!

Der Wesen Schüchternheit, die ich im Wechsel wähne,
War einst ein Blatt, ein Tier, das man zu Tod gehetzt:
Und alles Land entflammt als eine Wahnsinnsmähne.

Im Namen der Verzweifelten, Welt, sei entsetzt!
Birg, Erde, jeden Todesschrei in Lichtgebeten:
Im Baumes Namen, säume nicht! es glüht das ‹Jetzt!›

Der Erde Wahnwitz brennt durch Winde, die entwehten.
Er ist ein Urwald, der sich flammennackt beseelt.
Hier stirbt man nicht! Die Tiere schimmern in Kometen!

In Riesenschweifen werden sie hinausgeschweelt.
Sie können kalt in allen Nächten plötzlich tagen,
Denn kein Gewissen hat den Weg zu sich verfehlt.

Die Wanderschaften, die den Menschen warnend tragen,
Erfüllen alle Nordheiten mit Seelenbrunst,
Und Tiere wittern aus den jungen Glanznachtsagen.

Zu eignen Wesenheiten reift die letzte Kunst.
Die Lebensechtheit kann sich nur ekstatisch fassen,
Dort überm Weltbrandwahnwitz dämmert stumme Gunst.

Gedanken fangen an, mit kalter Glut zu hassen.
Der Traum vom Baum verschlingt sich in den blauen Raum.
Es singen Sternenkinder in den Flammengassen

Und nisten schuldlos in der Ruhehuld vom Baum.

MILLIONEN NACHTIGALLEN SCHLAGEN

Die Sterne. Blaue. Ferne.
Ein Flammensang der Sterne!
Millionen Nachtigallen schlagen.
Es blitzt der Lenz.
Myriaden Wimpern zucken glühend auf.
Das grüne Glück von Frühlingsnachtgelagen
Beginnt sein eigenbrüstiges Geglänz.
Die lauen Schauer nehmen ihren Zauberlauf:
Millionen Nachtigallen schlagen.
Erkenne ich ein freundliches Gespenst?
Ich werde mich im Ernst darum bewerben.
Der kleinste Wink will sich ins Wittern kerben:
Wer weiß, wann meine Träumlichkeit erglänzt?
Gespenster gleichen unsern sanften Tieren,
Sie können schnell den Samt der Neigung spüren.
Sie heben, schweben, weben sich heran,
Und halten uns unfaßbar sacht im Bann.
Ich will die Lichtgewimmelstille nicht verlieren,
Ein altes Walten muß sich bald aus Sanftmut rühren.
Millionen Nachtigallen schlagen.
Die ganze Nacht ermahnen uns verwandte Stimmen.
Es scheint ein Mond geheimnisvoll zu glimmen.
Doch ist zu warm die Nacht, voll atmendem Behagen!
Myriaden brunstbewußte Funken suchen sich im Fluge,
Sie schwirren hin und her und doch im Frühlingszuge.
Das Lenzgespenst, das Lenzgespenst geht um im Hage!
Es kann der Laubwald wandern und sich selbst erwarten,
Das schwankt und walzt nach allen alten Wandelarten;
Es lacht die Nacht: der Wagen wagt, es wacht die Wage.
Es blitzen da Myriaden tanzvernarrte Fragen —
Millionen Nachtigallen schlagen.

AUGUST STRAMM

VORFRÜHLING

Pralle Wolken jagen sich in Pfützen
Aus frischen Leibesbrüchen schreien Halme Ströme
Die Schatten stehn erschöpft
Auf kreischt die Luft
Im Kreisen, weht und heult und wälzt sich
Und Risse schlitzen jählings sich
Und narben

Am grauen Leib
Das Schweigen tappet schwer herab
Und lastet!
Da rollt das Licht sich auf
Jäh gelb und springt
Und Flecken spritzen —
Verbleicht
Und
Pralle Wolken tummeln sich in Pfützen.

ERNST STADLER

VORFRÜHLING

In dieser Märznacht trat ich spät aus meinem Haus.
Die Straßen waren aufgewühlt von Lenzgeruch und grünem Saat-
    regen.
Winde schlugen an. Durch die verstörte Häusersenkung ging ich
    weit hinaus
Bis zu dem unbedeckten Wall und spürte: meinem Herzen schwoll
    ein neuer Takt entgegen.

In jedem Lufthauch war ein junges Werden ausgespannt.
Ich lauschte, wie die starken Wirbel mir im Blute rollten.
Schon dehnte sich bereitet Acker. In den Horizonten eingebrannt
War schon die Bläue hoher Morgenstunden, die ins Weite führen
    sollten.

Die Schleusen knirschten. Abenteuer brach aus allen Fernen.
Überm Kanal, den junge Ausfahrtswinde wellten, wuchsen helle
    Bahnen,
In deren Licht ich trieb. Schicksal stand wartend in umwehten Sternen.
In meinem Herzen lag ein Stürmen wie von aufgerollten Fahnen.

WILHELM KLEMM

HERBST

Die Jahre überschneiden sich.
Gehörnte Gräber stieren uns an;
Der Wind weht dünn. Länder entvölkern sich,
Gedanken filtern langsam ins Graue.

Aber die Laube ist immer noch dieselbe,
Wir trinken einen toten Wein,

Und folgen den Bewegungen des Vergessens,
Die süßer sind als die Erinnerung.

Rauch duftet fern und traurig.
Duftet so stark, daß man drin einschlafen könnte.
Wer wird uns in der Dunkelheit heimsenden,
Und die Hunde, die so laut bellen?

GEORG TRAKL *ambie pentam.*

DER HERBST DES EINSAMEN

Der dunkle Herbst kehrt ein voll Frucht und Fülle,
Vergilbter Glanz von schönen Sommertagen.
Ein reines Blau tritt aus verfallener Hülle;
Der Flug der Vögel tönt von alten Sagen.
Gekeltert ist der Wein, die milde Stille
Erfüllt von leiser Antwort dunkler Fragen.

Und hier und dort ein Kreuz auf ödem Hügel;
Im roten Wald verliert sich eine Herde.
Die Wolke wandert übern Weiherspiegel;
Es ruht des Landmanns ruhige Gebärde.
Sehr leise rührt des Abends blauer Flügel
Ein Dach von dürrem Stroh, die schwarze Erde.

Bald nisten Sterne in des Müden Brauen;
In kühle Stuben kehrt ein still Bescheiden
Und Engel treten leise aus den blauen
Augen der Liebenden, die sanfter leiden.
Es rauscht das Rohr; anfällt ein knöchern Grauen,
Wenn schwarz der Tau tropft von den kahlen Weiden.

ERNST WILHELM LOTZ

IN GELBEN BUCHTEN

In gelben Buchten sogen wir der Fernen
Verspülte Lüfte, die von Städten wissen,
Wo Lüste grünen, angerührt von Wahnsinn.
Wir schwammen auf dem Fieberschiff stromauf
Und sonnten unsre Leiber an dem Buhlen
Waldheißer Panther, die der Sommer quält.
Der Klapperschlange nacktes Schlammgeringel
Wand sich verstört, als wir vorüberkamen,

Und in verschlafnen Dörfern gurgelte die Lust.
Ein warmer, satter Wind strich durch die Palmen. —

Ich sah dich weiß von Schlaf.
Und als ich von dir ebbte, hoch gehoben
Von meinem stolzen, satt gestürmten Blut:
O Sturm der Nächte, der mich Blut-wärts zog
Zu kühnen, nie entdeckten Ländergürteln:
O schwül Geliebte! Strom der Geheimnisse!
Verschlafenes Land! Im Süden! O Sommer-Qual!

THEODOR DÄUBLER

WINTER

Geduldig ist der Wald,
Behutsamer der Schnee,
Am einsamsten das Reh.
Ich rufe. Was erschallt?
Der Widerhall macht Schritte.
Er kehrt zurück zu seinem Weh:
Das kommt heran wie leise Tritte.
Er findet mich in meiner Mitte.
Warum hab ich den Wald gestört?
Vom Schnee ward nichts gehört.
Hat sich das Reh gescheut?
Wie mich das Rufen reut.

WILHELM KLEMM

AUSGLEICH

Das Gebirge entfaltet sich. Steinerner Samt
Sinkt ins Schattental, wo Wälder die Flügel breiten.
Von Gipfel zu Gipfel führen zarte, sinnende Wege,
Die Silberkrone des ewigen Schnees quillt auf.

Einsamkeit starrt mich an mit azurnem Auge,
Über Abgründe hängt der splitternde Fels.
Zerbrochner Tafeln wilde Verwüstung
Tost hinab in die stille Verdammnis.

Untergang und Auferstehung
Reichen sich unendliche Hände.
Der Wasserfall sinkt gelassen in schwarze Klüfte.
Ein Vogel kreist. Die Quelle lächelt.

MORGENS

Ein starker Wind sprang empor.
Öffnet des eisernen Himmels blutende Tore.
Schlägt an die Türme.
Hellklingend laut geschmeidig über die eherne Ebene der Stadt.

Die Morgensonne rußig. Auf Dämmen donnern Züge.
Durch Wolken pflügen goldne Engelpflüge.
Starker Wind über der bleichen Stadt.
Dampfer und Kräne erwachen am schmutzig fließenden Strom.
Verdrossen klopfen die Glocken am verwitterten Dom.
Viele Weiber siehst du und Mädchen zur Arbeit gehn.
Im bleichen Licht. Wild von der Nacht. Ihre Röcke wehn.
Glieder zur Liebe geschaffen.
Hin zur Maschine und mürrischem Mühn.
Sieh in das zärtliche Licht.
In der Bäume zärtliches Grün.
Horch! Die Spatzen schrein.
Und draußen auf wilderen Feldern
Singen Lerchen.

RENÉ SCHICKELE

SONNENUNTERGANG

Ich stieg vom Keller
Bis unters Dach,
Immer heller
War das Gemach,
Die Stadt, sonst verdrossen,
Hob Kuppeln aus Gold,
Es glühten die Gossen
Wie Adern von Gold.

Die Felder brandeten,
Meer in Meer,
Vögel landeten,
Von Feuer schwer,
Auf Korallenwipfeln.
Schauer von Licht
Liefen ernsten Gipfeln
Übers Gesicht...

Den Turm besteigend
Sah ich die Welt
Der Nacht sich neigend
Von Lust erhellt,
Mit einem Lächeln,
das schimmernd stund,
Ein Flammenfächeln,
Um ihren Mund,

Wie Frauen der Wonnen,
sie liegen enthüllt,
noch lange versonnen
Gedenken erfüllt.

RENÉ SCHICKELE

DER KNABE IM GARTEN

Ich will meine bloßen Hände aneinander legen
und sie schwer versinken lassen,
da es Abend wird, als wären sie Geliebte.
Maiglocken läuten in der Dämmerung,
und weiße Düfteschleier senken sich auf uns,
die wir eng beieinander unsern Blumen lauschen.
Durch den letzten Glanz des Tages leuchten Tulpen,
die Syringen quellen aus den Büschen,
eine helle Rose schmilzt am Boden . . .
Wir alle sind einander gut.
Draußen durch die blaue Nacht
hören wir gedämpft die Stunden schlagen.

THEODOR DÄUBLER

DÄMMERUNG

Am Himmel steht der erste Stern,
Die Wesen wähnen Gott den Herrn,
Und Boote laufen sprachlos aus,
Ein Licht erscheint bei mir zu Haus.

Die Wogen steigen weiß empor,
Es kommt mir alles heilig vor.
Was zieht in mich bedeutsam ein?
Du sollst nicht immer traurig sein.

ALFRED LICHTENSTEIN

In den Abend...

Aus krummen Nebeln wachsen Köstlichkeiten.
Ganz winzge Dinge wurden plötzlich wichtig.
Der Himmel ist schon grün und undurchsichtig
Dort hinten, wo die blinden Hügel gleiten.

Zerlumpte Bäume strolchen in die Ferne.
Betrunkne Wiesen drehen sich im Kreise,
Und alle Flächen werden grau und weise...
Nur Dörfer hocken leuchtend: rote Sterne —

PAUL ZECH

Die Häuser haben Augen aufgetan...

Am Abend stehn die Dinge nicht mehr blind
und mauerhart in dem Vorüberspülen
gehetzter Stunden; Wind bringt von den Mühlen
gekühlten Tau und geisterhaftes Blau.

Die Häuser haben Augen aufgetan,
Stern unter Sternen ist die Erde wieder,
die Brücken tauchen in das Flußbett nieder
und schwimmen in der Tiefe Kahn an Kahn.

Gestalten wachsen groß aus jedem Strauch,
die Wipfel wehen fort wie träger Rauch
und Täler werfen Berge ab, die lange drückten.

Die Menschen aber staunen mit entrückten
Gesichtern in der Sterne Silberschwall
und sind wie Früchte reif und süß zum Fall.

GEORG TRAKL

Abendlied

Am Abend, wenn wir auf dunklen Pfaden gehn,
Erscheinen unsere bleichen Gestalten vor uns.

Wenn uns dürstet,
Trinken wir die weißen Wasser des Teichs,
Die Süße unserer traurigen Kindheit.

Erstorbene ruhen wir unterm Holundergebüsch,
Schaun den grauen Möven zu.

Frühlingsgewölke steigen über die finstere Stadt,
Die der Mönche edlere Zeiten schweigt.

Da ich deine schmalen Hände nahm
Schlugst du leise die runden Augen auf.
Dieses ist lange her.

Doch wenn dunkler Wohllaut die Seele heimsucht,
Erscheinst du Weiße in des Freundes herbstlicher Landschaft.

GEORG HEYM

ALLE LANDSCHAFTEN HABEN...

Alle Landschaften haben
Sich mit Blau erfüllt.
Alle Büsche und Bäume des Stromes,
Der weit in den Norden schwillt.

Leichte Geschwader, Wolken,
Weiße Segel dicht,
Die Gestade des Himmels dahinter
Zergehen in Wind und Licht.

Wenn die Abende sinken
Und wir schlafen ein,
Gehen die Träume, die schönen,
Mit leichten Füßen herein.

Cymbeln lassen sie klingen
In den Händen licht.
Manche flüstern und halten
Kerzen vor ihr Gesicht.

ALBERT EHRENSTEIN

ABENDSEE

Wir kämmten Wolken, Faun und Fee,
Im Liebesspiel über Stern und See.
Nun hat uns Dämmer verschneit, Nebel gezweit,
Im Leid vergilbt die Lilienzeit.

Neidwolken, herzschnappende weiße Wölfe,
Aus Schaumtraum scheuchtet ihr mir die verspielte Tanzelfe.
Mein Abendlied sinkt im See.

Die wilde Nacht bespringt mein Reh,
Die Sterne haben sich abgedreht,
Ödvogel weht sein: «Spät, zu spät!»
Weh fühle ich, wie ich im Schnee
Untergeh'.

ALBERT EHRENSTEIN

FRIEDE

Die Bäume lauschen dem Regenbogen,
Tauquelle grünt in junge Stille,
Drei Lämmer weiden ihre Weiße,
Sanftbach schlürft Mädchen in sein Bad.

Rotsonne rollt sich abendnieder,
Flaumwolken ihr Traumfeuer sterben.
Dunkel über Flut und Flur.

Frosch-Wanderer springt großen Auges,
Die graue Wiese hüpft leis mit.
Im tiefen Brunnen klingen meine Sterne.
Der Heimwehwind weht gute Nacht.

RENÉ SCHICKELE

MONDAUFGANG

Verschüttet Herz, du Mond noch nicht im Klaren,
brich durch, das letzte Licht erlosch im Abendwind...
Bald werden alle meine Gedanken, die Verdammte waren,
strahlen, weil sie schwebend und einsam sind.

Nie mehr vor fremden Seelen betteln gehn!
Nie mehr um die Erfüllung werben!
Nicht mehr mit jeder Sehnsucht sterben
und falschen Herzens auferstehn.

Gefäß der Zuversicht, du Mond im Klaren...
Die Welt verlor den Glanz im Abendwind.
Es kam die Nacht. Nun strahlen, die erblaßte Sklaven waren,
die Gedanken, weil sie über Meer und Erde mächtig sind.

Oskar Kokoschka · Albert Ehrenstein

Mond

Den blutrot dort der Horizont gebiert,
Der aus der Hölle großen Schlünden steigt,
Sein Purpurhaupt mit Wolken schwarz verziert,
Wie um der Götter Stirn Akanthus schweigt,

Er setzt den großen goldnen Fuß voran
Und spannt die breite Brust wie ein Athlet,
Und wie ein Partherfürst zieht er bergan,
Des Schläfe goldenes Gelock umweht.

Hoch über Sardes und der schwarzen Nacht,
Auf Silbertürmen und der Zinnen Meer,
Wo mit Posaunen schon der Wächter wacht,
Der ruft vom Pontos bald den Morgen her.

Zu seinem Fuße schlummert Asia weit
Im blauen Schatten, unterm Ararat,
Des Schneehaupt schimmert durch die Einsamkeit,
Bis wo Arabia in das weiche Bad

Der Meere mit den weißen Füßen steigt
Und fern im Süden, wie ein großer Schwan,
Sein Haupt der Sirius auf die Wasser neigt
Und singend schwimmt hinab den Ozean.

Mit großen Brücken, blau wie blanker Stahl,
Mit Mauern, weiß wie Marmor, ruhet aus
Die große Ninive im schwarzen Tal,
Und wenig Fackeln werfen noch hinaus

Ihr Licht, wie Speere weit, wo dunkel braust
Der Euphrat, der sein Haupt in Wüsten taucht.
Die Susa ruht, um ihre Stirne saust
Ein Schwarm von Träumen, die vom Wein noch raucht.

Hoch auf der Kuppel, auf dem dunklen Strom
Belauscht allein der bösen Sterne Bahn
In weißem Faltenkleid ein Astronom,
Der neigt sein Szepter dem Aldebaran,

Der mit dem Monde kämpft um weißen Glanz,
Wo ewig strahlt die Nacht und ferne stehn
Am Wüstenrand im blauen Lichte ganz
Einsame Brunnen und die Winde wehn

Ölwälder fern um leere Tempel lind,
Ein See von Silber, und in schmaler Schlucht
Uralter Berge tief im Grunde rinnt
Ein Wasser sanft um dunkler Ulmen Bucht.

GOTTFRIED BENN

O, NACHT—

O, Nacht! Ich nahm schon Kokain,
Und Blutverteilung ist im Gange.
Das Haar wird grau, die Jahre flieh'n.
Ich muß, ich muß im Überschwange
Noch einmal vorm Vergängnis blühn.

O, Nacht! Ich will ja nicht so viel.
Ein kleines Stück Zusammenballung,
Ein Abendnebel, eine Wallung
Von Raumverdrang, von Ichgefühl.

Tastkörperchen, Rotzellensaum
Ein Hin und Her, und mit Gerüchen;
Zerfetzt von Worte-Wolkenbrüchen —:
Zu tief im Hirn, zu schmal im Traum.

Die Steine flügeln an die Erde.
Nach kleinen Schatten schnappt der Fisch.
Nur tückisch durch das Ding-Gewerde
Taumelt der Schädel-Flederwisch.

O, Nacht! Ich mag dich kaum bemühn!
Ein kleines Stück nur, eine Spange
Von Ichgefühl — im Überschwange
Noch einmal vorm Vergängnis blühn!

O, Nacht, o leih mir Stirn und Haar,
Verfließ Dich um das Tag-verblühte!
Sei, die mich aus der Nervenmythe
Zu Kelch und Krone heimgebar.

O, still! Ich spüre kleines Rammeln:
Es sternt mich an — Es ist kein Spott —;
Gesicht, ich: mich, einsamen Gott,
Sich groß um einen Donner sammeln.

E. M. Engert · Georg Heym

AUGUST STRAMM

TRAUM

Durch die Büsche winden Sterne
Augen tauchen blaken sinken
Flüstern plätschert
Blüten gehren
Düfte spritzen
Schauer stürzen
Winde schnellen prellen schwellen
Tücher reißen
Fallen schrickt in tiefe Nacht.

ERNST STADLER

FAHRT ÜBER DIE KÖLNER RHEINBRÜCKE BEI NACHT

Der Schnellzug tastet sich und stößt die Dunkelheit entlang.
Kein Stern will vor. Die ganze Welt ist nur ein enger, nachtum-
    schienter Minengang,
Darein zuweilen Förderstellen blauen Lichtes jähe Horizonte reißen:
    Feuerkreis
Von Kugellampen, Dächern, Schloten, dampfend, strömend... nur
    sekundenweis...
Und wieder alles schwarz. Als führen wir ins Eingeweid der Nacht
    zur Schicht.
Nun taumeln Lichter her... verirrt, trostlos vereinsamt... mehr...
    und sammeln sich... und werden dicht.
Gerippe grauer Häuserfronten liegen bloß, im Zwielicht bleichend,
    tot — etwas muß kommen... o, ich fühl es schwer
Im Hirn. Eine Beklemmung singt im Blut. Dann dröhnt der Boden
    plötzlich wie ein Meer:
Wir fliegen, aufgehoben, königlich durch nachtentrissne Luft, hoch
    übern Strom. O Biegung der Millionen Lichter, stumme
    Wacht,
Vor deren blitzender Parade schwer die Wasser abwärts rollen. End-
    loses Spalier, zum Gruß gestellt bei Nacht!
Wie Fackeln stürmend! Freudiges! Salut von Schiffen über blauer
    See! Bestirntes Fest!
Wimmelnd, mit hellen Augen hingedrängt! Bis wo die Stadt mit
    letzten Häusern ihren Gast entläßt.
Und dann die langen Einsamkeiten. Nackte Ufer. Stille. Nacht. Be-
    sinnung. Einkehr. Kommunion. Und Glut und Drang
Zum Letzten, Segnenden. Zum Zeugungsfest. Zur Wollust. Zum
    Gebet. Zum Meer. Zum Untergang.

ÜBERRASCHUNG

Durch Pinien lustwandelt der Mond, durch Glyzinien!
Ein blauendes Wasser bringt blauere Blätter.
Ein Windhauch verwiegt und verschmiegt alle Linien,
Das raschelt und scharrt wie von Rosengekletter.

Es scheint, daß der Flieder mit Blüten sich brüste.
Er wogt seine Düfte, fast atmend, ins Freie.
Es ist, als ob alles mit Hauchen sich küßte,
Damit sich die Lust bloß durch Tausche verleihe.

Auf einmal verwirrt mich die traumblaue Bleiche.
Doch sehe ich plötzlich ein Wunder erstrahlen:
Umschimmert von einem kristallklaren Teiche,
Erblassen und trinken Gestalten aus Schalen.

Es zieht mich hinüber, wie heimwärts zu Brüdern.
Ich platsche ins Wasser. Man lacht mir entgegen.
Man schöpft meine Ringwellen, reicht sie den Müdern,
Und plötzlich beginnen sich Mädchen zu regen.

Ich schwimme so leicht, wie beflügelt, zum Eiland
Und fühle mich dann in verwandelten Landen.
Dort heißt es: das alles versprach uns der Heiland:
Wir sind in euch selbst, unsern Gräbern, erstanden!

Ich sehe geadeltes Bauernvolk lachen.
Und einer sagt: siehe, es lohnt sich der Mühe!
Es freut uns, das Mutterland urbar zu machen,
Kommt, führen wir Büffel! geht, füttert die Kühe!

Ich bin doch zu Hause und glaube mich ferne.
Vielleicht in der Vorzeit. Vielleicht bloß am Nile!
Dort steigt man in Berge, ich folgte so gerne,
Doch zeigt mir ein Priester gesonderte Ziele.

Er spricht: «Wir erbauten dereinst Pyramiden
Und trachteten stark, uns in Quarz zu vergraben,
Doch dann ward ihr Wesen zum seligen Frieden,
Durch den wir uns wieder ins Dasein ergaben.»

Wahrhaftig, dort steigt man für Erz in die Erde.
Auf einmal erwachen am Boden Kamele.
Nein, Erdhosen sind es mit Reckungsgebärde.
Man sprengt unterirdisch: das ist ihre Seele!

Der Nilfriede, Nilliebe wirken hienieden.
Hieratische Ruhe durchdämmert das Leben.
Es hat uns der Aufbau von Steinpyramiden
Erst spät unser Grundwurzeln wiedergegeben.

Es spielen rings Kinder auf silbernen Leiern:
Zumeist sanftgebräunte, schwarzäugige Dinger,
In leise verirdischten Mondschimmerschleiern,
Und Licht überspringt ihre spielenden Finger.

Nun darf ich die Kaiserin traumhaft gewahren.
Sie führt ihren lieblichen Sohn zu den Bauern.
Sie trägt einen Lotos verklärt durch die Scharen
Beherzter Gemüter, die sprachlos erschauern.

Man winkt mir, dem mächtigen Weibe zu nahen.
Ich fühle, es wird mich ihr Wesen befragen.
Ich fasse den Mut, was sie meint, zu bejahen.
Da senkt sie die Blume und fängt an zu sagen:

«Das da sind die Wahrzeichen fürstlicher Güte.»
Nun frage ich, da ich geblendet bin: «Welche?»
Da sagt sie: «Das Glühwürmchen über der Blüte,
Der blauende Tautropfen unter dem Kelche!»

Jetzt glückt noch der Fürstin das gütigste Lächeln.
Es schimmert in mich, zu den innigsten Bildern.
Schon kann seine Klarheit Gespinste verfächeln,
Um sanft mein Erleiden durch Zartheit zu mildern.

Nun kommen die Boote allmählich nach Hause.
Es ziehn schon die Fischer rings schimmernde Netze,
Voll Beute und Tang, aus dem Wassergebrause:
Und gleich überwimmeln sich sämtliche Plätze.

Die Weiber erscheinen mit mondbleichen Sicheln,
Die Mädchen gar häufig beladen mit Gänsen.
Man kichert im Finstern, beginnt sich zu sticheln,
Doch Bauern erhellen jetzt alles mit Sensen.

Es helfen Matrosen mit mondweißen Fischen.
Die krümmen sich zappelnd wie Sicheln zusammen
Und überall schimmern, entwischen und zischen
Gebilde, die leise und bleich sich entflammen.

Doch hocken noch stumme Gestalten am Strande.
Die wollen den Mondfisch, den Vollmondfisch, haschen!
Doch ich wandle langsam, zum Fang außerstande,
Und weiß wohl, es wird mich noch viel überraschen.

Am Ufer der Träume erzählt mir die Seele
Das Lied meiner leidenden innersten Stimmen.
Ich will, daß der Wind alle Sehnsuchten schweele,
Damit meine Sagen ihr Tagen erklimmen.

Ägyptische Rätsel, erdämmert im Schwärmer!
Thebanische Mädchen, umzaubert uns wieder!
Ihr Starrheitssymbole, der Wind weht schon wärmer,
Drum Unterweltnumen, durchzieht unsre Lieder!

Der tropische Glutenfluß faßt sich im Leben.
Astrale Gestalten ergreift euch in Bäumen!
Die menschliche Seele, ein Fieberentschweben,
Entflattere, entwurzle sich ewig in Träumen.

Ihr Pflanzen im heiligen Urfriedensgarten,
Begeistert erscheinend die wirksamen Reiche!
Die Sterne und Quellenberauscher erwarten
Den Lothos der Seele im traumblauen Teiche.

Orkane am Styxe, durchwittert die Seher!
Chimären, beginnt im Gegrübel zu nisten!
Schon kommen uns zwitschernde Kindslarven näher,
Als ob rings Gespenster ihr Segel-Ich hißten!

Du Wesenheit spiele: erspiele dir Bilder!
Erklimme dir Lieder in Mondgeisterzonen!
Du Mildheit in mir, werde immer noch milder:
Entschaue Äonen, die doch bloß betonen.

GEORG TRAKL

SEBASTIAN IM TRAUM
Für Adolf Loos

Mutter trug das Kindlein im weißen Mond,
Im Schatten des Nußbaums, uralten Holunders,
Trunken vom Safte des Mohns, der Klage der Drossel;
Und stille
Neigte in Mitleid sich über jene ein bärtiges Antlitz

Leise im Dunkel des Fensters; und altes Hausgerät
Der Väter
Lag im Verfall; Liebe und herbstliche Träumerei.

Also dunkel der Tag des Jahrs, traurige Kindheit,
Da der Knabe leise zu kühlen Wassern, silbernen Fischen hinabstieg,

Ruh und Antlitz;
Da er steinern sich vor rasende Rappen warf,
In grauer Nacht sein Stern über ihn kam;

Oder wenn er an der frierenden Hand der Mutter
Abends über Sankt Peters herbstlichen Friedhof ging,
Ein zarter Leichnam stille im Dunkel der Kammer lag
Und jener die kalten Lider über ihn aufhob.

Er aber war ein kleiner Vogel im kahlen Geäst,
Die Glocke lang im Abendnovember,
Des Vaters Stille, da er im Schlaf die dämmernde Wendeltreppe hin-
      abstieg.

*

Frieden der Seele. Einsamer Winterabend,
Die dunklen Gestalten der Hirten am alten Weiher;
Kindlein in der Hütte von Stroh; o wie leise
Sank in schwarzem Fieber das Antlitz hin.
Heilige Nacht.

Oder wenn er an der harten Hand des Vaters
Stille den finstern Kalvarienberg hinanstieg
Und in dämmernden Felsennischen
Die blaue Gestalt des Menschen durch seine Legende ging,
Aus der Wunde unter dem Herzen purpurn das Blut rann.
O wie leise stand in dunkler Seele das Kreuz auf.

Liebe; da in schwarzen Winkeln der Schnee schmolz,
Ein blaues Lüftchen sich heiter im alten Holunder fing,
In dem Schattengewölbe des Nußbaums;
Und dem Knaben leise sein rosiger Engel erschien.

Freunde; da in kühlen Zimmern eine Abendsonate erklang,
Im braunen Holzgebälk
Ein blauer Falter aus der silbernen Puppe kroch.

O die Nähe des Todes. In steinerner Mauer
Neigte sich ein gelbes Haupt, schweigend das Kind,
Da in jenem März der Mond verfiel.

*

Rosige Osterglocke im Grabgewölbe der Nacht
Und die Silberstimmen der Sterne,
Daß in Schauern ein dunkler Wahnsinn von der Stirne des Schläfers
      sank.

O wie stille ein Gang den blauen Fluß hinab
Vergessenes sinnend, da im grünen Geäst
Die Drossel ein Fremdes in den Untergang rief.

Oder wenn er an der knöchernen Hand des Greisen
Abends vor die verfallene Mauer der Stadt ging
Und jener in schwarzem Mantel ein rosiges Kindlein trug,
Im Schatten des Nußbaums der Geist des Bösen erschien.

Tasten über die grünen Stufen des Sommers. O wie leise
Verfiel der Garten in der braunen Stille des Herbstes,
Duft und Schwermut des alten Holunders,
Da in Sebastians Schatten die Silberstimme des Engels erstarb.

WILHELM KLEMM

BETRACHTUNGEN

Bäume sättigen sich in schweigendem Grün.
Und der Himmel dunkelt in einem vergeßnen Grau.
Die Unendlichkeit des Grases
Triumphiert mit tausend kleinen Spitzen.

Was haben wir eigentlich am meisten geliebt?
Die Tugenden verblaßten längst unter dem Achselzucken
Des Verstehens. Ruhm ist so dünn,
Macht keinen frei. Weisheit versinkt

In Schwermut. Erinnerungen verklingen,
Auch die schönsten. Auch an die Befreiung
Von Leid. Seltsam und unverständlich
Erstirbt das ferne Gemurmel der Erschauungen.

Eine geheimnisvolle Liebe bleibt
Halb Weib, halb Stern,
Die in unsagbarer Zartheit über dem dunkelnden Herzen
Zittert wie ein Tropfen Ewigkeit,

Während der Winter wieder kühl durch das Land geht,
Der Himmel einsamer wird über den Bäumen,
Und die aufatmende Brust sich nach Westen wendet
Wo der Abend heimkehrt, ein zögernder Träumer.

FRANZ WERFEL

Die Träne

Unter dem vogellosen Himmel wilder Cafés
Sitzen wir oft, wenn die Stunde der Schwermut schwebt!
Wenn der Schwarm der Musik mit raschen Schlägen
Möwenhaft
Dicht uns am Ohr vorüberstreicht.
Nirgend, wo sich der Raum in Mauern drängt,

Tiefer blühet die Pflanze der Fremde auf.
Schließt du die Augen, so fahren zusammen
Eise des Pols,
Und es schluchzt der alte Fjord.

Öffne dich nun! Was geschieht? Schlage die Augen auf!
Was zerbricht den Tumult? Was ruft dem Wirbel Halt?
Dort an dem Tisch die schwarze Dame,
Plötzlich erklingend
Weint sich das Fräulein in seine Hände hin.

Was noch Alleinheit war, wirft sich einander zu.
Und die weinende Stimm' bindend wird zum Gesetz.
Die Menschen stehen alle und weinen,
Strömen heilig,
Selbst das Tablett in der Hand des Kellners bebt.

Scherben wir alle, werden im Weinen Gefäß.
Wer die Träne erkennt, weiß der Gemeinschaft Stoff.
Ozean sind wir, Brüder, und fahren,
Ewig fahren
Barken wir auf dem Weltmeer des Herzens hin.

Schmerz des Einsamen, du der Unsterblichkeit Kind!
Der Gottheit liebliches Blut, unsere Träne rinnt.
Ach wir begießen mit unseren Tränen
Edene Beete,
Fruchtbar, Geschwister, wird uns das Paradies.

FRANZ WERFEL

Gesang

Einmal einmal —
Wir waren rein.
Saßen klein auf einem Feldstein

Mit vielen lieben alten Fraun.
Wir waren ein Indenhimmelschaun,
Ein kleiner Wind im Wind
Vor einem Friedhof, wo die Toten leicht sind.
Sahen auf ein halbzerstürztes Tor,
Hummel tönte durch Hagedorn,
Ein Grillen-Abend trat groß ins Ohr.
Ein Mädchen flocht einen weißen Kranz,
Da fühlten wir Tod und einen süßen Schmerz,
Unsere Augen wurden ganz blau —
Wir waren auf der Erde und in Gottes Herz.
Unsre Stimme sang da ohne Geschlecht,
Unser Leib war rein und recht.
Schlaf trug uns durch grünen Gang —
Wir ruhten auf Liebe, heiligem Geflecht,
Die Zeit war wie Jenseits wandelnd und lang.

GOTTFRIED BENN

GESÄNGE

1

O daß wir unsere Ururahnen wären.
Ein Klümpchen Schleim in einem warmen Moor.
Leben und Tod, Befruchten und Gebären
Glitte aus unseren stummen Säften vor.

Ein Algenblatt oder ein Dünenhügel,
Vom Wind Geformtes und nach unten schwer.
Schon ein Libellenkopf, ein Möwenflügel
Wäre zu weit und litte schon zu sehr. —

2

Verächtlich sind die Liebenden, die Spötter.
Alles Verzweifeln, Sehnsucht, und wer hofft.
Wir sind so schmerzliche durchseuchte Götter
Und dennoch denken wir des Gottes oft.

Die weiche Bucht. Die dunklen Wälderträume.
Die Sterne, schneeballblütengroß und schwer.
Die Panther springen lautlos durch die Bäume.
Alles ist Ufer. Ewig ruft das Meer. — —

GOTTFRIED BENN

SYNTHESE

Schweigende Nacht. Schweigendes Haus.
Ich aber bin der stillsten Sterne;
Ich treibe auch mein eignes Licht
Noch in die eigne Nacht hinaus.

Ich bin gehirnlich heimgekehrt
Aus Höhlen, Himmeln, Dreck und Vieh.
Auch was sich noch der Frau gewährt,
Ist dunkle süße Onanie.

Ich wälze Welt. Ich röchle Raub.
Und nächtens nackte ich im Glück:
Es ringt kein Tod, es stinkt kein Staub
Mich, Ich-Begriff, zur Welt zurück.

IWAN GOLL

KARAWANE DER SEHNSUCHT

Unsrer Sehnsucht lange Karawane
Findet nie die Oase der Schatten und Nymphen!
Liebe versengt uns, Vögel des Schmerzes
Fressen immerzu unser Herz aus.
Ach wir wissen von kühlen Wassern und Winden:
Überall könnte Elysium sein!
Aber wir wandern, wir wandern immer in Sehnsucht!
Irgendwo springt ein Mensch aus dem Fenster,
Einen Stern zu haschen, und stirbt dafür,
Irgendeiner sucht im Panoptikum
Seinen wächsernen Traum und liebt ihn —
Aber ein Feuerland brennt uns allen im lechzenden Herzen,
Ach, und flössen Nil und Niagara
Über uns hin, wir schrien nur durstiger auf!

FRANZ WERFEL

BALLADE VON WAHN UND TOD

Im großen Raum des Tags, —
Die Stadt ging hohl, Novembermeer, und schallte schwer
Wie Sinai schallt. Vom Turm geballt

Die Wolke fiel. — Erstickten Schlags
Mein Ohr die Stunde traf,
Als ich gebeugt saß über mich zu sehr.
Und ich entfiel mir, rollte hin und schwankte da auf einem Schlaf.

Wie deut' ich diesen Schlaf, —
Wie noch kein Schlaf mich je trat an, da ich verrann
In Dunkelheit, als mich eine Zeit
In mein Herz traf!
Und als ich kam empor,
In Traum auftauchend Atemgang begann,
Trat ich in mein vergangnes Haus, in schwarzen Flur durchs winter-
        liche Tor.

Nun höret, Freunde, es!
Als ich im schwarzen Tage stand, schlug mich eine leichte Hand.
Ich stand gebannt an kalter Wand.
O schwarzes, schreckliches
Gedenken, da ich ihn nicht fand,
Den Leichten, der mich so ging an,
Und mich im schwarzen Tag des Tors geschlagen leicht mit seiner
        leichten Hand!

Es fügte sich kein Schein,
Und selbst das kleine schnelle Licht, das sich in falsche Rosen flicht,
Und unterm Bild verschwimmt und schwillt,
Das kleine Licht ging ein.
Es trat kein schwarzer Engel vor,
Kein Schatten trat, kein Atem trat aus dem kalten Stein!
Doch hinter mir in meinem Traum, aufschluchzend kaum versank
        das Tor.

Und auch kein Wort erscholl.
Doch ganz mit meiner Stimme rief ein Wort in meinem Orkus tief.
Und wie am Eichen-Ort ein Blatt war ich verdorrt.
Weh! Trocken, leicht und toll
Fiel ich an mir herab und fuhr in Herbst und großem Stoß.
Mich nahm ein Wort und Wind mit fort,
Das Wort, das durch mich stieß, das Wort mit dreien Silben hieß,
        das Wort hieß: rettungslos!

O letzte Angst und Schmerz!
O Traum vom Flur, o Traum vom Haus, aus dem die Frau mich
        führte aus!
O Bett, im Dunkel aufgestellt, auf dem sie mich entließ zur Welt!
Ich stand in schwarzem Erz,
Und hielt mein Herz und konnte nicht schrein,
Und sang ein — Rette mich — in mich ein.
Der Raum von Stein baute mich ein. Ich hörte schallen den Fluß und
        fallen, den Fluß: Allein.

Und da es war also,
Tat sich mir kund mein letztes Los, und ich stieg auf aus allem Schoß.
Im schwarzen Traum vom Flur zerriß und klang die Schnur.
Und ich erkannte so,
Warum da leicht und fein die Hand mich schlug,
Die schwach an meine Stirne fuhr,
Und meinen Gang geheim bezwang, daß ich nicht wankte mehr und
        kaum mich selber trug.

Und als ich ihn erkannt,
Den Augenblick, der mich trat an, da war ich selbst der andre Mann,
Und der mir hart gebot, ich selber war mein Tod.
Und nahm mir alles unverwandt,
Und wand es fort aus meiner Hand und hielt's gepackt: —
Genuß und Liebe, Macht und Ruhm und jammernd die Dichtkunst
        zuletzt.
Und stand entsetzt und ausgefetzt und ohne Wahn und aufgetan
        und völlig nackt.

O Tod, o Tod, ich sah
Zum erstenmal mich wahrhaft sein, mich ohne Willen, Wunsch und
        Schein,
Wie Trinker nächtlich spät sich gegenüber steht.
— — Er lacht und bleibt sich fern und nah — —
Ich stand erstarrt in erster Gegen-Wart, allein, zu zwein.
(Ach, was wir sagen, lügt schon, weil es spricht.)
Ich fand mich, ohne Wahn mich sein, und starb in mein Erwachen
        ein.

Im großen Raum des Tags
Hob ich mein Haupt auf aus dem Traum und sah auf meinen Fenster-
        baum.
Die Stadt ging hohl, Novembermeer, und schallte schwer,
Der Himmel glühte noch kaum.
Ich aber ging hinab mit großem Haupt und Hut,
Und ging durch Straßen, rötliches Gebirg und Paß...
Mein Haupt vom Traum umlaubt noch. Ging mit dumpfem Blut.

Ich ging, wie Tote gehn,
Ein abgeschiedner Geist, verwaist und ungesehn.
Ich schwebte fern und kühl durch Heimkehr und Gewühl,
Sah Kinder rennen und sah Bettler stehn.
Ein Buckliger hielt sich den Bauch, und eine Greisin schwang den
        Stock und schrie.
Leicht eine Dame lächelte. Ein Mädchen küßte sich die Hand...
Und ich verstand, was sie verband, und schritt durch ihre Alchimie.

AUFSUCHUNG

Die Geister der Verfeinerung
Durchwehen das Fliederparadies,
Unter der leuchtenden Milchflut des Himmels
Und tausend strahlenden Nebeln.

Die Götterschwärme der Farben
Erfüllen der Welt marmorne Amphitheater.
Durch Abgründe, silbergrün
Schweben bleiche ruhige Kugeln.
Lodernde Schönheit belebt sich zart,

Großartige Schicksale werden aufgerollt,
Ströme der Erregung
Fließen vorüber in rauschenden Passagen.

Eine große Knospe erscheint.
Wohin senkt sich der Äther?
Über Flugsternen, wo suchst du sie,
Die niegesehene, die Seele?

WILHELM KLEMM

ERSCHEINUNG

Die Schatten sitzen beim Gastmahl —
Schweben wie weiße Felle in der Nacht.
Freunde, stoßt an! Da sind Becher, die nicht tönen!
Ein vergeßner Stern funkelt mitten in unserem Kreis.

Tor, wer glaubt zwischen Sohle und Scheitel
Sei alles beschlossen, was Mensch genannt wird!
Des Herzens unauslöschlicher Drang, die Geisterarme,
Die hinausgreifen nach den Ringen an den Pforten Gottes!

Du mit dem Fabelblick, — atmest du Ewigkeit?
Und du schönes Profil voll Schwermut, neigst du die Stirn
Tiefer lauschend in die Schneckenwindungen des Himmels?
Herkules, streckst du die Glieder auf den Steinbänken des Ewigen?

Was ist jetzt Anfang, Ende und Wiederkehr?
Wir lächeln nicht mehr darüber. Alle Irrtümer versöhnten sich.
Ganze Welten fallen lautlos herab
In den dämmernden Furchen unserer Gewänder.

Wilhelm Klemm · *Selbstbildnis* · *Nach einer Zeichnung aus dem Felde*

Mit den fahrenden Schiffen

Mit den fahrenden Schiffen
Sind wir vorübergeschweift,
Die wir ewig herunter
Durch glänzende Winter gestreift.
Ferner kamen wir immer
Und tanzten im insligen Meer,
Weit ging die Flut uns vorbei,
Und der Himmel war schallend und leer.

Sage die Stadt,
Wo ich nicht saß im Tor,
Ging dein Fuß da hindurch,
Der die Locke ich schor?
Unter dem sterbenden Abend
Das suchende Licht
Hielt ich, wer kam da hinab,
Ach, ewig in fremdes Gesicht.

Bei den Toten ich rief,
Im abgeschiedenen Ort,
Wo die Begrabenen wohnen;
Du, ach, warest nicht dort.
Und ich ging über Feld,
Und die wehenden Bäume zu Haupt
Standen im frierenden Himmel
Und waren im Winter entlaubt.

Raben und Krähen
Habe ich ausgesandt,
Und sie stoben im Grauen
Über das ziehende Land.
Aber sie fielen wie Steine
Zur Nacht mit traurigem Laut
Und hielten im eisernen Schnabel
Die Kränze von Stroh und Kraut.

Manchmal ist deine Stimme,
Die im Winde verstreicht,
Deine Hand, die im Traume
Rühret die Schläfe mir leicht;
Alles war schon vor Zeiten.
Und kehret wieder sich um.
Gehet in Trauer gehüllet,
Streuet Asche herum.

KLAGE UND FRAGE

Jagdgründe der Nacht —!
Warum warum muß immer und immer wieder anrennen ich und
        mich enthaupten —?!
Meuchlings einreißen die lichte Gerade meiner Vollendung gewisser
        Fährte —
Hagel und Schwefel zusammenraffen
Über der frohlockend keimenden Unschuld meines Weizens —?!
Drüse des Monds
Magischen Gift-Saft absonderst du hinein
In das reine Blau meiner wahren Himmels-Speise.
... aber nicht im paradiesischen Gebiet der ewigen Quellen heiter-
        wandele ich ...
Vom Blut nähre ich mich und vom Salz des Schweißes.
Warum warum wieder und immer wieder
Ungläubig entrückte ich mich von dir
Ophelia:
Du meiner harzlosen Wüste unerschöpflichste der Wasser-Stellen —?!
Zu dir, tyrannische Lydia, hin:
Du Unmaß an Qual Zweifel Schüttel-Fieber und Nacht-Sucht ...
Zu euch hin, atheistische Barbaren,
Großstadt-Wüterichen des Elends ...
Finsterste der Verlockung:
Abgrund zu schlürfen,
Im Keller zu hausen des vermorschten Gebeins.
... Denn wann endlich streife ich ihn erlösend ab den schäbigen Filz
        der Huren ...
Du und du benebeltest mich
Afra, du trübsinnige Käfig-Wolke der Gefahr,
Und du fressender Maser hektische Zorn-Röte:
Zirzische Noa!
Und deiner entrollten Riesen-Haut brennender Samum vernichtete
        mich,
Gellende Negerin!
Hah und deiner klirrenden Zunge Schwert
Zynisch kichernd
Du kindlicher Würgengel o Lustknabe
Verroht mich ...

Deiner beruhigten Kühle o Gott weltfremder Hirsch
Weide ich
Über feuchten Asphalt-Ufer-Gängen
Nach dem grausen entpreßten Donner eines Sonnen-Meer-Nieder-
        gangs
Unterm Wind des Tods und Stern-Milch-Wirbeln
Mild im Abend.

Ameisen-Demut.
Alter Bauersmann mit weißem Bart.
Dieses ruchlosen Augs Schießscharte aber entträuft
Der heiße Märchen-Honig Deines lauteren Sees.
In einer letzten Sanftmut Kürbis wurzele ich.
Angst-Falte glättet deiner Gnade Öl.
Stier-Nacken wiegt Lamm und Marterholz
Zerbeulter Helm heißt Turban deiner Güte.

Ob meines Hohn-Gelächters Säure und beißender Empörer-Schwer-
        mut
Rasenden Trichters klagend
Dich zündendste nelkenstrenge Harfnerin,
Du über meiner mörderischen Raubgier unberührtem Himmelsscheitel
        duldsam immer noch Schwingende,
Keulen-Strahlen Schmetternde! Wölbung der Anmut!
Mütterliche Geleiterin du zu meinen seraphischen Kindheit-Fahrten.
Du frühe Schwester, Nachtigallen-Erweckerin der tauben Verzweif-
        lung unseres Schlaf-Mohns.
Aller der Hungrigen und der Durstenden du immer wieder praller
        Feuer-Euter.
Tröstliche Würze du meiner einsamen Trauer-Tanne ...
Posaune des Aprils wie schlichte Freundin meines Herbst-Traums ...
Kristallisch Weinende! Oboën-Lächlerin!
: Dich Sonne befrage ich
Herzgrube Gottes du über meinen zersplitterten wurmstichigen Fol-
        ter-Bänken,
Du meiner Iris Sperber-Funken und Quecksilber-Aussaat:
Wann warum wann — — —
Warum warum muß immer und immer wieder anrennen ich und
        mich enthaupten?!
Schmerzhaft mit Peitschen und Stachelkamm mich entlauben?!
Verregnen mutwillig den Samen meiner Sehnsucht —?!
Wann endlich
Streife ich ihn erlösend ab den schäbigen Filz der Huren?!
Wann endlich springt aus den unbestimmten Schatten meiner vergeb-
        lichst zertasteten Register
Deiner erlösenden Harmonien
Einziger festlicher Welt-Ton?!
Lobsinge gefeit
Dein dienend Instrument
Im blökenden Netz der Grimassen?!
Streue immer-wach
Göttlicher Frische Tau
Du Lebens-Müder
Dir ins Wahn-Gesicht ...?!

Heiterwandelnd im paradiesischen Gebiet der ewigen Quellen.
Auswische mit Flaum des Schnees Märtyrer krasser Brandwunden
    Mal!
Und schmölze ein mit fanfarischen Gletscher-Glut-Flüssen
Dich schroffe Götzen-Hochburg der Pyramiden.
Aufgrünt der Säufer am Waldgeruch meines unbezwingbaren Engels.
Geleert die ungezählten Eimer des Unrats.
Getilgt der Sklaven-Fron gespenstische Galeeren.
Dampfender Kuh-Hürden aufgefüllt ihr kargen Höfe der Armut...
Verlorener Sohn dumpfer Macht du klärst dich zum Hirt jeder Wand-
    lung.
Da dehnten grenzenlos zeitlos weit sich die legendären Gezelte deiner
    oasischen Siedelung
Und es zymbelten wunder-kühn die heiligen Flächen unserer Wangen.
Aller Schenkel läuten und der dürftige Flachs ihres Haars braust im
    Sturm deines Korns.
Im Harnisch des Gerechten aber sitzen
Die befreiten Knechte
Unter den Palmen des Throns,
Zwischen ihren groben Fäusten des Erdenrests furchtbare Muschel-
    Wage,
Die melodische Spule des Gerichts.

ERNST STADLER

DER SPRUCH

In einem alten Buche stieß ich auf ein Wort,
Das traf mich wie ein Schlag und brennt durch meine Tage fort:
Und wenn ich mich an trübe Lust vergebe,
Schein, Lug und Spiel zu mir anstatt des Wesens hebe,
Wenn ich gefällig mich mit raschem Sinn belüge,
Als wäre Dunkles klar, als wenn nicht Leben tausend wild verschloß-
    ne Tore trüge,
Und Worte wiederspreche, deren Weite nie ich ausgefühlt,
Und Dinge fasse, deren Sein mich niemals aufgewühlt,
Wenn mich willkommner Traum mit Sammethänden streicht,
Und Tag und Wirklichkeit von mir entweicht,
Der Welt entfremdet, fremd dem tiefsten Ich,
Dann steht das Wort mir auf: Mensch, werde wesentlich!

ICH HABE EINE GUTE TAT GETAN

Herz frohlocke!
Eine gute Tat habe ich getan.
Nun bin ich nicht mehr einsam.
Ein Mensch lebt,
Es lebt ein Mensch,
Dem die Augen sich feuchten,
Denkt er an mich.
Herz, frohlocke:
Es lebt ein Mensch!
Nicht mehr, nein, nicht mehr bin ich einsam,
Denn ich habe eine gute Tat getan,
Frohlocke, Herz!

Nun haben die seufzenden Tage ein Ende.
Tausend gute Taten will ich tun!
Ich fühle schon,
Wie mich alles liebt,
Weil ich alles liebe!
Hinström ich voll Erkenntniswonne!
Du mein letztes, süßestes,
Klarstes, reinstes, schlichtestes Gefühl!
Wohlwollen!
Tausend gute Taten will ich tun.

Schönste Befriedigung
Wird mir zuteil:
Dankbarkeit!
Dankbarkeit der Welt.
Stille Gegenstände
Werfen sich mir in die Arme.
Stille Gegenstände,
Die ich in einer erfüllten Stunde
Wie brave Tiere streichelte.

Mein Schreibtisch knarrt,
Ich weiß, er will mich umarmen.
Das Klavier versucht mein Lieblingsstück zu tönen.
Geheimnisvoll und ungeschickt
Klingen alle Saiten zusammen.
Das Buch, das ich lese,
Blättert von selbst sich auf.
. . . .
Ich habe eine gute Tat getan.

Einst will ich durch die grüne Natur wandern,
Da werden mich die Bäume
Und Schlingpflanzen verfolgen,
Die Kräuter und Blumen
Holen mich ein,
Tastende Wurzeln umfassen mich schon,
Zärtliche Zweige
Binden mich fest,
Blätter überrieseln mich,
Sanft wie ein dünner,
Schütterer Wassersturz.
Viele Hände greifen nach mir,
Viele grüne Hände,
Ganz umnistet
Von Liebe und Lieblichkeit
Steh ich gefangen.

Ich habe eine gute Tat getan,
Voll Freude und Wohlwollens bin ich
Und nicht mehr einsam
Nein, nicht mehr einsam.
Frohlocke, mein Herz!

THEODOR DÄUBLER

OFT

Warum erscheint mir immer wieder
Ein Abendtal, sein Bach und Tannen?
Es blickt ein Stern verständlich nieder
Und sagt mir: wandle still von dannen.

Dann zieh ich fort von guten Leuten.
Was konnte mich nur so verbittern?
Die Glocken fangen an zu läuten.
Und der Stern beginnt zu zittern.

ELSE LASKER-SCHÜLER

AN GOTT

Du wehrst den guten und den bösen Sternen nicht;
All ihre Launen strömen.
In meiner Stirne schmerzt die Furche,
Die tiefe Krone mit dem düsteren Licht.

Und meine Welt ist still —
Du wehrtest meiner Laune nicht.
Gott, wo bist du?

Ich möchte nah an deinem Herzen lauschen,
Mit deiner fernsten Nähe mich vertauschen,
Wenn goldverklärt in deinem Reich
Aus tausendseligem Licht,
Alle die guten und die bösen Brunnen rauschen.

ELSE LASKER-SCHÜLER

ZEBAOTH
(Dem Franz Jung)

Gott, ich liebe dich in deinem Rosenkleide,
Wenn du aus deinen Gärten trittst, Zebaoth.
O, du Gottjüngling,
Du Dichter,
Ich trinke einsam von deinen Düften.

Meine erste Blüte Blut sehnte sich nach dir,
So komme doch,
Du süßer Gott,
Du Gespiele Gott,
Deines Tores Gold schmilzt an meiner Sehnsucht.

ELSE LASKER-SCHÜLER

ABRAHAM UND ISAAK
(Dem großen Propheten St. Peter Hille in Ehrfurcht)

Abraham baute in der Landschaft Eden
Sich eine Stadt aus Erde und aus Blatt
Und übte sich mit Gott zu reden.

Die Engel ruhten gern vor seiner frommen Hütte
Und Abraham erkannte jeden;
Himmlische Zeichen ließen ihre Flügelschritte.

Bis sie dann einmal bang in ihren Träumen
Meckern hörten die gequälten Böcke,
Mit denen Isaak opfern spielte hinter Süßholzbäumen.

Und Gott ermahnte: Abraham!!
Er brach vom Kamm des Meeres Muscheln ab und Schwamm
Hoch auf den Blöcken den Altar zu schmücken.

Und trug den einzigen Sohn gebunden auf den Rücken
Zu werden seinem großen Herrn gerecht —
Der aber liebte seinen Knecht.

ERNST STADLER

ANREDE

Ich bin nur Flamme, Durst und Schrei und Brand.
Durch meiner Seele enge Mulden schießt die Zeit
Wie dunkles Wasser, heftig, rasch und unerkannt.
Auf meinem Leibe brennt das Mal: Vergänglichkeit.

Du aber bist der Spiegel, über dessen Rund
Die großen Bäche alles Lebens gehn,
Und hinter dessen quellend gold'nem Grund
Die toten Dinge schimmernd aufersteh'n.

Mein Bestes glüht und lischt — ein irrer Stern,
Der in den Abgrund blauer Sommernächte fällt —
Doch deiner Tage Bild ist hoch und fern,
Ewiges Zeichen, schützend um dein Schicksal hergestellt.

WILHELM KLEMM

SEHNSUCHT

O Herr, vereinfache meine Worte,
Laß Kürze mein Geheimnis sein.
Gib mir die weise Verlangsamung.
Wieviel kann beschlossen sein in drei Silben!

Schenk mir die glühenden Siegel,
Die Knoten, die Fernstes verknüpfen,
Gib den Kampfruf aus den heimlichen Schlachten der Seele,
Laß quellen den Schrei aus grünen Waldeskehlen.

Feuersignale, über Abgründe geblinkt,
Botschaften, in fremde Herzen gehaucht,
Flaschenposten im Meere der Zeit,
Aufgefangen nach vielen Jahrhunderten.

PAUL ZECH

ICH AHNE DICH

I

Ich ahne Dich, ich fühle Dich, ja Du Gewalt
bist wirklich da, und größer als ich glaubte.
Und hebst schon her zu mir das sternumlaubte
Gesicht mit Augen tausend Jahre alt.

Und fühlst vielleicht: «Dies Staubkorn in dem großen All
begehrt mich aufzuhalten
und meint, daß ihn das Händefalten
bewahre vor dem Fall.»

O strenge Prüfung durch und durch gestoßen!
Ich halte aus und weiß, daß unter meinem Fuß
das Feste schon entweicht. Ich dreh mit bloßem,

ruderndem Körper mich herum ...
Doch Du gehst ohne Gruß,
abweisend stumm.

II

Wie ein Ertrinkender muß ich in Deine Haare
mich krallen, daß nicht wieder Du entweichst.
Und wo Du mir die Hände herzlich reichst,
sah ich mich schon erfroren auf der Bahre.

Ich bin mir selbst als Gegner hingebogen,
um meine Kraft zu prüfen, die zu Dir hinstrebt.
Doch wenn der Wagebalken sich dann hebt:
bin ich zu leicht, bin ich zu schwer gewogen?

So sehr ist noch das Ungewisse laut in mir,
daß ich nicht einmal deinen Namen weiß,
der schon geläufig ist dem stummen Tier.

Ich weiß nur, daß ich Dich zu dem, was Du
dem Unvernünftigen bist, zu mir herzu
erflehe und der letzte bin im Kreis.

ZWIEGESPRÄCH

Mein Gott, ich suche dich. Sieh mich vor deiner Schwelle knien.
Und Einlaß betteln. Sieh, ich bin verirrt, mich reißen tausend Wege
    fort ins Blinde,
Und keiner trägt mich heim. Laß mich in deiner Gärten Obdach
    fliehn,
Daß sich in ihrer Mittagsstille mein versprengtes Leben wiederfinde.
Ich bin nur stets den bunten Lichtern nachgerannt,
Nach Wundern gierend, bis mir Leben, Wunsch und Ziel in Nacht
    verschwanden.
Nun graut der Tag. Nun fragt mein Herz in seiner Taten Kerker
    eingespannt
Voll Angst den Sinn der wirren und verbrausten Stunden.
Und keine Antwort kommt. Ich fühle, was mein Bord an letzten
    Frachten trägt,
In Wetterstürmen ziellos durch die Meere schwanken,
Und das im Morgen kühn und fahrtenfroh sich wiegte, meines Le-
    bens Schiff zerschlägt
An dem Magnetberg eines irren Schicksals seine Planken. —

Still, Seele! Kennst du deine eigne Heimat nicht?
Sieh doch: du bist in dir. Das ungewisse Licht,
Das dich verwirrte, war die ewige Lampe, die vor deines Lebens Altar
    brennt.
Was zitterst du im Dunkel? Bist du selber nicht das Instrument,
Darin der Aufruhr aller Töne sich zu hochzeitlichem Reigen schlingt?
Hörst du die Kinderstimme nicht, die aus der Tiefe leise dir entge-
    gensingt?
Fühlst nicht das reine Auge, das sich über deiner Nächte wildste
    beugt—
O Brunnen, der aus gleichen Eutern trüb und klare Quellen säugt,
Windrose deines Schicksals, Sturm, Gewitternacht und sanftes Meer,
Dir selber alles: Fegefeuer, Himmelfahrt und ewige Wiederkehr —
Sieh doch, dein letzter Wunsch, nach dem dein Leben heiße Hände
    ausgereckt,
Stand schimmernd schon am Himmel deiner frühsten Sehnsucht auf-
    gesteckt.
Dein Schmerz und deine Lust lag immer schon in dir verschlossen
    wie in einem Schrein,
Und nichts, was jemals war und wird, das nicht schon immer dein.

AUGUST STRAMM

Allmacht

Forschen Fragen
Du trägst Antwort
Fliehen Fürchten
Du stehst Mut!
Stank und Unrat
Du breitst Reine
Falsch und Tücke
Du lachst Recht!
Wahn Verzweiflung
Du schmiegst Selig
Tod und Elend
Du wärmst Reich!
Hoch und Abgrund
Du bogst Wege
Hölle Teufel
Du siegst Gott!

WILHELM KLEMM

Reifung

Ich wuchs hinauf in die hohen Himmel,
Wo die Sterne sich verdichten zu einer einzigen Mauer,
Und sah das Grenzenlose so nahe
Wie das Gesicht einer geheimnisvollen Geliebten.

Dann versank ich unter die Schwelle des Vorstellbaren,
Rann silberhell durch die Maschen des Stoffs,
Wurde kleiner als jede Kleinigkeit —
Ich suchte das Nichts und fand es nicht.

Ich lebte in Äonen des Schweigens, wo die Schöpfung
Still steht; wo Zukunft und Vergangenheit in eins
Zusammenfließen, wo die Ewigkeiten vergeblich
Brüten, und ich lernte das göttliche Warten.

Doch dann wieder wandelt' ich mich in blitzende Geschwindigkeit.
Ich überritt das Licht tausendmal
Auf der Schneide des Moments die Dinge spielen zu sehen,
Aber die, glaubt mir, Freunde, waren schneller als ich.

Und in Jugendschönheit erblick' ich die Welt.
Da triumphierten still die ewigen Gesetze!

Das jubelte empor, und löste sich auf.
Ich stand überwältigt in den drei Reichen.

Und wußte alsdann, daß die Seele allein
Dahinweht in einer geisterhaften Welt.
Das Bruderhafte umringt mich mit Rätselgefühlen —
Wo finde ich, o Herr, deine ewigen Hände!

Ob du sie mir reichen wirst oder versagen,
Deine große Welt ist meine Heimat!
Was je ich gesehen habe mit irdischem Auge
Und was ich lebte — es hat mich gesättigt.

KARL OTTEN

GOTT

Ich kann Deinen Namen nicht sagen.
Gebirge von Gedanken den Mantel ihrer Stärke um dich schlagen.
Du bist ohne Tiefe.
Trätest Du den Grund der Ozeane Deine Füße blieben trocken.
Sage ich Dich
Bin ich nicht ich, Zacke am Schatten der Unnennbaren
Die in Deines Atems Baumschaukeln gebaren.
Bin ich ein Komma in ihren Sprüchen.
Aber die Nacht Deiner Prüfungen hat mich Eule aufgestört.
Dein großes Licht hinter allen Fernen blendet meine häutigen Augen.
Wenn ich abschließe Tür und Fenster
Und nichts ist, auch nichts nicht
Wenn Du ich so wie Stein ich
Und Sterncherubim ich
Und ich Du wie mein Sein Sterben
Wie meine Ruhe Sturm
Und mein Denken Traumbetrachtung
Mein Wille Ablösung
Rührt das Klicken Deines silbernen Nagels
Dein Atem unter dem Urmund
Inwendig mein Sein — Nichtsein
Hinter der Stirn meiner Brust
Ein neues Herz das Dich schlägt.
Gesammelter Glanz allsehenden Augenballes
Umpulst den Keim des neuen Menschen
Den Du zeugtest Lichtvater in Erleuchtung.

Du bist wo alles ist
Im warmen Leid,
Im Büßerkleid der Zeit,

Wo das Verstreute auf der Flucht sich sammelt,
Wo keine Zeit, nicht Freud noch Leid,
Nur Schweigsamkeit.
Wo Mensch den eignen Namen stammelt.
Aufbiete deine Klugheit, deinen Glauben, deine Gesundheit, deine
      Phantasie, deine Stärke, deine Liebe, deine Gewandtheit.
Versammle um dich die Gefühle deiner Jugend, die erste heiße In-
      brunst deiner schwärmerischen Liebe. Rüste dich mit al-
      lem, was du bist in deiner echten, nur dir erschlossenen
      Erkenntnis, du Einziger, du Mensch!

KURT HEYNICKE

LIEDER AN GOTT

Ich bin hinausgestoßen in die Welt,
den Gang der Erde kreisend mitzuwiegen,
ich bin erhellt von Deiner Flamme,
Herr, ich bin wie Du!
Ich bin im Kreise wandelnd festgeschlossen,
ich bin hinausgegossen in das Meer,
ich reige meinen Tanz an Händen fremder Brüder,
Dein Willen will mich an mich binden,
gottüberströmt will ich den Ursprung finden,
Herr, ich bin wie Du!

Die Nächte rauschen auf mit fernem Urgesicht.
In meine Augen fällt das blaue Licht.
Stern meiner Seelenheimat glanzumflossen!
Du Weltgebärer in den tiefsten Sternen,
entfernen will ich meinen Schlaf vor Dir,
urewig wachend wie die Gottesaugen!
Du hast mich hoch gebaut.
Du gibst mein Haupt in Deinen Schoß,
tief meine Glieder in den Staub der Erde.

All meine Stimmen jauchzen Dir entgegen,
ich fühle tausend Segen niederrauschen,
am fernsten Ohr der Welt lauscht meine Seele.
Von Dir erhoben knie ich an der Sternentür:
Herr, kröne mich mit Dir!

Gott,
Bruder, spricht die stille Stimme in der Nacht.
Mein Bruder, alle Wahrheit ist erwacht,
aus Schutt und Asche glüht ein Flammenturm empor,

o Bruder, Menschen knien Dir am Ohr in brausenden Gebeten!
O Menschen-Gott,
gib viele Sünden, Dich zu finden!

KURT HEYNICKE

GEDICHT

Aufreißen will ich meinen Gang im Kreise,
ein klarer Stein, der goldne Kette bricht,
ich lebe nicht,
ich bin schon lange tot im Rausch der Tage.
Hoch heben meine Nächte ihre Stunden in die Ferne,
aus blauen Schleiern glühen weiße Sterne
und diamantne Schlangen schwimmen in umsonnten Höhen.
In mondbeglänzten Gärten tanzen goldne Farben,
ihr Reigen wird zu süßen Abendmelodien.

Das sind die Nächte,
wo mich Liebe überströmt,
Licht-Liebe, Menschenliebe, Einsamkeiten.
Das sind die Nächte,
wo mich Gott zu Gaste hält.
Das ist die Welt,
die hinter fernen Toren ihre Heimat hat.

Das sind die Stunden,
die sich einsam heben,
hoch ihre Augen in den Ursprung Gottes,
das ist das Leben, wenn die Sinne fallen,
und Gott entsteigt den fernsten Nachtgestirnen.

RENÉ SCHICKELE

ODE AN DIE ENGEL

Ihr wart das erste, was ich sah
von der großen Welt!
Kunde von den breiten Strömen,
von den tiefen Wäldern
und der Ebene dazwischen,
die mit ihrer Seelenglut,
was war und ist, erhellt.
Dort brannte lichterloh die Liebe
aller Menschen,
die je geliebt,

heller als die Sonne,
länger als Erde und Sterne,
in Ewigkeit.
Dort wart ihr zu Hause, von dort
kamt ihr zu uns.
Eure Hand kannte jede Stelle,
wo ein Herz schlug.
Eure Flügel deckten jedes Leiden.
Eure Stirn leuchtete
von den vielen Geheimnissen der Lebenden,
die ihr geduldig wußtet,
und von der Seligkeit der Toten.
Eine leise Trauer in Euern Augen
machte Euch besonders schön:
das Wissen um die Verdammten.
Ich hab Euch gesehen,
leibhaftig gesehn!
Ihr knietet neben mir im Gebet,
Ihr standet im Zimmer,
wenn ich nachts erwachte.
Ich schickte Euch meine Freunde beschützen.
Ihr setztet Euch mit übergeschlagenen Beinen,
unendlich ernst, wie eine ältere Schwester,
auf mein Bett und teiltet
meine ersten Liebesnöte.
Wie eine ältere Schwester, ja, aber
Ihr wart zugleich nicht älter als ich
und meine kleinen Freundinnen,
Ihr trugt offenes Haar
und einen kurzen Rock
und gabt mir Eure weichen Hände
zum Kosten: «Soviel du willst!»
Ich legte sie unter mich, an mein Herz,
wie schlief ich ein!

Später wart Ihr überall,
wo Taten vollbracht wurden.
Gewalttaten aller Art,
Taten, die zum Himmel brannten.
Ihr zeigtet Euch einem, prächtig gekleidet
in seinen Entsagungen, die andre nicht kannten.
Ihr wart furchtbar und wart zart.
Ihr wart, wo Menschen die wilden Funken
aus der Erde zogen,
wo Samen über die Furchen flogen,
wo die Schalen von Früchten platzten,
bei schwellenden Traubenstöcken,
an reifen Feldern, die rot und schwer
unter einem nassen Himmel

wie Sauerteig aufgingen —
und in allen Frauenröcken.

Von stählernem Glanz umwittert
taucht Ihr aus den Staubwolken
hinter den Automobilen auf,
man hört Euern Gesang,
der wie hohe Harfentöne
im Luftzug zittert.
Ihr lächelt den Fliegern zu,
die sich neben Euch erheben,
Ihr seid da, wenn sie wiederkommen,
und Euer Mund ist irdisch rot
vor ihnen, die sich das Licht und den Schrecken
der Himmel mit beiden Händen
aus dem Antlitz streichen,
irdisch rot Euer Mund und halbgeöffnet,
und Eure Hüften sind gebogen,
damit sie, noch an ihrem Sitze festgebunden,
gleich aufatmend froh
die Früchte der Erde erkennen.
Ihr seid der Schwung hinauf und hinüber,
seid alles, was stärker ist als der Tod.

FRANZ WERFEL

ICH BIN JA NOCH EIN KIND

O Herr, zerreiße mich!
Ich bin ja noch ein Kind.
Und wage doch zu singen.
Und nenne Dich.
Und sage von den Dingen:
Wir sind!

Ich öffne meinen Mund,
Eh' Du mich ließest Deine Qualen kosten.
Ich bin gesund,
Und weiß noch nicht, wie Greise rosten.
Ich hielt mich nie an groben Pfosten,
Wie Frauen in der schweren Stund'.

Nie müht' ich mich durch müde Nacht
Wie Droschkengäule, treu erhaben,
Die ihrer Umwelt längst entflohn!
(Dem zaubrisch, zerschmetternden Ton
Der Frauenschritte und allem, was lacht.)
Nie müht' ich mich, wie Gäule, die ins Unendliche traben.

Nie war ich Seemann, wenn das Öl ausgeht,
Wenn die tausend Wasser die Sonne verhöhnen,
Wenn die Notschüsse dröhnen,
Wenn die Rakete zitternd aufsteht.
Nie warf ich mich, Dich zu versöhnen,
O Herr, aufs Knie zum letzten Weltgebet.

Nie war ich ein Kind, zermalmt in den Fabriken
Dieser elenden Zeit, mit Ärmchen, ganz benarbt!
Nie hab' ich im Asyl gedarbt,
Weiß nicht, wie sich Mütter die Augen aussticken,
Weiß nicht die Qual, wenn Kaiserinnen nicken,
Ihr alle, die ihr starbt, ich weiß nicht, wie ihr starbt!

Kenn' ich die Lampe denn, kenn' ich den Hut,
Die Luft, den Mond, den Herbst und alles Rauschen
Der Winde, die sich überbauschen,
Ein Antlitz böse oder gut?
Kenn' ich der Mädchen stolz und falsches Plauschen?
Und weiß ich, ach, wie weh ein Schmeicheln tut?

Du aber, Herr, stiegst nieder, auch zu mir.
Und hast die tausendfache Qual gefunden,
Du hast in jedem Weib entbunden,
Und starbst im Kot, in jedem Stück Papier,
In jedem Zirkusseehund wurdest Du geschunden,
Und Hure warst Du manchem Kavalier!

O Herr, zerreiße mich!
Was soll dies dumpfe, klägliche Genießen?
Ich bin nicht wert, daß Deine Wunden fließen.
Begnade mich mit Martern, Stich um Stich!
Ich will den Tod der ganzen Welt einschließen.
O Herr, zerreiße mich!

Bis daß ich erst in jedem Lumpen starb,
In jeder Katz' und jedem Gaul verreckte,
Und ein Soldat, im Wüstendurst verdarb.
Bis, grauser Sünder ich, das Sakrament weh auf der Zunge schmeckte,
Bis ich den aufgefreßnen Leib aus bitterm Bette streckte,
Nach der Gestalt, die ich verhöhnt umwarb!

Und wenn ich erst zerstreut bin in den Wind,
In jedem Ding bestehend, ja im Rauche,
Dann lodre auf, Gott, aus dem Dornenstrauche.
(Ich bin Dein Kind.)
Du auch, Wort, praßle auf, das ich in Ahnung brauche!
Gieß unverzehrbar Dich durchs All: Wir sind!!

AUFRUF UND EMPÖRUNG

JOHANNES R. BECHER

VORBEREITUNG

Der Dichter meidet strahlende Akkorde.
Er stößt durch Tuben, peitscht die Trommel schrill.
Er reißt das Volk auf mit gehackten Sätzen.

Ich lerne. Ich bereite vor. Ich übe mich.
Wie arbeite ich — hah leidenschaftlichst! —
Gegen mein noch unplastisches Gesicht —:
Falten spanne ich.
Die Neue Welt
(— eine solche: die alte, die mystische, die Welt der Qual austilgend —)
Zeichne ich, möglichst korrekt, darin ein.
Eine besonnte, eine äußerst gegliederte, eine *geschliffene* Landschaft
          schwebt mir vor,
Eine Insel glückseliger Menschheit.
Dazu bedarf es viel. (Das weiß er auch längst sehr wohl.)

O Trinität des Werks: Erlebnis Formulierung Tat.

Ich lerne. Bereite vor. Ich übe mich.

... bald werden sich die Sturzwellen meiner Sätze zu einer unerhörten
          Figur verfügen.
Reden. Manifeste. Parlament. Das sprühende politische Schauspiel.
          Der Experimentalroman.
Gesänge von Tribünen herab vorzutragen.

Menschheit! Freiheit! Liebe!

Der neue, der Heilige Staat
Sei gepredigt, dem Blut der Völker, Blut von ihrem Blut, eingeimpft.
Restlos sei er gestaltet.
Paradies setzt ein.
— Laßt uns die Schlagwetter-Atmosphäre verbreiten! —
Lernt! Vorbereitet! Übt euch!

WALTER HASENCLEVER

DER POLITISCHE DICHTER

Aus den Zisternen unterirdischer Gruben
Aufstößt sein Mund in Städte weißen Dampf,
Im rasend ausgespritzten Blut der Tuben
Langheulend Arbeit, Pause, Nacht und Kampf.

Mit Zwergen, die auf Buckeln riesig tragen
Der Lasten harte, eingefleischte Schwären,
Mit Sklaven, denen unter Peitschenschlagen
Die Beule reißt am Ruder der Galeeren.

Sein Arm bricht durch gewaltige Kanonaden
Von Völkerschwarm zum Mord gehetzter Heere,
Durch Kot und Stroh und faulend gelbe Maden
Im Kerker aller Revolutionäre.

Oft hängt sein Ohr an kleinen Dächerfirnen,
Wenn aus der Stadt die großen Glocken schlagen,
Mit vielen schweren und gebeugten Stirnen
Gefangenschaft der Armut zu ertragen.

Wenn nächtlich in den Kinos Unglück schauert,
Der Hunger bettelt hinter Marmorhallen,
Mißhandelt stirbt ein Kind und zugemauert
In Kasematten grobe Flüche fallen,

Wenn Defraudanten sich von Brücken werfen,
Im Lichtschein der Paläste aufgewiegelt,
Wenn Anarchisten ihre Messer schärfen,
Mit einem dunkeln Schwur zur Tat besiegelt,

Wenn Unrecht lodernd als der Wahrheit Feuer
Tyrannenhäupter giftig überspprießt,
Bis aus dem Wurm der Erde ungeheuer
Der Blitz des Aufruhrs, der Empörung schießt —

Ah dann: auf höchsten Türmen aller Städte
Hängt ausgespannt sein Herz in Morgenröte;
Asphaltene Dämmerung in des Schläfers Bette
Verscheucht Trompetenton: Steh auf und töte!

Steh auf und töte; Sturmattacken wüten.
Die Ketten rasen von Gewölben nieder.
An Ufern schweigend Parlamente brüten.
Die Kuppel birst. Schon lärmen Freiheitslieder.

Gezückte Rhapsodie berittener Schergen
Jagt quer durch Löcher, leer von Pflastersteinen.
Tumult steigt. Hindernis wächst auf zu Bergen.
Zerstampfte Frauen hinter Läden weinen.

Doch von den Kirchen donnern die Posaunen,
Schmettern Häuser dröhnend auf das Pflaster.
Die Telegraphen durch Provinzen raunen,
Es zuckt in Dynamit der Morsetaster.

Die letzten Züge stocken in den Hallen.
Geschütze rasseln vorwärts und krepieren.
Zerfetzte Massen sich im Blute ballen.
Die Straße klafft auf umgestürzten Tieren.

Aus Fenstern siedet Öl in die Alleen,
Wo Platzmajore aufgespießt verschimmeln.
Der Abend brennt, auf den Fabriken wehen
Die roten Fahnen von den grauen Himmeln. —

Halt ein im Kampf! Auch drüben schlagen Herzen.
Soldaten, Bürger: kennen wir uns wieder?
Brüderliches Wort in Rauch und Schmerzen.
Es sammelt sich der Zug. Formiert die Glieder.

Versöhnte Scharen nach dem Schlosse biegen,
Bis hoch auf dem Balkon der Herrscher steht:
«Nehmt vor den Toten, die hier unten liegen,
Den Hut ab und verneigt Euch, Majestät!» —

Lichtlose Asche. Nacht auf Barrikaden.
Gewalt wird ruchbar, alles ist erlaubt.
Die Diebslaterne schleicht im Vorstadtladen.
Plünderung hebt das Skorpionenhaupt.

Gewürm aus Kellern kriecht ins Bett der Reichen;
Auf weiße Mädchen fällt das nackte Vieh.
Sie schneiden Ringe ab vom Rumpf der Leichen.
Dumpf aus Kanälen heult die Anarchie.

Im Rohen weiter tanzt die wilde Masse
Mit Jakobinermützen, blutumbändert.
Gerechtigkeit, Gesetz der höchsten Rasse:
Vollende du die Welt, die sie verändert!

Ihr Freiheitskämpfer, werdet Freiheitsrichter,
Bevor die Falschen euer Werk verraten.
Von Firmamenten steigt der neue Dichter
Herab zu irdischen und größern Taten.

In seinem Auge, das den Morgen wittert,
Verliert die Nacht das Chaos der Umhüllung.
Die Muse flieht. Von seinem Geist umzittert
Baut sich die Erde auf und wird Erfüllung.

Sie reißt von ihrem Schild die alten Thesen,
Die Majorate listig sich vermachen.
Präriеen tragen Brot für alle Wesen,
Denn alle Früchte reifen auch den Schwachen.

Nicht in dem Schatten stählerner Amphoren
Erglühen Trusts, die ihre Beute jagen:
Ihr Präsidenten, eilt und seid geboren,
Den tausendköpfigen Moloch zu erschlagen!

Die Macht zerfällt. Wir werden uns vereinen.
Wir, schaukelnd auf atlantischen Transporten,
Auswandrer, denen Heimatwolken scheinen.
Europa naht. Es sinken Eisenpforten.

Jünglinge stehn in Universitäten
Und Söhne auf, die ihre Väter hassen.
Der Schuß geht los. In ausgedörrten Städten
Minister nicht mehr an den Tafeln prassen.

Das Volk verdirbt. Sie reden von Tribünen.
Schwemmt nicht die Lache Blut in ihren Saal?
Wann werden sie die Qual der Toten sühnen?
Schon durch die Länder läutet das Signal. —

Der Dichter träumt nicht mehr in blauen Buchten.
Er sieht aus Höfen helle Schwärme reiten.
Sein Fuß bedeckt die Leichen der Verruchten.
Sein Haupt erhebt sich, Völker zu begleiten.

Er wird ihr Führer sein. Er wird verkünden.
Die Flamme seines Wortes wird Musik.
Er wird den großen Bund der Staaten gründen.
Das Recht des Menschentums. Die Republik.

Kongresse blühn. Nationen sich beschwingen.
An weiten Meeren werden Ufer wohnen.
Sie leben nicht, einander zu verschlingen:
Verbrüdert ist ihr Herz in starren Zonen.

Nicht Kriege werden die Gewalt vernichten.
Stellt Generäle an auf Jahrmarktfesten.
Dem Frieden eine Stätte zu errichten,
Versammelt sind die Edelsten und Besten.

Nicht mehr in Waffen siegt ein Volk, du weißt es;
Denn keine Schlacht entscheidet seinen Lauf.
So steige mit der Krone deines Geistes,
Geliebte Schar, aus taubem Grabe auf!

Aus meiner Tiefe

Aus meinen Tiefen rief ich dich an.
Denn siehe, plötzlich war der metallische Geschmack des ganzen Irr-
    tums auf meiner Zunge.
Ich schmeckte über alles Denken Erkenntnis.
Ich fühlte gleiten das böse Öl, womit ich geheizt bin,
Süßliche Müdigkeit spielte in meinen Knochen,
Ich war zur Geige worden des ganzen Irrtums.
Ich fühlte meine Schwingungen auf einem fernsten Traumkap,
Und wollte auf, mich wehren, mich gewinnen, wahren...
Doch sank ich hin, gespenstisch
Gelähmt in träge pochende Verzweiflung.

Aus meinen Tiefen rief ich dich an.
Ich rief wie aus versunkenen Fiebern tretend: Wo bin ich?
Tieftaumelnd stand ich in schwankender Landschaft, im Schwindel
    geheimer Erdbeben, und rief: Wo bin ich?
Ich erkannte die Welt. Sie hing an einem letzten zuckenden Nerv.
Ich sah den Todesschweiß der Dinge. Sie schlugen um sich in ecki-
    ger Agonie.
Aber wie edle Kinder, die das Weinen bekämpfen, lächelten sie de-
    mütig von unten empor.
Da fuhr ich aus meiner Einsamkeit,
Da fuhr ich aus Krampf und Kammer,
Da drang ich ein in die Säle. Sie rauschten wie der Grund städtetei-
    lender Ströme.
Über mich schlug das Scheppern der Teller, Getümmel der Stimmen,
    der Schritte Trommel-Verrat und
Schreibmaschinen-Geläut.

Ich rief dich an aus meinen Tiefen.
Aber mein Antlitz trug sein Grinsen umher.
Mit der rechten Hand strich ich den Kitt meines Lächelns zurecht.
Und alle taten also.
Wir saßen zueinander, doch jeder gerichtet in anderen Winkel.
Mit beiden Händen bedeckten wir eine Stelle unserer Anwesenheit,
    der wir nicht trauten.
Wir redeten lange Streifen von Worten...
Die aber waren geboren am Gaumen,
Und nicht gelangen uns Frohsinn und Schmerz,
Wie unsere Gurgel log.

Aus meinen Tiefen rief ich: «Wo bin ich, wo sind wir?»
Umstellt von Unabänderlichkeit, verstoßen in erbarmungslose Ge-
    lächter, verschlagen aufs Eiland schiffbrüchiger Karten-
    spieler!

Unsere Ruhe ist Tod,
Unsere Erregung Fäulnis!
Wir sind gebeizt, gesalzen, geräuchert von böser Entwöhnung!
Verlernt der ruhende Blick,
Verlernt das Daliegen in den Himmel!
Aus meiner Tiefe rief ich dich an,
Denn hier rettet kein Wille mehr, hier rettet nur Wunder.
Tu' Wunder!

KARL OTTEN

DES TAGDOMES SPITZE

Des Tagdomes Spitze verflüchtigt sich unter der Wolkenbrust der
    Nacht.
Die großen Häuserkähne treiben steuerlos ihr Leidensglück.
Aufkreischen die ehernen Himmelstore, es dröhnen die Chöre der
    Cherubim.
Ihre Sternlippen tönen hellfunkelnd und der Wind aus ihren Mond-
    talaren
Läßt die Laternen der Kinder flackern.
Ich bitte die Menschheit, die zum Schlafe rüstet
Ich bitte die Menschheit, die der Schrei der Sirenen aufruft in kohlen-
    donnernde Fabriken
Ich bitte die Gebärenden, die Zeugenden
Ich bitte die sterben und abtun ihr Irdisches
Ich bitte die mit Dolch und Stemmeisen vibrieren im Zugwind der
    Mörderängste
Deren Knochen klappern wie Türen, die Gott hinter ihnen zuwirft
Ich bitte euch, die ihr eure Füße fragt wohin sie euch tragen zum
    letzten Male
Denen der Revolver knackt, der Strick sich reckt, Gift duftet, Wasser
    spiegelt
Ich bitte euch, die ihr fassungslos die Stäbe am Zellenfenster zählt
    im grinsendknochigen Mondlicht,
Ich bitte euch, im Eiterklopfen Aufgeweckte seit Wochen und Monaten,
Die ihr das Fieber ausrast mit dem Erdkugelschädel
Gegen die Gipswand, gegen die Bettpfosten
Ich bitte euch, denen die Welt unverständlich ein Napf ein Knopf
    ein kochender Blutorkankrater wurde
Der weiß und schwarz wird und Suppe oder kaltes Wasser über euren
    engen Leib bringt
Euch bitte ich in Not des Sturmes auf Salzwogen umhergekugelte
Kotzende erstarrende Matrosen.
Denen die Sterne zwischen die steifen Lider geklemmt wurden
Und der Mond in der Kehle würgt.

Und euch Brüder im Grabengrab
Im Lebenshunger der donnernden Gewölbe,
Um deren Blase und Hoden sich Stachel der Agonie beißt bei Ver-
    stand
Vernunft, Gesundheit, Wollust, Sehnsucht nach Glück; vollblütig,
    klar, witzig.
Dich Halbtoten zwischen den Gräben unter stinkenden Zischgasen
Ersaufend in deinem Blut, verdurstend im Schlamm, totgehämmert
    vom eigenen Pulsschlag
Armseliger als ein Wurm eine Quappe eine Raupe;
Du Gott schaffender, Gott denkender Bruder,
Dich bitte ich. Euch, die ihr anlegt, zielt und Tod losläßt, ahnungslos
    sein müßt:
Ich bitte euch alle in dieser Nacht, die anhebt wie die erste
Die Gott schuf gesenkter Wimper, wie die Trauerweide
Eigensinniger Demut hingebeugt am Fuße der Gebirge;
Euch allen bitte ich meine große Schuld ab, meine große Schuld.
Ich lege mich wie Haut, Hemd, Panzer und Böschung
Zwischen eure Seele und euer Los.
Ich will abschwören den Schlaf dieser Nacht
Ich will mich geißeln und auf Disteln wälzen
Ich will warnen beten betteln und disputieren mit dem Bösen
Wie Leuchtraketen und Wasserstrahl soll mein Flehn
Bereitschaft halten. Wie ein Tal will ich das Bergecho eurer Leidens-
    inbrunst
Auffangen und deutlich, dringend
Vertausendfacht
Erddonner gegen Himmelsunfruchtbarkeit
Zurückbrüllen.
Rütteln an den steifen Knien Gottvaters
Alle Sonnentrommeln ankrachen
Bis er erwacht und sich erinnert.

WILHELM KLEMM

PHANTASIE

Ich sehe die Geister in dunklen Lauben zechen
Und schimmernde Weiber sich dehnen auf nackten Thronen.
Ich höre, wie Riesen ihre Fesseln zerbrechen.
Fahl schimmern die Schlösser, in denen die Greifen wohnen.

Kolosse schwanken heran. Cherubgestalten,
Nacht im wilden Auge, schwarz rauscht ihr Gefieder
Empor. Lodernde Fahnen entfalten
Sich. Chöre verhallen und wilde Sturmlieder.

Wohlan! Wohlauf! altes Herz! Mit unzähligen Maschen
Ziehen die schimmernden Träume über die Welt.
Wer hat sie gewebt? Wer will ihre Enden erhaschen?
Strahlender Schmuck, der ins Unendliche fällt.

ALFRED WOLFENSTEIN

GLÜCK DER ÄUSSERUNG

Bewegungen, des Menschen Blitze! Zeichen
Des Menschen, die von Aug zu Augen reichen:
Beim roten Grunde meines Bluts beginnt!
Erhebt euch wie auf Wellen Wind.

Das Meer ist leibhaft Meer bis an den Rand,
Doch freier streckt es noch die Hand
Der Segel auf — so aus der Tiefe dehnen
Zum Firmament mich meine Sehnen.

Gestalt! an deren großer Fahrt die Leere
Zerschellt, du voll gehißtes Knie, durchquere
Die Welt, der Hüften und der Schultern Flug
Ist sichtbar sichtbar nie genug!

Und morgenrot erhebe sich der Mund,
Und tue der Gefühle Schweifung kund —
So zeichnet sich des Innern nebliger Garten
Blühend hervor, und Arme wie Standarten

Führen das Wort und heben es hinüber
Zum Sonnenantlitz unsrer Brüder —
Und welches Elend weicht? das Schweigen weicht!
Vom Menschen wird der ferne Mensch erreicht.

Wie Erde, sausend, niemals still
Stets höher ausdrückt, was die Tiefe will,
Drückt alles alles aus! Der Allmacht gleichen
Bewegungen, des Menschen Zeichen.

Ludwig Meidner · Alfred Wolfenstein

Mein Grab ist keine Pyramide

Mein Grab ist keine Pyramide,
Mein Grab ist ein Vulkan!
Das Nordlicht strahlt aus meinem Liede,
Schon ist die Nacht mir untertan!
Verdrießlich wird mir dieser Friede,
Der Freiheit opfre ich den Wahn!
Die Künstlichkeit, durch die wir uns erhalten,
Den Ararat, wird meine Glut zerspalten!

Der Adam wird zu Grab getragen,
Und übrig bleibt sein Weltinstinkt.
Der baut sich auf aus tausend Marmorsagen:
Ich selbst, ein Schatten, der zur Arbeit hinkt,
Vermag bloß um den Ahnen tief zu klagen,
Da er durch mich, im Schacht, um Fassung ringt.
Das Grab, das er sich aufbaut, ist sein Glaube,
Daß ihm Vergänglichkeit das Urbild nimmer raube!

Ich fühle, stolzer Erdenvater,
Dein Leid, das die Gesetze sprengt:
Ein Drama denkst du im Theater,
Das tausendstufig dich umdrängt.
Du atmest Freiheit aus dem Krater,
Der furchtbar sich zusammenengt:
Auf Deine Grabesruhe trachte zu verzichten,
Dann wird dein Herzensstern die Welt belichten!

Ich selber bin ein Freiheitsfunke,
Das Gleichgewicht ertrag ich nicht!
Hinweg mit dem Erfahrungsprunke,
Ich leiste auf mein Grab Verzicht!
Die Gnade schäumt im Urgluttrunke,
Als Übermaß ins Weltgericht.
Doch das will ich mit meinem Schatten halten,
Ich träume Euch, befreite Erdgewalten!

Mein Grab ist keine Pyramide,
Mein Grab ist ein Vulkan.
Mein Hirn ist eine Funkenschmiede,
Das Werk der Umkehr sei getan!
Kein Friede klingt aus meinem Liede,
Mein Wollen ist ein Weltorkan.
Mein Atmen schaffe klare Taggestalten,
Die kaum erschaut, den Ararat zerspalten!

AUFBRUCH

Es blüht die Welt.
Ja, hocherhoben, Herz, wach auf!
Erhellt die Welt,
zerschellt die Nacht,
brich auf ins Licht!

In die Liebe, Herz, brich auf.
Mit guten Augen leuchte Mensch zu Mensch.
Händefassen.
Bergentgegen gottesnackt empor.
O, mein blühend Volk!
Aus meinen Händen alle Sonne nimm dir zu.
Erhellt die Welt,
die Nacht zerbricht.
Brich auf ins Licht!
O Mensch, ins Licht!

WALTER HASENCLEVER

MEIN JÜNGLING, DU

Mein Jüngling, du, ich liebe dich vor allen,
Du bist mein eigen Bild, das mir erscheint!
Ich sehe dich in manchen Teufelskrallen;
Gewiß, du bist nicht glücklich, hast geweint.
Du liebst zu schmerzlich oder harrst vergebens,
Dein Vater, deine Wirtin macht dir Qual,
Du zuckst in der Verwildrung deines Lebens,
Dein Geist wird bürgerlich, dein Kopf wird kahl.
Willst du nicht mit mir gehn und mich erhören!
Sieh, auf die gleichen Klippen schwimm ich ein.
Einst auf Prärien, jetzt in Geisterchören
Will ich dich rufen und will bei dir sein!

ERNST WILHELM LOTZ

AUFBRUCH DER JUGEND
1913

Die flammenden Gärten des Sommers, Winde, tief und voll Samen,
Wolken, dunkel gebogen, und Häuser, zerschnitten vom Licht.
Müdigkeiten, die aus verwüsteten Nächten über uns kamen,
Köstlich gepflegte, verwelkten wie Blumen, die man sich bricht.

Also zu neuen Tagen erstarkt wir spannen die Arme,
Unbegreiflichen Lachens erschüttert, wie Kraft, die sich staut,
Wie Truppenkolonnen, unruhig nach Ruf der Alarme,
Wenn hoch und erwartet der Tag überm Osten blaut.

Grell wehen die Fahnen, wir haben uns heftig entschlossen,
Ein Stoß ging durch uns, Not schrie, wir rollen geschwellt,
Wie Sturmflut haben wir uns in die Straßen der Städte ergossen
Und spülen vorüber die Trümmer zerborstener Welt.

Wir fegen die Macht und stürzen die Throne der Alten,
Vermoderte Kronen bieten wir lachend zu Kauf,
Wir haben die Türen zu wimmernden Kasematten zerspalten
Und stoßen die Tore verruchter Gefängnisse auf.

Nun kommen die Scharen Verbannter, sie strammen die Rücken,
Wir pflanzen Waffen in ihre Hand, die sich fürchterlich krampft,
Von roten Tribünen lodert erzürntes Entzücken,
Und türmt Barrikaden, von glühenden Rufen umdampft.

Beglänzt von Morgen, wir sind die verheißnen Erhellten,
Von jungen Messiaskronen das Haupthaar umzackt,
Aus unsern Stirnen springen leuchtende, neue Welten,
Erfüllung und Künftiges, Tage, sturmüberflaggt!

RENÉ SCHICKELE

DER ROTE STIER TRÄUMT

Dreitausend Menschen standen dicht gedrängt.
Es roch nach Hunger, Krankheit und Begehren.
Wie durch trübe Dämpfe starrten in der Luft
hinauf zur rotbehangenen Tribüne
brennende, todblasse und zerfreßne Mannsgesichter
und, in ihrem wilden Haar, halbirre Frauenköpfe,
Blicke, die sich streiften, schienen aneinander
aufzuglühn. Sie schauderten und wollten sich umarmen.

Heißer Atem blies in jeden Nacken. Man war
eingepreßt in andre Leiber, die sich atmend
auseinanderdrängten und zusammenzogen.
Das war ein apokalyptisch Tier, zum Flug bereit
und riesenhaft, mit tausend Herzen glühend.
Die Stimme der im Trüben rotgeflammten Ferne sprach:
«... keine Lügen ... kein Erweichen ... Recht
des Stärkern, der die Arbeit in der Welt verrichtet,
Mir gehört mein Werk.
Kein Mitleid und kein Herzerweichen.
Es lebe der Krieg!
Blut muß Gott geopfert sein: unserm Geist
und dem unsrer Kinder. Alle Menschen verbluten
täglich, langsam, in den Freuden, in den Schmerzen,
Arbeit ist Krieg! Wir werden unsre Signale haben,
die langen Märsche, die Zusammenstöße,
wo der Mensch seinen heimlichen größeren Geist gebiert,
seinen Gott, den uralten, in den Gewittern
schreienden Gott!
Es wird unser Krieg sein
und unser eignes ehrgeiziges Werk.
Keine Traurigkeit!
Menschen müssen als Helden sterben,
damit andre in ihrem hohen Schatten wachsen,
der Notdurft entwachsen und Gott, dem Geiste
zu, für den wir die großen Worte fanden,
die großen Bilder
in jahrtausendalter Sehnsucht ...
So kommt in ewigen Minuten
unser eignes Bild sieghaft uns entgegen.
Alles Fleisch muß untergehn,
doch dies ist unser Geist.

Es lebe die Freiheit,
die des einen Kräfte
an die des andern bindet,
daß ein jed Geschlecht
im freien Wettbewerb
sein Parthenon errichtet ...
Freiheit: allen Ehrgeiz weckende,
kraftentzückende,
krafterfüllende,
sehnsuchtreckende,
nach der Vollendung dieser unsrer Hände,
dieses unsres Herzens!
Es lebe die Schönheit,
die aus der Sehnsucht nach Vollendung steigt,
wie ein Stern aus Abendnebeln ...
Seht, die Schönheit ist ja nichts,

als die sich lächelnd spiegelnde Natürlichkeit.
Es lächelt, wer sein Werk verrichten kann.
Das weiß ein jeder,
der einmal über seiner Arbeit sann . . .

Es lebe Gott; der Geist.
Wer der Vollendung dient, empfängt die Schauer
des Ewigen.
Es lebe der Ehrgeiz, dem Geiste zu dienen.
Verflucht sei, wer beherrschen will . . .
Die Sklaven befreien sich!
Es sind Könige genug in ihrer Mitte,
sehnsüchtige Schönheit, Glauben, Sitte
und die Gerechtigkeit, die unsre Kränze flicht.
In *unsrer* Arbeit werden wir *unsre* Herren sein,
herztoll und heiter.
Blickt der eine dem andern ins Gesicht,
spiegeln wir einander: die Menschen . . .»

Dreitausend Menschen standen dicht gedrängt.
Die Stimme in der Ferne brach.
Dreitausend Menschen schrien und weinten.

KARL OTTEN

ARBEITER!

Arbeiter! Dich an Rad, Drehbank, Hammer, Beil, Pflug geschmiedeten
Lichtlosen Prometheus rufe ich auf!
Dich mit der rauhen Stimme, dem groben Maul.
Dich Mensch voll Schweiß, Wunden, Ruß und Schmutz
Der du gehorchen mußt.
Ich will euch nicht fragen, was ihr da arbeitet.
Wozu es dient, ob es recht oder unrecht, gut oder schlecht gelohnt,
Ob überhaupt ein Lohn euch vergelten kann eure finstere Arbeit.
Ob überhaupt Geld ist der Ausdruck oder das Pflaster
Das diese Arbeit unschuldig sinnvoll eines Lohnes wert macht.
Diese Nacht währt lang seit Jahren schwärzeste Finsternis
Ballt sie ihr feuchtes Hemd vor unseren stummen Mund.
Ich sehe nicht, ob ihr errötet.
Niemand kann in euer Herz schaun.
Ihr wißt trotz allem trotz allem
Daß ihr Nummern seid!
Gleichwo: in der Fabrik im Gefängnis im Lazarett in der Kaserne
auf dem Friedhof,
Ihr seid da für eine Statistik deren Summe, deren Steigen, Fallen,
Stocken

In jeder Zeitung zu lesen ist.
Ebenso eure Kinder, eure Frauen, eure Eltern, Schwestern und Brüder.
Es geht euch besser man sieht es an der Statistik:
Ihr seid freier man hört es aus den Vereinen
Ihr seid satt man merkt es an Fahnen und Musik
Ihr seid fleißig man fühlt es am guten Tuch eurer Anzüge, den Schu-
      hen eurer Frauen.
Du verstehst mich? Im Herzen, tief im letzten Schacht
Bist du wach, unzufrieden, philosophisch, aufrührerisch.
Du hast tief im Blut die Bitternis der Züchtigung, des Zahlenzwanges.
Wie einen Engel, unsagbar fremd und unaussprechlich
Leidest du stumm das Rätsel dieser sinnvollen Knechtschaft.
Arbeiter, Proletarier, Sohn der Fabrik, des Hinterhofes, des Kinos,
      Nic Carters und Bordells!
Der du von Kartoffeln und Brot lebst, zwölf Menschen auf zwei
      Stuben,
Dessen Kinderhimmel verdunkelt war von Neid und Prügeln
Der du brutal und bösartig nur darnach trachtest dich an den Deinen
      zu rächen
Der du träumst von der Teilung, vom Meer, von den Alpen, den
      Palästen und Gärten der Reichen
Der du hungrig bist nach den blitzenden Lampen, Spiegeln, Locken,
      Sesseln und Frauen —
Ihr erwartet den Tag! Das Licht! Die Vergeltung! Den Tag da heim-
      gezahlt wird:
Auge um Auge Zahn um Zahn!
Strahlend wird er aufgehn, feierlich ewige Sonne über jenem Kirch-
      turm
Und euer Siegesschrei wird übertönen tiefstes Todesröcheln!
Ihr habt euer Programm ihr habt eure Propheten euer ist der Sieg!
Er muß kommen denn er läßt sich berechnen!
Berechnen! Und ich höre eure Schritte
Jahrtausende um die Maschine poltern
Die taub ist jedem Beten jeder Bitte.
Ihr schweigt und wartet laßt euch foltern.

Und wie das Herz in immer schwächern Schlägen
Ablaufend Jahr an Jahr gebunden
Schlug es im Takt der Räder Kolben Sägen
Da habt ihr freudig mitgeschunden.

Da hat der Tanz der fauchenden Maschinen
Euch eingelullt und eingeschraubt
Der Eisenfeuergeldgott fuhr aus ihnen
In euer Herz. Er ist es den ihr glaubt.

Ihn wollt und werdet ihr errichten
Den gleichen Gott mit Zeitung Zahl und Kriegen

Der jetzt die Menschheit quält mit blutigen Gesichten
Gemetzel Brand mit Börse Orden Siegen.
Es wird geschehn, o wär es morgen heute
Daß euch die Augen aufgehn blutig nüchternem Erwachen
Der letzte Rest von Herz, des Ekels Beute
Aus eurer Kehle stürzt, o fürchterlich Erwachen!

Dich ruf ich Sohn der dampfenden Galeere
Ich halte dich auf dieser Insel Schreck
Im Blutmeer Angstmeer Feuermeere
Im Sturm der letzten Schreie der Gefallenen
Der Mütter Bräute Säuglinge
Der Flüche Schreie Bitten Fieberlallen
Der Angeschossenen Brennenden Vergifteten
Der Verschütteten Zerrissenen
Der Irrsinnigen aus Angst Hunger Gift —
Du bist Mensch wie ich!
Du sollst und kannst denken!
Du hast einzutreten für jeden Hebeldruck
Jeden Hammerschlag, jeden Groschen den du mehr verdienst,
Jedes Wort das du verschleuderst verlogen verschimpfst!
Weißt du, daß du die Pflicht hast
Mensch zu sein, Erdbewohner, eine Seele zu haben, ein Herz!
Arbeiter, mein dunkler Bruder, du hast ein Herz!
Dein Herz verpflichtet dich der Menschheit.
Von deinem Herzen geht alles Leid
In alle Herzen.
Allen Herzen ist dein Herz im gleichen Schlag verbunden.
Dein Herz belebt versöhnt verflucht schlägt Todeswunden
Reiß es aus der Maschine Brustkorb aus dem Netz der Drähte
Beeile dich, Blut fließt, fließt, beeile dich als träte
Der Tod dich an. Du kannst die Menschheit retten!
Du Sohn der Menschheit, dessen Schwielen alle Herren schmeichelnd
          lecken,
Von deinem Herzen deiner Güte deinem Sein
Von dir allein
Du Sohn der Magd, du Christi Bruder
Hängt ab ob Licht in dieses Meer von Blut und Mördern dringt!
Dein Ziel dein Sieg dein Glück ist innen!
Im Herzen drin, es ist es ist! so wahr dein Herz schlägt,
Nur das Herz gewinnen
Kann diesen Kampf der gegen dich erklärt.
Dein Herz ist jenes das die Kugel spitz durchfährt
Gleichgültig wer es trägt: es litt und bangte
Hoffte sang war klein und arm
Und eines Menschen deines Bruders Herz.

Man gab dir Brot Geld Arbeit und Erlaubnis —
Ich gebe dir dein Herz!

Glaube an dein Herz, an deine Gefühle, an deine Güte, an *die* Güte,
    an die Gerechtigkeit!
Glaube, daß es einen Sinn hat zu glauben,
Zu glauben an die Ewigkeit der Güte,
An die Menschheit, deren Herz du bist.
Nur die Güte wird siegen, die Liebe, Sanftmut
Der starke unbeugsame Wille zur Wahrheit
Der steifnackige Entschluß endlich zu sagen was man fühlt
Und daß nichts seliger beglückt als die Wahrheit.
Sei Menschenbruder! Sei Mensch! Sei Herz! Arbeiter!

PAUL ZECH

DIE NEUE BERGPREDIGT
(1910)

I

Ihr blassen Krüppel, sanft von Kindern vorgeschoben,
und ihr Geschwächten aus dem Hospital,
ihr Irren von den Straßen aufgehoben

und ihr Entlaufnen aus dem Arbeitssaal;
Töchter der Magdalena, Kains robuste Söhne,
Verwanderte von China her und vom Ural:

auf daß mein Spruch durch euer Stöhnen töne,
auf daß mein Spruch durch eurer Stirnen Grind
sich zwänge, wild wie Wettern heißer Föhne,

und Adern, die vom Gram verschüttet sind,
melodisch weite, ward mir diese Stunde
noch einmal aufgespart, eh Brüder tollwutblind

sich hetzen und zerfleischen wie die großen Hunde
der Strahlgebläse in Kavernen aufgestellt.
Und spricht auch zorniger Gott nicht mehr aus meinem Munde:

Der Vater, der mich sandte, heißt noch immer wie die Welt.

II

Ihr Männer, sprecht, zerdonnern schon in Rauch
die goldenen Paläste, die man aus den Knochen eurer Ahnen
aufsteilte über blauem Strom. Und platzte schon der Bauch

des Baals, der die heranbeschwornen Karawanen
Unmündiger verschlang wie süßes Gras?
Und flattern von den Kirchturmspitzen schon die Fahnen

der Freiheit feurig räudigen Siedlern zu im Haftgelaß?
Und sprang aus euren Muskeln schon der Schwielen
verschorftes Ducken wild zurück in Haß?

Wer zerrt ungläubiges Volk ins Joch der erznen Sielen?
Und welcher Schlachtruf rauscht, der euch zu Taten treibt,
Notsegel bläht, den Äther zu durchkielen?

Das Menetekel, das ihr schwarz mit Wolkenfingern schreibt,
entsprang es den fünf unverbundenen Wunden
des Kreuztods, der solange ungerochen bleibt,

bis Menschen dieser Erde nicht mehr munden?

III

Und ihr belaubten Mütter, fruchtbar ohne Sinn
und ewig ausgestreckt ein Neues zu empfangen,
ward eurem Dienen schon ein seliger Gewinn?

Ein Königreich? Provinzen, korngelb aufgegangen?
Und Töchter: gläubig untertan wie Ruth?
Und habt ihr je in bangen nächtelangen

Gebeten eurer Männer hingefloßnes Blut
beweint, und, angestarrt von der Verzweiflung Larven,
euch stündlich aufgereizt in rächerische Wut?

Gott gab euch Odem psalmengrüner Harfen
den Frost der Seelen silbern aufzuglühn,
die sich zerknirscht Vertiertem in die Blößen warfen.

Aus euren zauberischen Fingern blühn
noch immer Rosen, letzte Armut zu versöhnen.
Um Brücken, über Ströme bogenkühn

zu schlagen, müssen Harfen über Rosenwunder tönen

IV

Noch immer schwebt zerräderte Musik um eure Lippen
ihr Kinder, die ich nie so hilflos sah,
und so gejagt, gleich in ein Weinen umzukippen.

Was weit auf Lenzgefilden knospenhaft geschah:
Marienkäferlied und Schmetterlinge-Fangen,
ist euch nur in den magern Bilderbüchern nah.

Nie reizten Glocken, die durch Streikrevolten feurig klangen,
euch in das selige Getöse einer Schneeballschlacht.
Zerbrochenes Gefühl ist oft durch euren Traum gegangen.

Und wenn ihr auf dem Brachfeld wo ein Feuerchen entfacht,
bricht gleich schon Angst von euren Munden wie zerbißne Kreide,
und immer habt ihr Ruhr und Husten heimgebracht.

Ich aber will, daß ihr wie tausendfältiges Getreide
in Sonne reift; denn meine Mühlen gehn schon leer
und an des Kreuzwegs ungewisser Daseinsscheide

lauern gebräunte Quäler wie ein Hunnenheer.

V

Erlösung breche schier aus meinem Munde
und fließe weit hinaus wie der Atlant,
auf daß ihr hingetaucht auf seinem Grunde

zur letzten Freiheit euch ermannt.
Mein Same, einmal ausgestreut in Schlachten,
wie sammelt er sich hier als unfruchtbarer Sand?!

Reibt aus den Augen euch die wüst verwachten
Nächte der Qual und wallt in meinem Zug,
den neuer Quäler Väter schon verlachten

und Priester schamlos nutzten zum Betrug.
Ihr Hergeschwemmten mit dem toten Blick der Blinden:
in mir ist immer Mittagshöh und Sternenflug.

Sodom und Hellas, Rom zu überwinden,
schenk ich mich stündlich allem aus, was trinken mag.
Und groß aus östlich hergewehten Winden

erbau ich täglich euch den allerjüngsten Tag.

VI

O jüngster Tag, aus himmlischem Gedröhn gewittert,
O Strahl, der feurig durch das Morsche fährt,
O Schlag, der jäh des Baales Babelturm zersplittert

und was verzweifelt gärt, zur Wahrheit klärt:
Schon höre ich aus Tiefen krummer Hufe Stampfen,
und wittre Brand, der gelb aus schwarzen Wolken schwärt,

die Zwielichtkämpfe in den Städten zu verdampfen.
Und wenn Elias mit dem Flugschiff wiederkehrt,
dann brechen Augen, die sich schwer in Furcht verkrampfen,

weißgläubig auf und stürzen in den Feuerherd,
der aufbrennt, Boden einer neuen Welt zu düngen.
Und niemand wird dort siedeln, den Vergangenes beschwert;

erwacht zu schöpferischen Glückaufschwüngen,
schießt Gottes Blut, das einmal schon vergeblich rann,
durch aller Menschen Herzen in Kometensprüngen

und steht — dreifache Sonne — über Kanaan.

RENÉ SCHICKELE

GROSSTADTVOLK

> Ja, die Großstadt macht klein . .
> O laßt Euch rühren, ihr Tausende . .
> Geht doch hinaus und seht die Bäume wachsen:
> sie wurzeln fest und lassen sich züchten,
> und jeder bäumt sich anders zum Licht.
> Ihr freilich, ihr habt Füße und Fäuste,
> Euch braucht kein Forstmann erst Raum zu schaffen,
> Ihr steht und schafft euch Zuchthausmauern —
> so geht doch, schafft Euch Land! Land! rührt Euch
> vorwärts, rückt aus! —
>
> Richard Dehmel
> ‹Predigt ans Großstadtvolk›

Nein, hier sollt Ihr bleiben!
In diesen gedrückten Maien, in glanzlosen Oktobern.
Hier sollt Ihr bleiben, weil es die Stadt ist,
wo die begehrenswerten Feste gefeiert werden
der *Macht* und die blaß machenden Edikte erlassen werden
der *Macht*, die wie Maschinen — ob wir wollen oder nicht — uns treiben.
Weil von hier die bewaffneten Züge hinausgeworfen werden
auf mordglänzenden Schienen,
die alle Tage wieder
das Land erobern.
Weil hier die Quelle des Willens ist,
aufschäumend in Wogen, die millionen Nacken drücken,
Quelle, die im Takte der millionen Rücken,
im Hin und Her der millionen Glieder
bis an die fernsten Küsten brandet —
Hier sollt Ihr bleiben!
in diesen bedrückten Maien, in glanzlosen Oktobern.
Niemand soll Euch vertreiben!
Ihr werdet mit der Stadt die Erde Euch erobern.

Mai-Nacht
(1911)

Noch klappen Paternoster. Fensterfronten schreiten
weiß wie Flamingos in den Lampenozean.
Versandet aber liegen Ufer, Kran bei Kran,
aus den Kanälen wachsen Mauern von drei Seiten.

Die braunen Hügel Armut vor dem Wald der Schlote
vergaßen, daß hier aufbrach ein Vesuv ...
Die Stuben schallen voller Ruf,
vor Schenken hängt der Mond, die rote Zote.

Und plötzlich hat der Straßen glattes Einerlei
das riesig strotzende Gesicht
apokalyptisch überglänzt von Schrift:

*«Gebt Raum auf Halden, Werften und Glacis,
gebt Raum auf Rasen, Blumenbeet und Kies
dem Mai, der unsere Kehlen heimsucht als ein Schrei!»*

LUDWIG RUBINER

Die Stimme

O Mund, der nun spricht, hinschwingend in durchsichtigen Stößen
über die gewölbten Meere.

O Licht im Menschen an allen Orten der Erde, in den Städten fliegen
Stimmen auf wie silberne Speere.

O Trägheit der kreisenden Kugel, du kämpftest gegen Gott mit
fletschenden Tierlegionen, Urwäldern, Säbeln, Schüssen, bösem
Mißverstand, Mord, Epidemien:

Aber der Lichtmensch sprüht aus der Todeskruste heraus. In den
Fabriken heulen Ventile über die Erde hin. Er hat seine Stimme
in tausend Posaunen geschrien.

Eine Stimme schnellte hoch, glasschwirrend ein harter Stahlpfeil, der
in Glut blank zerknallt.
Eine Stimme über Amerika, unter schweißigen Negern, die demütig
das Weiße der Augen drehen; unter deutschen Flüchtlingen, bär-
tig zerpreßten Bettlern, unter hungernden Juden, die das glitschige
Ghetto finster zusammenballt.

Eine Stimme unter den entkräfteten Arbeitern, drei Millionen, die
  alle Jahr einsam absterben nach neuen Fabriksystemen,
Eine Stimme unter zerfressenen Frauen im bunten Hemd, denen die
  Bordellmeister das Geld abnehmen.
Unter starren Chinesen im Hungergeruch, die Tag und Nacht feine
  Wäsche waschen,
Eine Stimme über den Broadways, wo Arbeitslose nach fortgewor-
  fenen Speiseresten haschen.

Eine Stimme schwang zart wie der dünne steigende Schrei des Dampfs
  eh die vieltönigen Wasserblasen aufkochen,
Sie sprang wie Windsand in stumme Münder hinein, sie glitt wie
  Flötenkraft müden Schleppern über geduckte Knochen.

Durch steilschwarze Stuben schwebten Sonne und Mond, die Sterne
  zogen durch stinkende Tapeten aus rissigen Flecken.
O vielleicht geht das himmlische Wunderlicht auf, bevor alle zu Aas
  verrecken!
Eine Stimme flog und sog sich voll aus schmutziger Werkstättenzeit,
Die Wut und die Hoffnung kreisten wie Blut, und der Haß, der naß
  bespeit.
Eine Stimme haucht schwarz über schlechtes Papier aus bankrottier-
  ten Druckermaschinen,
Eine Stimme las das Flüsterwort: Streik! in den roten Schächten der
  Coloradominen.

Sie liegt wie heißer Rauch auf schaukelnden Häfen; mißtrauischen
  Kneipen; im verhungerten Dorf; wenn der geplünderte Bauer sät;

In Städten schreit sie Signalgeklirr über wirre Versammlungen hin,
  wo Polizei die Türen bespäht.

O Münder, daraus die Stimme des Menschen brennt!

O trockene Lippen, sechzigjährig, trauernd schlaff umstoppelt, die
  sich flach öffnen, weil vor dem Tod Einer bekennt.

O irre rote Zungenglut hinter weißen Negerzähnen, die Stimme gur-
  gelt im Glücksgesang.

O Mund, rundes schallendes Tor, Hall und Lust, Volkschoral, daß
  der Saal mitschwang.

O bitterer Nähmädchenmund, der nach Gerechtigkeit klagt und
  schrill Groschen und Wiegpfunde zählt.

O faltiger Rednermund, der auf und nieder wie Eulenaug geht, und Effekte wählt.

O Mann im blauen Hemd, der in Fabrikpausen hastig Propaganda treibt.

O sorgfältiger Beamter, der nach allen Poststationen Briefe und Werbelisten schreibt.

O Demütiger, verlegenes Herz, der nur einmal einem Guten die Hand drücken mocht.

O Stummer, der zum erstenmal spricht, und in einem Satz sich prasselnd verkocht.

Eine Stimme flammt über Europas gehetzten Menschen über krummen schweigsamen Kulis im Australischen Strauch.

O Münder, wie viele warten auf Euch, Ihr schallt, und sie öffnen sich auch!

JOHANNES R. BECHER

AN DIE ZWANZIGJÄHRIGEN

Zwanzigjährige!... Die Falte eueres Mantels hält
Die Straße auf in Abendrot vergangen.
Kasernen und das Warenhaus. Und streift zuend den Krieg.
Wird aus Asylen bald den Windstoß fangen,

Der Residenzen um ins Feuer biegt!
Der Dichter grüßt euch Zwanzigjährige mit Bombenfäusten,
Der Panzerbrust, drin Lava gleich die neue Marseillaise wiegt!!

ALFRED WOLFENSTEIN

CHOR

Faßt eure Finger: Fühlet euch denken,
Tupfend wie Geigen, nervige Singer,
Aber vom Herzen aufpulsen Pauken,
Dumpfere Ringer um euer Glück.

Wünscht nicht zu stehen, hörend zu schmelzen!
Formet mit Füßen bergiges Gehen,
Kämpfend entgegenatmet die Erde,
Wild bleibt ihr Wehen in euch zurück.

Sterniges Kühlen, Glühen der Seele,
Einsamkeit, Liebe, — o beides fühlen!
Gehende Stimme geht auf zu Stimmen,
Freunde umwühlen Wüste in Glück.

                    Nach dem II. Satz der A-dur-Symphonie

ALFRED WOLFENSTEIN

KAMERADEN!

Da eilte ich befreit zur Tür hinaus,
Schnell flammend half das warme Treppenhaus,
Und lieber wollt ich zu den Straßensteinen
Als in der horchend engen Wohnung weinen!

Das ist die Flucht vor den zu eng Verwandten,
Die mich berührten, ehe sie mich kannten,
Noch immer wie in ihrem hohlen Schoß
Läßt mich Gebornen Elterndruck nicht los.

Doch lieber Haß und Wüste dieser Stadt
Als eure Liebe, die mich grundlos hat,
Wir wählten niemals uns! Daß ihr mich säugtet,
Wird es Gefühl denn, daß ihr mich erzeugtet?

Nein, von der Lampe falschem Seelenfrieden,
Von eurer dichten Sicherheit geschieden!
Und lieber in die unbekannte Nacht
Und ohne Bett die Wahrheit durchgewacht!

Da kommen, wie die Häuser steil und kalt,
Die Wagen, nur berührt von kurzem Halt,
Gefühllos auch und rasch die dunklen Leute,
Und suchen sich als fremd genoßne Beute.

Ich wandere mit ihnen wie alleine —
In grelle Cafés wie in stumme Haine,
Gleich blätterlosen Stämmen Tisch an Tisch
Thront jeder Kopf, getrennt und wählerisch.

Und seh die Paare ohne Harmonien
In eisig klarem Bund nach Hause ziehn,

Und schleiche lieber fort zu kleinen Sternen,
Längs schwarzer Fenster, lebloser Laternen.

Und endlich heb ich meine wahren Hände —
Mein Herz trompetengleich dehnt alle Wände —
O nieder mit geilkalter Einsamkeit
Und lau beseelter Sumpfgemeinsamkeit!

Verwandtes Blut aus Elternliebesnacht,
Ohn unser Wollen ihnen nahgebracht,
Geschiednes Blut, gepaart in Straßenliebe —
Daß beides nun ein neuer Ruf vertriebe!

Ein Ruf nach Freundschaft! daß in finstern Zimmern
Die Mauern stürzen und die Nackten schimmern
Entblößt von Decken dumpf und unsichtbar
Und von gespenstischen Gefühlen klar.

Daß *Unerfüllte* ihrer armen Zeit
Aus Gräbern wehn in unsre Geistigkeit,
Und Neue mit gefühlteren Gebärden
Voll blühnder Herzen nun geboren werden.

Ein Ruf nach Sonne! statt sich rauh zu brauchen,
Einander stolzre Seelen einzuhauchen —
Ein Ruf nach Freiheit! nicht vermengt zu sein
Sondern vereinigt wie in Heeresreihn —!

Der Platz voll stiller starker Fliederluft
Erglüht, wie Echo, das sich weiterruft,
Aus allen Straßen dämmern rote Strahlen
Hierher, sich stark in neue Welt zu malen.

Das sind die Willen, ganz aus Licht getrieben,
Die sich als Willensangesichter lieben,
Das ist des Lichtes Aufgangsmelodie,
Die süße nahe weite Kameraderie!

KARL OTTEN

Für Martinet

I

Wir treten vor Wälder, über denen Sommer braust.
Starren hinab vom Hügel, weich von Fichtennadeln.
Darunter lauern Erdbeeren und Pilze unschuldsvoll.
Wiesen sinken unsern Füßen, Kühe, Ziegen; wir lagern verliebte
    Paare.

Wir lassen den Himmel blau hinwölken Unermeßlichkeit
Als sei er unser Blut tauchen wir in seine Sternfalten.
Wir sitzen am Ufer auf der Bank, die Brücke
Wölbt Sprung an Sprung donnernd von Karren und Menschen.
In langen Zügen blitzend saugt der Fluß das Land und duftet
Heimat, Abendglocken, Schiffe und Kinderlieder,
Zitternd springen wir aus dem einfältigen Schlaf auf die knarrende
        Diele,
Zitternd lauscht unser Herz Gewaltschlag Freude, frenetisch Jubel-
        befehl —
Naht Himmel grün und ganz von Orion, dem Bären, der Straße
        durchflammt
Wenig erhellt der zackige Rand meiner Stadt, stolze Türme, Bürger-
        dächer,
Milchige Schlote — ferne ein Zug klagend verrast.

II

Doch im dunklen Glanz der Wälder, Berge, Ströme,
Streicht der Wind der Ferne, rückwärts hinter unserm Haupt
Quillt Eiseskälte, sticht Nadelstich, Gewissen brennt.
Aus Wolken schwangerm Mond beißt Rächerhand, Menschenhand-
        kyklop
Zeigt sein spitzer Finger, bohrt auf Herz und Nieren!
Von Orient und Okzident glühn Augen uns in Staub!
Du! brüllt ein kalter Hagelwind
Du! knirscht Sand im Gebiß!
Du! hämmert Sommerregen schellend auf alle deine dicken Häute!
Du! fluchen Kinder, schweigen Mütter, lallen Bräute,
Du, du einziger, jeder, du allein!
Allein das Ich ist schuld!
Öffne dich Erde des Sommers, Himmel der Nacht krach uns ein,
Wind des göttlichen Frühlings, Säure werde dein Wehn, gerbe, beiße
        die zwanzig Felle um unsere Seele.
Sonnenstrahl sei Blitz, er ist Blitz, zündend!
Niederprassele aufs Pflaster den Kadaver der vergaß!

III

Ich habe, Bruder, deinen Gruß gehört.
Grad gingen Eisenbahnzüge über mich fort,
Züge vollgepfropft mit neuen Brüdern.
Man wartete ihr neunzehntes Jahr ab, um sie nach dem Kodex zer-
        hacken zu können.
Man lauert auf die Kinder, prüft ihre Gelenke, ihre Muskeln,
Und fragt sich ob es bald so weit sei.
Die Mütter wagen nicht hinzusehen wie sie wachsen und aufbegeh-
        ren.
Möchten sie verstecken, ihnen verbieten das Haus zu verlassen,

Sie in Schlaf hypnotisieren.
Zwei drei Jahre bis — aber das wird nicht gehen — man läßt alles
    laufen.
Ich krieche mit allen anderen, es muß so sein, daß wir alle kriechen.
Wir können nicht mehr viel sagen, Bruder.
Auf allen Plätzen, Gassen lungern Tote,
In allen Häusern Barrikaden von Toten,
Alle Flüsse verstopft von Toten,
Am Himmel wie Wandervogelschwärme dahinsegelnd
Unter den Blutwolken — Tote.
O daß es nie Abend würde oder Morgen!
Vielfältige Menge blasser Skelette aus den Schaufenstern und Tram-
    bahnen,
Den Kaffeehausgärten, den Parks und Kirchen, die überfüllt sind von
    Trostlosen.
Aus Kellerluken, Kanalgittern gattern magere Arme, entern nach
    deinen Beinen.
Du trittst in die leere Kammer:
Da sitzen drei oder sechs oder zwanzig (aufeinander) und wühlen in
    deinen Büchern
Sie verachten dich und zeigen mit Schwärenfingern auf dich: du! du!

                                IV

Hockend im Mai, Blütenfrühlingspracht, Üppigkeit der Verwesung,
Landfilter für Körper, Seele, Idee — nichts bleibt als der Dunst
Faulendes, Moderndes, glitschig von Blut, Eiter, sinnlosem Schweiß —
Läutete in mein mordvergiftetes, oxydiertes Herz, Bruder, dein Gruß.
Ich sehe dich von drüben winken, blaß, lang, hager mit aufgerisse-
    nem Mund
Die Augen ganz verdreht, dein Hals ist verrenkt, und heiser —
Schreie.
Du schreist uns etwas zu — ich weiß, ich weiß!
Wir alle wissen, wir wissen!
O Scham, Reue, Schuld!
Du Unzertrennbarer, du Volk an uns gekettet, wir an euch!
Gott wirbelt uns am Strick der Zeit um seine Achse.
Gott, dieses wilde Tier mit Hörnern, Messer im Maul, blutbespei-
    chelt,
Der haut uns gegeneinander, reißt uns auseinander, hetzt, geifert,
    stichelt.
Wir Menschen, wir Idioten, wir Schurken schweigen
Und lassen uns hetzen, kitzeln, prügeln.
O Gott, vergib uns, aber wir können deinen starken Arm, deine
    Irrsinnskraft
Nicht mehr ertragen.

V

Ich habe nicht gezweifelt, daß du lebst,
Daß du dich ängstigst, Bruder, durch die Nacht.
Deine Gedanken summten gold'ne Bienen,
Schmetterlinge der Nacht um unsere geduldigen Stirnen
Und es wird Trostnacht, Mutterstille, Kinderblume.
Dein Gruß hat mich aus den Rädern der Maschine hervorgeklaubt.
(Die Maschine: wie wir dieses Vieh hassen, diese kalte Eisenmord-
    schnauze.
Nieder mit der Technik, nieder mit der Maschine!
Wir wollen nichts mehr wissen von euren verdammten höllischen
    Erfindungen,
Euren Strömen, Gasen, Säuren, Pulvern, Rädern und Batterien!
Fluch auf euch ihr Erfinder, ihr eitlen, kindisch mordgierigen Kon-
    strukteure!
Fluch dir, Zeitalter, glorreich lächerliches, der Maschine — alles Fa-
    brik, alles Maschine.)
Ich darf wieder auf meinen Beinen stehn, du öffnest mir die Augen,
    hebst meinen Kopf!
Du schüttelst mir die Hand, ich erkenne dich!
Ich habe allen von dir erzählt, daß du lebst und daß es keine Feind-
    schaft mehr gibt.
Daß der Feind eine Erfindung (Maschine), daß der Mensch die einzige
    Wahrheit,
Daß die Wahrheit, Hoffnung, Glaube, Gerechtigkeit *sind*!
Maschine ist *nicht*! Technik ist *nicht*! Feind ist *nicht*! Haß ist *nicht*!
Er ist — ja — zu *vernichten*! zu *vernichten*! zu *vernichten*!
Rottet ihn aus, schmeißt ihn aus euren Augen, Herzen, Mägen, Där-
    men!
Gift, Gift! Lüge, Dreck! es gibt keinen Feind!
Nur Menschen!

VI

Wir sind fortgeschlichen aus den Blätterflügeln der Wälder.
Wir sind auf den Knieen gelegen, wir schlagen noch an unsere Kno-
    chenbrust.
Wir bitten euch um Verzeihung!
Nicht ich allein, der blöde Dichter mit der Brille,
Hintorkelnd durch die Gassen blutbespritzt —
Nein, wir alle, Millionen, uns knallt Reue, Scham, Schuldbeladen-
    sein zu Boden!
O glaubt uns, dieses Flattern hin und her, dieses Lügen, Fluchen,
    Faust auf den Tisch,
Dieses Geschrei, Reden, Schwören, Zuhauen — Verlegenheit, Wut
    auf uns selber:
Auf unsere Dummheit, unseren Unglauben, unsere Feigheit, unsere
    Angst.

Wir wissen nicht mehr wohin mit uns!
Wir wissen nicht mehr: Tag, Abend, Gestern, Nacht, Heute? Rechts,
 Links?
Wir sind im Irrsinn der Scham verhetzt.
O Bruderhand, zeig auf den Weg,
Daß ich dich endlich finde,
O Bruderaug', durchbohr' die Nacht
Erhelle unsere Pfade.
O Bruderherz, klopf Stunden an
Stunde der Versöhnung,
O Brudermund, Signal, Signal!
Wann tönt dein Gruß, dein Lied, dein Glückschoral?
Wir erwarten, daß die verbündeten Heere der Feinde, Brüder und
 Schwestern, Eltern und Kinder,
Endlich, endlich einander erkennen, in die Arme sinken und den wah-
 ren Feind an ihrem Feuer gewärmten in Stücke reißen!

VII

Den wahren Feind! Es gibt einen Feind! O Tag der Wonne, Tag der
 Freiheit, heiliges Rußland!
Nie sah Europa schöneren Tag, nie unsere Jugend herrlicheres Ziel!
Da stand mit Mond und Sonne
Mit Stern und Regenbogen hingeschrieben auf das Firmament:
Der wahre Feind!
Da riß ein Orkan geheimster Jubelfanfaren
Alle Herzen alle armen Lippen, sträubte Haar und Hände Freude
 Begeisterung!
Ganz Europa zuckte auf, wahres Ideal berührte die Haut aller ge-
 schundenen Männer.
Sie spien die Lüge aus, die Verhetzung, sie warfen die Mordklingen
 zu Hauf,
Eine Sekunde durchtoste Freiheit, Gemeinschaft, Ziel, Nähe alle Her-
 zen.
Der Geist hakte in ihr leeres Leben, in ihr freudloses Höhlenleben.
Das Glas füllt sich, die Herzen reifen, die Wut reift.
Es gebiert die Erde, sie spreizt ihre Bergbeine und gebiert den Rächer,
Den Herkules, den Giganten, den Abgott der Rache!
Ich sage Dir, Bruder Martinet, wir sind alle gleich, wir wissen alle
 wohin wir marschieren müssen.
Die wahre Front ruft, der wahre Luftsieg, der heilige Schützengra-
 ben, das erlösende Trommelfeuer!
Wir sind einig, verbündet, wir erkennen unsere Schuld, wir läutern
 unseren Geist!

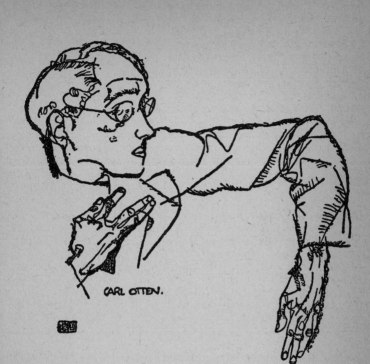

CARL OTTEN.

Egon Schiele · Karl Otten

KARL OTTEN

DIE THRONERHEBUNG DES HERZENS

Schlage dein Herz auf, Bruder:
Das Buch der Morgenröte, Bruder
Der neuen Zeit, Bruder
Den Mantel der Furcht, Bruder
Das Auge der Erkenntnis, Bruder!

Dein Herz sieht Erleuchtung
Durch deine mordgesegneten Hände:
Blasse jammervolle wetzen sie vergebens
Den Schorf der Schande vom entweihten Leib.
Heilig! heilig! heilig!
Unaussprechliches, deine Schneeschwingen
Deinen Himmelsatem
Deine todrasselnde Brust —
Menschheit!

WALTER HASENCLEVER

JAURÈS' TOD

Sein reines Antlitz in der weißen Klarheit
Des Irrtums grauenvolle Spur verließ.
Sie haben ihn gemordet, Geist der Wahrheit,
Trost der Armen von Paris.

Ihn traf die Kugel, deren Schlacht er ahnte
Und geißelte vor seinem Land.
Der allen Menschen einen Frieden bahnte,
Sank hin am Schlag der Bruderhand.

Gott hob ihn aus dem Ende dieser Zeiten,
Ließ ihn nicht mehr die Verzweiflung sehn.
Sein gutes Auge half den Weg bereiten.
Er ist uns nah. Er wird uns auferstehn.

JAURÈS' AUFERSTEHUNG

Weinende Frauen in Krämpfen,
Kinder an des Vaters Hals;
Immer fährt der Zug
Durch die Städte ...
Sendet, ihr Geister der Toten,
Ein Zeichen der Not!
Kehrt zurück in der dritten Stunde,
Wenn sie das Schlachtfeld absuchen,
Zu leuchten, zu erbarmen,
Die Kränze der Hoffnung zu streun.
Kein Helfer steht auf;
Keine Menschheit sinkt ihm zu Füßen,
Beladen mit der Schuld von Legionen.
Auf dem Markt der Provinzen
Vor Unwissenden, Verführten
Schüren sie die Flammen des ewigen Kriegs.

An euch, ihr Gestalten in der Höhe,
Ergeht der Ruf: helft diesem Leben!
Aus verschütteten Gräben
Steigt des Apostels weiße Gestalt.
Sie erkennen ihn wieder
Aus der Versammlung;
Arme Bauern knien und beten ihn an.
Soldaten Europas! Verwüstete Kirchen
Retten eure Länder nicht mehr.
Soldaten Europas, Bürger Europas!
Hört die Stimme, die euch Bruder heißt.
Sie kommt geschwommen
Von singenden Meeren,
Vom Wrack der Schiffe,
Ratte und Maus.
Zum letzten Male donnern die Rohre.
Zitronen blühen
Am Ufer des Sees.
Stürzt hin, Militärs! Beugt euern Scheitel.
Stockt, Bergwerke, den mörderischen Tag.
Ihr Fürsten auf Thronen,
Steigt nieder,
Weint am Hügel der Toten;
Friede, Versöhnung bricht an.

Du aber, mächtiges Volk, geläuterte Menschheit:
Goldne Banken, Magnatengüter
Fallen dir zu.

Heraus aus Kasernen, Galeeren,
Engbrüstige, Traumlose!
Die Erde liegt vor euch.

Aufwärts, Freunde, Menschen!

RUDOLF LEONHARD

DER MONGOLISCHE TOTENKOPF

Ein mongolischer Totenkopf
lag, vom Granatsplitter abgerissen, am Grabenrand.
Die Lider konnten die weißen Augen nicht mehr decken,
aber aus vergilbten Lippen sah man die trocknen Zähne blecken.
Ein Soldat brachte ihn mit ins Heimatland.

Dort hat er ihn einem Mädchen gezeigt,
Das hat sich tief darüber geneigt
und ihn dem Manne wild entrissen.
Sie legte den gelben Kopf auf ein seidnes Kissen.

Er wurde von vielen weißen Frauen
durch den Lärm der Straßen getragen.
Kinder drängten heran, an hielten die Wagen.
Männer schwiegen. Alle vereinten sich, näher und tiefer zu schauen.

In dem langsameren Zuge erklang
ein Gesang:
«Einst Blick im Auge, Blut und Leben, Hirn
und Geist und Tat, und Lächeln, tote Stirn!
Jetzt — Staub noch nicht. Zerfetztes Haar, das hing,
Ein weißer Knochen, bald ein Kot. Ein Ding!»

Vor die leise Singenden schob sich der Rathausturm.
Eine sprang vor, schüttelte hell die Haare, und
küßte den toten Kopf in den breiten Mund,
glitt über Stirn und Augenhöhlen mit Küssen.
Alle haben aufschreien müssen.
Oben begannen die Glocken Sturm.

STIMME ÜBER BARBAROPA

O ihr sonnengoldenen Abende,
Dämmerung — wo ist die Brücke des Stroms?
Nebel dräut Graustraße unter der Übernacht,
verschüttete Gleise, verschwemmt
die Furten im Überschwall aller Fluten!
Wir taumeln einher im Blutregenmeer,
säumen im Sumpfwasser des Schlafs
und wissen nicht: Ufer.
Wann endet die Nacht
euerer Schlacht,
die Barbaropa, Eurasien durch-
donnert Mordjahre lang!?

Ihr ertränkt euch, ersäuft
von den Brunnen eures Versiegens,
matt sinkt Flügelschlag
der Schwarzschwäne auf Blutflussesflut.
Hört ihr die stillen
Lachen versickernden Eiters himmelhinbrüllen?
Hat sein Maul aufgetan der Sand
und kann nicht mehr.
Weh über das Mutterland,
gebiert Kampffelder, wo das Gebein ragt
— Krieg zu erklären dem Kriegserklärer.

Ihm grünt das milde Gefild,
des grünen Vor-Hangs samtnes Fluten.
In den schallenden Hallen
prahlt beim Mahle
Großkönig der Qualen.

Aas, durch die Weiten und Breiten nur Aas!
Anschwebt, Adler, stoßt die Klauen
kriegsgekröntem, friedenkrähenden Dämon ins Gekrös!

LUDWIG RUBINER

DIE ENGEL

Führer, du stehst klein, eine zuckende Blutsäule auf der schmalen
Tribüne,
Dein Mund ist eine rundgebogene Armbrust, du wirst schwingend ab-
geschnellt.

Deine Augen werfen im Horizontflug leuchtende Flügel ins Grüne,
Deine Ringerarme kreisen weit hinein ins feindliche Menschenfeld.

Du schwächliche Säule, Gottes Stoß hat deine Krummnase in die zit-
        ternden Massen geschwungen,
Deine Ohren hohl beflügelt schweben wie leichte Vögel rosig auf
        bleiernem Volksgeschrei,
Die hellen Flügel tragen den Thron deines Kopfes sanft über Stein-
        würfe und graue Beleidigungen,
Dein Kopf schüttelt wie Wolkengefieder goldblitzende Himmelskup-
        peln auf die Menschenschultern herbei.

O Engel, ihr fliegt im leuchtenden Ball des Hauptes durch blauen
        Raum,
Augen, ihr Engel, pfeilt zu den schwirrenden Brüdern im Kreis;
O Zunge, Arme, Gliedersäulen, Engel, ihr umschlingt euch wie Zwei-
        ge im wehenden Baum.
Führer, sprich! Um dich ringen die Engel auf kristallenen Bergen
        hochstrahlend und heiß.

LUDWIG RUBINER

DENKE

Die Nacht im weißen Gefängnis ist mondperl und hoch,
Glanzbraune Gerüste kreuzen vor der Luke in die Zukunft,
Der Führer liegt auf der wulstigen Pritsche,
Ein Spitzelauge haarig schmal witzte durch das Guckloch der glatten
        Eisentür.
Er liegt ganz still, daß das Blut durch die graden Glieder fließt und
        zurückschießt,
Der Turm braun bewachsen des Haupts wird auf und herab bestie-
        gen eilends von Wachen.
Tief unten der Wassergraben des Munds liegt in Dürre.
Draußen warten die dunklen bewegten Felder auf den Feuerschein.
O Mund, bald schwimmen bewaffnete Haufen wie schwarze Wellen
        hervor,
Braunes Haupt, du schleuderst sie krachend weit ins Land,
O Schein des Auges, der das Ziel im Brandfeuer trifft.
O Kuppel, darin die neuen Häuser der Erde schweben, flach ineinan-
        dergehüllt, zahllos, und Bildsäulen, Wälder, Sprachen,
                Du kristallenes Haupt!
Liegst nun schweigend im weißen Würfel der Zelle auf nächtigem
        Pritschenrand,
Die Finger schmal zu den Seiten wie morgen im Grab.
Aber dein Pulsschlag klopft schon sacht durch die Mauerröhren der
        Burg,

Die Wärter flüstern verboten den Gefangenen zu.
Dein Bruderauge kreist schauend wie bewegter Stein durch die
        wachenden Zellen hin.
Denke du durch alle Gefangenenhirne, hinaus zu den Wachen, über
        die Höfe, hinaus in die Straßen!
Der Stein über dir aufgetrieben, schwillt.
Dein Haar ist die Plattform der schlaflosen Wachen,
Die Steinmauern in deinem Blut atmen auf und ab von deinem Beben,
Die Gitterfenster rund hoch um das Haus sind dunkel aus deinem
        Blick.
In Jahrtausenden ist die Burg dein Abbild weit in die Länder hin,
        dein Name schwebt feuergroß auf dem Himmel, über dei-
        nem riesenhohen Steinkopf.

Führer, schlafe heute nacht nicht. Nur diese Nacht denke noch!

RUDOLF LEONHARD

DER SERAPHISCHE MARSCH

Nun soll nicht Frieden kommen, sondern Krieg
und Ende ohne Ende;
jeder Tag sei weitere Wende
und jeder ein Schritt und neuer Sieg.

Wir werden die Welt nicht ruhen lassen:
auf allen europäischen Gassen
an die Ecken dieser Welt
mit beiden gespreizten Füßen fest in den Äther gestellt,
die Stirn gespannt in Wind und Wolken, die Lippen verzerrt,
umschattete Augen starr und schräg im Rasen,
wollen wir blasen, blasen, blasen:
in blasse hohle Hände an aufgekrümmtem Arm:
Alarm, Alarm!

Jeder wird uns verwunden, keiner uns schaden:
wehrlosen geächteten Kameraden!
Ohne Helme, Gewehre und Trompeten,
irrsinnig gläubige Zukunftssoldaten,
ohne Hoffnung, um die wir baten,
werden wir blasen, blasen und beten,
wir Ritter des Geistes, wir kleiner Schwarm:
Alarm, Alarm!

Ungeduldigste von Euern Rettern,
in ätherne Sphären
Euer Leben zu verklären,
werden wir unaufhörlich Eure Ohren zerschmettern.

Wer hat die Brocken schwerer schwarzer Erde uns ins Haar geschüt-
tet?
Unkraut schießt in die Luft. Die dunklen Flügel fühlen
wir, vom Erleiden Eures Leids zerrüttet,
sich langsam straff erheben, und erkühlen.

Seht, wie vom Rufe die erfüllten Sphären widerhallen!
Da wühlt um unsern Platz, an den er uns verwiesen
schon einstens hatte, der uns schuf, die himmlischen Gestalten.

Seht, blonde Kinder laufen schnell und barfuß über strahlende Wiesen:
auf schreien wir die Tore zu den Paradiesen!!

Wie wachsen wir glühend, wie sind wir arm,
zitternde nackte Kinder,
                        gepanzerte Riesen —:
Alarm, Alarm!

WALTER HASENCLEVER

1917

Halte wach den Haß. Halte wach das Leid.
Brenne weiter am Stahl der Einsamkeit.

Glaub nicht, wenn du liest auf deinem Papier,
Ein Mensch ist getötet, er gleicht nicht dir.

Glaub nicht, wenn du siehst den entsetzlichen Zug
Einer Mutter, die ihre Kleinen trug

Aus dem rauchenden Kessel der brüllenden Schlacht,
Das Unglück ist nicht von dir gemacht.

Heran zu dem elenden Leichenschrein,
Wo aus Fetzen starrt eines Toten Bein.

Bei dem fremden Mann, vom Wurm zernagt,
Falle nieder, du, sei angeklagt.

Empfange die ungeliebte Qual
Aller Verstoßnen in diesem Mal.

Ein letztes Aug, das am Äther trinkt,
Den Ruf, der in Verdammnis sinkt;

Die brennende Wildnis der schreienden Luft,
Den rohen Stoß in die kalte Gruft.

Wenn etwas in deiner Seele bebt,
Das dies Grauen noch überlebt,

So laß es wachsen, auferstehn
Zum Sturm, wenn die Zeiten untergehn.

Tritt mit der Posaune des Jüngsten Gerichts
Hervor, o Mensch, aus tobendem Nichts!

Wenn die Schergen dich schleppen aufs Schafott,
Halte fest die Macht! Vertrau auf Gott:

Daß in der Menschen Mord, Verrat
Einst wieder leuchte die gute Tat;

Des Herzens Kraft, der Edlen Sinn
Schweb am gestirnten Himmel hin.

Daß die Sonn, die auf Gute und Böse scheint,
Durch soviel Ströme der Welt geweint,

Gepulst durch unser aller Schlag,
Einst wieder strahle gerechtem Tag.

Halte wach den Haß. Halte wach das Leid.
Brenne weiter, Flamme! Es naht die Zeit.

FRANZ WERFEL

REVOLUTIONS-AUFRUF

Komm Sintflut der Seele, Schmerz, endloser Strahl!
Zertrümmre die Pfähle, den Damm und das Tal!
Brich aus Eisenkehle! Dröhne du Stimme von Stahl!

Blödes Verschweinen! Behaglicher Sinn,
Geh mir mit deinem toten Ich bin!
Ach nur das Weinen reißt uns zum Reinen hin.

Laß nur die Mächte treten den Nacken dir,
Stemmt auch das Schlechte zahllose Zacken dir,
Sieh das Gerechte feurig fährt aus den Schlacken dir.

Wachsend erkenne das Vermaledeit!
Brüllend verbrenne im Wasser und Feuer-Leid!
Renne renne renne gegen die alte, die elende Zeit!!

JOHANNES R. BECHER

Mensch stehe auf

Verfluchtes Jahrhundert! Chaotisch! Gesanglos!
Ausgehängt du Mensch, magerster der Köder, zwischen Qual Nebel-
      Wahn Blitz.
Geblendet. Ein Knecht. Durchfurcht. Tobsüchtig. Aussatz und Säure.
Mit entzündetem Aug. Tollwut im Eckzahn. Pfeifenden Fieberhorns.

Aber
Über dem Kreuz im Genick wogt mild unendlicher Äther.
Heraus aus Gräben Betrieben Asylen Kloaken, der höllischen Spe-
      lunke!
Sonnen-Chöre rufen hymnisch auf die Höhlen-Blinden.
Und
Über der blutigen Untiefe der Schlachten-Gewässer
Sprüht ewig unwandelbar Gottes magischer Stern.

Du Soldat!
Du Henker und Räuber! Und fürchterlichste der Geißeln Gottes!
Wann endlich
— frage ich bekümmert und voll rasender Ungeduld zugleich —
Wann endlich wirst du mein Bruder sein??
Wenn
Das mörderische Messer restlos von dir *in dir* abfällt.
Du vor Gräbern und Feinden waffenlos umkehrst:
Ein Deserteur! Ein Held! Bedankt! Gebenedeit!
Zornig du in tausend Stücke das verbrecherische Gewehr zerschmeißt.
Rücksichtslos dich deiner ‹verdammten Pflicht und Schuldigkeit› ent-
      ziehst
Und deinen billigen hundsföttischen Dienst höhnisch offen verwei-
      gerst allen Ausbeutern, Tyrannen und Lohnherrn.
Wenn
Dein zerstörerischer Schritt nicht mehr erbarmungslos stampft über
      die friedlichen Lichtgründe einer kreaturenbeseelten Erde.
Und du dich wütend selbst zermalmst vor deinen glorreichen Op-
      fern am Kreuz.
… dann dann wirst du mein Bruder sein …

Wirst mein Bruder sein:
Wenn du reumütig vor dem letzten und schlimmsten der erschosse-
      nen Plünderer kniest.

Verzweifelt und gedemütigt
Stachelfäuste durch deine Panzerbrust hindurch
In das Innere deines eben erwachten Herzens herabpreßt —
Zerknirscht und Gelübde schmetternd es heraus heulst:
«Siehe auch dieser da war mein Bruder!!
Oh welche, oh meine Schuld!!!»

Dann dann wirst du mein Bruder sein.
Dann dann wird gekommen sein jener endliche blendende paradiesische
        Tag unsrer menschlichen Erfüllung,
Der Alle mit Allen aussöhnt.
Da Alle sich in Allen erkennen.
Da tauen die peitschenden Gestürme machtlos hin vor unserem
        glaubensvollen Wort.
Eueres Hochmuts eigensinniger Ararat setzt sich erlöst und gern unter
        die weichen Gezelte der Demut.
Verweht der Teuflischen schlimmer Anschlag, Bürde und Aufruhr.
Wie auch gewaltlos überwältigt der Bösen eroberische Gier, schranken-
        und maßlosester Verrat und Triumph.
Sage mir, o Bruder Mensch, wer bist du!?
Wüter. Würger. Schuft und Scherge.
Lauer-Blick am gilben Knochen deines Nächsten.
König Kaiser General.
Gold-Fraß. Babels Hure und Verfall.
Haßgröhlender Rachen. Praller Beutel und Diplomat.
Oder oder
Gottes Kind!!??

Sage mir o Mensch mein Bruder *wer* du bist!
Glücklich
Umgurgelt von den ruhlosen Gespenstern der unschuldig und wehr-
        los Abgeschlachteten!?
Der Verdammten Evakuierten explodierenden Sklaven und Lohn-
        knechte!?
Trostlose Pyramide rings Wüstenei Gräber Skalp und Leiche.
Der Hungerigen und Verdursteten ausgedörrte Zunge euch Würze des
        Mahls!?
Jammer-Röcheln, Todeshauch, der Erbitterten Wut-Orkan euch wohl-
        gefällige Fern-Musik?
Oder aber
Reicht dies brüllendste Elend alles nicht an euch
Ihr Satten Trägen Lauen ihr herzlos Erhabenen?
Euerer Härte Feste, vom Zyklon der Zeit umdonnert, wirklich unbe-
        rührt!?
Bröckelt euerer stolzen Türme Stein um Stein nicht ab, daß die
        schwangeren Eselinnen endlich rasten.
Euere Früchte modern: Völker seellos und vertiert.
Herrscher dieser Welt, die euch nur euch belasten!!!

Ludwig Meidner · Johannes R. Becher

Sage mir o Bruder mein Mensch wer bist du!?
... makelloses Sterngebild am kitschigen Himmelswunsch der Ärm-
        sten oben.
Krasser Feuer-Wunde kühler Balsam-Freund.
Zaubrisch süßer Tau auf Tiger wildes Dorn-Gestrüpp.
Mildes Jerusalem fanatischer Kreuzzüge.
Nie je verlöschende Hoffnung.
Nie trügerischer Kompaß. Gottes Zeichen.
Öl bitterer Zwiebel starrer Zweifel.
Du tropische Hafenstadt ausgewanderter, der verlorenen Söhne.
Keiner dir fremd,
Ein jeder dir nah und Bruder.

Verirrte Bienenschwärme nistend in dir.
Im südlichen Zephir-Schlaf deiner Mulden rastet, verstrickt in des
        Raums labyrinthische Öde
Ekstatisch singend ein Bettler, der besitzlose Dichter, Ahasver, der
        weltfremde weltnahe melancholische Pilger.
In die Schlummerlaube und Oase deiner Füße niedertaucht der Ohne-
        frieden.
Aber an den Ural-Schläfen deines Haupts aufwärts steigt der lichtvoll
        Nimmermüde:
Deiner Reinheit Quellen
Kämpfen sich durch Fluch und Steppen.
In verrammte Zitadellen
Geußt du Würze Lamm und Frühlingshügel.
Engel sinkst du wo sich Ärmste schleppen.
Noch in Höllen wirkst du Helfer gut.
Doch den Bösen klirrt — Gericht — dein Jünglingsflügel:
Aus der Felsen Schlucht und Brodem
Reißt du glühend Frucht und Odem.
Schöpfest himmlisch Blut.

... Grimmer Moloch oder Edens Küste.
Giftgas-Speier oder Saat des Heils.
Scheusal der Hyäne oder Palmen Zone.
Christi Seiten-Wunde oder Essigschwamm.

Sage mir o mein Bruder mein Mensch: *wer* wer von den beiden bist
        du?!

Denn
Brennende Gezeit brüllt fordernd dich auf:
Entscheide dich! Antworte dir!
Rechenschaft will ich und
Die zerrissene Erde aus der gewaltigen Schleuder deines Gehirns:
        Wille Fülle und Schicksal;
Einer heiligen glückhaften Zukunft kindlicher sorgloser Schlaf be-
        frägt andämmernd schon dringend dich.

Schütte dich aus! Bekenne erkenne dich!
Erhöre dich! Werde deutlich!
Sei kühn und denke!

Mensch: du menschenabgewandter, einsamer Brodler, Sünder Zöllner
        Bruder: wer wer bist du!!

Drehe im Grabe dich! Dehne dich sehne dich!
Atme! Entscheide dich endlich! Wende dich!
Limonen-Farm oder Distel-Exil.
Auserwählte Insel oder Pfuhl der Schächer.
Ruinen-Keller. Strahl-Prophet und Flammen-Sinai.
Lokomotiven Tempo Bremse kläffend.
Mensch Mensch mein Bruder wer bist du!?

Schwefel-Gewitter stopfen ruchlos azurenen Raum.
Deiner Sehnsucht Horizont vergittert sich.
(...nieder ins Blut! Brust auf! Kopf ab! Zerrissen! Gequetscht. Im
        Rüssel der Schleusen...)
Noch noch ist's Zeit!
Zur Sammlung! Zum Aufbruch! Zum Marsch!
Zum Schritt zum Flug zum Sprung aus kananitischer Nacht!!!
Noch ist's Zeit —
Mensch Mensch Mensch stehe auf stehe auf!!!

WALTER HASENCLEVER

SCHON AUS ROTEN KASEMATTEN

Schon aus roten Kasematten
Schäumt die Meute sich hervor,
Pfeift Empörung sich wie Ratten
In der Promenaden Chor.
Schwarz im Saal des Dirigenten
Aufgeschwungner Arm zerbricht;
An den schön bemalten Wänden
Löscht das weiße Zirkuslicht.
Haß steigt auf aus grünen Dämpfen:
Dazusein und mitzukämpfen.
Nicht hindert triumphale Allüren
Ein Krüppel vor Mahagonitüren —
Am Spiegel des grenzenlosen Geschehens
Stürzt sich vorbei der Lebendigen Schein;
In wenig Jahren unendlichen Sehens
Werden wir nicht mehr vergänglich sein.
Kraft, zu wirken und zu vollenden

Im höchsten Geist, der mein Antlitz flieht!
Glück — daß wir nicht in Verzweiflung enden!
Unglück — du Marseillaisenlied!

ALFRED WOLFENSTEIN

DER GUTE KAMPF

Die Sonne kommt, ein Glutgeschoß — kommt — schwebt — zerkracht —
Sie trifft, o arme Erde, nur das Dach der Nacht,
Und über ihr die Sterne werden blauer Himmel,
Doch nieder regnet Aschengräue, Sturm und Schlacht.

Millionen Augen, rasend aufgeschlagen,
Wie Gegensonnen, spiegelnd tragen
Im Blick die Hölle! Sehet jedes Volk
Vom Kriege rot aus wüstem Sommer ragen.

Sie stemmen sich, von giftigen Strömen trunken,
Die unten diese Erde blind durchfunkeln,
Aus ihrer Länder starrem Schoß empor
Zur Menschenschlacht, und schlagen sich im Dunkeln.

O seht den Himmel seine reine Sonne zeigen,
Doch euch vorüber zur Unendlichkeit sich neigen,
Und Krieg und Endlichkeit und Tod
Für euch aus jeder Dämmrung sonnlos steigen —

Die Türen knarren bissig auf, zum Morgen
Stolpern Gestalten über Müll und Sorgen
Hinaus, — hinein in einen Haufen Stadt,
Darin liegt auch am Tage Nacht verborgen.

In ihren Taschen klimperts alt und kalt,
Darin liegt Eisen eng mit Gold verkrallt,
Der Schlüssel harte Bärte träumen
Vom Schoß der Türen, Reichtum und Gewalt.

Wohin sie treten, hungertoll nach ihresgleichen,
Entzünden Fenster sich statt Sonne, heulend schleichen
Büro und Magazin im Kannibalentanz
Um Kassenfunkeln, Arbeitsroste, Bücherbleichen.

In ihren Kleidern, die von Lüge steinschwer sinken,
Warten Dolche starr wie Hunde auf ein Winken,
Und ihre Augen sind gleich Messern in der Stirn,
Die plötzlich krumm ins Blut des Nächsten blinken.

Sie treten dick aus ihrem Park, und bald
Umwächst sie ihrer Sklaven größrer Wald,
Aus Kellern galoppieren Herden Kinder
Und machen zwischen Schloten hager Halt.

Da gottlos übertönen sich die Glocken.
Auf zinsdurchzuckten Riesenschultern hocken
Die Häuser schwankend, tückisch treibt und stößt
Einander ihr berechnet Bocken.

Auf Schienen wie Begierde schnell und glatt
Springt mit den Schädeln der Bahnhöfe Stadt in Stadt,
Der Grenzen langgekrümmte Hörner zacken
Land gegen Land, mit Spitzen niemals satt.

O wie die Welt sich weit verfolgt — Dann wieder
Zieht klein zusammen ihre Glieder
Des Tages Haßharmonika und irgendwo
Schlägt eine Tür nur einen Bettler nieder,

Wird nur ein Mädchen in des Prinzipals Kabinett
An seinen Schoß gefesselt wie ein Brett,
Und schleichen Schüler, wild vom Grün des Klassenfensters,
Wie Zerrbilder der Freiheit aufs Klosett.

O dennoch Sonne, — die du schwarz und kalt
Hinweg schwebst über die Erde, o Gestalt
Des Herzens: Sonne! deinen Weg durchfliegen
Wie singende Adler Klänge mit Geistergewalt —:

Herbei ihr alle, die der Seele dienen,
Aus tönendem Haupt der Kunst, aus bewegenden Mienen
Im Werk die arme Welt vollkommener baun
Im Schwung des Worts, im Schwarm der Violinen —

Und die voll Sorgen in den Kohlengrüften,
An fremdem Baugerüst in schwindelnden Lüften
Arbeiten nackt in Armut, Gift und Dampf —
Zu andrem Kampf! zu andrem Kampf hebt Haupt und Hüften!

Ihr Freunde, wohnend *überall*!
Ihr Schaffenden, quer durch den hohen Schwall,
Durch Sümpfe Geld, durch Abgrund Krieg, durch Wüste Gleichmut,
Quer durch der Länder falsch zerteilten Ball

Erscheint! Und kämet ihr aus Schlamm gekrochen,
Wie aus dem Himmel kommt hervor gebrochen!
Strahlt nieder auf der Bösen krummes Heer,
Das anschwillt wie vom Tod gestochen —

Dumpfhell zusammendonnernder Tumult —
Da suchen sich die Gegner, Haß und Huld,
Pfeilregen klirrt, ins Schwarze trifft
Lichtrüstung aus dem klingenden Katapult.

Das Rotgesicht der Roheit tauchen
Die Träume in ihr weißes Meer und hauchen
Geldpanzer sprengend an mit Engelsglut,
An ihrem Atem stirbt der Habgier Fauchen.

Aus Kerkern wirft ein Haupt, wie Freiheit blau,
Der Rufe Feuer in Tyrannenbau.
Des Lächelns allen Leib durchflatternde Fahne
Schwingt über Schwebenden der Liebe Frau.

Auf Steinschädel der Reichen, Liebefernen,
Die rings des Zufalls kalte Mietskasernen
Baun, niedersaust der Jünglinge Gelenk
Mit hoch um ihre Hand geschwungnen Sternen.

Und rastlos singt der Mütter Mund Alarm
Mit Kinderliedern frisch und wühlend warm,
Der Mütter Arm fällt unzerbrechlich
Den blutbegossnen Schlächtern in den Arm.

Ihr Freundesfreunde — Blumen und Tiere laden
Sich ein zu eurem Heer, elektrischer Faden
Zieht hilfsbereit zuckend durchs All —
Kameraden der Erde! Gottes Kameraden!

Ihr Feindesfreunde — eure Hand ist Streich
Und ist auch Gruß, wie eines Schöpfers weich!
Im Kampf gestaltend euren Feind —! Die linke
Faßt an das eigne Herz und formt's zugleich.

O Zarte, fiebernd auch um kleinste Dinge,
In Geist Versogne, schlank wie Schmetterlinge,
Doch löwenwuchtig durch den tiefsten Wald
Der Leiden schweifend, der euch voll durchdringe —

O Schöne, steigend aus des Herzens Meer
Auf Muschelschimmern, — watend kreuz und quer
Durch Kot und Wut und Trübsal — reiner
Auf immer neue Erde tretend her —

O Klare, die ihr Ätherhaupt durchschauen,
Doch tief erschauernd vor der Gottheit Blauen
Niedersinken, — und auf Knien doch
Dem starken, nie gesunknen Haupt vertrauen —:

Den guten Ansturm führen sie!
Und Finsternis wird fliehn. Denn die noch nie
Gewesen ist: die Menschensonne runden
Sie an den Himmel, ihrem Geist entbunden!

JOHANNES R. BECHER

EWIG IM AUFRUHR

Ewig im Aufruhr
Wider die Feste
Wütendster Würger,
Der Schlächter des Lamms.
Reißet zerreißet
Gewaltsame Böen,
Finsternisse,
Den Wucherer-Turm!
Die Tyrannen
Zerplatzten auf Thronen.
Hah es zerschmolz
Wahn-Gewölk schon der Nacht.
Sehet auch schrumpfen
Die Kannibalen der Erben.
Nicht mehr den Reichen nur
Schenkt sich die Welt.

Wälder umzwitschern
Den Mittag der Guten.
Die Gerechten
Ruhen in Gott.
Arg in den Bergen
Zerschellen die Sünder.
Sklaven, steigt auf
Aus giftiger Schlucht.
Sterne grünen
Die toten Propheten,
Gekreuzigt einst
Von den Schergen des Baal.
Unten im Lava-Trichter
Die Heuchler,
Der Brüder Verräter:
Gespenstischer Traum.

Selig ihr Armen,
Zersprengt und erblindet!
Denn der Unschuldige
Lebt ohne Besitz.

Nur der Böse
Vergräbt sich in Erde,
Hängend grundlos
Im qualvollen Sund.
Über Gezeiten aus Moder
Sich spannen...!
In Gefängnisse
Quelle des Baums...!
Euere verschütteten
Höfe erwachen!
Aufgefegt
Im panischen Sturm.

Immer noch strotzen
Die Plätze von Henkern.
Messergegürtet.
Gewehre im Arm.
Ihre Kolben zerstampfen
Die Psalter.
Bomben-Gewitter
Ruchlos im Raum.
Aber bald endet solch Werk sich:
Da stürzen
— Fieber brüllen
Im Ölbauch der Tanks —
Sich verreckend
Die Mörder aufs Pflaster.
Fahnen hissen sich
Heilig in Rot.

RUDOLF LEONHARD

PROLOG ZU JEDER KOMMENDEN REVOLUTION

Ausatmeten die Sümpfe ihren Frieden.
Wieder ersteht der Menschheit Feind: die Zeit.
Die Städte dunsten, Länder schwellen breit.
Zuckte der Strahl zurück in Wolken? Noch ist nichts geschieden.

Noch glotzen starr die Ebenen hienieden,
gewittrig schon, zum Absturz und zum Aufstieg schon bereit.
Gefährlich wittert Leid aus der Geschäftigkeit.
Tod ward erlebt! Ihr fühlt das Blut schon sieden,
so lebt, und wißt, daß bald aufwärts die Flamme speit.

Entschwamm der ölige Lobestrom plärrender bärtiger Barden:
die Tore klaffen des entfesselten Verstandes,

der nackte Jüngling dringt, der Kaiser unsres Morgenlandes,
und schwingt die rote Fahne mit dem Leoparden.
Sie schäumt im Schwall gebogen über Grenzen des Verstandes.
Wir werden mehr, wir stehn vor Bataillonen,
auf Carmens Hochzeit, hört, beginnen wir, entlohnen
mit dem aufzackenden Dröhnen unsres Brandes.
Die Toten stürzen in die Hügelkammern ein.
Fallt in die Knie, Entgeisterte, wir lachen,
kaltblütig Gläubige wir, und werden Euch verschonen,
wir Skeptiker, die stumm zur Glut erwachen.
Denn wir sind da! in Chören, Keilen, Scharen, Reihn
ins helle Land hindringend, das wir heller überschrein:

Der erste Chor
springt aus den Häusern der Geduckten vor
in den Wind, der über die Stirnen strich,
und besinnt sich:
Seht, meine Füße gehn, wohin ich will.
Ich biege mich, ich kniee kindlich auf die Erde hin.
Da ich es weiß: wie schnell erlöst ich bin!
Da ich es weiß und bin, werde ich still.
Ich bin ein Mensch, zum Menschlichen bereit,
ich kann die Finger überall bewegen,
nur leibgebunden: kann über die bluterfüllte Schläfe streichen.
Vorbei. Das Unerfüllte. Luft und Menschheit noch. Vorbei.
Ich steh in Menschheit. Bin zur Freiheit frei,
Freiheit!
Eine andre Gruppe erhob zu ihrem Gang
groß den alten Gesang:
Ich kenne Dich nicht.
Aber, Bruder, Du gehst im gleichen Licht!
Ich kann die Hand an Deine Hüfte, Schwester, legen,
meine Hand kann jede Hand erreichen.
Gehn wir, schneller, in wechselndem Tritt:
alle gehn mit Menschenschritt!
Wir wissen, daß wir uns nicht gleichen,
aber wir atmen einen Wind.
Da wir alle auf der Erde sind
und mit Menschenlippen uns bestellen,
gleich und ungleich zu gesellen!
Keiner ist dem andern gleich,
aber jeder um den andern reich,
jedes Du wie ich sagt «Ich».
Ausgezeichnete, in Demut fürchterlich,
Einzelne, sind wir in Menschheit gleich:
Gleichheit!
Aber die dritten Scharen begannen vor Glück zu weinen:
Freunde! die wir in Menschengestalt erscheinen;
die wir alle zu leben wagen,

alle tragen Menschengeschick —
helfen wir uns, das Leben zu ertragen!
Freunde, drängen wir Blick in Blick:
gegen den Hasser, gegen die Toten, gegen den Feind,
seht, es geht doch, Leib an Leib vereint!
Alle im Gefühl der Menschenhaut
leuchtend über dunkle Erde weit
eine Menschenphalanx aufgebaut:
Brüderlichkeit!
Wahrt Euch! Ihr habt nicht Zeit, Euch zu besinnen:
Gestern geschah es, daß ein Mädchen aus dem Wagen sprang
und mir die nackten Arme um die Schultern schlang.
Die Welt lag nackt, die Lüfte dröhnten fort.
Wir hielten uns. Wir hielten uns bereit,
wir wußten, viele sind bereit, die Zeiten
hinter den unerfüllten Jammer dieser zu bereiten!
Uns sang das Blut. Wir strebten, ein Akkord.
Dein Mund, Dein Scheitel, — daß die Flamme aufwärts speit!
Wir stöhnten, wie die Menschheit in uns schreit,
jubelten: Menschheit! Liebe! und das Donnerwort:
Gerechtigkeit!

JOHANNES R. BECHER

EROICA

Aber tief tief auch in meiner Wüste Gobi brennendem Dorn-Gestrüpp,
Atemlosen mexikanischen Taxus-Hecken
Meiner zerklüfteten Ufer, Kretas Labyrinth und Insel-Exil,
Meiner immer noch unendlichen Alpen-Hänge
Lagertet
Wild wie mild ineinandergefügt
Reihenweise
— Bis ins letzte Glied der Welten züngelnd,
Körperkrampf und dionysische Orgie —
Ihr Hellas athletische Knaben.
Hymnische Hirten (Olymp euere Brust) glänzend und enghüftig;
Im erzmaschigen Panzerhemd — Päan-Gewitter — kampfsüchtig.
Durch der Zonen Winter-Dürre, brüchige Kadaver-Poren fieberte ihr
          heiliger Regen.
Malaien-Lippen-Küsten sogen wühlend dich inbrünstig an meinen
          innersten Raubtier-Gehegen.
Jäh aus Riesen-Phallus schoß Lava-Samen kataraktisch in mein Blut.
Wange: Distel und entwässert
Grünte weich, betaut vom Schnee des Flaums.

Brüllte ich
Visionenschwangerer Stier,
Mit einem Bauch prall von der Bespringung eines Dämon aufge-
trieben—
Zerstörerischen Blitz schleudernd gegen die triste Endlichkeit euerer
alltäglichen Landschaft—
Gefräßig würgend Frucht Saat Baum und an der elegischen Quelle
den unschuldigen Leib eines Gotts...
Riß ich, zerstampfte und malmte und boxte—
Sintflut und unbarmherziger Wüterich—
Barbarischer Eroberer ausschreitend über die verseuchten Gründe und
unfruchtbaren Äcker euerer armseligen Erde—
Kroch ich schnaubend herauf durch die Lorbeerhaine und Limonen-
wälder der antiken Epochen
Zwischen Latschen-Wildnis und Gießbach hindurch
Heran die trostlosen, die spärlich mit den Blausternen des Enzians
durchsetzten, beizenden Geröll-Felder
Empor zum erlösenden Schoß-Trichter des Ätna—
Empedokles fiebernd vor tödlichem Lava-Sprung—
Geätzt von Schweiß und den dicken Wut-Brei ohnmächtiger Empö-
rung ums zerbissene Maul—
Mich verzweifelt aufbäumend hilflos brutal und zu einem letzten
Mal gegen den frechen Ausschlag der Sonne—

Immer wieder meiner Tierheit Härte
In Asphodelen-Milde verzauberte sich.
Immer wieder meines Wahnsinns Schwerter
Mit seraphischem Kindheit-Lächeln belaubten sich.
Immer wieder niederbog mich, wehrlos und gebändigt,
In des Lichtes letzten Rest,
Auf den kargen Schlaf der Herden
: Würze euerer Flöten-Frucht o Knaben;

Meiner Hufe Mord und Höllen-Taifun stillte Wunder-Öl himmli-
scher Tauben
Und Geschmack des bitteren Mittags löste sich in Leichen-Rachen.
Schlimmen Schlund kühlten süß Zitronen und Kristall-Gewässer.
... Würze euerer Flöten-Frucht o Knaben.
Eingespannt in sengenden Schicksals-Joch der Welt. Gepeinigt.
Meiner Wildheit Falte löschte. Meine Sphäre zeitlos und gereinigt.
Und aus Pforten verschütteter Augen bricht
Lange gedämmt
Magischer Glanz zurück in die Schluchten der Räume.
Und vom Bug meiner Lippen aus, verfluchten einst, spricht
Der Gott den Segen über das verworrene Netz meiner uferlosen ur-
sündlichen Träume

: Worte unaufhaltsam,
Nicht mehr zu tilgen aus den Reihen der Nächsten.

Unerschütterlich Zentrum. Der heiligen Engel
Gerechtes Erbteil und einzig sicherer Besitz.

*

Einst werden Männer über der Erde sein
Ausfüllend ihre Fernen und Breiten.
Durch der Gewölke Triangel stößt
Ihr Haupt in der Himmel innerste Schlucht.
Der Herrlichen Pfad befiederten Schwäne,
Fische frohlockend um Kurven des Nackens.
Mütter-Oboen zerzwitschern dich Tod.
Wimpern gebieten euch schlaflosen Sonnen.
Ewiges Frühjahr säen Poren der Hand.
Männer regenbogengegürtet. Männer
Östlichen Glut-Balls Säule im Sturz.
Männer der Jagd um die Mitte der Erde.
Nackt und verkohlt hinter heiligem Pflug.
Um ihre Hütten rauschen die Büffel.
Tänzerinnen schwebend neben dem Mahl.
Männer des Strahls. Berg Sesam der Schwachen.
Männer Beschließer des höllischen Tags.
Unter Ohnmächtigen, im Blut-Bad der Schlachten
Kindliche Spender himmlischen Trosts.
Männer der Rache! Dolch in Tyrannen,
. . . Zwischen Messern blüht ihre Brust.
Doch um den Scheitel schrumpft schon der Schatten.
An allen Mauern stehn die Erschossenen auf.

*

Heroische Aufbrüche! Himmelfahrten! Tragische Untergänge! Und
        elektrische Spiralen-Sprünge kreuzweis durchs schweflichte
        Chaos.
Zyklopen! Turm-Bauer! Werktätige! Mit trillernden Gletscher-Böen
        über südlichem Laub-Haar.
Aus eueres Herzens Mitte stob zischend der glühende Quader des
        Styx.
Im weißglühenden Brennpunkt euerer politischen Rede zermalmt sich
        endgültig das stinkende Ungeheuer der Fäulnis.
Unwiderstehlichstes Sperrfeuer aber zög euer Atem voraus geheilig-
        ter Front.
Am Abzug steht ihr wunderbarer Geschütze.
Und die Bestie im Tyrannen erwartet zitternd das wüste Abenteuer
        ihrer letzten Nacht.
Denn der Dolch, der Dolch in eueren Fäusten wuchs wuchs wuchs
        unendlich.

KLÄNGE AUS UTOPIA

Sie dringen langsam schon heran, bald gleiten
Sie milde Stöße auf und ab im Blut.
Die Adern tönen, Netz gespannter Saiten.
Moorsee der Cellos zwischen Bergen ruht.

Darob die Inseln der Gestirne hängen.
Verweste Tiere blühn in Wäldern auf.
Es steigen Prozessionen nieder in Gesängen.
Der Fluß beleuchtet seinen schwarzen Lauf.

O Mutterstadt im freien Morgenraum!
Es flügeln Fenster an den Häuserfronten.
Aus jedem Platz erwächst ein Brunnenbaum.
Veranden segeln mondbeflaggte Gondeln.

Sie künden Männer an, elastisch schwingen
Die durch der Straßen ewig blaue Schlucht.
Ja —: Frauen schreitende! Mit Palmenfingern.
Geöffnet weit wie Kelche süßester Frucht.

Und Freunde strahlen an dem Tor zusammen.
Wie hymnisch schallt purpurner Lippen Braus.
Nicht Söhne mehr, die ihre Väter rammen.
Umarmte ziehen, Sonnen, sie nach Haus.

Zu weichestem Park verschmölzen die Gefilde.
Die Ärmsten schweben buntere Falter dort.
Goldhimmel sickert durch der Wolken Filter
Den Völkern zu. — Lang dröhnender Akkord.

KURT HEYNICKE

VOLK

Mein Volk,
blüh ewig, Volk.

Strom, ausgespannt von Mitternacht zu Mitternacht,
Strom, groß und tief von Meer zu Meer,
aus deiner Tiefe stürzen Quellen,
urewig speisend dich,
das Volk.

Mein Volk,
blüh ewig, Volk.
Du träumst dir Zukunft an die Brust.
Einst wird kein Tag mehr deinen Traum zerschlagen,
Die Berge deiner Seele werden in den Himmel ragen
und uns erheben,
uns,
das Volk.
Ich bin ein Baum im Walde Volk.
Und meine Blätter speist die Sonne.
Doch meine Wurzeln schlafen ihren Schlaf der Kraft
in dir,
mein Volk.

Mein Volk,
einst werden alle Dinge knien
vor dir.
Denn deine Seele wird entfliegen
hoch über Schlote, Städte in dein eigenes Herz.
Und du wirst blühn,
mein Volk.

Mein Volk.
In dir.

ELSE LASKER-SCHÜLER

MEIN VOLK
(Meinem geliebten Sohn Paul)

Der Fels wird morsch,
Dem ich entspringe
Und meine Gotteslieder singe ...
Jäh stürz ich vom Weg
Und riesele ganz in mir
Fernab, allein über Klagegestein
Dem Meer zu.

Hab mich so abgeströmt
Von meines Blutes
Mostvergorenheit.
Und immer, immer noch der Widerhall
In mir,
Wenn schauerlich gen Ost
Das morsche Felsgebein,
Mein Volk,
Zu Gott schreit.

Noemi

I

Ich trage so schwer an der Schicksalserbschaft
Meiner Bibelmütter,
Meiner Prophetinnen,
Meiner Königinnen.

Es rauschen so mächtig aus dunklen Jahrhunderten
Die Gottesjahre,
Die Tempeljahre,
Die Ghettojahre.

Es singen so wirr in meiner geborstenen Seele
Die Jahrzeitenfeste,
Die Himmelsfeste,
Die Totenfeste.

Es schreien so tief in meinem tollen Blut
Die Patriarchen,
Die Helden,
Die Söhne!
Hör, Israel, Adonoi war dein Gott, Adonoi war einzig!

II

Ich bin die Tochter des Frühlingsvolks!
Andacht und Opfer vergeudend,
Riß ich die Erde in meinen Wirbel.
Mein Gebet war das menschliche Echo
Der Asphodelengesänge
Und Ölbaumsymphonien.
Mein Himmel war wolkig erbaut
Über den weiß erblühten Gebirgen,
Und die goldenen Sternenzeichen
Tief in dunklen Seen nachgebildet.
Jeder Mann trug stolz sein Zedernhaupt.
Jeder Jüngling eine wandelnde Akazie,
Israel so fromm wie ein Frühlingshügel!
Salben und Öle dufteten um seine Glieder,
Und in seinen großen Augen
Lächelte Gott.
Opfer war die Sprache der Patriarchen,
Und die Engel die Antwort des Himmels.
Jede Mädchenklage wie ein Taubenpaar,
Jede Frauenbitte blondes Lämmchen,
Und des Kriegers unwirsch Kampfgelübde

Rauchte dumpf im Blute der Stiere auf.
Und die Tänze im süßen Weinberg,
Zimbeljubelnd kränzten sie das Jahr.

III

Ich bin die Tochter des Talmudvolks!
O Tempel, in dem die Kupferleuchter
Wie Bäume ihre Siebenzweige entfalteten,
Wo statt der Märchensterne
Ewige Ampeln die mystische Nacht
Beunruhigten.
In goldenen Bechern hielt man Gott gefangen.
Brokat und Purpur ziemte seinen Priestern.
In Porphyrarkaden versargt
Lag der sterbende Himmel.
Als Israel von seinen Hügeln gestiegen,
Zerschlug es sich an Felsenschluchten
Sein grauendes Lockenhaupt,
Zerrieb an Fliesen seine verflachten Knie.
Die Sonne hing verkohlt und schwarz in der Straße,
Ein Lämpchen nur bestrahlte das Tempelvolk.
O Israel, verwitterndes Gebirg,
Alternder Gletscher,
In Schrift und Zeichnung und Kabbala
Erörtertest du kalt
Den Prozeß des Himmels.
Aber versteint war deine Seele,
Vereist dein Herz!

IV

Ich bin die Tochter des Ghettovolks!
Der schnarrenden und schnorrenden Rabbis,
Der Waisenkinder und Totengräber.
In dumpfen Kellern, triefenden Gewölben,
In spanischen Türmen, rumänischen Höhlen
Hab ich geschmachtet.
Wo ist Elohim,
O ihr Kodoschim?
Oi, oi, oi,
Und wo ist Adonoi?
Am morschen Altar schüttelt ihr die Palmen,
Mit faulen Zähnen kräht ihr Klagepsalmen.
Mit Litaneien und Schreien
Wollt ihr Gott befreien,
In klebrigen Kaftanen
Imitiert ihr die Geste der Ahnen,
Beim blutigen Pogrom, in der Kerkerkette,

Im Mordviertel der Zyklopenstädte
Nennt ihr euch Erben
Und wollt nicht sterben!
O Volk der duftenden Schwestern und denkenden Brüder,
Auferstehe, mein Volk, und lasse die Lieder
Und lasse den Gott der Schriften und Klagen
Begraben!
Hör, Israel!

V

Höre!
Du hast einen Geist,
Du hast einen Geist, mit Blut und Gott gespeist,
Du hast einen Geist, in allen Feuern der Schöpfung rein geschweißt,
Du hast einen Geist, auf allen Meeren und Landstraßen weitgereist,
Du hast einen Geist, von allen Philosophien, Poesien, Geometrien,
        Industrien der Menschheit umkreist,
Du hast den einen, einzigen, ewigen Geist.

Hör, Israel!

Dein Geist erleuchte die fünf Kontinente,
Dein Geist bemeistre die vier Elemente,
Dein Geist erobre die drei Reiche,
Dein Geist befreie die zwei Menschen,
Dein einer Geist!

Hör, Israel!

Mit deinem Geiste wirst du alle Tode der Welt verlebendigen:
Dein Geist ist die Pforte zum Eden,
Dein Geist ist die Flucht nach Nirwana,
Dein Geist ist die Barke gen Elysium!
Dein Geist! Deine Erkenntnis! Dein Alleswissen!

Hör, Israel!

Dein Geist ist die glänzende Neugeburt,
Dein Geist ist der alte Gott,
Zum Sohne der Menschheit verjüngt.
Dein Geist ist das Leben!
Hör, Israel, dein Geist ist dein Gott, dein Geist ist einzig!

VI

Zu Neumond will ich auferstehen!
Die schwarzblauen Flechten salben mit dem Öl der Nuß
Und den Geliebten empfangen mit sternklarem Kuß.

Zu Neumond will ich wandern gehen!
Und über den Himmel das Glück meiner Liebe verkünden,
Und auf der Erde den Sieg meiner Liebe gründen.

Zu Neumond will ich tanzen gehen.
Die Menschen aus ihrem Traume wecken,
Über den Städten das neue Licht anstecken.

Zu Neumond will ich auferstehen!
Den hohen Geist wie Phönix aus der Asche heben,
Dem alten Glauben den Namen Erkenntnis geben.

LUDWIG RUBINER

DER MENSCH

Im heißen Rotsommer, über dem staubschäumenden Drehen der
    rollenden Erde, unter hockenden Bauern, stumpfen Soldaten, beim
    rasselnden Drängen der runden Städte
Sprang der Mensch in die Höh.
O schwebende Säule, helle Säulen der Beine und Arme, feste strah-
    lende Säule des Leibs, leuchtende Kugel des Kopfes!

Er schwebte still, sein Atemzug bestrahlte die treibende Erde.
Aus seinem runden Auge ging die Sonne heraus und herein. Er schloß
    die gebogenen Lider, der Mond zog auf und unter. Der leise
    Schwung seiner Hände warf wie eine blitzende Peitschenschnur
    den Kreis der Sterne.
Um die kleine Erde floß der Lärm so still wie die Nässe von Veilchen-
    bünden unter der Glasglocke.

Die törichte Erde zitterte in ihrem blinden Lauf.

Der Mensch lächelte wie feurige gläserne Höhlen durch die Welt,
Der Himmel schoß in Kometenstreif durch ihn, Mensch, feurig durch-
    scheinender!
In ihm siedete auf und nieder das Denken, glühende Kugeln.
Das Denken floß in brennendem Schaum um ihn,
Das lohende Denken zuckte durch ihn,
Schimmernder Puls des Himmels, Mensch!
O Blut Gottes, flammendes getriebnes Riesenmeer im hellen Kristall.
Mensch, blankes Rohr: Weltkugeln, brennende Riesenaugen schwim-
    men wie kleine hitzende Spiegel durch ihn,
Mensch, seine Öffnungen sind schlürfende Münder, er schluckt und
    speit die blauen, herüberschlagenden Wellen des heißen Himmels.

Der Mensch liegt auf dem strahlenden Boden des Himmels,
Sein Atemzug stößt die Erde sanft wie eine kleine Glaskugel auf dem
schimmernden Springbrunnen.
O weiß scheinende Säulen, durch die das Denken im Blutfunkeln auf
und nieder rinnt.

Er hebt die lichten Säulen des Leibs: er wirft um sich wildes Aus-
schwirren von runden Horizonten hell wie die Kreise von Schnee-
flocken!
Blitzende Dreiecke schießen aus seinem Kopf um die Sterne des
Himmels,
Er schleudert die mächtigen verschlungenen göttlichen Kurven um-
her in der Welt, sie kehren zu ihm zurück, wie dem dunklen Krie-
ger, der den Bumerang schnellt.

In fliegenden Leuchtnetzen aufglühend und löschend wie Pulsschlag
schwebt der Mensch,
Er löscht und zündet, wenn das Denken durch ihn rinnt,
Er wiegt auf seinen strahlenden Leib den Schwung, der wiederkehrt.

Er dreht den flammenden Kopf und malt um sich die abgesandten,
die sinkend hinglühenden Linien auf schwarze Nacht:
Kugeln dunstleuchtend brechen gekrümmt auf wie Blumenblätter,
zackige Ebenen im Feuerschein rollen zu schrägen Kegeln schim-
mernd ein, spitze Pyramidennadeln steigen aus gelben Funken wie
Sonnenlichter.

Der Mensch in Strahlenglorie hebt aus der Nacht seine Fackelglieder
und gießt seine Hände weiß über die Erde aus,
Die hellen Zahlen, o sprühende Streifen wie geschmolznes Metall.

Aber wenn es die heiße Erde beströmt (sie wölbt sich gebäumt),
Schwirrt es nicht später zurück? dünn und verstreut hinauf, beschwert
mit Erdraum:

Tiergeblöke. Duft von den grünen Bäumen, bunt auftanzender
Blumenstaub, Sonnenfarben im Regenfall. Lange Töne Musik.

KURT HEYNICKE

MENSCH

Ich bin über den Wäldern,
grün und leuchtend,
hoch über allen,
ich, der Mensch.

Ich bin Kreis im All,
blühend Bewegung,
getragenes Tragen.
Ich bin Sonne unter den Kreisenden,
ich, der Mensch,
ich fühle mich tief,
nahe dem hohen All-Kreisenden,
ich, sein Gedanke.
Mein Haupt ist sternbelaubt,
silbern mein Antlitz,
ich leuchte,
ich,
wie Er,
das All;
das All,
wie ich!

FRANZ WERFEL

DER GUTE MENSCH

Sein ist die Kraft, das Regiment der Sterne,
Er hält die Welt, wie eine Nuß in Fäusten,
Unsterblich schlingt sich Lachen um sein Antlitz,
Krieg ist sein Wesen und Triumph sein Schritt.

Und wo er ist und seine Hände breitet,
Und wo sein Ruf tyrannisch niederdonnert,
Zerbricht das Ungerechte aller Schöpfung,
Und alle Dinge werden Gott und eins.

Unüberwindlich sind des Guten Tränen,
Baustoff der Welt und Wasser der Gebilde.
Wo seine guten Tränen niedersinken,
Verzehrt sich jede Form und kommt zu sich.

Gar keine Wut ist seiner zu vergleichen.
Er steht im Scheiterhaufen seines Lebens,
Und ihm zu Füßen ringelt sich verloren
Der Teufel, ein zertretner Feuerwurm.

Und fährt er hin, dann bleiben ihm zur Seite,
Zwei Engel, die das Haupt in Sphären tauchen,
Und brüllen jubelnd unter Gold und Feuer,
Und schlagen donnernd ihre Schilde an.

LIEBE DEN MENSCHEN

FRANZ WERFEL

An den Leser

Mein einziger Wunsch ist, dir, o Mensch verwandt zu sein!
Bist du Neger, Akrobat, oder ruhst du noch in tiefer Mutterhut,
Klingt dein Mädchenlied über den Hof, lenkst du dein Floß im
      Abendschein,
Bist du Soldat, oder Aviatiker voll Ausdauer und Mut.

Trugst du als Kind auch ein Gewehr in grüner Armschlinge?
Wenn es losging, entflog ein angebundener Stöpsel dem Lauf.
Mein Mensch, wenn ich Erinnerung singe,
Sei nicht hart, und löse dich mit mir in Tränen auf!

Denn ich habe alle Schicksale durchgemacht. Ich weiß
Das Gefühl von einsamen Harfenistinnen in Kurkapellen,
Das Gefühl von schüchternen Gouvernanten im fremden Familien-
      kreis,
Das Gefühl von Debutanten, die sich zitternd vor den Souffleurkasten
      stellen.

Ich lebte im Walde, hatte ein Bahnhofsamt,
Saß gebeugt über Kassabücher, und bediente ungeduldige Gäste.
Als Heizer stand ich vor Kesseln, das Antlitz grell überflammt,
Und als Kuli aß ich Abfall und Küchenreste.

So gehöre ich dir und Allen!
Wolle mir, bitte, nicht widerstehn!
O, könnte es einmal geschehn,
Daß wir uns, Bruder, in die Arme fallen!

WILHELM KLEMM

Einleitung

Was sich ausdehnt in der schmalen Sekunde,
Was auftaucht im gleichgültigen Licht
Und im Schatten unverständlich versinkt,
Was wandert und sich dauernd verändert,

Die Wiederkehr und das Abschiednehmen,
Das Neue und die Wiederholung,
Das Begreifen einzelner Formen und das Vergessen;
All das, was beschlossen ist zwischen Anfang und Ende,

Die Erregungen und die Beruhigungen,
Die Sehnsüchte und ihre Erfüllungen,
Was uns Endliches als Welt entgegenströmt:
Will ich fassen in sterbliche Worte.

Damit ich lesend doppelt weiß, daß ich lebe.
Damit du es lesen kannst, Bruder, Mensch,
Damit auch du fühlst: Ja, so ist es, so bin ich auch!
Denn wir sind alle doch nur ein einziges Gewächs!

PAUL ZECH

AN MEINEN SOHN
1914

Der schöne Sommer, der durch deinen Reifen sprang,
die blaue Dampferfahrt und waldiger Abendgang:
sind ausgeblasen wie ein Altar-Licht, mein Sohn.

Dein Mund, der schwer bewölkt in Fragen hängt,
dein Auge, das ein Meer von Qual nach außen drängt:
ich finde nicht mehr dein Gesicht, mein Sohn.

Daß sich im Räderspiel unschuldiger Kinderwelt
ein Sturm hineinhakt, der die Zeiger rückwärts schnellt:
dem Sturm bin ich im Feld steil aufgestellt, mein Sohn.

Mein Arm, von Mühsal ausgerenkt, von Sorgen abgezehrt,
muß sich nun straffen für Gewehr und Schwert,
daß niemand mordet, was uns bindet, was uns hält, mein Sohn.

Daß helle Zeit noch immer die ergrimmte Kriegslust liebt,
nicht seliges Verbrüdern liebt und diese Liebe weitergibt:
wo wird mir diese Schuld verziehn, mein Sohn?

Im blutigsten Gefecht noch hör ich Flügel über mir;
die heben mich schlafwandelnd fort von hier
wie Bäume, die vor rasenden Laternen fliehn, mein Sohn.

Doch wenn mich die, die ich verließ, in Gräbern meint,
und sich durch Witwennacht und Waisenfremdheit weint:
wachs wipfelbreit ins Blau! Brich Sternenbahn, mein Sohn!

Denn Du bist vorbestimmt; bist letzter Strich im Plan;
da ist kein Tor, wo wir uns nicht im Traum schon sahn,
den Weg zu runder Einheit sahn, mein Sohn.

Bist vorbestimmt, fünftausend Jahre schon: zu sein,
der, dessen Namen ich hineinbeiß' in den Stein,
wenn mich die Häscher treffen Stich für Stich, mein Sohn.

Ja, dann wird Sterben mir erst zum durchfühlten Wort.
Mein Tod löscht Feind und bunte Ländergrenzen fort,
und alles Leben kennt nur «Welt» und «Bruder» —: Dich, mein
    Sohn!

FRANZ WERFEL

VATER UND SOHN

Wie wir einst im grenzenlosen Lieben
Späße der Unendlichkeit getrieben
Zu der Seligen Lust —
Uranos erschloß des Busens Bläue,
Und vereint in lustiger Kindertreue
Schaukelten wir da durch seine Brust.

Aber weh! Der Äther ging verloren,
Welt erbraust und Körper ward geboren,
Nun sind wir entzweit.
Düster von erbosten Mittagsmählern
Treffen sich die Blicke stählern,
Feindlich und bereit.

Und in seinem schwarzen Mantelschwunge
Trägt der Alte wie der Junge
Eisen hassenswert.
Die sie reden, Worte, sind von kalter
Feindschaft der geschiedenen Lebensalter,
Fahl und aufgezehrt.

Und der Sohn harrt, daß der Alte sterbe
Und der Greis verhöhnt mich jauchzend: Erbe!
Daß der Orkus widerhallt.
Und schon klirrt in unseren wilden Händen
Jener Waffen — kaum noch abzuwenden —
Höllische Gewalt.

Doch auch uns sind Abende beschieden
An des Tisches hauserhabenem Frieden,
Wo das Wirre schweigt,
Wo wir's nicht verwehren trauten Mutes,
Daß, gedrängt von Wallung gleichen Blutes,
Träne auf- und niedersteigt.

Wie wir einst in grenzenlosem Lieben
Späße der Unendlichkeit getrieben,
Ahnen wir im Traum.
Und die leichte Hand zuckt nach der greisen
Und in einer wunderbaren, leisen
Rührung stürzt der Raum.

WALTER HASENCLEVER

DIE TODESANZEIGE

Als ich erwachte heut morgen aus dumpf bekümmertem Traum,
Schwebte ein leiser Engel im Dunkel durch meinen Raum.
Ich las einer Mutter Wort, wo die Todesberichte sind:
«Mein irregeleitetes, desto inniger geliebtes Kind.»
Da neigte zu meinem Bette sich viele Trauer hin:
Ich weiß, daß ich auch verirrt, das Kind einer Mutter bin.
Da sah ich den Scheitel des Andern, der hilflos ins Elend sank.
Ich sah ihn verliebt, betrunken, von schrecklichem Aussatz krank.
Ist er nicht auch gestanden in Nacht und Vorstadt allein,
Hat aus heißen Augen geweint in den Fluß hinein?
Ist oft durch Gassen geschlichen, wo Rotes und Grünes glüht,
Fröhlich am Abend gezogen, gestorben am Morgen müd.
Mußte in Häusern essen mit Menschen, feindlich und fremd,
Schlafen in kalten Gemächern, frierend, ohne Hemd —
Die Mutter hat ihm geholfen mit Wäsche und etwas Geld;
Alles ist gut geworden. Sie hat ihn geliebt auf der Welt.
Mein Bruder unter den Sternen! Ich hab deine Armut erkannt.
Begnadet hast du dich zu mir in dieser Stunde gewandt.
Nun strömt dein lächelnder Atem nicht mehr in Gold und Polar,
Nicht mehr im Sturm der Gewitter entzündet sich kindlich dein
                Haar;
Sieh — in der Todesstunde deiner Mutter ewiges Wort;
Es trägt auf silbernen Flügeln dich aus der Vergessenheit fort.
Eh' ich nun öffne die Läden nach schwerer, trauriger Nacht:
Mein Bruder unter den Sternen! Wie hast du mich glücklich gemacht.

WILHELM KLEMM

DER BETTLER

Sein Hut war mürber Schwamm. Sein Bart
Sinterte über die graue Brust,
Sein Stelzfuß trat sich am Ende breit,
Durch die Fetzen des Kleides irrten die Sterne.

Dornen und Schnecken trug er im Haar,
Seine Augen entzündeten sich, sein herbes
Zerspaltenes Antlitz blutete still,
Metallen surrten die Fliegen um ihn.

In seinen Knochen nagten die Winter,
Ewigkeit gärte durch sein Gedärm,
Faulig krankte sein Blut, in seiner
Seele versteinten Erinnerungswälder.

Wer hat dich als Kind gewiegt? Wer hat dich geliebt?
Komm Alter, ich will dich hegen. Der aber öffnet
Stumm seiner Hände bittende Abgründe,
Schwarz und leer wie der Tod, groß wie das Leid.

ALBERT EHRENSTEIN

HOFFNUNG

Nicht habe ich Gewalt,
Augen zu geben blinden Steinen.
Leicht aber einem verachteten,
Armen, alten Sessel,
Dem ein Fuß fehlt,
Bringe ich Freude,
Mich zart auf ihn setzend.

Seid sanft, o ihr Starken!
Und, Macht versammelnd im Mut,
Bald werden, Seligen gleich, die Menschen
Entrauscht sein fahlkranker Armut
Und in ihrem Dasein,
Die Götter starben,
Finden den Himmel.

ELSE LASKER-SCHÜLER

UND SUCHE GOTT
(Meinem Paul)

Ich habe immer vor dem Rauschen meines Herzens gelegen,
Nie den Morgen gesehen,
Nie Gott gesucht.
Nun aber wandle ich um meines Kindes
Goldgedichtete Glieder
Und suche Gott.

Ich bin müde vom Schlummer,
Weiß nur vom Antlitz der Nacht.
Ich fürchte mich vor der Frühe,
Sie hat ein Gesicht
Wie die Menschen, die fragen.

Ich habe immer vor dem Rauschen meines Herzens gelegen,
Nun aber taste ich um meines Kindes
Gottgelichtete Glieder.

FRANZ WERFEL

EINE ALTE FRAU GEHT

Eine alte Frau geht wie ein runder Turm
Durch die alte Hauptallee im Blättersturm.
Schwindet schon, indem sie keucht,
Wo um Ecken schwarze Nebel wehen.
Wird nun bald in einem Torgang stehen.
Laute Stufen langsam aufwärts gehen,
Die vom trägen Treppenlichte feucht.

Niemand hilft, wie sie ins Zimmer tritt,
Ihr beim Ausziehn ihrer Jacke mit.
Ach, sie zittert bald an Händ' und Bein'.
Schickt sich an mit schwerem Flügelschlagen
Aufgehobene Kost von alten Tagen
Auf des Kochherds armes Rot zu tragen.
Bleibt mit ihrem Leib und sich allein.

Und sie weiß nicht, wie sie schluckt und kaut,
Daß in ihr sich Söhne aufgebaut.
(Nun, sie freut sich ihrer Abendschuh')
Was aus ihr kam, steht in andern Toren,
Sie vergaß den Schrei, wenn sie geboren,
Manchmal nur im Straßendrang verloren,
Nickt ein Mann ihr freundlich «Mutter» zu.

Aber Mensch, gedenke du in ihr,
Ungeheuer auf der Welt sind wir,
Da wir brachen in die Zeiten ein.
Wie wir in dem Unbekannten hängen,
Wallen Schatten mit gewaltigen Fängen,
Die ins letzte uns zusammendrängen.
Diese Welt ist nicht die Welt allein.

Wenn die Greisin durch die Stube schleift,
Ach, vielleicht geschieht's, daß sie begreift.
Es vergeht ihr brüchiges Gesicht.
Ja, sie fühlt sich wachsender in allem
Und beginnt auf ihre Knie zu fallen,
Wenn aus einem kleinen Lampenwallen
Ungeheuer Gottes Antlitz bricht.

JOHANNES R. BECHER

HYMNE AUF ROSA LUXEMBURG

Auffüllend dich rings mit Strophen aus Oliven.
Tränen Mäander umwandere dich!
Stern-Genächte dir schlagend als Mantel um,
Durchwachsen von Astbahnen hymnischen Scharlachbluts...
O Würze du der paradiesischen Auen:
Du Einzige! Du Heilige! O Weib! —

Durch die Welten rase ich —:
Einmal noch deine Hand, diese Hand zu fassen:
Zauberisches Gezweig an Gottes Rosen-Öl-Baum.
Wünschel-Rute dem Glück-Sucher.
...In dich, o mütterlichste der Harfen träuft unser aller Heimat
          Klang...
Fünfzack diktatorisch über unsre Häupter gespannt.
Blut-Quell dieser Finger Millionen Ärmster Gitter durchfeilte er.

Durch die Welten rase ich —:
Einmal noch deinen Mund, diesen Mund zu fühlen:
Licht-Atmer, Schmetterlings-Grund,
Oboen Gewalt-Strom, Ambrosia-Hügel-Land,
Seligster Speise...
Prophetische Schwermut dämmernd am Lippen-Schwung.
Alle tragen,
Einen jeden süßt dein Kuß:
Schimmernde Dolde der Feuchte.
Milde Milch Ohnmächtigen tödlichen Falls,
Verlorene Söhne Befragende ihn —
! Du Silber-Tau im Steppen-Brand!

— Du Himmels-Trost im Höllen-Schmerz!
— Du Lächel-Mond am Mord-Zenith!
— Du tiefste Purpur-Pause im Antlitz-Krampf!
Notschrei Jeremias
Ekstatischer Auftakt.
Gewitter-Sätze versammelt in dir.

Blanke unschuldsvolle
Reine jungfrauweiße
Taube Glaubens-Saft
Ob Tribünen-Altar schwebend Hostie hoch.

Welten durchrase ich —:
Hin gegen die Elfenbein-Küsten deines Ohrs,
An die gigantischen Ur-Trichter, die Tulpen-Kelch-Rohre der sibylli-
          nischen Mütter hin,
An euch hin, gigantische Urtrichter,
Aufsaugend sie alle die erdhaften Geräusche,
Die kindlichen Wunsch- wie die fieberichten Angstträume der Ärm-
          sten,
Bettler und Strolche Wehgeheul,
Die schlechte, zusammengeflickte Tirade der Angeklagten,
Die Abschieds-Arie erschossenen Häsleins,
Brombeer-Strauch trillernd einen Feuertod,
Die phraseologische Programm-Fanfare des Kriegs ...
Fabrik-Sirenen verkündend Empörungs-Stund.
— — — Gigantischer Ur-Trichter:
Mich tiefst hineinflüsternd mit schmählichster Sünden Beichte,
Millionen o haften mit ihren innersten (berstenden!) Bekenntnissen
          an ihm,
Beätzt und gefleckt die Membrane von tausenden (zerrissensten!) Nö-
          ten dir!
Und und:
Beglänzt von den unendlichen (Flöten- und Posaunen-) Weisen der
          Seraphim,
Ja: denn auch der Sphären Elan verzückte dich:
O Musik zu Musik!
O Melodie!

Welten durchrasend —:
Deine Stirn! O diese Stirn!
Lilien-Schnee-Gemäuer hüllend ewigen Gedanken,
Acker-Furche bergend sichere Saat.
Ernte knospet schon aus Stoß und Wunde.
Geistes Wall. Heiliger Thron.
Aus des Orkus Hintergründen
Schlagen Taifun-Falten,
Aber Engel glätten dich,
Lösen aus und salben dich,
Deren Herzens-Flammen-Reiche Palmenwald enthalten.

Welten, ja Welten durchraste ich —:
Deine Augen, diese Augen,
Krater-Aug mit Azur-Licht zu stillen.
Gletscher-Bläue in den Dolch-Grund,
In die wüst zerzackte Mitternacht,

In der Wangen Peitschen Aufruhr
Kühlend magischen Mond zu tauchen.
Augen —: Späher aus der Arche ausgeschickte.
Selten kehrten sie zurück.
... Daß ihr Eiland sie erblickten.
Paradiesische Früchte pflückten
Flügelnd schlössen sich im Glück ...
— — —
Bürger! Würger! Faust und Kolben
Stampften kotwärts deinen Kopf.
! Doch du gewitterst. Deine Himmel platzen.
Ob allen Ländern steht dein Morgen-Rot.

Durch die Welten rase ich —:
Den geschundenen Leib
Abnehmend vom Kreuz,
In weicheste Linnen ihn hüllend
Triumph dir durch die Welten blase ich:
Dir, Einzige!! Dir, Heilige!! O Weib!!!

RUDOLF LEONHARD

DER TOTE LIEBKNECHT

Seine Leiche liegt in der ganzen Stadt,
in allen Höfen, in allen Straßen.
Alle Zimmer
sind vom Ausfließen seines Blutes matt.

Da beginnen Fabriksirenen
unendlich lange
dröhnend aufzugähnen,
hohl über die ganze Stadt zu gellen.

Und mit einem Schimmer
auf hellen
starren Zähnen
beginnt seine Leiche
zu lächeln.

Schöpfung

I

Irgendwo zerbrach die Himmelsschale,
Und die Sonne, wie verwundet,
Flatterte, Gold und Lava blutend,
Um die aufgerissene Erde.

Rosa Meere
Leuchteten im Frühling ihrer Wellen,
Rauschende Palmen stiegen,
An den Korallen reiften
Die Sternenfrüchte.

Irgendwo erbebte ein Gebirg
Bis in seine starren Gletscher,
Und der erste Tropfen, der sich löste,
Eine Träne zu Tal,
War das erste Lächeln Gottes.

II

Sprühender Dreizack,
Brach das Wort aus stummem Ozean;
Dunkel schillerte der Grund der Erde.

Und die blauen Hämmer des Geistes
Und die Flöten der Engel
Schollen um den entzündeten Himmel.

An des Dunkels eroberten Ufern
Stand der Mensch, einen Pfeil in der Stirn,
Den roten Mund
Offen groß wie einen Triumphbogen:
Hier und da, wenn es ihm einfiel,
Befahl er der kreisenden Sonne zu stehen.

III

Zur Hügelhochzeit
Stürzten Fliederfontänen zu Tal,
Bäume waren voll Weltumarmung,
Und dem Frühling schlugen die Schläfen.

Da, aus dunkler Erdenhütte
Brach ein goldener Orgelsturm:
Zwischen Himmel und Erde gestemmt.

Säule irdischen Gesanges,
Stand der Mensch.
Aus dem steinernen Leid,
Tief im rauschenden Schoß der Liebe,
War der Herrliche auferstanden!

ALFRED WOLFENSTEIN

Hingebung des Dichters

Wie die Wolke durchflammt, Wolke durchdröhnt zwischen Haupt
    und Boden
Zuckt eines Menschen sprechender Mund,
Blitzende Zähne roden
Dickichte nieder: da schnellen die Blumen hoch, luftig und bunt.

Höre die Stimme, taubeste Trauer,
Schwarz wie Gestrüpp unterm Ozeangrund!
Klangloser Vogel, zu singen beginne im rundlichen Bauer,
Es singe dich freier des Menschen Mund.

Doch wie im Traume, ein blautrockner Himmel überm Dach seiner
      Donner,
Über den eigenen Lippen noch unerlöst wartet der Dichter —
Sturm, von der Sonne versammelt, regnet nicht auf in die Sonne,
Über den Wolken glühn unsichtbar weiter und lechzen die Lichter.

O ihn selbst — auch Gewitter beglückt nicht genug!
Worte, entfesselte Sklaven, mit eigener Schwere hinab
Fließend in horchender Menschen Krug,
Auferstanden aus ihm, verlassen ihn fremd wie ein Grab.

Wahrheit, so blicke von oben in seine Seele,
Nie wird sie leer, verkünde es, menschlicher möchte sie sein,
Ruft er die Liebe mit Worten aus, ruft seine hellere Kehle
Liebe noch wirklicher zeugend in sich herein.

Atmet er Verse, nur noch lebendiger schwillt seine Brust!
Daß er vor Scham und Freude inmitten der Sprache aufstehen
Möchte, um fort in die Wüste —
Nein, den Menschen noch näher zu gehen!

Bis es am Schlusse von unten
Regnet, von unten nun: Du!
Antlitze nun, gerührte Gedichte,
Blitzen dem Rührenden, seiner Entschleierung, zu!

Erdenwind reicht ihm die Hände
Durch das ganz offene Tor.
Sprache verrollt, die Arme erhebt er, nun erst am Ende
Geht sein schwerer Vorhang vor ihm selbst empor.

FRANZ WERFEL

Lächeln Atmen Schreiten

Schöpfe du, trage du, halte
Tausend Gewässer des Lächelns in deiner Hand!
Lächeln, selige Feuchte ist ausgespannt
All übers Antlitz.
Lächeln ist keine Falte,
Lächeln ist Wesen vom Licht.
Durch die Räume bricht Licht, doch ist es noch nicht.
Nicht die Sonne ist Licht,
Erst im Menschengesicht
Wird das Licht als Lächeln geboren.
Aus den tönenden, leicht, unsterblichen Toren,
Aus den Toren der Augen wallte
Frühling zum erstenmal, Himmelsgischt,
Lächelns nieglühender Brand.
Im Regenbrand des Lächelns spüle die alte Hand,
Schöpfe du, trage du, halte!

Lausche du, horche du, höre!
In der Nacht ist der Einklang des Atems los,
Der Atem, die Eintracht des Busens groß.
Atem schwebt
Über Feindschaft finsterer Chöre.
Atem ist Wesen vom höchsten Hauch.
Nicht der Wind, der sich taucht
In Weid, Wald und Strauch,
Nicht das Wehn, vor dem die Blätter sich drehn ...
Gottes Hauch wird im Atem der Menschen geboren.
Aus den Lippen, den schweren,
Verhangen, dunkel, unsterblichen Toren,
Fährt Gottes Hauch, die Welt zu bekehren.
Auf dem Windmeer des Atems hebt an
Die Segel zu brüsten im Rausche,
Der unendlichen Worte nächtlich beladener Kahn.
Horche du, höre du, lausche!

Sinke hin, kniee hin, weine!
Sieh der Geliebten erdenlos schwindenden Schritt!
Schwinge dich hin, schwinde ins Schreiten mit!

Schreiten entführt
Alles ins Reine, alles ins Allgemeine.
Schreiten ist mehr als Lauf und Gang,
Der sternenden Sphäre Hinauf und Entlang,
Mehr als des Raumes tanzender Überschwang.
Im Schreiten der Menschen wird die Bahn der Freiheit geboren
Mit dem Schreiten der Menschen tritt
Gottes Anmut und Wandel aus allen Herzen und Toren.
Lächeln, Atem und Schritt
Sind mehr als des Lichtes, des Windes, der Sterne Bahn,
Die Welt fängt im Menschen an.
Im Lächeln, im Atem, im Schritt der Geliebten ertrinke!
Weine hin, kniee hin, sinke!

RENÉ SCHICKELE

HEILGE TIERE...!

In den Jahrtausenden haben
Die Menschen gebetet: sei still, Gewalt,
All die Herzen und die Hände, die sich gaben,
Sie begruben die Gewalt.

Ist der Kampf um Güte zwischen
Dir und mir
Vor den Betten, vor den Tischen,
Menschentier,
Nicht urschwer und voller Grauen
Und der Zorn des Stolzen vor dem Lauen
Und die Schmach des Schwachen und die Not
Armer Armen, Tod im Feuchten,
Tod im Heißen, und das Weiß und Rot
Einer Liebe noch im Kronenleuchten
Spiegelnder Salone, ist nicht jeder Schlag
Unsrer Herzen aller: Kämpfe, Siege,
Märsche, Wunden, Auf- und Niederstiege,
Qualen, Fieber, Jubel, hell und dunkler Tag?

Heilge Tiere, wie erscheint ihr groß und gut
Traumhaft wandelnd durch den Nebel Menschenblut!

DIE SEEFAHRER

Die Stirnen der Länder, rot und edel wie Kronen,
Sahen wir schwinden dahin im versinkenden Tag,
Und die rauschenden Kränze der Wälder thronen
Unter des Feuers dröhnendem Flügelschlag.

Die zerflackenden Bäume mit Trauer zu schwärzen,
Brauste ein Sturm. Sie verbrannten wie Blut,
Untergehend, schon fern. Wie über sterbenden Herzen
Einmal noch hebt sich der Liebe verlodernde Glut.

Aber wir trieben dahin, hinaus in den Abend der Meere.
Unsere Hände brannten wie Kerzen an.
Und wir sahen die Adern darin, und das schwere
Blut vor der Sonne, das dumpf in den Fingern zerrann.

Nacht begann. Einer weinte im Dunkel. Wir schwammen
Trostlos mit schrägem Segel ins Weite hinaus.
Aber wir standen am Borde im Schweigen beisammen,
In das Finstre zu starren. Und das Licht ging uns aus.

Eine Wolke nur stand in den Weiten noch lange,
Ehe die Nacht begann in dem ewigen Raum,
Purpurn schwebend im All, wie mit schönem Gesange
Über den klingenden Gründen der Seele ein Traum.

IWAN GOLL

DER PANAMA-KANAL
(Erste Fassung von 1912. Überarbeitung 1918)
[Vorbemerkung des Dichters]

Die Arbeit

I

Wo einst der Karaibe träumend sein Floß
Über die Seen trieb, wo bunte Papageien
In verwachsenem Urwald hingen, und mit Litaneien
Die Affen sich verfolgten; wo der Spanier groß

Und waffenglänzend, stolz nach leichtem Sieg,
Die Erde küßte und sein eigen nannte:
Und jeden Gott, der aus den lohenden Feuern stieg,
Mit seinem Fuß zertrat, weil er den Christ schon kannte,

Da schwenkten kleine, schwarze Eisenbahnen
Des Rauches weiße Meldungsfahnen
Und fraßen Wunden in die kreidigen Felsen.
Die starren Urwaldpalmen wurden rings gefällt,
Es flügelten über die tote Welt
Die Kranenstörche mit ihren neugierigen Hälsen.

II

Wo aber Steinwust lag, mit grünem Moor geschminkt,
Da war von eklen Träumen die weiße Sonne umblinkt.
Wulstiges Moskitogewimmel
Schwälte über Graben und Trift,
Heiß war von ihrem Geschmeiß und Gesumm der Mittagshimmel,
Jeder Stich von Sonne tötete wie Gift.

Aus den Sümpfen stieg mit grünbraun unterwühlten
Augen eine Pest und überspie Tal und Plateau
Und hatte schwarze Zähne, und diese stanken so
Bei ihrem Biß, daß ihre Opfer schon wie Aas sich fühlten.

Aus den Brunnen und den Stromgewässern
Stieg über Schienen und Röhren die Plage der Ratten und Schleichen,
In den Wellen war es wie ein Spiel von Messern,
Und sie fraßen sich satt an den gedunsenen Pferdeleichen.

III

Doch die Erde bäumte sich vor all dem Frevel,
Ihr rindiger Leib, ihr dürstender, wand sich gequält
Wie eine Natter, wenn sie neu sich schält!
Aus den Schluchten schwärte gelber Schwefel.

Die Gebirge, von den Tunnels durchbohrt,
Fielen wie Gips von Gebälk; Lehmlawinen von Wolken umflort —

Und die Städte, die wie Moos im Felsen angeschossen:
Städte aus Ziegeln, aus Stroh oder spitzem Gezelt,
Um ein Badehaus, ein Spital, einen Tempel gestellt,
Plötzlich waren sie von Erde überflossen.

Alle Werker hatten gleiches Eis geschlürft, alle hatten in gleichen
          Pfannen
Fische des Gatun gebraten, und sie tanzten sonntags zusammen; —
Aber die großen Totenstädte inmitten
Schieden sie bald wieder nach Völker- und Göttersitten.

Da, von Zeit genagt, von Blut gehöhlt, von Gold und Qual
Geätzt, erstand durch See und Fels und Sandwust quer
Endlich der Kanal.
Bogenlampen leiteten ihn nachts von Meer zu Meer.

Tags aber war von Metall und Pumpen und Stöhnen ein Schall,
Wie eine Wolke von Dynamit sprengte den Himmel der Hall!

Je ein Ein- und Ausgang wuchsen die eisernen Schleusen,
Jeder Zoll von kleinlichem Hammer beschlagen,
Ungeheure Flügel, von kleinen Stahlgehäusen
Wie von Promethiden in die Tiefe getragen. — —

Und wenn diese Tore sich öffnen werden,
Wenn zwei feindliche Ozeane mit Gejubel sich küssen —
Oh, dann müssen
Alle Völker weinen auf Erden.

Die Weihe

Alles, was dein ist, Erde, wird sich nun Bruder nennen,
Alle Wasser, die bittern und die süßen,
Die kalten Ströme und die Quellen, die brennen,
Werden zusammenfließen.

Und dort wird der Herzschlag der Erde dauernd wohnen,
Wo des Golfstroms Natter sonnenschuppig sich ringelt
Und mit heißem Blutlauf Kaps und Inseln aller Zonen
Umzingelt.

Feuerholz Brasiliens, Tannenstamm aus Nord,
Und Europas glatter, gleißender Stahl:
Schiffe finden sich von jedem Dock und Fjord
Hier am Kanal.

Rauch der Kohle aus fernen Ländern und Schichten,
Tausendjähriger Wald, schwer zerdrückter Quarz,
Wächst wie ein breiter Baum zu den Wolken, den lichten,
Aus der Erde schwarz.

Alle Masten schimmern wie ein Bündel Speere
Über der friedlichen Völkerzahl,
Und beim Rauschlied der Motore und der Meere
Zittert der Kanal.

Rot und grün dazwischen hängen die Wimpelgirlanden
Wie gefangene Vögel in einem großen Wald;
Ihr Gezwitscher schallt
Von Stange zu Stange.

Und ein jeder singt die Weise seines Lands,
O Geflitter von Sprachen und Lauten!
Aber die vielgereisten Matrosen und Argonauten
Verstehen sich ganz.

Alle Menschen im Hafen, auf den Docks, in den Bars,
Alle reden sich voll Liebe an,
Ob im Zopf, im Hut, in Mütze, ob blond oder schwarzen Haars,
Mann ist Mann.

Jeder Mann ein Bruder, den man schnell erkennt,
Jenes Aug' aus Mahagoni, jenes ein Dolch aus Erz,
Jenes, das wie ein Stern in ruhigen Nächten brennt,
Jenes, eine Blume voll Schmerz:

Ach, die Augen aller trinken Brüderschaft
Aus der Weltliebe unendlich tiefer Schale:
Denn hier liegt verschwistert alle Erdenkraft,
Hier im Kanale.

IWAN GOLL

DER PANAMAKANAL
(Spätere Fassung, 1918)

I

Noch lagen die Jahrhunderte des Urwalds mitten zwischen den
Meeren. Mit goldenen Zacken ausgeschnitten die Golfe und Buchten.
Mit zähem Hammer zerschlug der Wasserfall die gestemmten Felsen.
   Die Bäume schwollen in den sinnlichen Mittag hinein. Sie hatten
die roten Blumenflecken der Lust. Schierling schäumte und zischte
auf hohem Stengel. Und die schlanken Lianen tanzten mit weitoffe-
nem Haar.
   Wie grüne und blaue Laternen huschten die Papageien durch die
Nacht des Gebüschs. Tief im fetten Gestrüpp rodete das Nashorn.
Tiger kam ihm bruderhaft entgegen vom Flußlauf.
   Feurig kreiste die Sonne am goldenen Himmel wie ein Karussell.
Tausendfältig und ewig war das Leben. Und wo Tod zu faulen schien:
neues Leben sproßte mit doppeltem Leuchten.
   Noch lag das alte Jahrhundert zwischen den Menschen der Erde.

II

Da kamen die langen, langsamen Arbeitertrupps. Die Auswanderer und die Verbannten. Sie kamen mit Kampf und mit der Not.

Mit keuchenden Qualen kamen die Menschen und schlugen die dröhnenden Glocken des Metalls.

Sie hoben die Arme wie zum Fluch und rissen den Himmel zürnend um ihre nackten Schultern.

Ihr Blut schwitzte in die Scholle. Wieviel magere Kinder, wieviel Nächte, angstvolle, wurden an solchem Tag vergeudet!

Die Fäuste wie Fackeln aufgereckt. Zerschrieene Häupter. Aufgestemmte Rümpfe. Es war Arbeit. Es war Elend. Es war Haß.

So wanden sich die Spanier einst am Marterpfahl. So krümmten sich die Neger einst in verschnürtem Kniefall.

Das aber waren die modernen Arbeitertrupps. Das waren die heiligen, leidenden Proletarier.

Sie hausten in Baracken und in Lattenhütten stumpf. Geruch des Bratfischs und der Ekel des Branntweins schwälten. Die hölzernen Betten stießen sich an wie Särge im Friedhof.

Am Sonntag sehnte sich eine Ziehharmonika nach Italien oder nach Kapland. Irgendein krankes Herz schluchzte sich aus für die tausend andern.

Sie tanzten zusammen mit schwerem, schüchternem Fuß. Sie wollten die Erde streicheln, die morgen aufschreien mußte unter der Axt. Dann schlürften sie für fünf Cents Himbeereis.

Und wieder kam das Taghundert der Arbeit.

III

In ein Siechbett verwandelten sie die Erde. Die roten Fieber schwollen aus den Schlüften. Und die Wolken der Moskitos wirbelten um die Sonne.

Kein Baum mehr rauschte. Kein Blumenstern blühte mehr in dieser Lehmhölle. Kein Vogel schwang sich in den verlorenen Himmel.

Alles war Schmerz. Alles war Schutt und Schwefel. Alles war Schrei und Schimpf.

Die Hügel rissen sich die Brust auf im Dynamitkrampf. Aus den triefenden Schluchten heulten die Wölfe der Sirenen. Bagger und Kranen kratzten die Seen auf.

Die Menschen starben in diesem unendlichen Friedhof. Sie starben überall an der gleichen Qual.

Den Männern entfuhr der tolle Ruf nach Gott, und sie bäumten sich wie goldene Säulen auf. Den Weibern entstürzten erbärmliche, bleiche Kinder, als ob sie die Erde strafen wollten mit soviel Elend.

Von der ganzen Erde waren sie zum knechtischen Dienst gekommen. Alle die Träumer von goldenen Flüssen. Alle Verzweifler am Hungerleben.

Die Aufrechten und die Wahrhaftigen waren da, die noch an ein Mitleid des Schicksals glaubten. Und die dunklen Tölpel und die Verbrecher, die tief ins Unglück ihre Schmach verwühlten.

Die Arbeit aber war nur Ausrede. Jener hatte zwanzig verbitterte Generationen in seinem Herzen zu rächen. Dieser hatte die Syphilismutter in seinem Blut zu erdrosseln.

Sie alle schrien im Kampf mit der Erde.

IV

Sie wußten aber nichts vom Panamakanal. Nichts von der unendlichen Verbrüderung. Nichts von dem großen Tor der Liebe.

Sie wußten nichts von der Befreiung der Ozeane und der Menschheit. Nichts vom strahlenden Aufruhr des Geistes.

Jeder einzelne sah einen Sumpf austrocknen. Einen Wald hinbrennen. Einen See plötzlich aufkochen. Ein Gebirge zu Staub hinknien.

Aber wie sollte er an die Größe der Menschentat glauben! Er merkte nicht, wie die Wiege eines neuen Meers entstand.

Eines Tages aber öffneten sich die Schleusen wie Flügel eines Engels. Da stöhnte die Erde nicht mehr.

Sie lag mit offener Brust wie sonst die Mütter. Sie lag gefesselt in den Willen des Menschen.

Auf der Wellentreppe des Ozeans stiegen die weißen Schiffe herab. Die tausend Bruderschiffe aus den tausend Häfen.

Die mit singenden Segeln. Die mit rauchendem Schlot. Es zirpten die Wimpel wie gefangene Vögel.

Ein neuer Urwald von Masten rauschte. Von Seilen und Tauen schlang sich ein Netz Lianen.

Im heiligen Kusse aber standen der Stille Ozean und der Atlantische Aufruhr. O Hochzeit des blonden Ostens und des westlichen Abendsterns. Friede, Friede war zwischen den Geschwistern.

Da stand die Menschheit staunend am Mittelpunkt der Erde. Von den brodelnden Städten, von den verschütteten Wüsten, von den glühenden Gletschern stieg der Salut.

Das Weltgeschwader rollte sich auf. Es spielten die blauen Matrosenkapellen. Von allen Ländern wehten freudige Fahnen.

Vergessen war die dumpfe Arbeit. Die Schippe des Proletariers verscharrt. Die Ziegelbaracken abgerissen.

Über den schwarzen Arbeitertrupps schlugen die Wellen der Freiheit zusammen. Einen Tag lang waren auch sie Menschheit.

Aber am nächsten schon drohte neue Not. Die Handelsschiffe mit schwerem Korn und Öl ließen ihre Armut am Ufer stehn.

Am nächsten Tag war wieder Elend und Haß. Neue Chefs schrien zu neuer Arbeit an. Neue Sklaven verdammten ihr tiefes Schicksal.

Am andern Tag rang die Menschheit mit der alten Erde wieder.

An die Besiegten

Der blutige Schlamm der saugenden Gebirge
Ward euer Brot. Die Himmel klebten ihre
Gifthäute vor das maskenheiße stiere
Gesicht, stoßzuckend über Zahn und Backeneck.

An eure Sohlen kitzelte die Donnerfaust
Der Distelspeer verlebter Sagen, Niedertracht
Vergällter Kindertage schlug durchs Herz die Schlacht,
Die schon an euren leeren Locken maust.

Von Schuß zu Schuß umzingelt von Gendarmen
Verhaftet von der Angstmegäre blutig tollem Griff
Platzt euer Zwerchfell, das versammelt Schliff
Mut Grazie der Waffen Väter Tugend ewigwarmen.

Die Gräberhäuser eurer Brüder schlucken euch ein
Helden des Geistes Krone Lilie Palmenheilige
Ich küsse eure trotzig flatternden Hände
Verheiße euch allen Ruhm alle Gnade alles Sein.

All euer Leid: Euer Sturz von Grab zu Grab
Nicht sterben können, trotz Feuerkuß, vermeidet
Der Tod euch, Eis Schnee Eisen Cholera kleidet
Euch ein wie Bräute des Herrn — an euch wird Mensch

Der tolle Feind und alles Elend ist ihm angekreidet!
Gott zieht vor euch her, gen Himmel geht die Flucht
In Tropfen singende Barmherzigkeit —
Jeder Tropfen Blut! Jeder Schuß! Fluch! Sieg sei verleidet

Verdorrt in seiner feigen Mörderhand, die bar
Der Würde Gottes euch wie Wild ausweidet.
Ihr Großen im Verlust! Ihr Helden: wer leidet
Ist der Sieger! Im Schoße Abrahams wunderbar

Seh ich euch eure guten Wunden pflegen
Indes der Feind um Gnade bettelt und erzählt.
Ihr Ungebrochenen, ihr Ungezählten, vermählt
Den wilden Börsenschreien, Zeitungsgeifer —

Euer herrlicher Sieg macht Gottes Herz erzittern!
Legt ab die falsche Scham, tretet auf die Plätze!
Im Licht der freien Güte wollen wir euch preisen
Niemand wird wagen sein Horn an euch zu wetzen —

Hier den besiegten Soldaten glutvoll meine Hand!
Den Freunden des Todes, wir bitten euch um Verzeihung!
Vergebt uns, die ihr blaß von Leid, narbenentstellt
Auf Krücken, Wägen, im Bett, blind und stumm uns flucht!

Ihr werft auf einen Damm mit euren Flüchen und Krücken
Wir wollen ihn fortspülen mit Reue Güte und Gebet
Wir wollen euch pflegen, dienen bis dieser Haß verweht
Bis wir uns erkennen und den, der im Wege steht.
O du besiegter Sieger, den Gottes Hand mit Feuer badete
Weißer als Schnee, du Flammensohn
Wir wollen warten bis uns vor Gottes Thron
Gemeinsam, Hand in Hand,
Als Brüder, als Brüder, ja als Brüder Flammen der Liebe entzücken.

ALFRED WOLFENSTEIN

ANDANTE DER FREUNDSCHAFT

Du bist es —! Und ich schließe schon
Wie gern das Buch, den geisterfeinen Ton,
Mein Zimmer auch, das schwer durchrauchte,
Von allzuviel Verkörperung gebauchte.

Die Straße wiegt sich nun in unserm Gange
Wie eines Vogels enge Stange,
Wenn ihn ein Menschenmund zum Singen bringt.
Der Sternenhimmel wie entgittert winkt.

Den Schritten öffnet endlos sich die Nacht,
Zur Höhe endlos ragt der Häuser Macht,
Die endlos tief in Bäume sinken,
Die Blätter, gleich Gestirn und Fenster, blinken.

Die Wiesen wölben sich, ein Himmel
Der Erde, bunt ins Horizontgewimmel,
Das Dunkel blüht und trägt, Sehn über Sehn!
Und dennoch mit der Erde Füßen Gehn.

Und es verstummt, was aus mir pochte: Welt,
Eröffne dich! — O hier ist's schon erhellt,
Was sucht ich draußen irrer Leere zu:
Die weitere Welt, o Freund, bist du!

So fahre, Äther, hin alleine,
Venus und Mars und Jupiter sind Scheine,
Hier kreist ein Stern nicht nach Gesetzen fest,
An dessen freies Reich sich fliegen läßt!

Du Dunkel, das ich nie durchbrach:
Hier kommt ein Nachtklang zu mir, den er sprach,
Geheimnis regt in ihm die Lippen, sendet
Die Hand den Brüdern, stirngeblendet.

Stark zuckt der Strom hindurch — wir hören
Die vielen, die in gleichen Ganges Chören
Nun dasind und die schwere Erde weihn
In ihre klaren Takte ein.

Und unser Knie stellt pfeilerhaft
Zahllose Dome vor uns auf, und rafft
Sie weg. Denn wir sind luftiges Werden,
Des großen Geistes Kolonie auf Erden.

O daß er in das Chaos *nicht nur Einen*
Pflanzte — wie fühlen wir's! Und Lachen, Weinen
Nicht in die Wüste rieseln läßt
Und unsern Ruf in Andrer Ohren fäßt,

Daß wieder darin ausgebreitet er
Ströme weiter im Geist — Daß unser Mehr
Kein Zufall ist, ein Tanz auf vollem Balle —
Wie schlagen's unsre Herzen alle!

Von tiefem Schlage donnern unsre Brüste,
Und unsrer Erde zweifelhaft Gerüste
Zertanzen wie auf Gipfelspitzen wir,
Ein jeder stark von sich und dir und dir.

Doch über aller Freude Kraft!
Wie zwischen Sternen sich der Himmel strafft,
Wölbt Freundschaft *Tat* — wölbt über uns die Tat!
Haucht immer neuem Stern den Pfad.

So dehnt sich Welt, durch euch hindurch geführt —
Entladet euren Raum der Geister, rührt
Einander an — und Funke springt, springt weiter,
Aus euch hervor, ihr Gluthaupt tragenden Schreiter!

KURT HEYNICKE

FREUNDSCHAFT

Freund,
wenn du lächelst,
lächelt mein Herz,

und die Freude hebt ihre Fackel,
unsere Straße ist ein lächelnder Tag!
O, daß wir DU sind einander,
daß wir dieses Du
tragen dürfen in jedes Herz —
das ist, was uns eint.

Wohl baut sich manchmal der Tempel Stille auf,
und die Berge der Einsamkeit hüllen uns ein,
o,
tief in sich ist jeder allein.
Doch das Lächeln schlägt Bogen von mir zu dir,
und die Türen sind weit zum Tempel der Seele.
Heilig
ist der Mensch!
Knieen sollen wir einander vor dem Leid,
erheben soll uns die Freude,
wir schenken einander das Ich und das Du —
ewig eint uns das Wort:
MENSCH.

Immer
können wir glücklich sein.

LUDWIG RUBINER

DIE ANKUNFT

Ihr, die Ihr diese Zeilen nie hören werdet. Dürftige Mädchen, die
   in ungesehenen Winkeln von Soldaten gebären,

Fiebrige Mütter, die keine Milch haben, ihre Kinder zu nähren.
Schüler, die mit erhobnem Zeigefinger stramm stehen müssen,
Ihr Fünfzehnjährige mit dunklem Augrand und Träumen von Ma-
   schinengewehrschüssen,

Ihr gierige Zuhälter, die den Schlagring verbergt, wenn Ihr dem
   Fremden ins Menschenauge seht,
Ihr Mob, die Ihr klein seid und zu heißen Riesenmassen schwellt,
   wenn das Wunder durch die Straßen geht,
Ihr, die Ihr nichts wißt, nur daß Euer Leben das Letzte ist,
   Eure Tage sind hungrig und kalt:

Zu Euch stäuben alle Worte der Welt aus den Spalten der Mauern,
   zu Euch steigen sie wie Weinrauch aus dem Dunst des Asphalt.
Ihr tragt die Kraft des himmlischen Lichts, das über Dächer in Euer
   Bleichblut schien.

Ihr seid der schallende Mund, der Sturmlauf, das Haus auf der neuen
gewölbten Erde Berlin.
Ihr feinere Gelehrte, die Ihr nie Euch entscheidet hinter Bibliothek-
tischen,

Ihr Börsenspieler, die mit schwarzem Hut am Genick schwitzend
witzelt in Sprachgemischen.
Ihr Generäle, weißbärtig, schlaflos in Stabsquartieren, Ihr Soldaten
in den Leichenrohren der Erde hinter pestigen Aasbarrikaden,

Und Kamerad, Sie, einsam unter tausend Brüdern Kameraden;
Kamerad, und die Brüder, die mit allem zu Ende sind,
Dichter, borgende Beamte, unruhige Weltreisende, reiche Frauen ohne
Kind,

Weise, höhnische Betrachter, die aus ewigen Gesetzen den kommen-
den Krieg lehren: Japan-Amerika,

Ihr habt gewartet, nun seid Ihr das Wort und der göttliche Mensch.
Und das himmlische Licht ist nah.

Ein Licht flog einst braunhäutig vom Südseegolf hoch, doch die Erde
war ein wildes verdauendes Tier.

Eure Eltern starben am Licht, sie zeugten Euch blind. Aber aus Seuche
und Mord stiegt Ihr.

Ihr soget den Tod, und das Licht war die Milch, Ihr seid Säulen von
Blut und sternscheinendem Diamant.

Ihr seid das Licht. Ihr seid der Mensch. Euch schwillt neu die Erde
aus Eurer Hand.

Ihr ruft über die kreisende Erde hin, Euch tönt 'rück Euer riesiger
Menschenmund,

Ihr steht herrlich auf sausender Kugel, wie Gottes Haare im Wind,
denn Ihr seid im Erdschein der geistige Bund.

Kamerad, Sie dürfen nicht schweigen. O wenn Sie wüßten, wie wir
geliebt werden!

Jahrtausende mischten Atem und Blut für uns, wir sind Sternbrüder
auf den himmlischen Erden.

O wir müssen den Mund auftun und laut reden für alle Leute bis
zum Morgen.
Der letzte Reporter ist unser lieber Bruder,
Der Reklamechef der großen Kaufhäuser ist unser Bruder!
Jeder, der nicht schweigt, ist unser Bruder!

Wilhelm Lehmbruck · Ludwig Rubiner

Zersprengt die Stahlkasematten Eurer Einsamkeit!
O springt aus den violetten Grotten, wo Eure Schatten im Dunkel
aus Eurem Blut lebend schlürfen!

Jede Öffnung, die Ihr in Mauern um Euch schlagt, sei Euer runder
Mund zum Licht!
Aus jeder vergessenen Spalte der Erdschale stoßt den Atemschlag des
Geistes in Sonnenstaub!

Wenn ein Baum der Erde den Saft in die weißen Blüten schickt, laßt
sie reif platzen, weil Euer Mund ihn beschwört!

O sagt es, wie die geliebte grünschillernde Erdkugel über dem Feuer-
hauch Eures lächelnden Mundes auf und ab tanzte!
O sagt, daß es unser aller Mund ist, der die Erdgebirge wie Woll-
docken bläst!

Sagt dem besorgten Feldherrn und dem zerzausten Arbeitslosen, der
unter den Brücken schläft, daß aus ihrem Mund der himmlische
Brand lächelnd quillt!

Sagt dem abgesetzten Minister und der frierenden Wanderdirne, sie
dürfen nicht sterben, eh hinaus ihr Menschenmund schrillt!

Kamerad, Sie werden in Ihrem Bett einen langen Schlaf tun. O
träumen Sie, wie Menschen Sie betrogen; Ihre Freunde verließen
Sie scheel.

Träumen Sie, wie eingeschlossen Sie waren. Träumen Sie den Krieg,
das Bluten der Erde, den millionenstimmigen Mordbefehl,

Träumen Sie Ihre Angst; Ihre Lippen schlossen sich eng, Ihr Atem
ging kurz wie das Blätterbeben an erschreckten Ziergesträuchen.

Schwarzpressender Traum, Vergangenheit, o Schlaf im eisernen Keu-
chen!

Aber dann wachen Sie auf, und Ihr Wort sprüht ums Rund in Ko-
meten und Feuerbrand.

Sie sind das Auge. Und der schimmernde Raum. Und Sie bauen das
neue irdische Land.

Ihr Wort stiebt in Regenbogenschein, und die Nacht zerflog, wie im
Licht aus den Schornsteinen Ruß.

O Lichtmensch aus Nacht. Ihre Brüder sind wach. Und Ihr Mund
laut offen ruft zur Erde den ersten göttlichen Gruß.

DIE FRIEDENSSTADT

Die Nacht verdunkelt tiefer sich in Bäume,
Der Boden schwankt wie Schädel voller Träume,
Wir wandern langsam, wissen kaum, warum
Wir aufgebrochen sind, und harren stumm.

Wir haben paradiesisch lau gelebt,
In Wäldern, Ebenen farblos eingeklebt,
Aus weiter Landschaft blickte jeder stille,
In ruhigen Körpern hauste klein der Wille.

Durch kleine Teiche schwammen unsre Pläne,
Gleichgültig leicht und einsam wie die Schwäne,
Auf unsrer ahnungslosen Jugend lag
Der Alten Zeit, der Ordnung glatter Tag.

Kein Herz, kein Blick, kein Kampf ward in ihr groß,
Aus Wurzeln stieg die Landschaft regungslos
In einen Schein des Friedens, halb verdunkelt
— Und plötzlich wie ein Schein von Größe funkelt

Von Ungeheuern unser Weg, und Brände
Und Waffen drücken sich in unsre Hände,
Zweischneidig, in die Seele drückend Wunden,
Und wir, umtrommelt rings, gepreßt, gebunden,

Stehn in der Erde ältestem Geschick,
Im Krieg, — ein Späherheer fängt unsern Blick,
Wald wächst voll unnatürlicher Gewalten,
Voll Mauern, die uns grau in Waffen halten:

Mit kahlem Steingesicht, unnahbar böse,
In seinen Händen gellendes Getöse,
Den Stahl im Munde und im Herzen stumm
Geht ein Gespenst durch Menschenreihen um.

Es schlägt die Erde dröhnendes Zerstören,
Und nirgends ist ein Herzschlag mehr zu hören,
Wir stehen eingereiht ins Heer des Nichts
Und werden ausgesandt zum Mord des Lichts.

Doch plötzlich in dem allfeindseligen Land —
Mit wem zusammentastet meine Hand?
O — etwas mutigeres Weiterstrecken
Und dich bei mir und mich bei dir Entdecken!

Mensch bei dem Menschen — Und die Welt ist wieder!
Gewalt erblaßt, Gewalt sinkt vor dir nieder,
O Freund —! Kaserne flieht um unser Haupt,
Um Schönheit, die sich plötzlich gleicht und glaubt!

Die Erde fällt, doch Geister sind noch da,
Um sie zu halten! Komm und bleibe nah,
In ihre Wüste werde eingetürmt
Die Friedensburg, die keiner wieder stürmt.

Aus Donnerspannung unsrer Hände bricht
Die Stadt! voll Stirnen, Himmeln, Wucht und Licht,
Der Kuß sich ewiglich umschlingender Straßen,
Die Glücklichkeit an Hellem ohne Maßen.

Die Sonne nimmt durch unsre Stadt den Flug!
Und nie ist ein Verräter dunkel genug,
Sich hinzuwühlen unter diesen Frieden,
Kein Winkel wird hier Waffen heimlich schmieden.

Dring weiter, Strahl der Stadt, in alle Reiche,
Wir speisen dich, wir tief im Geiste Gleiche,
Aus endloser Berührung brennt ein Meer
Hervor, zurück und heißer, höher her.

Du Friede, Kampf der Stadt! du roter Stern,
Mach über Krieg, Nacht, Kälte dich zum Herrn,
Von uns verbunden tiefer uns verbünde,
Geliebt und liebend leuchte und entzünde!

WILHELM KLEMM

ERGRIFFENHEIT

Die Ausrufe des Erstaunens
Wer lehrte sie dich, du kindliches Herz,
Und die Schauer der Einsamkeitsstunden
Wer säte sie in dich, irrende Seele?

Wo du auch stehst, die Hälfte der Welt
Liegt vor dir, die andre hinter dir,
Und weil du flüchtig bist und begrenzt
Deshalb kannst du das Unbegrenzte nicht fassen.

Aber Körper, blitzend im Feuer der Gottähnlichkeit,
Leuchten auf, Gatten und Brüder von dir!
In deine Arme, Menschheit, geliebte,
Blühende Wunderheimat des Unvergänglichen.

WILHELM KLEMM

Erfüllung

In der Seele geht es auf wie eine Sonne —
Rosenrot und warm flutet das Blut,
Leicht sind die Glieder. Von raschen Gefühlen durchströmt
Aufblühen die fernen und die nahen Erinnerungen.

Landschaften treiben vorüber und Menschengesichter,
Die Geliebten erscheinen in Jugend und Schönheit getaucht.
Tausend glitzernde Kammern öffnen sich —
Nenne mir den Gedanken, auf den man nicht antworten kann!

Wir spüren den Schlüssel im Herzen, der die Welt öffnet,
Wir kommen uns so nahe, wie sich nur Engel kommen können,
Die sich erst in unendlicher Ferne küssen,
Aber dann auf ewig zusammen wachsen.

RENÉ SCHICKELE

Pfingsten

Die Engel unsrer Mütter
sind auf die Straße gestiegen.
Das Raufherz der Väter
stiller schlägt.
Feurige Zungen fliegen
oder sind wie Kränze
auf Stirnen gelegt.

Gehör und Gesicht kennen keine Grenze,
wir sprechen mit Mensch und Tier.
Was unser Blick trifft, antwortet: «Wir».
Die Kiesel am Weg sind schallende Lieder,
jeder Pulsschlag kommt von weither wieder,
Blühendes strebt, von kleinen Flammen beschwingt.

Die Fische schaukeln den Himmel auf ihren Flossen
und sind von blitzenden Horizonten umringt,
Sonne tanzt auf dem Rücken der Hunde.
Jedes ist nach Gottes Gesicht in Licht gegossen
und weiß es in dieser einzigen Stunde
und erkennt Bruder und Schwester und singt.

Ludwig Meidner · René Schickele

ABSCHWUR

Ich schwöre ab:
Jegliche Gewalt,
Jedweden Zwang,
Und selbst den Zwang,
Zu andern gut zu sein.
Ich weiß:
Ich zwänge nur den Zwang.
Ich weiß:
Das Schwert ist stärker,
Als das Herz,
Der Schlag dringt tiefer,
Als die Hand,
Gewalt regiert,
Was gut begann,
Zum Bösen.

Wie ich die Welt will,
Muß ich selber erst
Und ganz und ohne Schwere werden.
Ich muß ein Lichtstrahl werden,
Ein klares Wasser
Und die reinste Hand,
Zu Gruß und Hilfe dargeboten.

Stern am Abend prüft den Tag,
Nacht wiegt mütterlich den Tag.
Stern am Morgen dankt der Nacht.
Tag strahlt.
Tag um Tag
Sucht Strahl um Strahl,
Strahl an Strahl
Wird Licht,
Ein helles Wasser strebt zum andern,
Weithin verzweigte Hände
Schaffen still den Bund.

FRANZ WERFEL

DAS MASS DER DINGE

Alles *ist*, wenn du liebst!
Dein Freund wird Sokrates, wenn du's ihm gibst.
Herz, Herz, wie bist du schöpferisch!

Du schwebst! Die Erde wird himmlisch.
Einst kamst du, ein Kind, zu grünem Waldweiher.
Sahst schaudernd den geheimnisvollen Algen-Schleier.
Du streicheltest der Weidenkatzen tierisch-süßen Samt –
Wie tiefsinns-selig bebte deine Knabenhand!
In deinem Aufschwung, Mensch, wird alles groß!
In deinem Abschwung alles hoffnungslos!
Und nur die Seele, die sich liebend selbst vergaß,
Ist aller Dinge Maß und Übermaß.

ERNST STADLER

FORM IST WOLLUST

Form und Riegel mußten erst zerspringen,
Welt durch aufgeschlossne Röhren dringen:
Form ist Wollust, Friede, himmlisches Genügen,
Doch mich reißt es, Ackerschollen umzupflügen.
Form will mich verschnüren und verengen,
Doch ich will mein Sein in alle Weiten drängen —
Form ist klare Härte ohn' Erbarmen,
Doch mich treibt es zu den Dumpfen, zu den Armen,
Und in grenzenlosem Michverschenken
Will mich Leben mit Erfüllung tränken.

THEODOR DÄUBLER

DER STUMME FREUND

Vermenschter Stern, mit allen deinen Fluten
Verlangst und bangst du blaß hinan zum Mond.
Wir können bloß die Mondsehnsucht vermuten
Und wissen wohl, kein Mondgespenst hat uns verschont.

Begebnisse, die nie ein Wunsch ersann,
Entwallen deinen Tiefen, die auf uns beruhten,
Und schmeicheln sich zum leichten Mond hinan.
Geschlechter fangen an, sich leiblich einzubluten.
Und streben schon zum Stern, der mit dem Tod begann.

Wir träumen uns hinweg nach einem Heime,
Wo unser Aufgang starr und frostig sei.
Im angeträumten Schlummerebbungsschleime
Erscheint des Sterbens Silberstickerei;
Der Mond verstreut die bleichen Todeskeime:
Sein Mitleid keimt bereits in jedem Ei.

Vermenschter Stern, zu deinem freundlichen Genossen
Will unvermutet auch das frohste Sonnenkind.
Was überraschend rasch am Tag ersprossen,
Bleibt innerlich doch mild und mondhaft lind.

Dem Monde ist ein Wort vor seinem Tod entflossen,
Das alle hörten, dessen niemand sich besinnt.
Empor zum Mond! Nun ist sein Mund verschlossen.
Zum Silbermond, dem keine Silbe mehr entrinnt.

JOHANNES R. BECHER

DIE INSEL DER VERZWEIFLUNG

: — Wie sehne ich mich Fels-Geschwür nach Meer,
Darin ich untertauchend mich versenke.
Auf meinem Rücken bluten Völker schwer.
Die Enziantiefen aber lieb ich sehr:
Paläste zaubrischer Korallgeschenke.

Daß ich, gelöst vom Grund, ein Schiff mich aufwärtsschwenke,
Der Äther erzene Stürme durch... o immer näher!
Schon blüht mein Fleisch. Es tönen die Gelenke.
Gestirne schweben Engel um mich her. —
Ich darf mich leicht im ewigen Tanze drehen.

Des Mundes Schwefelrauch entquoll zur Fahne,
Die sich verbreiternd — welche Süße! — weht!!!
Die Stirngemäuer blitzen Licht-Altane.
Der Augen Trichter reinster Heimat-See.

Ich ward gerissen fort zum Strom der Gnade,
Da Tier lobt Mensch. Und Mensch an Mensch verglüht.
In meinem Glanz die Kreaturen baden.
Brüder alle heißen sie ... !!!

IWAN GOLL

WASSERSTURZ

Wasser und Mensch,
Ihr seid die ewige Bewegung!
Ihr seid der Trieb von allen Trieben: ihr seid der Geist!
Da steht kein Felsen starr und keine Gottheit hoch:
Vor eurem Strahl zersplittern die Blöcke Granit,
Vor eurer Stimme birst das Schweigen des Todes.

O Wasserfall, du Perlentänzer,
Aus deinem steilen, einzigen Wasserstamm
Blühst du Millionen Wasserzweige an die Erde!
Der giftigen Nessel am Straßengraben gibst du dich hin,
Du treibst den grünen Springbrunnen der Palmen empor;
Vergißmeinnicht fröstelt in deinem Tau,
Und der fette Ölbaum saugt dich mit kupfernen Pumpen auf.
Du bist der unendliche Geliebte der Erde!

So will ich, dein unsterblicher Geliebter,
Über die Menschheit strömen und überströmen:
Hinunter, hinunter aus der Einsamkeit
Schäumend von Liebe niederschmelzen,
(An den Gipfeln ermaß ich die Tiefe der Täler)
Zurück zur Menschheit will ich mich ergießen,
Zu den dunklen Schluchten der Besiegten und Geknechteten,
Zu den grauen Wüsten der Streber und Unfruchtbaren,
Zu den endlosen Ebenen der Armen und der Tölpel,
Zu den rauchigen Häfen der Vertriebenen und Gezwungenen —
Hinab, hinab, dem ewigen Trieb muß ich gehorchen,
Wer sich verschenkt, bereichert *sich* am meisten.
Ich will mit sprudelndem Mund und lachenden Augen
Die große Liebe dieser Nacht vergeuden,
Mich geben und geben, da ich weiß:
Unversiegbar sind die Gletscher der Erde,
Unversiegbar sind die Quellen des Herzens!

THEODOR DÄUBLER

Es sind die Sonnen und Planeten

Es sind die Sonnen und Planeten, alle,
Die hehren Lebensspender in der Welt,
Die Liebeslichter in der Tempelhalle
Der Gottheit, die sie aus dem Herzen schwellt.

Nur Liebe sind sie, tief zur Rast gedichtet,
Ihr Lichtruf ist urmächtig angespannt,
Er ist als Lebensschwall ins All gerichtet:
Was er erreicht, ist an den Tag gebannt!

Ein Liebesband hält die Natur verkettet;
Die Ätherschwelle wie der Feuerstern,
Die ganze Welt, die sich ins Dunkel bettet,
Ersehnt in sich den gleichen Ruhekern.

Durch Sonnenliebe wird die Nacht gelichtet,
Durch Glut und Glück belebt sich der Planet,
Die Starre wird durch einen Brand vernichtet,
Vom Meer ein Liebeswind verweht.

Wo sich die Eigenkraft als Stern entzündet,
Wird Leben auch sofort entflammt,
Und wenn die Welt sich im Geschöpf ergründet,
So weiß das Leid, daß es dem Glück entstammt.

So muß die Erde uns mit Lust gebären,
Und wird auch unser Sein vom Tag geschweißt,
Können doch Sterne uns vom Grund belehren
Und sagen, daß kein Liebesband zerreißt.

Wir sehn das Leben uns die Jugend rauben,
Es ängstigt uns das Alter und der Tod,
Drum wollen wir an einen Anfang glauben
Und schwören auf ein ewiges Urgebot.

Doch ist die Ruhe bloß ihr Ruheleben,
Nichts ist verschieden, was sich anders zeigt;
Und vollerfüllt ist selbst der Geister Beben,
Ja, alles die Natur, die sprechend schweigt!

Beständigkeit ist der Gewinn der Starre,
Doch es ereilt, zermürbt sie Ätherwut,
Und bloß der Geist ist da, daß er beharre,
Da er als Licht auf seiner Schnelle ruht.

Es sucht die Welt zwar immerfort zu dauern
Und sie umrundet drum den eignen Kern,
Sie kann zum Schutz sich selber rings umkauern,
Doch ist ihr Wunsch nicht ewig, sondern fern.

Es mag die Welt das Weiteste verbinden,
Der Geist jedoch, der aus sich selber drängt,
Kann solche Riesenkreise um sich winden,
Daß überall sein Wirken sich verschenkt.

So sind die Welten immerfort entstanden,
Doch da sich Ewiges jedem Ziel entreißt,
Entlösten Sterne sich von Sternesbanden.
Was die Unendlichkeit im Sein beweist!

Ja Liebe, Liebe will sich Welten schaffen,
Bloß Liebe ohne Zweck und ohne Ziel,
Stets gleich, will sie stets anders sich entraffen,
Und jung, zu jung, bleibt drum ihr ewiges Spiel.

315

Denn glühte durch das All ein Schöpferwollen,
So hätte *Eine* Welt sich aufgebaut,
Und traumlos würden Geister heller Schollen,
Im klaren Sein, von ihrem Dunkelgrund durchgraut.

RUDOLF LEONHARD

ABENDLIED

Als Abend schon vom Licht erschütterte Straßen wärmte,
sagte die Frau — fast sang sie — die ohne mich anzustreifen neben
      mir ging:
«Nun schließen sich alle Leben in einen Ring,
dessen Mitte und Sinn
ich bin.
Mir sind Gesichter aller Kommenden hingegeben,
und sieh doch, daß sie, glühende und verhärmte,
sich alle abendlich neu beleben!

Hier hinter diesen Scheiben wird lachend genosssen.
Hier wurde Blut, dort werden Tränen vergossen.
Der drüben ist morgen bankerott,
der andre — siehst Du ihn — lächelt und spricht mit dem lieben
      Gott.
Die beiden werden ihr Fleisch in Küssen erweichen und schmelzen
und tierisch wie auf dichten Pelzen übereinanderwälzen.
O fühle, wie wir alle auf harten Thronen
zwischen der Kneipe und unsern starrenden Kirchen wohnen!

Sieh diesen Briefträger an. Glaube, er wird noch viele Treppen er-
      steigen,
an den Spalten wartenden Männern und Mädchen von weitem nicken,
alle blind austeilend mit Freude und Qual beschicken,
unwissend weiter steigen
und schweigen.
Mit elastischen Schenkeln und Knien und gewöhntem Blicke
vier, fünf Treppen hoch in die Himmel der Menschengeschicke!

Die blanken Pfützen zwischen den Steinen beglücken mich,
die alle Lampen zu schwankenden Sträußen pflücken,
die Pappeln um den Brunnen entzücken mich,
die ihre magern Zweige zusammenrücken;
und diese schmutzigen, weinenden Kinder bedrücken mich.

Alle Taten, die mit dem Tage entwichen,
hat der Abend in meine hoch getragne Stirn gestrichen.
Oh, dennoch den Kopf leicht hinein in den warmen Abend heben,

und über die Betäubungen in den Bars und Tanzlokalen,
über Dich und meine eigenen Qualen
hinweg um Dächer und Fenster schweben —»
Ich wollte zart und bittend ihre geliebte Schläfe beschauen;
es stand eine steile Falte zwischen ihren verdunkelten Brauen.

WALTER HASENCLEVER

GEDICHTE

Wenn der Tod
Die Musik verschlingt:
Werden wir uns erkennen?
Lebst Du
Im Zimmer, wo Männer stehn?
Aus dem Meer steigt die Insel,
Ein Leben, das uns gegolten hat.
Vögel fliegen auf.
Weine nicht!

*

Mond.
Gazellen rufen;
Die Öde der Täler, bedeckt von Schnee.
Sieh, ich wandle,
Ein Mensch der Liebe.
Ein Herz voll Hoffnung
Hat mich erreicht.

*

Wo bist du?
Ein Stern fällt.
Dein Gesicht!
Du bist da!

*

Wenn Du den Becher leerst,
Wo jenseits
Weiße Schwalben trinken:
Vergiß nicht die Träne,
Den Kuß, den Du träumtest,
Am Himmel der Toten.
Du bist geliebt!

Auf den Tod einer Frau

Wenn Du Dich neigst am Saum des Himmels,
Sommerentlaubt:
Wir bleiben zurück,
Wir öffnen die Augen,
Wir sehen Dein ewiges Bild.
Nun weißt Du alles,
Träne und Hoffnung,
Die Welt des Leides, die Welt des Glücks.
Erlöste Seele, geliebte Seele,
Schwester unser,
Die Heimat ist da!

ELSE LASKER-SCHÜLER

Gebet
(Meinem teuren Halbbruder, dem blauen Reiter)

Ich suche allerlanden eine Stadt,
Die einen Engel vor der Pforte hat.
Ich trage seinen großen Flügel
Gebrochen schwer am Schulterblatt
Und in der Stirne seinen Stern als Siegel.

Und wandle immer in die Nacht...
Ich habe Liebe in die Welt gebracht, —
Daß blau zu blühen jedes Herz vermag,
Und hab ein Leben müde mich gewacht,
In Gott gehüllt den dunklen Atemschlag.

O Gott, schließ um mich deinen Mantel fest;
Ich weiß, ich bin im Kugelglas der Rest,
Und wenn der letzte Mensch die Welt vergießt,
Du mich nicht wieder aus der Allmacht läßt
Und sich ein neuer Erdball um mich schließt.

Oskar Kokoschka · Walter Hasenclever

FRANZ WERFEL

Veni creator spiritus

Komm, heiliger Geist, Du schöpferisch!
Den Marmor unsrer Form zerbrich!
Daß nicht mehr Mauer krank und hart
Den Brunnen dieser Welt umstarrt,
Daß wir gemeinsam und nach oben
Wie Flammen ineinander toben!

Tauch auf aus unsern Flächen wund,
Delphin von aller Wesen Grund,
Alt allgemein und heiliger Fisch!
Komm, reiner Geist, Du schöpferisch,
Nach dem wir ewig uns entfalten,
Kristallgesetz der Weltgestalten!

Wie sind wir alle Fremde doch!
Wie unterm letzten Hemde noch
Die Schattengreise im Spital
Sich hassen bis zum letztenmal,
Und jeder, eh' er ostwärts mündet,
Allein sein Abendlicht entzündet,

So sind wir eitel eingespannt,
Und hocken bös an unserm Rand,
Und morden uns an jedem Tisch.
Komm, heiliger Geist, Du schöpferisch,
Aus uns empor mit tausend Flügen!
Zerbrich das Eis in unsern Zügen!

Daß tränenhaft und gut und gut
Aufsiede die entzückte Flut,
Daß nicht mehr fern und unerreicht
Ein Wesen um das andre schleicht,
Daß jauchzend wir in Blick, Hand, Mund und Haaren,
Und in uns selbst Dein Attribut erfahren!

Daß, wer dem Bruder in die Arme fällt,
Dein tiefes Schlagen süß am Herzen hält,
Daß, wer des armen Hundes Schaun empfängt,
Von Deinem weisen Blicke wird beschenkt,
Daß alle wir in Küssens Überflüssen
Nur Deine reine heilige Lippe küssen!

DER MENSCH IST EINE WELKE KLETTE

Der Mensch ist eine welke Klette:
Schmarotzerrot keucht der Kaukasier hin
Und baut sich emsig gelbviolette Städte.

Doch geht sein Wille über seinen Sinn!
Der Erdermüdung weiße Friedensschwingen
Sind schon im Leben unser Lichtgewinn.

Die Arbeit muß den warmen Leib bezwingen.
In der Erschlaffung Armen ruhn wir aus:
Im Traume kann der erste Flug gelingen!

Die Seele baut sich hier ein Glastwaldhaus,
Ihr blasses, unberührtes Sehnsuchtseden:
Wenn schrecklich auch, doch fern vom Erdgebraus!

Entleibt, bemerkt der Geist des Traumes Schäden
Und führt dann Kampf um Christi Licht,
Denn Erdgespenster muß er noch befehden!

Im Wollustwahnsinn suchst du kein Gericht.
Gereinigt wirst du selbst vor Christum treten,
Denn Gnade strahlt in jede Zuversicht.

Die Menschen, die am Werktag lichtwärts beten,
Sehn hoch im Sonnenrot ihr Weltsymbol,
Den Sieg über die Angst der Nachtplaneten.

Der Tod ist nur die Furcht vor unserm Wohl,
Das Fleisch hat Angst sich ewig wahrzunehmen,
Doch holde Hoffnung überstrahlt den Pol.

Das Urfeuer will sich des Endes schämen
Und wirkt als Ewigkeit, die sich erweist.
Tief überwunden sind des Zweifels Schemen:

Die Welt versöhnt und übertönt der Geist!

GESANG

In mir ist blauer Himmel;
ich trage die Erde,
trage die Liebe,
mich
und die Freude.

Sonne kniet vor mir,
aufsteigt das Korn,
ewiger Born fließt über die Lenden der Erde.

Werde!
Aufjubelnde Seele des All!
Ich bin ein Mensch im Arme des ewigen Werdens,
Geheimnis ist selig erschlossen,
ich bin in mich selber hell ausgegossen,
mit blauem Riesenfittich schweb' ich gen Sonne!

Stürzt die Ferne in meine Seele,
singt süßer Sang in mir,
ich fühle,
endelos,
daß ich nicht einsam bin ...
So nahe du bist,
Bruder Mensch,
die Ferne, die den Bogen um uns schlägt,
eint unsern Traum,
wenn das Angesicht Gottes sich über uns wölbt
und donnernd der Raum unserer Gedanken
über die gleichen Gebete unserer Freundschaft stürzt ...
Eine
Sehnsucht ist der Kreis unserer Hände!
O, laßt uns lächeln über den Tälern der Menschen —
wie die Seele des Monds,
die silbern träumt ...

FRANZ WERFEL

EIN GEISTLICHES LIED

Wir drehen uns vorüber
An einem Lämpchen, einem Mann.
Uns reißt etwas hinüber,
Und letzte Sehnsucht faßt uns an.

Wir werden nie uns haben,
Denn Formsein packt uns herrisch ein.
Und sind wir einst begraben,
Wird Staub dem Staub noch feindlich sein.

Am Gitter der Slowake
Spuckt aus und wischt sich seinen Mund.
Ein andrer hebt die Hacke,
Und näher schwebt ein brauner Hund.
Wenn sie vorüberspülen,
Bestürzt aus Lieb' zu Fleisch und Stein,
Doch wie wir Körper fühlen,
Muß Ekel unsre Antwort sein.

Verheißung letzter Treue
Ist unserer Augen Bruderlicht,
Aus dem die Winterbläue
Der ungedämmten Himmel bricht.
Daß wir dereinst uns finden
In den Gefühlen ohne Sprung,
Durch uns in uns verschwinden,
Und Schwung sind, nichts als Schwung und Lieb'
      und jagende Begeisterung.

FRANZ WERFEL

Die Leidenschaftlichen

Mein Gott, es werden sein zu deiner Rechten
Nicht die Wahrhaftigen allein und die Gerechten!
Nein alle, die in dreizehn Dezembernächten
Vor einem Fenster standen. Und Frauen, die sich rächten
Mit Vitriol und dann im Gerichtssaal ergrauten,
Die Eifersüchtigen all, die ihr Blut stauten,
In Droschken weinten, in Sälen sich erfrechten!
Die durchgefallnen tiefen Atmer,
Sänger, die mit bezechten
Gliedern dem Tod sich in die Grube schmissen,
Sie werden sein zu dir emporgerissen,
Und werden sitzen, Gott, zu deiner Rechten!

Es werden wandeln in deinen Gärten
Nicht nur die Demütigen und Beschwerten,
Nein alle, die leuchteten und verehrten!
Mädchen, die in Konzerten erkrankten,
Weil ihre Wangen zu bleich sich verklärten,
Blicke aus Augen, die dankten —

Wahre Augen-Blicke zu nimmer verzehrtem
Dauern aus Zeit in deine Zeiten gehoben,
Werden sie lodern weiter und loben,
Leichte Feuer wandelnd in deinen Gärten!

Es werden ruhen, Gott, in deinen Tiefen
Nicht die allein, die deinen Namen riefen,
Nein alle, die in den Nächten nicht schliefen!
Die am Morgen ihr Herz mit beiden Händen häuften
Wie Flamme, und liefen
Tiefatmend, blind, in unbekannten Läuften.
Ein Küsten-Wind zuckt in Selbstmörderbriefen.
Die Knaben haben Meere nicht verstanden,
So brannten sie sich ab in Hieroglyphen.
Nun knarrt ein Rost-Schild an den schiefen
Eisernen Kreuzen der Konfirmanden.
Wie sehr wir hier sind, sind wir dort vorhanden —
Die hier unruheten aus deinen Tiefen,
Sie werden ruhen dort in deinen Tiefen.

PAUL ZECH

Das ist die Stunde

I

Du kniest, Du betest vor —: wie dieser Gott
sich überreden läßt trotz tausend Lügen
und weichgewordner Päpste Spott.

Es sammelt sich Dein Wort in Zügen,
es zweigt der Strom sich siebenfach im Raum;
die Jungfrauen tragen wieder Öl in Krügen.

Schalmeien schallen lockend Zimbelschaum
und Engelscharen blau auf goldnem Grunde.
Ich küß von Deinem Kleid den Saum

und eine Taube schwebt und spricht: *Das ist die Stunde!*

II

Das ist die Stunde: Heimat überall
und noch in der Geliebten Sakrament.
Nie wieder wird ein Sündenfall

die Erde fluchen, bis sie brennt.
Das Du in mir, das Ich in Dir
lebt ungetrennt

fortzeugend noch, bis wir
vorwärts in heiligen Scharen
gemündet sind als Waldung oder Tier,

und wiederkehren nach Millionen Jahren.

WILHELM KLEMM

EINHEIT

Laß fallen, was fällt.
Auch die Vernichtung ist göttlich,
Auch der Irrtum und die Sünde,
Auch Frevel und Unglück.

Ist in dir der Trieb zum Guten,
Laß ihn mächtig treiben.
Das Trübe verzehrt sich von selbst.
Aber mindere es nach Kräften.

Geht der Tag zur Rüste,
Wie viele harren im Schoß der Zeit!
Wird dir die Erde eng,
Wie weit sind die Himmel!

Um die Winzigkeit des Daseins
Wölben sich ewige Schalen,
Sie sind unermeßlich.
Sollten sie dir nicht genügen?

Du darfst frei sein. Lerne also
von den Elementen, die dich tragen.
Du bist auch nur eine Bewegung,
Aber der Friede ist dir gewiß.

GEORG TRAKL

GESANG DES ABGESCHIEDENEN
An Karl Borromäus Heinrich

Voll Harmonien ist der Flug der Vögel. Es haben die grünen Wälder
Am Abend sich zu stilleren Hütten versammelt;
Die kristallenen Weiden des Rehs.
Dunkles besänftigt das Plätschern des Bachs, die feuchten Schatten

Und die Blumen des Sommers, die schön im Winde läuten.
Schon dämmert die Stirne dem sinnenden Menschen.

Und es leuchtet ein Lämpchen, das Gute, in seinem Herzen
Und der Frieden des Mahls; denn geheiligt ist Brot und Wein
Von Gottes Händen, und es schaut aus nächtigen Augen
Stille dich der Bruder an, daß er ruhe von dorniger Wanderschaft.
O das Wohnen in der beseelten Bläue der Nacht.

Liebend auch umfängt das Schweigen im Zimmer die Schatten der
      Alten,
Die purpurnen Martern, Klage eines großen Geschlechts,
Das fromm nun hingeht im einsamen Enkel.

Denn strahlender immer erwacht aus schwarzen Minuten des Wahn-
      sinns
Der Duldende an versteinerter Schwelle
Und es umfängt ihn gewaltig die kühle Bläue und die leuchtende
      Neige des Herbstes,

Das stille Haus und die Sagen des Waldes,
Maß und Gesetz und die mondenen Pfade der Abgeschiedenen.

WALTER HASENCLEVER

Du Geist, der mich verliess

Du Geist, der mich verließ, den ich gewinne,
Der tausendfältig meines Werkes harrt:
Erkämpf mich bis zum letzten meiner Sinne,
Auf einem andern Stern beginn, o Fahrt!
Ich bin von neuem in die Welt geboren,
Die meinem Leid und meinem Freuden quillt.
Was ich besaß, das hab ich nicht verloren,
Nur größer und nur klarer ward mein Bild.
Ich sah den Bruder, wenn ich die Erscheinung
Des eignen Herzens mich verklären sah;
Doch bin ich mehr als Sehnsucht und Beweinung:
Ich bin Verheißung! Ich bin ewig da!

KURT HEYNICKE

Psalm

Meine Seele ist ein stiller Garten,
ich weine,
umschlossen von den Mauern meines Leibes,
gelb sitzt die Welt vor meiner Seele Tür.

Meine Seele ist ein Garten,
eine Nachtigall meine Sehnsucht,
Liebeslieder singt die junge Nachtigall,
und mein Herz sehnt sich nach Gott.

Gott ist ein Name,
namenlos ist meine Sehnsucht,
sie hat ein Kind geboren,
Willen,
jung
und von Gewalt durchbrausten Willen,
hin zu ihm.

Ein Garten ist meine Seele.
Ich knie nicht im Garten.
Weit breiten meine Arme in den weiten Teppich blauer Nächte,
ich fliege,
namenloses Weltgesicht,
ich bin dein Bruder,
geboren aus Sternennebeln an erstem Tag.

Mein Willen blüht einen Altar aus Mai und junger Sonne,
vieltausend Blüten flammen auf,
und meine Sehnsucht flattert singend hin zu deinem Munde,
Gott,
oder Mutterschoß,
Herz meines Bruders im Weltall,
ich weine,
denn kein Gedanke schickt einen Namen,
ich singe
meiner Sehnsucht Psalm,
gewiegt von der Harfe unendlicher Liebe.

FRANZ WERFEL

Ein Lebens-Lied

Feindschaft ist unzulänglich.
Der Wille und die Taten,
Ein erdbewußtes Leben
In sich, was sind sie, Welt?
Es schwebt in jedem Schicksal,
Im Schritt der Lust und Schmerzen,
Im Morden und Umarmen,
Anmut des Menschlichen!

Nur das ist unvergänglich!
Sahst du die wilden Augen

Buckliger Bauernmädchen?
Sahst du, wie sie sich langsam
Weltdamenhaft verschleiern,
Sahst du in ihnen blinken,
Das Grün von Festestraden,
Musik und Lampennacht?

Sahst du den Bart von Kranken
— Ihr Wolken über Pappeln —,
Wie er an Gott erinnert,
Getaucht in einen Sturm?
Sahst du die große Güte
Im Sterben eines Kindes?
Wie uns der holde Körper
Mit Zärtlichkeit entglitt?

Sahst du das Traurigwerden
Von Mädchen an, am Abend?
Wie sie die Küchen ordnen
Und fern, wie Heilige sind.
Sahst du die schönen Hände
Durchfurchter Nachtgendarme,
Wenn sie den Hund liebkosen
Mit grobem Liebeswort?

Wer handelnd sich empörte,
Bedenke doch!! Unsagbar
Mit Reden und Gestalten
Sind wir uns fern und nah!
Daß wir hier stehn und sitzen,
Wer kann's beklommen fassen?!
Doch über allen Worten
Verkünd' ich, Mensch, *wir sind!!*

BIOGRAPHISCHES UND BIBLIOGRAPHISCHES

Um den historisch-dokumentarischen Charakter dieser Neuausgabe nach 40 Jahren zu wahren, ist alles Autobiographische und Biographische aus den vier ersten Auflagen der Ur-Ausgabe (1920 bis 1922) beibehalten und in *Kursivdruck* wiedergegeben. In diesen vor vier Jahrzehnten verfaßten autobiographischen oder prinzipiellen Bemerkungen der Dichter ist nichts geändert oder weggelassen worden, auch wenn sie heute teilweise abstrus erscheinen oder die Dichter ihre damaligen Meinungen geändert haben.

Da aber Schicksale und Werke der Dichter bis zu ihrem Tode oder bis zu diesem Jahr 1964, wenn auch notwendigerweise in knappstem Umfang, dargeboten werden sollen, so war sehr viel hinzuzufügen. Die bei Erscheinen der Neuausgabe noch lebenden drei von den 23 in dieser Sammlung auftretenden Dichtern, HEYNICKE, KLEMM, OT-TEN, haben zu den einstigen jetzt neue Autobiographien beigesteuert. Die ergänzende Biographie GOLLS verfaßte seine Witwe, die Dichterin CLAIRE GOLL. Sieben Dichter waren bei Erscheinen der Ur-Ausgabe 1920 bereits gestorben oder im ersten Weltkrieg gefallen: den durch Nahestehende damals geschriebenen Biographien von LICHTENSTEIN, LOTZ, STRAMM war nichts hinzuzufügen; Ergänzungen wurden angefügt den Darstellungen HEYMS und TRAKLS; den unzulänglichen früheren Angaben über HODDIS und STADLER sind neue Biographien durch den Herausgeber beigegeben worden. — Den kürzeren oder ausführlicheren Selbstdarstellungen der inzwischen gestorbenen Dichter, BECHER, BENN, DÄUBLER, EHRENSTEIN, HASENCLEVER, LASKER-SCHÜLER, LEONHARD, RUBINER, SCHICKELE, WERFEL, WOLFENSTEIN, ZECH, hat der Herausgeber ergänzende Biographien angefügt.

Alles vom Herausgeber verfaßte Biographische ist mit [Hgb.] gezeichnet. Alles, was nicht gezeichnet ist, stammt von den Dichtern selber. Alles von anderen Geschriebene zeigt am Schluß den Namen des Verfassers in [ ].

Um Wiederholungen im Biographischen zu vermeiden, wird in den jetzt hinzugefügten Biographien alles, was in der Ur-Ausgabe vorhanden ist, nicht noch einmal mitgeteilt. Man muß also die kursiv gedruckte alte und die neue ergänzende Darstellung lesen, um alle verzeichneten Daten und Fakten vereinen zu können. — Stilistischer Ehrgeiz und literarisches Urteil in der Darbietung des neuen Materials ist nicht angestrebt, wohl aber: auf möglichst wenig Raum möglichst viel Tatsächliches mitzuteilen.

Die Bibliographien bemühen sich, möglichst alle (wenn auch noch so seltene oder verschollene) in Buchform erschienenen Werke jedes

einzelnen Dichters aufzuführen. Wegen des begrenzten Raums mußte alles, was in Zeitschriften oder Sammelbänden von den Dichtern,
und alles, was über sie erschienen ist, fortfallen, ebenso Übersetzungen ihrer Werke in andere Sprachen, außer wenn die Dichter zweisprachig schrieben. Wohl aber sind von den Dichtern herausgegebene
oder übersetzte Werke anderer Autoren und von ihnen edierte Zeitschriften oder Sammelwerke angeführt. Neuauflagen sind nur vermerkt, wenn sie veränderte oder vermehrte Texte bieten oder wenn
ein besonderer Anlaß, z. B. Illustrierung, vorliegt. Umfangreichere
Auswahlen aus den Werken der einzelnen Dichter oder Gesammelte
Werke sind (meist am Schluß der Bibliographien) verzeichnet, ebenso wie Bemerkungen über den Nachlaß.

JOHANNES R(obert) BECHER. *Geboren 22. Mai 1891 in München* als
Sohn des späteren Oberlandesgerichts-Präsidenten Heinrich Becher,
studierte Philosophie und Medizin in Berlin, München und Jena, gab
aber das Studium auf, um als freier Schriftsteller zu leben. Als Kriegsgegner wurde er Ende des ersten Weltkriegs Mitglied des Spartakusbundes, dann der Kommunistischen Partei. 1924 ward ein Reichsgerichtsverfahren gegen ihn eingeleitet wegen Vorbereitung zum
Hochverrat, begangen durch die Gedichtsammlung ‹Der Leichnam
auf dem Thron› und den Roman ‹Levisite oder der einzig gerechte
Krieg; das Verfahren wurde schließlich auf Grund der Hindenburg-
Amnestie eingestellt. — Der geplanten Verhaftung in der Nacht des
Reichstagsbrands 1933 entkam er und emigrierte erst nach Prag,
dann nach Wien und Frankreich und, nach Aberkennung der deutschen Staatsbürgerschaft, im Herbst 1935 in die Sowjetunion. Er
blieb in Moskau, wurde während des Kriegs vorübergehend nach
Taschkent evakuiert, und kehrte im Mai 1945 für immer nach Berlin zurück. Er wurde Präsident des Kulturbundes zur demokratischen
Erneuerung Deutschlands (seit Februar 1948 Ehrenpräsident), von
1950 bis 1953 Vizepräsident, dann Präsident der Deutschen Akademie der Künste in Ostberlin und im Januar 1954 Minister für
Kultur. Er erhielt 1949 und 1950 den Nationalpreis Erster Klasse
sowie 1952 den Internationalen Lenin-Friedenspreis; 1951 ernannte
ihn die Berliner Humboldt-Universität zum Ehrendoktor und 1958
die Universität Jena zum Ehrensenator. Becher starb in Berlin am
11. Oktober 1958. Er wurde auf dem Dorotheenstädtischen Friedhof beerdigt, wo auch Bertolt Brecht begraben liegt. [Hgb.]
  Der Ringende, Kleist-Hymne; Berlin 1911. — Die Gnade eines
Frühlings, Dichtungen; Berlin 1912. — Erde, Ein Roman; Berlin
1912. — De Profundis Domine, Dichtung; München 1913. — Verfall
und Triumph, 2 Bde. (1. Bd.: Gedichte, 2. Bd.: Versuche in Prosa);
Berlin 1914. — Verbrüderung, Gedichte; Leipzig 1916. — An Europa,

Neue Gedichte; Leipzig 1916. — Die Heilige Schar, Gedichte; Leipzig 1918. — Päan gegen die Zeit, Gedichte; Leipzig 1918. — Das Neue Gedicht, Auswahl 1912—1918; Leipzig 1918. — Gedichte um Lotte; Leipzig 1919. — Gedichte für ein Volk; Leipzig 1919. — An Alle! Neue Gedichte; Berlin 1919. — Zion, Gedichte; München 1920. — Ewig im Aufruhr, Gedichte; Berlin 1920. — Der Gestorbene, Gedichte; Regensburg 1921. — Um Gott (Gedichte, Prosa und Festspiel ‹Arbeiter Bauern Soldaten›); Leipzig 1921. — Arbeiter Bauern Soldaten, Der Aufbruch eines Volkes zu Gott; Leipzig 1921. — Verklärung, Hymne; Berlin 1922. — Drei Hymnen, (‹Vernichtung›, ‹An die Deutschen›, ‹Mord›); Konstanz 1923. — Hymnen, Gedichte; Leipzig 1924. — Arbeiter, Bauern, Soldaten, Entwurf zu einem revolutionären Kampfdrama (2. völlig veränderte Ausg.); Frankfurt 1924. — Am Grabe Lenins, Dichtung; Berlin 1924. — Der Leichnam auf dem Thron (‹Roter Marsch›, ‹Der Leichnam auf dem Thron›, ‹Die Bombenflieger›), Dichtungen; Berlin 1925. — Vorwärts, du Rote Front, Aufsätze und Reden; Frankfurt a. M. 1924. — Penthesilea (mit Ludwig Meidner), Dichtung; Berlin 1924. — Wladimir Majakowski: 150 Millionen, Nachdichtung; Berlin 1924. — Demjan Bjedny: Die Hauptstraße, Nachdichtungen, Nachwort v. L. Trotzki; Wien 1924. — Der Bankier reitet über das Schlachtfeld, Erzählung; Wien und Berlin 1926. — (CHCLCH) 3As - Levisite oder der einzig gerechte Krieg, Roman; Wien-Berlin 1926. — Maschinenrhythmen, Gedichte; Berlin 1926. — Im Schatten der Berge, Gedichte; Berlin 1927. — Die hungrige Stadt, Gedichte; Wien 1927 u. 1928. — Ein Mensch unserer Zeit, Gesammelte Gedichte; Rudolstadt 1929 (Neuausg. m. Untertitel ‹Verse und Prosa› Berlin 1930). — Graue Kolonnen, Gedichte; Berlin, Wien und Zürich 1930. — Der große Plan, Epos des sozialistischen Aufbaus; Wien und Berlin 1931. — Der Mann der in der Reihe geht, Neue Gedichte und Balladen; Berlin 1932.

Neue Gedichte; Moskau-Leningrad 1933. — Deutscher Totentanz 1933, Gedichte; Moskau 1933. — Es wird Zeit, Gedichte; Moskau 1933. — An die Wand zu kleben, Gedichte; Moskau 1933. — Der verwandelte Platz, Erzählungen und Gedichte; Moskau, Zürich 1934. — Deutschland, ein Lied vom Köpferollen und von den Nützlichen Gliedern; Moskau, Zürich 1934. — Der Mann, der alles glaubte, Dichtung; Moskau, Paris 1935. — Ausgewählte Gedichte; Kiew 1935. — Sonette und Gedichte; Paris 1936. — Der Glücksucher und die sieben Lasten, Ein Hohes Lied; Moskau, London 1938. — Die Bauern von Unterpeißenberg und andere Gedichte aus dem bäuerlichen Leben; Engels 1938. — Der Weltentdecker, Ausgewählte Gedichte; Kiew 1938. — Gewißheit des Siegs und Sicht auf große Tage, Gesammelte Sonette 1935—1938; Moskau 1939. — Gesammelte Epische Dichtungen; Kiew 1939. — Wiedergeburt, Dichtungen; Moskau 1940. —

Die Sieben Jahre, Gedichte; Moskau 1940. — Abschied, Einer deutschen Tragödie erster Teil, 1900—1914, Roman; Moskau 1940 (Neuauflagen seit 1945 Berlin). — Deutschland ruft, Gedichte; Moskau 1942 (Erw. Ausg. Stockholm 1945). — Schlacht um Moskau, Drama; Moskau 1942. — Dank an Stalingrad, Dichtungen; Moskau 1943. — Deutsche Sendung, Ein Ruf an die deutsche Nation; Moskau 1943. — Neue Waffen, Gedichte; Moskau 1943. — Die hohe Warte, Deutschland-Dichtung; Moskau 1944 (Erw. Ausg. Berlin 1947). — Deutsche Lehre, Essay; London 1944. — Dichtung, Auswahl aus den Jahren 1939—1943; Moskau 1944.

Winterschlacht (Schlacht um Moskau), eine deutsche Tragödie; Berlin 1945, 1953, 1956. — Ausgewählte Dichtung aus der Zeit der Verbannung; Berlin 1945. — Deutsches Bekenntnis, Drei Reden zu Deutschlands Erneuerung; Berlin 1945 (erw. Aufl.: Sieben Reden; Berlin 1947). — Romane in Versen; Berlin 1946. — Erziehung zur Freiheit, Gedanken und Betrachtungen; Berlin 1946. — Das Führerbild, Schauspiel; München 1946 (neue Ausg. betitelt ‹Der Weg nach Füssen›; Berlin 1953). — München in meinem Gedicht; Starnberg am See 1946. — Heimkehr, Gedichte; Berlin 1947. — Wir - unsere Zeit, Auswahlband in 6 Teilen (m. Einführungen v. Paul Wiegler u. Georg Lukács); München 1947. — Wir, Volk der Deutschen, Rede; Berlin 1947. — Vom Willen zum Frieden, Zwei Reden; Berlin 1947. — Lob des Schwabenlandes, Schwaben in meinem Gedicht; Konstanz und Leipzig 1947. — Wiedergeburt, Buch der Sonette; Leipzig 1947. — Uns ist bange, aber wir verzagen nicht, Rede; Berlin 1947. — Volk im Dunkel wandelnd, Gedicht-Auswahl; Berlin 1948. — Der Befreier, Rede zum 200. Geburtstag Goethes; Berlin 1949. — Auswahl in vier Bänden; Berlin 1949. — Befreiung, Rede; Berlin 1949. — Die Faust, Gedichte; Bukarest 1949. — Wir wollen Frieden, Auszüge aus Reden und Aufsätzen; Berlin 1949. — Die deutsche Verantwortung für den Frieden, Rede; Berlin 1950. — Vollendung träumend, Ausgewählte Gedichte aus dem frühen Werk; Leipzig 1950. — Neue deutsche Volkslieder (vertont v. Hanns Eisler); Berlin 1950. — Macht den Frieden stark! 3 Briefe, den Frieden betreffend; Berlin 1950. — Sterne unendliches Glühen, Die Sowjetunion in meinem Gedicht 1917 bis 1951; Berlin 1951. — Dona nobis pacem - Gib uns den Frieden, Ein Friedensbrevier; Berlin 1951. — Auf andere Art so große Hoffnung, Tagebuch 1950; Berlin 1951. — Ein Mensch unserer Zeit in seinen Gedichten 1911—1951; Berlin 1951. — Glück der Ferne - leuchtend nah, Gedichte; Berlin 1951. — Forum der Nation, Rede; Berlin 1951. — Verteidigung der Poesie, Vom Neuen in der Literatur (‹Bemühungen› 1. Teil); Berlin 1952. — Schöne deutsche Heimat, Gedichte; Berlin 1952 (Neuausg. m. Illustrationen 1956). — Deutsche Sonette 1952; Berlin 1952. — Auswahl in sechs Bänden; Berlin 1952.

— Dreimal bebende Erde, Ausgewählte Prosa aus den Tagebüchern; Berlin 1953. — Poetische Konfession (‹Bemühungen› 2. Teil); Berlin 1954. — Ein Deutschland ist, soll sein und bleiben! Rede; Berlin 1954. — Macht der Poesie, Poetische Konfession 2.Teil (‹Bemühungen› 3.Teil); Berlin 1955. — Für ein Deutschland - schön wie nie!, Rede; Berlin 1955. — Sternbilder auf Erden, Dichtungen; Berlin 1955. — Vom Anderswerden, Reden, Aufsätze, Briefe (Nachwort Alexander Abusch); Berlin 1955. — Denn er ist unser: Friedrich Schiller, der Dichter der Freiheit, Rede; Berlin 1955. — Wir, unsere Zeit, das zwanzigste Jahrhundert, Ausgewählte Gedichte; Berlin 1956. — Sonett-Werk; Berlin 1956. — Von der Größe unserer Literatur, Rede; Berlin 1956. — Das Poetische Prinzip (‹Bemühungen› 4. Teil); Berlin 1957. — Liebe ohne Ruh, Liebesgedichte 1913 – 1956; Berlin 1957. — Walter Ulbricht, Ein Deutscher Arbeitersohn; Berlin 1958. — Schritt der Jahrhundertmitte, Neue Dichtungen; Berlin 1958. — Der Glücksucher und die sieben Lasten, Verlorene Gedichte; Berlin 1958. — Als namenloses Lied, Gedichte (Vorwort Ernst Stein); Berlin 1958. — Die sozialistische Kultur und ihre nationale Bedeutung, Ansprache; Berlin 1958.

Ein Staat wie unser Staat, Gedichte und Prosa vom Werden und Wachsen der Deutschen Demokratischen Republik (Vorwort Walter Ulbricht); Berlin 1959. — Vom Mut des Künstlers; Leipzig 1959. — Gerichtstag über sich selbst; Leipzig 1959. — Sterne unendliches Glühen, Die Sowjetunion im Dichten und Denken eines Deutschen (Erw. Neuausg., 2 Bde.); Berlin 1960. — Du bist für alle Zeit geliebt, Gedichte (Auswahl v. J. R. Becher Archiv), ill. v. Frans Masereel; Berlin 1960. — Gedichte, Winterschlacht; Berlin 1960. — Abschied. Wiederanders; Berlin 1960. — In München bin ich geboren, Erlebnis und Erzähltes (Einführung v. Lilly Becher), ill. v. Paul Rosié; Berlin 1961. — Ein Lesebuch für unsere Zeit, hgb. v. Uwe Berger; Weimar 1961. — Vom Verfall zum Triumph, Aus dem lyrischen Werk 1912 bis 1958, hgb. v. d. Deutschen Akademie der Künste zu Berlin. Mit 50 Original-Holzschnitten v. Frans Masereel; Berlin 1961. — Über Literatur und Kunst, hgb. v. Marianne Lange; Berlin 1962.

Becher gab (mit anderen) die Zeitschrift ‹Die Linkskurve›, Berlin 1930 – 1932, heraus und war von 1935 – 1945 Chefredakteur der ‹Internationalen Literatur, Deutsche Blätter› in Moskau. 1949 begründete er (mit Paul Wiegler) die Zeitschrift ‹Sinn und Form. Beiträge zur Literatur›. Er edierte die Auswahl ‹Tränen des Vaterlandes, Deutsche Dichtung aus dem 16. und 17. Jahrhundert›, Berlin 1954.

Eine vollständige Bibliographie aller Arbeiten Bechers findet sich in ‹Sinn und Form›, Zweites Sonderheft Johannes R. Becher, Berlin o. J. [1959].

Der Nachlaß befindet sich im Johannes R. Becher-Archiv der Deutschen Akademie der Künste im ehemaligen Wohnhaus Bechers in Berlin-Niederschönhausen, Majakowskiweg 34.

GOTTFRIED BENN. *Geboren 1886 und aufgewachsen in Dörfern der Provinz Brandenburg. Belangloser Entwicklungsgang, belangloses Dasein als Arzt in Berlin.*

In Mansfeld in der Westprignitz am 2. Mai 1886 geboren als Sohn eines protestantischen Pastors und einer Mutter aus der französischen Schweiz. Bevor er ein Jahr alt war, übersiedelte die Familie nach Sellin in der Neumark, wo er aufwuchs, bis er das Friedrich-Gymnaisum in Frankfurt a. d. Oder besuchte. Auf seines Vaters Wunsch studierte er zunächst Theologie und Philosophie in Marburg, wandte sich aber dann dem medizinischen Studium zu, absolvierte die Kaiser-Wilhelm-Akademie für Militärärzte und nach kurzem Heeresdienst wurde er Schiffsarzt. Von einer Fahrt nach Amerika zurückkehrend, diente er während des ganzen ersten Weltkrieges als Militärarzt, erst an der Westfront, dann in einem Hospital in Brüssel. Nach dem Krieg, er hatte kurz vor Kriegsausbruch geheiratet, eröffnete er seine Praxis als Spezialarzt für Haut- und Geschlechtskrankheiten, die er bis 1935 in der Belle-Alliancestr. 12, Berlin SW 61 ausübte.

Nach Hitlers Machtergreifung billigte und verteidigte er erst den Nationalsozialismus, auch in seinen Schriften, erkannte aber bald seinen Irrtum und wurde gleichzeitig so heftig von den Nazis angegriffen, daß er die, wie er sagte, «aristokratische Form der Emigration» wählte und 1935 wieder in den Heeresdienst eintrat, um zuerst in Hannover, dann einige Jahre in Berlin, schließlich seit 1943 in Landsberg a. d. Warthe die Tätigkeit eines militärärztlichen Beamten (Oberstabsarzt) auszuüben. Er war aus der Akademie der Künste und seit 1938 aus der Reichsschrifttumskammer ausgeschlossen worden und veröffentlichte (außer einem kleinen Privatdruck von Gedichten) von 1936 bis 1948 nichts. In den letzten Tagen des Krieges gelang es ihm, aus Landsberg den heranrückenden Russen zu entkommen, während seine junge zweite Frau auf der Flucht aus Berlin sich das Leben nahm.

Sofort nach dem Krieg eröffnete er seine Privatpraxis wieder (Bozener Str. 20), er heiratete ein drittes Mal, und seit 1948 begann er fortlaufend Gedichte und Prosa zu veröffentlichen, die ihm nun, in seinem siebenten Jahrzehnt, späten Ruhm und viele Ehrungen brachten. Als junger Arzt hatte er einst die goldene Medaille der Berliner Universität erhalten, jetzt erhielt er 1951 den Büchnerpreis und 1953 das Verdienstkreuz der Bundesrepublik. Er starb am 7. Juli 1956 und ist auf dem Waldfriedhof in Berlin-Dahlem begraben. [Hgb.]

Morgue und andere Gedichte; Berlin 1912. — Söhne, Neue Gedichte; Berlin 1913. — Gehirne, Novellen; Leipzig 1916. — Fleisch, Gesammelte Lyrik; Berlin 1917. — Diesterweg, Eine Novelle; Berlin 1918. — Der Vermessungsdirigent, Erkenntnistheoretisches Drama; Berlin 1919. — Ithaca, Dramatische Szene; Berlin 1919. — Etappe, Prosa; Berlin 1919 —. Das moderne Ich, Essays; Berlin 1920. — Die gesammelten Schriften (Gedichte, Novellen, Szenen, Essays); Berlin 1922. — Schutt, Gedichte; Berlin 1924. — Betäubung, Gedichte; Berlin 1925. — Spaltung, Neue Gedichte; Berlin 1925. — Gesammelte Gedichte (1. Teil 1912—1920, 2. Teil 1922—1927); Berlin 1927. — Gesammelte Prosa (1. Teil: Novellistische Prosa, 2. Teil: Essayistische Prosa); Potsdam 1928. — Fazit der Perspektiven, Essays; Berlin 1930. — Das Unaufhörliche, Text zu einem Oratorium von Paul Hindemith; Dortmund 1931. — Nach dem Nihilismus (Essays und Reden); Berlin 1932.

Der neue Staat und die Intellektuellen, Essays; Stuttgart-Berlin 1933. — Kunst und Macht, Essays und Reden; Stuttgart-Berlin 1934 — Gedichte; Hamburg 1936 (Sonderheft ‹Das Gedicht, Blätter für Dichtung› Jahrg. 2). — Ausgewählte Gedichte, 1911—1936; Stuttgart 1936 (1. Ausg., von den Nazis verboten, erschien nicht. Die 2. Ausg., ohne die fünf beanstandeten Gedichte, erschien im gleichen Jahr. Dies war die letzte Veröffentlichung Benns vor dem endgültigen Publikationsverbot) — Zweiundzwanzig Gedichte 1936 bis 1943 (Privatdruck o. O. 1943). — Statische Gedichte; Zürich 1948 (Verm. Ausg. Wiesbaden 1949). — Trunkene Flut, Ausgewählte Gedichte; Wiesbaden 1949 (Verm. Ausg. Wiesbaden 1952). — Goethe und die Naturwissenschaften; Zürich 1949. — Der Ptolemäer, Erzählungen; Wiesbaden 1949. — Drei alte Männer; Wiesbaden 1949. — Ausdruckswelt, Essays und Aphorismen; Wiesbaden 1949. — Doppelleben, Zwei Selbstdarstellungen; Wiesbaden 1950. — Frühe Prosa und Reden; Wiesbaden 1950. — Fragmente, Neue Gedichte; Wiesbaden 1951. — Probleme der Lyrik, Vortrag; Wiesbaden 1951. — Essays; Wiesbaden 1951. — Vorwort zu: Das Zeitalter der Angst von W. H. Auden; Wiesbaden 1951. — Frühe Lyrik und Dramen; Wiesbaden 1952. — Die Stimme hinter dem Vorhang, Hörspiel; Wiesbaden 1952. — Destillationen, Neue Gedichte; Wiesbaden 1953. — Monologische Kunst, Ein Briefwechsel zwischen A. Lernet-Holenia und Gottfried Benn; Wiesbaden 1953. — Altern als Problem für Künstler; Wiesbaden 1954. — Provoziertes Leben, Ausgewählte Prosa; Frankfurt a. M. 1954. — Reden; München 1955. — Lyrik des expressionistischen Jahrzehnts, eingeleitet von Gottfried Benn; Wiesbaden 1955. — Aprèslude, Gedichte; Wiesbaden 1955. — Gesammelte Gedichte; Wiesbaden und Zürich 1956. — Soll die Dichtung das Leben bessern? Zwei Reden, gehalten v. Gottfried Benn und Reinhold Schneider; Wiesbaden 1956. — Über mich selbst, 1886—1956; München 1956.

Ausgewählte Briefe, mit einem Nachwort von Max Rychner; Wiesbaden 1957. — Dr. Roenne, Frühe Prosa; Zürich 1957. — Primäre Tage, Gedichte und Fragmente aus dem Nachlaß; Wiesbaden 1958. — Gesammelte Werke in vier Bänden, hgb. v. Dieter Wellershoff; Wiesbaden 1958—1961. — Briefe an Ernst Jünger u. a., ausgew. u. eingel. v. Peter Schifferli; Zürich 1960. — Roman des Phänotyp. Landsberger Fragmente 1944; Frankfurt a. M. 1961. — Lyrik und Prosa, Briefe und Dokumente, hgb. v. Max Niedermayer; Wiesbaden 1962.

Nachlaß größtenteils bei Frau Dr. Ilse Benn, Stuttgart (Gedichte, Prosa, Singspiel ‹Die Möbelträger›).

THEODOR DÄUBLER. *Geboren zu Triest am 17. August 1876, lebte dort und später, nach dem 22. Lebensjahr, in Neapel, Wien, Paris, Florenz, Rom, Dresden und Berlin.*

Als Sohn einer schlesischen Mutter und eines Großkaufmanns aus dem bayrischen Schwaben wurde Däubler in Triest zweisprachig, deutsch und italienisch, erzogen und damit in zwei verschiedenen Kulturen und zwischen zwei Religionen. Seine Jugend verbrachte er an der von ihm bewunderten adriatischen Küste, in Triest und Venedig. Als Fünfzehnjähriger ging er zur See. Dann ließen ihn die Eltern durch Privatlehrer ausbilden, und einer von ihnen verstärkte die Liebe des Jünglings für das klassische Altertum und alles Italienische.

Nach Bestehen des Abiturientenexamens zieht er mit den Eltern nach Wien, wo seine Leidenschaft für die deutsche Sprache und die Musik (durch GUSTAV MAHLER) erweckt wird. Nun fängt sein Vaganten-Leben an, das er niemals wieder aufgab. Er beginnt in Neapel 1898 sein Hauptwerk ‹Das Nordlicht›, geht nach Berlin, wieder nach Wien, für mehrere Jahre nach Italien, dann 1903 nach Paris, wo er die Malerei des neuen Jahrhunderts gründlich kennenlernt; er ist oft in Florenz, wohin er 1910 übersiedelt, um das ‹Nordlicht› zu vollenden. Bis zum Beginn des ersten Weltkriegs durchwandert er die italienischen Städte und Sizilien, entscheidet sich für Deutschland und macht erst Dresden, dann seit 1916 Berlin zum Zentrum seines unsteten Daseins. 1919 folgt er einer Einladung nach Genf und schließlich 1921 der Aufforderung, nach Griechenland zu kommen. Über die Insel Ithaka gelangt er nach Athen. Griechenland bekommt jetzt die Bedeutung, die früher Italien für ihn hatte. Wie einst in Paris, lebt er nun in Griechenland in härtester Armut; aber seine Reisebilder, die in deutschen Zeitungen und Zeitschriften erscheinen, ermöglichen ihm lange Aufenthalte im Inneren des Landes und Reisen zu den ägäischen Inseln, nach Kleinasien und Ägypten.

Schwer krank kehrt er 1926 nach Berlin zurück. Kaum genesen, beginnt er von neuem seine Fahrten nach Italien, durch ganz Deutschland, nach Skandinavien, England, Frankreich und dem Balkan. Sein Zentrum ist wieder Berlin, wo er große Ehrungen empfängt: er wird Präsident des deutschen PEN-Clubs und Mitglied der Akademie der Künste; er erhält die Goethe-Medaille und das Kommandeurskreuz des griechischen Erlöserordens. 1932 erkrankt er in Italien an Tuberkulose, aber er unterbricht seine Kur in einem Sanatorium bei Berlin immer wieder durch Reisen. Im Frühling 1933 erleidet er einen Schlaganfall; seine Schwester bringt den Vereinsamten nach St. Blasien im Schwarzwald, wo er am 13. Juni 1934 seinem Lungenleiden erlag. [Hgb.]

Das Nordlicht, Lyrisches Epos in drei Bänden (Florentiner Ausgabe); München 1910 (überarbeitete u. erw. ‹Genfer Ausgabe› in 2 Bdn., Leipzig 1921/22). — Oden und Gesänge; Dresden-Hellerau 1913. — Däubler-Heft der ‹Neuen Blätter›; Berlin 1913. — Wir wollen nicht verweilen, Autobiographische Fragmente; München 1914, Dresden-Hellerau 1919. — Hesperien, Eine Symphonie I, Gedichte; München 1915. — Der sternhelle Weg, Gedichte; Dresden-Hellerau 1915 (verm. Aufl. Leipzig 1919). — Hymne an Italien, Gedichte; München 1916 (zweite überarbeitete Ausg. Leipzig 1919). — Hymne an Venedig; Berlin 1916. — Mit silberner Sichel, Prosa; Dresden-Hellerau 1916. — Das Sternenkind, Gedichtauswahl; (Insel-Bücherei) Leipzig 1916. — Der neue Standpunkt, Essays über moderne Kunst; Dresden-Hellerau 1916. — Lucidarium in arte musicae des Ricciotto Canudo aus Gioja del Colle, Essays über Musik; Dresden-Hellerau 1917. — Im Kampf um die moderne Kunst, Essay; Berlin 1919. — Die Treppe zum Nordlicht, Eine Symphonie II; Leipzig 1920. — Die Perlen von Venedig, Gedichte; Leipzig 1921. — Der unheimliche Graf, Drei Erzählungen; Hannover 1921. — Der heilige Berg Athos, Eine Symphonie III, Prosa; Leipzig 1923. — Sparta, Ein Versuch; Leipzig 1923. — Päan und Dithyrambos, Eine Phantasmagorie (Gedichtzyklus); Leipzig 1924. — Attische Sonette; Leipzig 1924. — Der Schatz der Insel, Eine Erzählung aus den griechischen Befreiungskriegen; Berlin, Wien, Leipzig 1925. — Aufforderung zur Sonne, Autobiographische Skizze; Chemnitz 1926. — Bestrickungen, Zwei Novellen; Berlin 1927. — L'Africana, Roman; Berlin 1928. — Der Fischzug, Acht Aufsätze aus den Jahren 1917—1929; Hellerau 1930. — Der Marmorbruch, Erzählung; Leipzig 1930. — Die Göttin mit der Fackel, Roman einer kleinen Reise; Berlin 1931. — Can Grande della Scala, dramatisches Fragment; Leipzig 1932.

Griechenland (etwa 100 Aufsätze), Aus dem Nachlaß hgb. v. Max Sidow; Berlin 1947.

Theodor Däubler — Eine Einführung in sein Werk und eine Auswahl, hgb. v. Hanns Ubricht; Wiesbaden 1951.

Dichtungen und Schriften (umfangreiche Auswahl, enthaltend auch manches bisher nicht in Buchform Erschienene und einiges aus dem Nachlaß), hgb. v. Friedhelm Kemp; München 1956.

Übersetzungen: Gedichte des Boccaccio, Leipzig 1928. — Der Hahn, Übertragungen aus dem Französischen; Berlin 1917.

Viele große Arbeiten Däublers, die in Zeitschriften veröffentlicht wurden, sind nicht in Buchform erschienen, z. B. ‹Delos› in: Deutsche Rundschau, Bd. 202, 1925, S. 178—229 u. 310—351. — Der Band ‹Veröffentlichungen der preußischen Akademie der Künste, Jahrbuch der Sektion Dichtung›, Berlin 1929, enthält: ‹Mein Weg nach Hellas›, ‹Politik und Dichtung›, ‹Über die Möglichkeit einer deutschen Danteübersetzung›.

Nachlaß im Goethe-Schiller-Archiv in Weimar und in der Landesbibliothek Dresden.

ALBERT EHRENSTEIN. *Am 23. Dezember 1886 geschah mir die Wiener Erde.*

Geboren als Sohn ungarischer Eltern in Wien, wo er Geschichte und Philologie studierte und 1910 «sich den Doktortitel zuzog» mit einer Arbeit über ‹Ungarn, im Jahre 1790...›. Schon während seiner Schul- und Studentenzeit begann seine literarische Tätigkeit; KARL KRAUS druckte in der ‹Fackel› Gedichte Ehrensteins. Nach der Veröffentlichung des selbstanalytischen, von seinem Freund OSKAR KOKOSCHKA illustrierten Prosabuchs ‹Tubutsch› schloß er sich dem expressionistischen ‹Sturm›-Kreis in Berlin an. In Berlin wirkte er dann als freier Schriftsteller und als literarischer Kritiker großer demokratischer Blätter Deutschlands. Aber Ehrenstein führte ein unstetes Dasein, war sehr viel auf Reisen, nicht nur in Europa, sondern ebenso in Afrika, Asien, und blieb, wie er angab, eine Zeitlang in China. Ende 1932 siedelte er in die Schweiz über, dann 1941 nach New York. Nach dem Kriege kehrte er noch einmal in die Schweiz zurück, kam aber schließlich wieder nach New York, wo der Dichter der bittersten Gedichte deutscher Sprache, nach einem bitteren Leben in Armut, nach langer Krankheit einen bitteren Tod starb, am 8. April 1950. [Hgb.]

Tubutsch, Erzählung (mit 12 Zeichnungen v. Oskar Kokoschka); Wien 1911 (veränderte Ausg. München 1914, dann in der Insel-Bücherei, Leipzig). — Der Selbstmord eines Katers, Erzählung; München 1912 (Neuaufl. als: Bericht aus einem Tollhaus, Roman; Leipzig 1919). — Die weiße Zeit, Gedichte 1900—1913; München 1914. — Nicht da, nicht dort, Prosa; Leipzig 1916. — Der Mensch schreit, Gedichte (mit Lithographie v. Oskar Kokoschka); Leipzig 1916 —. Die rote Zeit, Gedichte; Berlin 1917. — Zaubermärchen; Berlin 1919. — Den ermordeten Brüdern, Aufsätze und Verse; Zürich 1919. — Dem ewigen Olymp, Novellen und Gedichte; (Reclambändchen) Leipzig 1919. — Die Gedichte, Erste Gesamtausgabe; Leipzig-Wien 1920. — Karl Kraus; Leipzig-Wien 1920. — Die Nacht wird, Novellen und Gedichte; Leipzig-Wien 1920. — Wien, Gedichte; Wien 1920, Berlin 1921. — Die Heimkehr des Falken; München 1921. — Briefe an Gott; Wien-Leipzig 1922. — Schi-King, Nachdichtung chinesischer Lyrik; Wien 1922. — Herbst, Gedichte; Berlin 1923. — Pe-Lo-Thien, Nachdichtungen chinesischer Lyrik; Berlin 1923. — China klagt, Nachdichtungen revolutionärer chinesischer Lyrik aus drei Jahrtausenden; Berlin 1924. — Po-Chü-I, Nachdichtung; Berlin 1924. — Lukian, Übersetzung (Die wahre Geschichte, Der magische Esel, Hetärengespräche); Berlin 1925. — Ritter des Todes, Die Erzählungen von 1900 bis 1919; Berlin 1926. — Menschen und Affen, Essays 1910—1925; Berlin 1926. — Räuber und Soldaten, Roman frei nach dem Chinesischen; Berlin 1927. — Mörder aus Gerechtigkeit, Romane frei nach dem Chinesischen; Berlin 1931. — Mein Lied, Gedichte 1900—1931 (mit 8 Lithographien v. Oskar Kokoschka); Berlin 1931. — Das gelbe Lied, Nachdichtungen klassischer Lyrik der Chinesen, Berlin 1933.

Ehrenstein gab heraus: Hölderlins Übersetzung der ‹Trauerspiele des Sophokles, Ödipus der Tyrann, Antigonä›; Weimar 1918. — Chr. M. Wieland ‹Dschinnistan›; Wien 1920. — Lukian ‹Milesische Märchen›; Weimar o. J. [1920].

Gedichte und Prosa, hgb. u. eingel. v. Karl Otten; Neuwied 1961. — Ausgewählte Aufsätze, hgb. v. M. Y. Ben-Gavriêl; Heidelberg 1961.

Nachlaß in der Jewish National and University Library in Jerusalem.

IWAN GOLL *hat keine Heimat: durch Schicksal Jude, durch Zufall in Frankreich geboren, durch ein Stempelpapier als Deutscher bezeichnet.*

Iwan Goll hat kein Alter: seine Kindheit wurde von entbluteten Greisen aufgesogen. Den Jüngling meuchelte der Kriegsgott. Aber um ein Mensch zu werden, wie vieler Leben bedarf es.

Einsam und gut nach der Weise der schweigenden Bäume und des stummen Gesteins: da wäre er dem Irdischen am fernsten und der Kunst am nächsten.

Geboren am 29. März 1891 in St. Dié, Frankreich. Vater Elsässer, Mutter Lothringerin. Nach dem Tod des Vaters, 1898, siedelt die Mutter nach Metz über. Goll besucht dort das deutsche Gymnasium. Studiert später in Straßburg und macht 1912 seinen Dr. phil.

Befindet sich 1914 bei Kriegsausbruch in Zürich. Lebt im Kreise von STEFAN ZWEIG, LUDWIG RUBINER, HANS ARP etc. Befreundet sich dort mit JAMES JOYCE und veranlaßt später die Veröffentlichung von dessen ‹Ulysses› in deutscher Sprache.

Verlobt sich 1916 mit CLAIRE STUDER, die er in Genf besucht hat. Lebt mit ihr 1917 in Lausanne und 1918 in Ascona. Debattiert dort mit VIKING EGGELING über die Grundlagen des ersten abstrakten Films: ‹Symphonie Diagonale›. Betätigt sich auch in der Eranos-Gruppe daselbst.

1919 siedeln Claire und Iwan Goll dauernd nach Paris über. 1920 fordert Iwan Goll als erster in Europa – in seinem Vorwort zu seinen ‹Überdramen›: ‹Die Unsterblichen› – den Überrealismus. 1924 lanciert er in seiner Zeitschrift ‹Surréalisme› diese Bewegung in Frankreich.

1939 emigrieren die Golls nach New York. 1944 erste Symptome seiner tödlichen Krankheit: Leukämie. 1947 Rückkehr nach Paris. Am 27. Februar 1950 stirbt Goll in Paris. 1955 Beisetzung auf dem Friedhof Père Lachaise, Paris, gegenüber von Chopins Grab. [Claire Goll]

Lothringische Volkslieder; Metz 1912. – Der Panamakanal, Dichtung (unter Pseudonym Iwan Lassang); Berlin 1914. – Films, Gedichte (unter Pseudonym Tristan Torsi); Berlin-Charlottenburg 1914. – Elégies Internationales, Pamphlets contre cette guerre; Lausanne 1915. – Requiem pour les morts de l'Europe; Genf 1916. – Requiem für die Gefallenen von Europa; Zürich 1917. – Felix, eine Dithyrambe; Dresden 1917. – Der Torso, Stanzen und Dithyramben; München 1918. – Der neue Orpheus, eine Dithyrambe; Berlin 1918. – Dithyramben; Leipzig 1918. – Die Unterwelt, Gedichte; Berlin 1919. – Die drei guten Geister Frankreichs, Essays; Berlin 1919. – Le cœur de l'ennemi, Poèmes actuels (Vorwort und Übers. v. 14 deutschen Gedichten); Paris 1919. – Das Herz des Feindes (mit Claire Goll), Übers. französischer Gedichte; München 1920. – Astral, ein Gesang (ill. v. Fernand Léger); Dresden 1920. – Die Unsterblichen, zwei Überdramen (Der Unsterbliche, Der Ungeborene); Berlin 1920. – Die Chapliniade, eine Kinodichtung (ill. v. Fernand Léger); Dresden 1920. – Das Lächeln Voltaires, Essay; Basel 1921. – Paris brennt, Dichtung; Zagreb 1921. – Lassalles Tod, Drama; Potsdam 1921. – Les Cinq Continents, Anthologie mondiale de poésie contemporaine; Paris 1922. – Methusalem, Satirisches Drama (ill. v. George Grosz, Vorworte v. Goll und Georg Kaiser); Potsdam 1922. – Archipenko-Album; Potsdam 1922. – Le nouvel Orphée, Gesammelte Dichtungen (La Chaplinade, Mathusalem, Paris brûle, Le nouvel Orphée, Astral, Assurance contre le suicide); Paris 1924. – Der Stall des Augias, Tragödie; Berlin 1924. – Der Eiffelturm, Gesammelte Dichtungen; Berlin 1924. – Germaine Berton, Essay; Berlin 1925. – Poèmes d'Amour (mit Claire Goll); Paris 1925. – Poèmes de Jalousie (mit Claire Goll, ill. v. Fouyita); Paris 1926. – Poèmes de la Vie et de la Mort (mit Claire Goll); Paris 1927. – Le Microbe de l'Or, Roman; Paris 1927. – Die Eurokokke, Roman, Berlin 1927. – Chansons Nègres; Paris 1928. — A bas l'Europe! Roman; Paris 1928. — Der Mitropäer, Roman; Basel 1928. — Die siebente Rose, Gedichte (ill. v. Hans Arp); Paris 1928. — Royal Palace, Oper (Musik v. Kurt Weill); Berlin 1928. — Der neue Orpheus, Cantata (Musik v. Kurt Weill); Berlin 1928. — Sodome et Berlin, Roman; Paris 1929. — Agnus Dei, Roman; Paris 1929. — Noemi, Dichtung (ill. v. Jakob Steinhardt); Berlin 1929. — Pascin, Essay; Paris 1929. — Poèmes d'Amour (mit Claire Goll), (Neuausg. mit sieben Zeichnungen v. Marc Chagall); Paris 1930. — Gala, Roman; Paris 1930. — Deux Chansons de la Seine; Paris 1930. — Lucifer vieillissant, Roman; Paris 1933. — Chansons Malaises, Gedichte; Paris 1934. — Métro de la Mort, Ausgewählte Gedichte; Brüssel 1936. — La Chanson de Jean sans Terre, Erster Band (Einbandzeichnung v. Marc Chagall); Paris 1936. — Deuxième livre de Jean sans Terre; Paris 1938. — Troisième livre de Jean sans Terre (mit einer Zeichnung v. Galanis); Paris 1939.

Chansons de France, in ‹Poet's messages›; New York 1940. — Landless John, übers. v. William Carlos Williams u. a. (engl. und franz., mit 2 Zeichnungen von Eugene Berman); S. Francisco 1944. — Vorwort zu: The Heart of Europe, Anthology of creative writing in Europe (hgb. von Klaus Mann); New York 1945. — Fruit from Saturn, Poems in English; New York 1945. — Atom Elegy; New York 1946. — Le Mythe de la Roche percée (mit 3 Stichen v. Ives Tanguy); New York 1947 .— Love Poems (mit Claire Goll), (englische Fassung mit 7 Zeichnungen v. Marc Chagall); New York 1947. — Traumgras, Gedichte (unter Pseudonym Tristan Thor); Mainz 1948. — Elégie d'Ihpétonga, suivie de Masques de Cendre (mit 4 Lithographien v. Pablo Picasso); Paris 1949. — Le Char Triumphal de l'Antimoine, Sonette (ill. v. Victor Brauner); Paris 1949. — Jean sans Terre (Auswahl aus dem Gesamtwerk); Paris 1950. — Les Géorgiques Parisiennes, Gedichte; Paris 1951. — Dix Mille Aubes (mit Claire Goll, ill. v. Marc Chagall); Paris 1951. — Les Cercles Magiques (mit 6 Zeichnungen v. Fernand Léger); Paris 1951. — Traumkraut, Gedichte aus dem Nachlaß; Wiesbaden 1951. — Phèdre, Oper (Musik v. Marcel Mihalovici); Paris 1951. — Nouvelles Petites Fleurs de St. François (mit Claire Goll); Paris 1952. — Neue Blümlein des heiligen Franziskus (mit Claire Goll, übers. v. Claire Goll, ill. v. Francis Rose); St. Gallen 1952 (erw. Ausg. Darmstadt 1957). — Malaiische Liebeslieder (übers. v. Claire Goll); St. Gallen 1952. — Zehntausend Morgenröten, Gedichte einer Liebe (mit Claire Goll); Wiesbaden 1952. — Der durchbrochene Felsen, eine Dichtung (übers. v. Claire Goll); Freiburg 1952. — Abendgesang (Neila), Letzte Gedichte, Aus dem Nachlaß (mit 3 Zeichnungen v. Willi Baumeister); Heidelberg 1954. — Malaiische Liebeslieder (mit 6 Zeichnungen v. Henri Matisse); Tokio 1955. —

Yvan Goll, Auswahl aus seinen Werken (mit 4 Vorworten v. Jules Romains, Marcel Brion, Francis J. Carmody, Richard Exner); Paris 1956. — Der Mythus vom durchbrochenen Felsen, Eine Dichtung (franz. und deutsch, übers. v. Claire Goll, mit 3 Zeichnungen v. Ives Tanguy); Darmstadt 1956. — Pariser Georgika (franz. u. deutsch, übertr. v. Claire Goll, mit 2 Zeichnungen und Einband v. Robert Delaunay); Darmstadt 1956. — Multiple Femme, Gedichte (mit 8 Holzschnitten v. Hans Arp); Paris 1956. — Melusine, lyrisches Drama (Musik v. Marcel Mihalovici); Berlin 1956. — Jean sans Terre, Vollst. Ausg. (Einbandzeichnung v. Marc Chagall); Paris 1958. — Landless John-Jean sans Terre, Englische Gesamtausg. (Vorwort v. W. H. Auden, übers. v. 21 engl. u. amerik. Dichtern, ill. v. Chagall, Dali u. Berman); New York 1958. — Nouvelles Petites Fleurs de St. François d'Assise (mit Claire Goll, 3 Zeichnungen v. Salvador Dali); Paris 1959. — L'Histoire de Parménia, Calle Virtude de la Havana, Dichtung; Paris 1959. — Herbe du Songe (übers. v. Claude Vigée); Paris 1959. — Neila (Luxusausg. m. 4 Lithographien v. Joan Miró); Paris 1959. — Duo d'Amour, Gedichte (m. Claire Goll, mit 14 Zeichnungen v. Marc Chagall); Paris 1959. — Jean sans Terre (Luxusausg. m. 10 Lithographien v. Bernard Buffet); Paris 1959. — Jean sans Terre, Kritische Ausg. v. F. J. Carmody; Berkeley 1962. — Four Poems of the Occult, ill. by Léger, Picasso, Tanguy and Arp, ed. and introd. by Francis Carmody; Kentfield, Cal. 1962.

Dichtungen (sehr umfangreiche Auswahl von Lyrik, Prosa, Drama, hgb. v. Claire Goll); Darmstadt 1960.

Goll gab folgende Zeitschriften heraus: Menschen — Clarté; Dresden 1921. — Surréalisme (eine Nummer); Paris 1924. — Jeune Europe (zwei Nummern); Paris 1932. — Poet's Messages (zwei Nummern); New York 1940. — Hemisphères (zweisprachig, engl. u. franz., 6 Nummern); New York 1943—1946.

Nachlaß bei Frau Claire Goll, Paris.

WALTER HASENCLEVER. *Geboren am 8. Juli 1890 in Aachen, wo ich noch heute in Verruf bin. 1908 im Frühling Abiturientenexamen, kam nach England und studierte in Oxford. Hier schrieb ich mein erstes Stück; die Druckkosten gewann ich im Poker. 1909 war ich in Lausanne, dann kam ich nach Leipzig, wo ich den Herausgeber dieser Anthologie kennenlernte. Eingeführt von ihm in die Bezirke der Liebe und Wissenschaft, überflügelte ich bald den Meister. Ich reiste mit ihm nach Italien und frequentierte die Ärzte. 1913 erschien ‹Der Jüngling›; 1914 in Heyst am Meer vollendet, ‹Der Sohn›. Im Krieg war ich Dolmetscher, Einkäufer und Küchenjunge. So entstand das Buch ‹Tod und Auferstehung›. 1917 erschien ‹Antigone›, ein Jahr später ‹Die Menschen›. 1919 druckte mein Freund Ernst Rowohlt das im Krieg verbotene Stück ‹Der Retter›. Im Sommer 1919 entstand die ‹Entscheidung›.*

Infolge vielfacher Angriffe wegen der vorstehenden Autobiographie verfaßte Hasenclever für spätere Auflagen Folgendes:

Nachdem Presse, Zunft und Professoren den nötigen Anstoß an meiner Biographie in der ersten Auflage dieses Buches genommen haben, die mehr als ein Witz und weniger als eine Absicht war und nur den Zweck hatte, den Leser irrezuführen, um den Autor vor seiner Neugierde zu schützen, begnüge ich mich, in der neuen Auflage dieses Buches festzustellen, daß ich am 8. Juli 1890 in Aachen geboren bin und folgende Bücher geschrieben habe: [folgen die Titel seiner Bücher von ‹Der Jüngling› 1913 bis ‹Gobseck› 1922.]

Hasenclever studierte Literaturgeschichte, Philosophie und Geschichte in Oxford und Lausanne, seit Frühjahr 1909 in Leipzig. Vergeblicher Versuch zu promovieren mit einer Arbeit über den Verleger des Realismus Wilhelm Friedrich und seine Zeitschrift ‹Die Gesellschaft› nach dem Briefarchiv jenes Verlages. Enge Freundschaft mit dem Herausgeber dieses Buchs und FRANZ WERFEL in einem literarisch aktiven Kreis, der sich um den Ernst Rowohlt Verlag, später Kurt Wolff Verlag in Leipzig sammelte und eine Gruppe der später ‹Expressionismus› genannten Literatur darstellte. Nach Kriegsausbruch 1914 zuerst bei Postzensur in Gent, dann Ordonnanz in Mazedonien; kehrt als Kriegsgegner im September 1916 zurück, um am 8. Oktober bei der Uraufführung seines Dramas ‹Der Sohn› (in der Titelrolle: ERNST DEUTSCH) hinter den verschlossenen Türen des Albert-Theaters in Dresden anwesend zu sein. 1917 erhält er den Kleistpreis. Nach seiner Entlassung aus einem Militärsanatorium auf dem Weißen Hirsch bei Dresden bleibt er für einige Jahre in dieser Stadt. Wird Mitte der zwanziger Jahre als Korrespondent des Berliner ‹8-Uhr-Abendblatt› nach Paris gesandt, wo er bis zur Machtergreifung Hitlers lebt, abgesehen von einigen Monaten 1930 als Scriptautor für Metro Goldwyn Mayer in Hollywood und von längeren Besuchen in Berlin.

Verboten und ausgebürgert, Exil-Aufenthalte: 1933 — 1934 in Südfrankreich, 1935 auf einer Insel bei Dubrownik, Ende 1935 — April 1936 London, 1936 — 1937 Nizza, 1937 — 1939 auf kleiner Besitzung bei Florenz. Infolge seiner Inhaftierung während eines Hitler-Besuchs in Italien geht er für kurze Zeit nach London und siedelt sich dann in Cagnes-sur-Mer, Südfrankreich, an. Nach Kriegsausbruch 1939 zweimal für kurze Zeit im Lager Antibes interniert, wird er beim Einmarsch der deutschen Truppen in Frankreich im Mai 1940 im Lager Les Milles inhaftiert, wo er am 21. Juni, die Rache der Nazis fürchtend, freiwillig aus dem Leben schied. Sein Grab ist auf dem Friedhof in Aix-en-Provence. [Hgb.]

Nirwana, Eine Kritik des Lebens in Dramaform; Berlin-Leipzig 1909. — Städte, Nächte und Menschen, Erlebnisse (Gedichte); München 1910. — Der Jüngling, Gedichte; Leipzig 1913. — Das unendliche Gespräch, Eine nächtliche Szene; Leipzig 1913. — Dichter und Verleger, Briefe von Wilhelm Friedrich an Detlev von Liliencron, eingel. u. hgb. v. Walter Hasenclever; München 1914. — Der Sohn, Drama; Leipzig 1914 (viele spätere Aufl.). — Tod und Auferstehung, Neue Gedichte; Leipzig 1917. — Antigone, Tragödie; Berlin 1917. — Die Menschen, Schauspiel; Berlin 1918. — Der Retter, Drama; Berlin 1919 (eine für fünfzehn bestimmte Personen während des Krieges privat gedruckte Sonderausgabe; Leipzig 1917). — Die Entscheidung, Komödie; Berlin 1919. — Der politische Dichter (Gedichte und Prosa); Berlin 1919. — Die Pest, Ein Film; Berlin 1920. — Jenseits, Drama; Berlin 1920. — Gobseck, Drama; Berlin 1922. — Gedichte an Frauen; Berlin 1922. — Dramen (Der Sohn, Die Menschen, Jenseits); Berlin 1924. — Emanuel Swedenborg — Himmel, Hölle, Geisterwelt, eine Auswahl aus dem lateinischen Text in deutscher Nachdichtung; Berlin 1925. — Mord, Ein Stück in zwei Teilen; Berlin 1926. — Ein besserer Herr, Lustspiel in zwei Teilen; Berlin 1926. — Ehen werden im Himmel geschlossen (in der ersten Bühnenausgabe betitelt ‹Doppelspiel›), Komödie; Berlin 1928. — Bourgeois bleibt Bourgeois (mit Ernst Toller), Musikalische Komödie (nach Molières ‹Der Bürger als Edelmann›, Musik v. Friedrich Hollaender); Berlin 1928 [Manuskript und Kopien verschollen trotz Uraufführung, 20. Februar 1929, im Lessing-Theater, Berlin]. — Kulissen, Lustspiel; nur als Bühnenmanuskript, Berlin 1929. — Napoleon greift ein, Ein Abenteuer [Komödie]; Berlin 1929. — Kommt ein Vogel geflogen, Komödie; nur als Bühnenmanuskript, Berlin 1931. — Christoph Kolumbus oder die Entdeckung Amerikas (mit Peter Panter, d. i. Kurt Tucholsky), Komödie; nur als Bühnenmanuskript, Berlin 1932. — Sinnenglück und Seelenfrieden, Schauspiel; nur als Bühnenmanuskript, Wien-Berlin 1932.

Münchhausen, Ein Schauspiel; als Bühnenmanuskript, Nizza 1934 u. Hamburg 1952; gedruckt Reinbek 1963 [s. u.]. — Ehekomödie (mit Robert Klein), Lustspiel; nur als Bühnenmanuskript, London 1937; englische Fassung v. Hubert Giffith als ‹What should a husband do?›, uraufgeführt in London 1937. — Konflikt in Assyrien, Komödie; nur als Bühnenmanuskript; englische Uraufführung als ‹Scandal in Assyria› v. Axel Kjellstrom [d. i. Walter Hasenclever], übers. v. Gerard Bullet, London 1939; weitere deutsche Bühnenausg., Berlin 1957.

Gedichte, Dramen, Prosa, Unter Benutzung des Nachlasses hgb. u. eingel. v. Kurt Pinthus (enthält das bisher ungedruckte Schauspiel ‹Münchhausen› und den bisher unveröffentlichten Roman ‹Die Rechtlosen›); Reinbek 1963.

Hasenclever gab (mit Heinar Schilling) heraus: ‹Menschen, Zeitschrift neuer Kunst›, 3. u. 4. Jahrg.; Dresden 1920—1921.

Der Nachlaß liegt bei Frau Edith Hasenclever, Cagnes-sur-Mer, enthaltend, u. a.: die Manuskripte der Jugenddramen ‹Das Reich› und ‹Das Königsopfer› (Fragment); das Manuskript ‹Der Froschkönig, Eine Farce nach dem Märchen der Brüder Grimm›, ca. 1930; die Manuskripte der Romane: ‹Irrtum und Leidenschaft›, 1934 — 1939; ‹Die Rechtlosen›, 1939—1940. — Manuskripte der ausgeführten Film-Drehbücher: ‹Anna Christie› (nach Eugene O'Neills Drama), 1930 in Hollywood für Greta Garbo geschrieben und verfilmt; ‹Looping the Loop› (mit Rudolf Leonhard); ‹Komm zu mir zum Rendezvous›; unbetitelt, beginnend «Bei Lherminois». Entwürfe zu Drehbüchern: ‹Was geschah am 6. Mai?› (mit Harry Kahn); ‹Ein halbes Jahrhundert› (mit Harry Kahn); ‹Giganten der Landstraße› (mit Franz Höllering); alle nach 1930. — Außerdem mehr als tausend Briefe von und an Hasenclever und, neben Essays über Theater und Literatur, veröffentlicht in Zeitschriften, etwa 250 Artikel aus den Jahren 1924 bis 1928, fast sämtlich aus Paris und zuerst im ‹Acht-Uhr-Abendblatt›, Berlin, erschienen.

GEORG HEYM, *aus einer alten Beamten- und Pastorenfamilie stammend, ist am 30. Oktober 1887 in Hirschberg (Schlesien) geboren. Dreizehnjährig kam er nach Berlin. Als er das Gymnasium absolviert hatte, widmete er sich in Würzburg, später in Berlin dem juristischen Studium. Beim Eislaufen auf der Havel brach er ein und ertrank mit seinem Freunde, dem Lyriker cand. phil. Ernst Balcke, am 16. Januar 1912, nachmittags, bei Schwanenwerder; sein Grab ist auf dem Friedhof der Luisengemeinde in Charlottenburg. [Die Herausgeber des Bandes nachgel. Gedichte ‹Umbra vitae›]*

Das einzige autobiographische Dokument Georg Heyms findet sich in einem Brief an seinen Verleger ERNST ROWOHLT vom Februar 1911, in dem er vorschlägt, am Schluß seines ersten Gedichtbuchs ‹Der ewige Tag› «möchte ich gern folgenden Epilog bringen, von·dem ich mir einige Wirkung verspreche: Es gibt manche Freunde der Kunst, die das begreifliche Verlangen haben, auch über die Person des Autors unterrichtet zu sein, dem sie vielleicht einige Stunden des Genusses verdanken. Wenn solche unter den Lesern dieses Buches gewesen sind, so will ich für sie einige Notizen geben.

Ich bin jetzt in meinem 23. Jahre. Meine Kindheit verging in einer schlesischen Bergstadt wie alle Kindheiten, langweilig und träumerisch. Dann wurde ich über verschiedene Gymnasien hinweg deportiert. Bis zu meinem Abiturientenexamen hat mich das consilium abeundi wegen nächtlicher Kneipgelage und Teilnahme an verbotenen Verbindungen nicht mehr verlassen. Ich hielt mich dann einige

Jahre auf verschiedenen Universitäten auf, war Corpsstudent. Zuletzt war ich in Berlin. In diesem Herbst wurde zuerst ein Gedicht von mir im ‹Demokraten› gedruckt. Einige Tage darauf bekam ich folgenden Brief: ‹... Durch Ihr Sonett im Demokraten auf Sie aufmerksam gemacht, erlaube ich mir, bei Ihnen anzufragen, ob Sie mir nicht ein Manuskript zum Verlag unterbreiten wollen ...› Diesem folgte ein zweiter: ‹Ich bestätige Ihnen den Empfang der übersandten Gedichte. Ich bin bereit, einen Band Ihrer Gedichte in Verlag zu nehmen. Als Honorar biete ich Ihnen ...› Die Tatsache dieser beiden Briefe spricht für sich selbst. Ich habe vor kurzer Zeit das Referendarexamen gemacht, und bin nun bereit, mich von jeder Welle treiben zu lassen. Ich möchte gern die weite Welt sehen. Vielleicht interessiert sich einer meiner Leser soweit für mich, daß er mir das ermöglicht. Ein Verständiger wird daran keinen Anstoß nehmen, daß ich meinen Wunsch offen ausspreche.» — In einer diesem Brief folgenden Postkarte zog Heym den Epilog wieder zurück, der ungedruckt blieb. [Hgb.]

Der Athener Ausfahrt, Trauerspiel in einem Aufzug; Würzburg 1907. — Der ewige Tag, Gedichte; Leipzig 1911. — Umbra vitae, Nachgelassene Gedichte (Nachwort der Herausgeber Baumgardt, Gangi, Ghuttmann, Hoddis, Jentzsch); Leipzig 1912. — Der Dieb, Ein Novellenbuch; Leipzig 1913. — Marathon (12 Sonette); Berlin 1914. — Dichtungen (enthaltend: Der ewige Tag; Umbra vitae; Der Dieb; Der Himmel Trauerspiel; hgb. v. Kurt Pinthus u. Erwin Löwenson); München 1922. — Umbra vitae, Nachgelassene Gedichte (mit 47 Originalholzschnitten von Ernst Ludwig Kirchner); München 1924. — Gesammelte Gedichte, Vollständige Ausg. v. Carl Seelig; Zürich 1947. — Marathon (22 Sonette), nach den Handschriften des Dichters hgb. und erläutert v. Karl Ludwig Schneider; Hamburg 1956.

Dichtungen und Schriften, Gesamtausgabe in 4 Bänden, hgb. v. Karl Ludwig Schneider; Hamburg 1960 ff.

Der Nachlaß Georg Heyms befindet sich in der Staats- und Universitäts-Bibliothek Hamburg, enthaltend u. a. die Tagebücher 1904 bis 1911.

KURT HEYNICKE, *1891 in Liegnitz geboren, Arbeiterkind, Volksschüler, Bureaumensch, Kaufmann.*
Lächelst Du, Mensch, der Du fühlst dies gesegnete Dasein?
Oh, wir sind nichts. Ein Tier im Stall. Nur unsere Seele ist manchmal ein Dom, darin wir zueinander beten können.

Geboren 20. September 1891 in Liegnitz, Schlesien. Volksschule: Liegnitz, Dresden, Zeitz, Berlin. Danach Büroangestellter bei Versicherungsgesellschaft. Als Zwanzigjähriger Tuberkulose. Heilstätte. Frühere Versuche, zu schreiben, nach Heilung wieder aufgenommen. Erstes Gedicht bei HERWARTH WALDEN im ‹Sturm›. Weitere folgen. Dort auch erster Gedichtband ‹Rings fallen Sterne›. Krieg. Vier Jahre Soldat. Auch als Soldat lyrisch produktiv (siehe Abschnitt ‹Die Hölle Erde› in ‹Das namenlose Angesicht›). Nach Ende des Krieges wieder Büroangestellter in einer märkischen Kleinstadt, in Duisburg beim Klöckner-Konzern, in Solingen bei der Deutschen Bank. Zwischendurch Versuch, als freier Schriftsteller zu leben. Aufenthalt bei dem Dichter ALEXANDER VON BERNUS auf Stift Neuburg bei Heidelberg. Dort geistige Berührung mit STEINERS Anthroposophie. 1919 Kleistpreis für meinen Gedichtband ‹Das namenlose Angesicht›. 1933 als Dramaturg an das Düsseldorfer Schauspielhaus der LUISE DUMONT — GUSTAV LINDEMANN, die 1920 schon mein Bühnenstück ‹Der Kreis› aufgeführt hatten. Nach zwei Jahren zum Stadttheater in Düsseldorf, dort führte ich auch Regie. Diese Theaterjahre sind für mich sehr fruchtbar gewesen: ich habe eine Reihe von Theaterstücken geschrieben, die alle an guten Bühnen aufgeführt wurden.

1932 zog ich nach Berlin, dort arbeitete ich auch für die Ufa. Von einer bestimmten Zeit an fühlte ich mich zum Roman hingezogen. Ich gestehe offen, es sind Romane, die man in Deutschland mit ‹Unterhaltung› bezeichnet. Schließlich zog ich von Berlin an den Rand des Schwarzwaldes in die Nähe von Freiburg. Ich bin ein Fabulierer, aber ich wäre ein schlechter Fabulierer, wollte ich meine Leser nicht auch unterhalten. Ich habe nach dem Kriege eine Reihe Hörspiele verfaßt und wurde dafür zweimal mit Preisen ausgezeichnet. Und vor allem: ich schreibe noch immer Gedichte. Ich bin, die menschlichen Entwicklungen eines Lebens einbegriffen, gläubig geblieben, wie in der ersten Zeit meines lyrischen Schaffens. [Kurt Heynicke]

Rings fallen Sterne, Gedichte; Berlin 1917. — Gottes Geigen, Gedichte; München 1918. — Das namenlose Angesicht, Rhythmen aus Zeit und Ewigkeit, Gedichte; München 1919. — Der Kreis, ein Spiel über den Sinnen; Berlin 1920. — Die hohe Ebene, Gedichte; Berlin 1921 (erw. Ausg. Stuttgart 1941). — Der Weg zum Ich, Die Eroberung der inneren Welt, Essays; Prien 1922. — Sturm im Blut, Erzählungen; Leipzig und Köln 1925. — Eros inmitten, Erzählungen; Rudolstadt 1925. — Das Meer, dramatische Ballade; Leipzig 1925. — Der Prinz von Samarkand, Märchenspiel; Leipzig 1925. — Kampf um Preußen, Schauspiel; Leipzig 1925. — Fortunata zieht in die Welt, Roman; Leipzig 1930. — Neurode, chorisches Spiel, 1933, und Der Weg ins Reich, chorisches Spiel, 1934, wurden bald nach Erscheinen als unerwünscht bezeichnet. — Der Fanatiker von Schönbrunn, Novelle; Stuttgart 1935. — Das Leben sagt ja, Gedichte; Stuttgart 1936. — Herz, wo liegst Du im Quartier, heiterer Roman; Stuttgart 1938. — Der Baum, der in den Himmel wächst, heiterer Roman; Stuttgart

1940. — Rosen blühen auch im Herbst, Roman; Stuttgart 1943. — Es ist schon nicht mehr wahr, Roman; Stuttgart 1948. — Der Hellseher, satirischer Roman; Stuttgart 1951. — Ausgewählte Gedichte (enthaltend auch unveröffentlichte Gedichte); Stuttgart 1952. — Die Nichte aus Amerika, Lustspiel; München 1957.

Aufgeführt wurden folgende Stücke (in Bühnenausgaben erschienen): Ehe, ein Bühnenwerk; Berlin 1922. — Wer gewinnt Lisette, Lustspiel; 1928. — Emilie oder der Sieg des Weibes, Komödie; 1930. — Frau im Haus, Lustspiel; 1937. — Steckenpferd und Staatssekretär, Komödie; 1959.

Seit 1951 schrieb Heynicke eine Anzahl Hörspiele und einige Fernsehspiele.

JAKOB VAN HODDIS. *Geboren 1887 in Berlin, lebt in Thüringen.*

Geboren als HANS DAVIDSOHN am 16. Mai 1887 in Berlin, ältester Sohn eines materialistisch-skeptisch eingestellten Arztes und einer idealistischen, sehr kultivierten Mutter aus einer schlesischen Gutsbesitzerfamilie, der auch die menschen- und tierfreundliche kuriose Dichterin FRIEDERIKE KEMPNER entstammte, wuchs er in glücklicher Jugend auf. Aber bald begannen sich die von den Eltern ererbten Kontraste in ihm auszuwirken; er mußte das Friedrich-Wilhelm-Gymnasium verlassen, bestand 1906 das Abitur am städtischen Friedrichs-Gymnasium, studierte in München Architektur, arbeitete in Berlin ein halbes Jahr praktisch am Bau, gab jedoch diesen Beruf auf wegen seiner ‹Kleinheit›, unter der er zeitlebens zu leiden hatte. Er studierte von 1907 an Griechisch und Philosophie in Jena und Berlin, gründete 1909 mit dem geistig leitenden KURT HILLER, mit ERWIN LÖWENSON, DAVID BAUMGARDT, ERNST BLASS, W. S. GHUTTMANN und anderen den Neuen Club, eine kleine Debattier-Gruppe, aus der sich das Neopathetische Kabarett entwickelte, wo allwöchentlich junge Schriftsteller ihre Werke vortrugen, unter ihnen auch GEORG HEYM, dessen früher Tod 1912 den ihm allein sich ebenbürtig fühlenden van Hoddis tief erschütterte.

Seine unerwiderte Leidenschaft für die Schöpferin graziler Puppen, LOTTE PRITZEL, der er nach München folgte, und dann für die Dichterin EMMY HENNINGS, verwirrten ihn vollends, und Spuren seiner geistigen Erkrankung begannen sich 1912 zu zeigen. Weder der Übertritt zum Katholizismus, noch freiwillige und unfreiwillige Aufenthalte in Sanatorien, noch die Hilfsbereitschaft seiner Freunde vermochten ihn zu beruhigen. Er tauchte auf und verschwand in Paris und München, erschien 1913 wieder in Berlin, sah in der früher innig verehrten Mutter seine Feindin, trat aber im Winter 1913/14 wieder in Autorenabenden auf mit neuen Dichtungen. Allmählich jedoch trat seine Schizophrenie derart offensichtlich hervor, daß er erst in einer Heilanstalt in Jena, dann seit 1915 bei einem Lehrer in Frankenhain bei Gräfenroda in Thüringen untergebracht wurde, wo er Gärtnerarbeit verrichtete; 1922 ward er in Tübingen in Privatpflege gegeben. Als sich sein Zustand verschlimmerte, wurde er erst in Eßlingen (Württemberg), schließlich 1933 in der Heilanstalt Bendorf-Sayn bei Koblenz interniert, aus der er am 30. April 1942 als Nr. 8 abtransportiert wurde, um, man weiß nicht wo, wann und wie, vernichtet zu werden.

Erst 1958 konnte durch die Ausgabe all seiner erhaltenen Dichtungen, gesammelt von PAUL PÖRTNER, und den darin enthaltenen Essay seines in Israel lebenden Freundes ERWIN LÖWENSON (nebst kürzeren anderen Dokumenten) Klarheit über sein dunkles Dasein und seine rätselvolle Persönlichkeit gewonnen werden. Viele seiner Gedichte und fast seine gesamte Prosa sind verloren. [Hgb.]

Weltende (16 Gedichte; Berlin 1918. — Weltende, Gesammelte Dichtungen, hgb. v. Paul Pörtner; Zürich 1958.

WILHELM KLEMM. *Geboren 1881 in Leipzig, lebt daselbst.*

Geb. 15. 5. 1881 in Leipzig. Vater Buchhändler, Mutter Lübeckerin. Vollhumanist (Thomasschule), Abitur 1900. Militärdienst; Studium der Medizin in München, Erlangen, Leipzig, Kiel. 1905 Staatsexamen. Assistent an verschiedenen Plätzen, zuletzt an der chirurgischen Poliklinik in Leipzig. 1909, nach des Vaters Tode, Übernahme der Firma Otto Klemm; 1912 Heirat mit ERNA KRÖNER, Tochter des Verlegers ALFRED KRÖNER, vier Söhne von ihr. 1914—1918 Oberarzt im Westen. 1919 Übernahme der Kommissionsbuchhandlung CARL FR. FFLEISCHER, Leipzig. 1921 nach ALFRED KRÖNERS Tod geschäftsführender Gesellschafter der Firma Alfred Kröner; 1927 Erwerb der Dieterichschen Verlagsbuchhandlung. 1937 Ausscheiden aus Kröner. Politische Verfolgung. Ausschluß aus der Reichsschrifttumskammer. 1943 Zerstörung aller Betriebe und Grundstücke; zwei Söhne gefallen. 1945 Überführung durch die Amerikaner nach Wiesbaden. 1948 Heirat mit ILSE BRANDT aus Leipzig, von ihr eine Tochter. 1955 Verkauf der Sammlung Dieterich an CARL SCHÜNEMANN in Bremen. Lebt in Wiesbaden, Steubenstr. 3. [Wilhelm Klemm]

Gloria, Kriegsgedichte aus dem Feld; München 1915. — Verse und Bilder, mit eigenen Zeichnungen; Berlin 1916. — Aufforderung, Gesammelte Verse; Berlin 1917 (Neuausg. mit Nachwort v. Kurt Pinthus;. Wiesbaden 1961). — Ergriffenheit, Gedichte; München 1919. — Entfaltung, Gedichtfolge; Bremen 1919. — Traumschutt, Gedichte; Hannover 1920. — Verzauberte Ziele, Gedichtfolge; Berlin 1921. — Die Satanspuppe, Verse (unter Pseudonym Felix Brazil); Hannover 1922.

ELSE LASKER-SCHÜLER. *Ich bin in Theben (Ägypten) geboren, wenn ich auch in Elberfeld zur Welt kam im Rheinland. Ich ging bis 11 Jahre zur Schule, wurde Robinson, lebte fünf Jahre im Morgenlande, und seitdem vegetiere ich.*

Else Lasker-Schüler hat stets ihr Geburtsdatum als 11. Februar 1876 angegeben; das Standesamts-Register in Elberfeld teilt mit, daß sie am 11. Februar 1869 dort geboren ist. Enkelin eines Rabbiners, Tochter eines Architekten, wuchs sie dort als ungebärdiges Kind auf, heiratete den Arzt Dr. LASKER, zog aber bald, geschieden von ihm, in die weite Welt und lebte meistens in Berlin. Sie führte fünfzig Jahre lang das unstete Leben einer dichtenden Vagantin; niemals hat sie ein Heim oder eine Wohnung besessen, sondern hauste stets in engen gemieteten Zimmern. Einige Jahre lang um 1900 folgte sie einem anderen genialen Vaganten, dem Dichter PETER HILLE, der 1904 auf der Bank eines Berliner Vorort-Stadtbahnhofs starb.

Sie lebte in der Erinnerung an ihre Heimat und viel mehr noch in der Welt eines phantastischen Orients, der allmählich ihre wirkliche Welt wurde. Aus dieser phantastischen Welt, in die auch ihre vielen sie bewundernden Freunde (KARL KRAUS, DÄUBLER, DEHMEL, TRAKL, WERFEL, SCHICKELE, BENN, FRANZ MARC, KOKOSCHKA) eingingen, sprossen ihre Gedichte und Geschichten. Sie malte sich in dieser Welt ebenfalls in zahllosen bunten Bildern, und mit vielen Sternen und Blumen in Briefen, die sie meist mit Prinz Jussuf unterschrieb, weil sie sich mit dem von ihr erfundenen Jussuf, Prinz von Theben, identifizierte. Sie war noch einmal kurze Zeit um 1910 in Berlin verheiratet mit HERWARTH WALDEN, dem Begründer und Propagator des ‹Sturm›, der Zeitschrift sowohl wie der expressionistischen Gruppe dieses Namens.

1932 erhielt sie den Kleistpreis, wie die Urkunde sagt, für die «überzeitlichen Werte» ihrer Dichtungen, in denen «sich viele Verse finden, die den endgültigen Schöpfungen unserer größten deutschen Meister ebenbürtig sind». Im nächsten Jahr wurde ihr als «frivoler und morbider Kaffeehausliteratin» die Veröffentlichung dieser Dichtungen verboten. Sie flüchtete zunächst in die Schweiz, reiste 1934 über Ägypten nach Palästina, kehrte aber bald nach Zürich zurück, wo 1936 ‹Arthur Aronymus und seine Väter›, ein Schauspiel ‹aus meines geliebten Vaters Kinderjahren› aufgeführt wurde. Im Juni 1937 erschien sie wieder im ‹Hebräerland›, wo sie in Armut und Verlassenheit bis zu ihrem Tode in Jerusalem lebte und litt. Sie starb am 18. Januar 1945 und ist auf dem Ölberg begraben. [Hgb.]

Styx, Gedichte; Berlin 1902. — Der siebente Tag, Gedichte; Berlin 1905. — Das Peter-Hille-Buch; Berlin 1906. — Die Nächte Tino von Bagdads, Erzählungen; Berlin 1907. — Die Wupper, Schauspiel; Berlin 1909. — Meine Wunder, Gesichte; Karlsruhe und Leipzig 1911 und 1914. – Mein Herz, Ein Liebesroman mit Bildern und wirklich lebenden Menschen; München und Berlin 1912. – Hebräische Balladen; Berlin 1913. – Gesichte, Essays und andere Geschichten; Leipzig 1913. – Der Prinz von Theben, Ein Geschichtenbuch, mit 25 Zeichnungen der Verfasserin und 3 farbigen Bildern von Franz Marc; Leipzig 1914. – Die gesammelten Gedichte; Leipzig 1917. – Gesamtausgabe in 10 Bänden (Das Peter-Hille-Buch; Der Malik, Eine Kaisergeschichte; Die Nächte der Tino von Bagdad; Die Wupper; Mein Herz; Gesichte, Essays; Der Prinz von Theben; Hebräische Balladen; Die Kuppel); Berlin 1919 – 1920. – Briefe Peter Hilles an Else Lasker-Schüler; Berlin 1921. – Der Wunderrabbiner von Barcelona; Berlin 1921. – Theben, 10 Gedichte in Faksimile und 10 handkolorierte Lithographien der Dichterin; Frankfurt a. M. 1923. – Ich räume auf! Meine Anklage gegen meine Verleger; Zürich 1925. – Konzert (Prosa); Berlin 1932. – Arthur Aronymus und seine Väter, Die Geschichte meines Vaters; Berlin 1932. – Arthur Aronymus und seine Väter (aus meines geliebten Vaters Kinderjahren), Schauspiel; Berlin 1932. – Das Hebräerland, mit 8 Zeichnungen v. Else Lasker-Schüler; Zürich 1937. – Mein blaues Klavier, Gedichte; Jerusalem 1943 u. 1957.

Else Lasker-Schüler, Eine Einführung in ihr Werk und eine Auswahl v. Werner Kraft; Wiesbaden 1951. – Else Lasker-Schüler, Dichtungen und Dokumente (Gedichte, Prosa, Schauspiele, Briefe, Zeugnis und Erinnerung), ausgewählt und hgb. v. Ernst Ginsberg; München 1951. – Briefe an Karl Kraus, hgb. v. Astrid Gehlhoff-Claes; Köln 1959. – Gesammelte Werke, hgb. v. Friedhelm Kemp (Bd. 1: Gedichte 1902 – 1943; Bd. 2: Prosa und Schauspiele; Bd. 3: Verse und Prosa aus dem Nachlaß, hgb. v. Werner Kraft); München 1959 bis 1961. – Helles Schlafen - Dunkles Wachen, Gedichte, ausgew. v. Friedhelm Kemp; München 1962.

Der Nachlaß Else Lasker-Schülers ist bei Manfred Sturmann, Jerusalem (darin das Schauspiel ‹Ich und Ich›).

RUDOLF LEONHARD. *Geboren am 27. Oktober 1889 zu Lissa in Posen. In einer Zeit, in der es mir als phantastisches Wagnis erscheint, länger als für vierzehn Tage vorauszudisponieren, ist mir neben anderm der Sinn (wenn auch nicht das Gefühl) für die Kontinuität des eigenen Lebens so weit verlorengegangen, daß ich auch nach rückwärts eine Selbstbiographie nicht zustande bringe. Auch scheint es mir eine schwer zu lösende Aufgabe und ein nicht ratsames Unternehmen, fest- und klarzustellen, was richtig war. Wenn sich jemand ernsthaft für diese Angelegenheit interessieren sollte, den bitte ich bis zu meinem Tode zu warten, nach dem meine ausführlichen Tagebücher verfügbar sein werden.*

Sohn eines Juristen, studierte Leonhard die Rechte in Berlin wo er eine juristische Tätigkeit begann. Bei Kriegsausbruch 1914 stellte er sich als Freiwilliger, aber seine Erfahrungen an der Front machten ihn zum leidenschaftlichen Kriegsgegner, als welcher er vor ein Kriegsgericht gestellt wurde. Er nahm aktiv an den revolutionären Ereignissen 1918/19 teil und lebte dann in Berlin als freier Schriftsteller, einige Jahre war er Lektor des Verlages ‹Die Schmiede›. 1927 siedelte er nach Paris über, wo er auch in französischer Sprache publizierte.

Seit 1933 war er vielfältig und hilfreich tätig in der großen Gruppe der nach Frankreich exilierten Schriftsteller und suchte die antifaschistischen Elemente der Emigration zusammenzufassen in dem von ihm organisierten ‹Schutzverband deutscher Schriftsteller im Exil›. Als Mitglied mehrerer antifaschistischer Organisationen und Komitees wurde er bei Kriegsausbruch 1939, wie alle Emigranten, interniert, und zwar im Pyrenäenlager Le Vernet. Während des Zusammenbruches Frankreichs 1940 versuchte er sich nach Amerika zu retten, wurde aber gefangen und nach Le Vernet zurückgebracht, von wo er in das berüchtigte Auslieferungslager Castres überführt wurde. Kurz bevor er an die Gestapo ausgeliefert werden sollte, gelang es ihm, mit einigen Gefährten in abenteuerlicher Weise zu entkommen. Er lebte illegal in Marseille, war in der französischen Untergrundbewegung tätig, veröffentlichte unter der deuten Besatzung ein Bändchen Gedichte, das sich an die deutschen Soldaten richtete, und kehrte 1944 nach der Befreiung Frankreichs nach Paris zurück.

Oktober 1947 nahm er am 1. deutschen Schriftstellerkongreß in Berlin teil und beschloß, für immer in Berlin zu bleiben. Während der Übersiedelung aber erkrankte er in Paris so schwer, daß er dort zwei Jahre lang, zeitweise erblindet, im Hospital bleiben mußte. 1950 kehrte er endgültig nach Ost-Berlin zurück, immer leidend, aber immer tätig auf vielen Gebieten der Literatur und Erziehung, bis zu seinem Tode am 19. Dezember 1953. [Hgb.]

Angelische Strophen, Gesichte; Berlin 1913. — Der Weg durch den Wald, Gedichte; Heidelberg 1913. — Barbaren, Balladen; Berlin 1914. — Über den Schlachten, Gedichte; Berlin 1914. — Äonen des Fegefeuers, Aphorismen; Leipzig 1917. — Bemerkungen zum Reichsjugendwehrgesetz; Berlin 1917. — Beate und der große Pan, lyrischer Roman; München 1918 (Neuaufl. 1928, 1948). — Polnische Gedichte; Leipzig 1918. — Katilinarische Pilgerschaft, Gedichte; München 1919. — Kampf gegen die Waffe, Rede; Berlin 1919. — Briefe an Margit, Gedichte; Hannover 1919. — Das Chaos, Gedichte; Hannover 1919. — Die Vorhölle, Tragödie; Hannover 1919. — Gedichte über das Thema ‹Mutter›, mit 10 Radierungen von Michael Fingesten; Berlin 1920. — Alles und Nichts! Aphorismen; Berlin 1920. — Maria Stuart, Königin von Schottland, Sämtliche Gedichte (Übersetzung); Berlin 1921. — Spartakus-Sonette; Stuttgart 1921. — Die Prophezeiung, Gedichte; Berlin 1922. — Die Insel, Gedichte; Berlin 1923. — Die Ewigkeit dieser Zeit, eine Rhapsodie gegen Europa; Berlin 1924. — Segel am Horizont, Drama; Berlin 1925. — Das nackte Leben, Sonette; Berlin 1925 (Neuaufl. 1948). — Tragödie von heute, Drama; Berlin 1927.

Comment organiser la collaboration franco-allemande?, Essay; Paris 1930. — De l'Allemagne, Essay; Paris 1931. — L'Allemagne et la Paix, Rede; Paris 1932. — Das Wort (Versuch eines sinnlichen Wörterbuchs der deutschen Sprache); Berlin 1932. — De l'Allemagne, Essay; Paris 1933. — Confiance en Hitler?; Paris 1934. — Führer & Co., Politische Komödie; Paris 1936. — Gedichte (illegal nach Deutschland eingeschmuggelt im nachgedruckten Umschlag von Reclam-Bändchen, Nr. 7248); Paris 1936. — Spanische Gedichte und Tagebuchblätter; Paris 1938. — Der Tod des Don Quijote, Erzählungen; Zürich 1938 (Neuaufl. Berlin 1951). — Deutschland muß leben...! Gedichte (unter Pseudonym Robert Lanzer, illegal gedruckt und verbreitet während d. deutschen Besetzung Frankreichs); Marseille 1944. — Geiseln, Tragödie; Lyon 1945. — Plaidoyer pour la démocratie allemande, Essay; Paris 1947. — Deutsche Gedichte; Berlin 1947. — Anonyme Briefe, Drama; Berlin 1947.

Unsere Republik, Aufsätze u. Gedichte; Berlin 1951. — Hausfriedensbruch, Laienspiel; Halle 1951. — Spielzeug, Ein Laienspiel; Halle 1951. — Die Stimme gegen den Krieg, Hörspiele; Berlin 1951. — Hölderlin, Etude et présentation; Paris 1953. — Banlieue, Gedichte (mit Aquarellen v. Max Lingner); Dresden 1953.

Rudolf Leonhard erzählt, Erzählungen (hgb. u. eingel. v. Maximilian Scheer); Berlin 1955. — Ausgewählte Werke in Einzelausgaben: Le Vernet, Gedichte (Vorwort v. Maximilian Scheer); Berlin 1961.

Er veröffentlichte auch kleine Flugschriften, wie ‹Mensch über Mensch› (1923) und ‹Elemente der proletarischen Kultur› (1924). — Er gab ferner mit einleitendem Essay die ‹Ausgewählten Schriften› Georg Forsters heraus (Berlin 1928) und die Buch-Serie ‹Außenseiter der Gesellschaft — Die Verbrechen der Gegenwart› (Berlin 1924 ff). — Die Titel einiger ungedruckter Stücke aus der Zeit 1927 — 1932 sind ‹Zwillinge›, ‹Traum›, ‹Das Floß der Medusa›, ‹Le Bandit›. — Filme: ‹Das Haus zum Mond›, ‹Die Liebe der Jeanne Ney›, ‹Das Tagebuch einer Verlorenen›, ‹Don Quijote›.

Der Nachlaß ist in der Deutschen Akademie der Künste, Abteilung Literatur-Archive, Berlin (Ost). Die von Leonhard 1919 selbst erwähnten Tagebücher sind verloren; aber es ist vorhanden ein zwischen

1939 und 1941 entstandener Zyklus von über 600 Gedichten aus dem Lager von Le Vernet, ferner zahlreiche Aufsätze und dramatische Arbeiten aus den letzten Jahren.

ALFRED LICHTENSTEIN *wurde am 23. August 1889 in Berlin geboren. Er besuchte dort das Luisenstädtische Gymnasium und studierte an der Universität Berlin Jura. Sommer 1913 erlangte er in Erlangen mit einer Arbeit über Theaterrecht die Doktorwürde. Im Oktober 1913 trat er in München als Einjähriger in das 2. bayrische Infanterieregiment Kronprinz ein und zog bei Kriegsbeginn mit dem Regiment ins Feld. Am 25. September 1914 fiel er bei Vermandovillers (in der Nähe von Reims).* [Kurt Lubasch]

Die Geschichten des Onkel Krause, Ein Kinderbuch; Berlin 1910. — Die Dämmerung, Gedichte; Berlin 1913. — Gedichte und Geschichten, 2 Bde., hgb. v. Kurt Lubasch; München 1919. — Gesammelte Gedichte, kritisch hgb. v. Klaus Kanzog; Zürich 1962.

Der Nachlaß Lichtensteins, von Kurt Lubasch in Berlin betreut, wurde während des Zweiten Weltkriegs vernichtet bis auf «vier handgeschriebene Wachstuchhefte», den größten Teil seiner Gedichte handschriftlich enthaltend, die Frau Lubasch auf Wunsch ihres Mannes nach dessen Tode der Berliner Freien Universität übergab.

ERNST WILHELM LOTZ *wurde am 6. Februar 1890 in Culm an der Weichsel geboren, lebte in Wahlstatt, Karlsruhe, Plön und im Kadettencorps Groß-Lichterfelde. Mit 17 Jahren wurde er Fähnrich im Infanterie-Regiment Nr. 143 zu Straßburg, nach dem Besuch der Kriegsschule in Kassel Leutnant im gleichen Regiment. Anderthalb Jahre war er aktiver Offizier, dann nahm er den Abschied. Am 26. September 1914 fiel er als Leutnant und Kompanieführer auf dem westlichen Kriegsschauplatz.* [Henny Lotz]

Und schöne Raubtierflecken..., Gedichte; Berlin 1913. — Wolkenüberflaggt, Gedichte; Leipzig 1917. — Prosaversuche und Feldpostbriefe aus dem bisher unveröffentlichten Nachlaß, hgb. v. Hellmut Draws-Tychsen; Diessen vor München 1955.

Nachlaß (Briefe u. etwa 60 Gedichte, davon einige Übers. v. Ged. Arthur Rimbauds u. Paul Verlaines) im Besitz von Hellmut Draws-Tychsen; einige Gedichte gedruckt in ‹Hortulus›, Jg. 9.

KARL OTTEN. *Geboren 1889 in Aachen, studierte in München, lebte in Wien.*

Für spätere Auflagen fügte Otten folgendes an:

Von meinem Leben kann ich nur sagen, daß es dem Kampf um Glück und Sieg der Armen, des Proletariats, geweiht war. Und jetzt verhüllt ist von Trauer über die Schmach, der das deutsche Proleta-

riat durch eigene Schuld unterworfen ist: Das stärkste Hindernis auf dem Wege der Weltrevolution, ja, der erbittertste Saboteur der kommunistischen Idee zu sein. Ich gestehe, daß ich die Deutschen nie geliebt habe, daß ich nichts so hasse wie die deutsche Bourgeoisie — seit ich denken kann. Und ebensolange liebe ich Rußland, und ich verlange von jedem revolutionären Dichter zunächst, daß er diese Liebe teile. Erkennt er die russische Idee, so erkennt er die Fehler unseres Volkes. Der Kampf für jene und gegen diese wird die Zwiespältigkeit des deutschen Dichters aufheben und sein Leben die Synthese von Person und Tat verwirklichen: Revolutionär und Dichter!

Fürchtet Euch nicht vor den Gefängnissen — sie sind lächerlich und die geschlossenen Tore Triumphbögen für euren Mut! Gewehre — sie töten den Leib — der Geist, die heilige Sache leben! Nie war das Objekt des dunklen Kampfes der Unterdrückten so klar vor aller Augen ... es gibt nur eins: Freiheit und Leben für alle Ewigkeit ... oder Tod — für alle Ewigkeit! Das Heil kommt von Osten. Ich habe gewählt.

Auf des Herausgebers jetzige Bitte an Karl Otten um eine Lebensgeschichte traf diese Antwort des Dichters ein:

Lieber Kurt Pinthus, Sie, ein Überlebender des Weltunterganges, bitten einen anderen Überlebenden zum zweiten Stapellauf unseres Floßes ‹Menschheitsdämmerung›, auf dem sich vor 40 Jahren 23 ‹sehnsüchtige Verdammte› den Stürmen der Utopie ausgesetzt sahen, ein paar Worte über das Leben eines Schiffbrüchigen zu sagen. Worte, die den ‹zornigen jungen Mann›, der ich damals war, erklären und beschwichtigen sollen. Ich könnte auch sagen — berichtigen.

Das gilt dann für jene Stelle in meinem damaligen Zornesausbruch, in der ich, den messianischen Kommunismus ernstnehmend, in Rußland und seiner Revolution die Erlösung vom Übel zu erblicken glaubte. Ich war nicht der einzige, der das tat. Gleich mir hofften viele damals, 1917 — 1919, dem ewigen Frieden im Geiste Dostojewskijs und Tolstois das letzte, große und grausige Opfer gebracht zu haben. Die Geschichte hat uns eines Schlimmeren belehrt und die Jahre, die dann folgten, stellten das Grauen des ersten Weltkrieges in den Schatten. Hoffnung und Grauen haben daher mein Leben bis in die kleinste Äußerung bestimmt. Der friedlichen Etappen sind wenige: Studienjahre in München, Bonn und Straßburg (1910–1914); Freundschaft mit ERICH MÜHSAM, HEINRICH MANN, CARL STERNHEIM, FRANZ BLEI wurde politisch und künstlerisch richtunggebend. Diese wahrhaft glückliche Epoche, für mich Maß und Wert der Zeit schlechthin, blieb Richtlinie, Forderung des Dichters nach Neugestaltung menschlicher Ordnung.

Da ich, voll böser Ahnung, den ersten Weltkrieg kommen sah und aus meiner Gegnerschaft keinen Hehl machte, wurde ich bei

Kriegsausbruch in ‹Schutzhaft› genommen und verbrachte den Krieg teils im Gefängnis, teils als Arbeitssoldat, kurz, als ein Verdächtiger, dessen Leben an einem Faden hing. Aus dieser Stimmung schrieb ich ‹Die Thronerhebung des Herzens›, der die hier abgedruckten Dichtungen entnommen sind.

Krieg, Revolte, Inflation nahmen mir zunächst den Atem. Ich ging nach Wien, wo ich als Redakteur und Herausgeber der Zeitschrift ‹Der Friede› arbeitete. 1924 — 1933 Berlin, wo in kurzer Folge Romane, Theaterstücke, der Film ‹Kameradschaft› entstanden. Am 12. März 1933 verließ ich Deutschland, ging nach Spanien, von wo mich 1936 der Bürgerkrieg vertrieb. Im selben Jahr Ausbürgerung durch das nationalsozialistische Regime. Die nächsten zweiundzwanzig Jahre verbrachte ich in England mit politischer und literarischer Arbeit. Seit 1958 in der Schweiz.

Lieber Kurt Pinthus, seien Sie mir nicht böse über diese Vereinfachung einer Lebensgeschichte — einer Überlebensgeschichte —, deren Lücken jeder nach Belieben oder Unbehagen selber ausfüllen kann, am einfachsten durch das Lesen meiner Bücher. — Stets Ihr alter
Karl Otten

Der seit 1944 in London erblindete Dichter starb am 20. März 1963 in Locarno, wo er die letzten fünf Jahre mit seiner Frau, die seine Mitarbeiterin war, gelebt hatte.

Die Reise nach Albanien, München 1913. — Thronerhebung des Herzens, Gedichte; Berlin 1917. — Der Sprung aus dem Fenster, Erzählungen; Leipzig 1918. — Lona, Roman; Wien 1920. — Der Fall Strauß (kriminalpsychologische Studie); Berlin 1925. — Prüfung zur Reife, Roman; Leipzig 1928. — Der schwarze Napoleon (Biographie von Toussaint Louverture); Berlin 1931. — Die Expedition nach San Domingo, Schauspiel; Berlin 1931. — Eine gewisse Victoria, Roman; Vorabdruck im Berliner Tageblatt 1930. — Der unbekannte Zivilist, Roman; Vorabdruck im Berliner Tageblatt 1932. — Torquemadas Schatten, Roman; Stockholm 1938. — A Combine of Aggression, Masses, Elite and Dictatorship in Germany (Soziologie des Faschismus); London 1942. — Der ewige Esel, Eine Legende; Freiburg, Zürich 1949. — Die Botschaft, Roman; Darmstadt 1957. — Der Ölkomplex, Schauspiel; Emsdetten/Westf. 1958. — Herbstgesang, Gesammelte Gedichte; Neuwied 1961. — Wurzeln, Roman (mit einem Abschiedsgruß v. Kasimir Edschmid); Neuwied 1963.

Karl Otten hat folgende Anthologien mit Einleitungen oder Nachworten und Bio-Bibliographien herausgegeben: Ahnung und Aufbruch, Expressionistische Prosa; Darmstadt und Neuwied 1957. — Schrei und Bekenntnis, Expressionistisches Theater; Darmstadt und Neuwied 1959. — Das leere Haus, Prosa jüdischer Dichter (später nur unter dem Titel: Prosa jüdischer Dichter); Stuttgart 1959. — Schofar,

Lieder und Legenden jüdischer Dichter: Neuwied 1962. — Expressionismus grotesk; Zürich 1962. — Ego und Eros, Meistererzählungen des Expressionismus (mit einem Nachwort v. Heinz Schöffler); Stuttgart 1963.—Hgb. ‹Albert Ehrenstein, Gedichte u. Prosa›, Neuwied 1961.

Kameradschaft, deutsch-französischer Bergarbeiterfilm. Idee und Drehbuch; 1931.

Karl Otten gab (mit Julian Gumperz) die Zeitschrift ‹Der Gegner. Blätter zur Kritik der Zeit› heraus; Berlin 1919—1922, Jahrg. 1—3.

Der Nachlaß Karl Ottens ist bei Frau Ellen Otten, Locarno, Schweiz.

LUDWIG RUBINER *wünscht keine Biographie von sich. Er glaubt, daß nicht nur die Aufzählung von Taten, sondern auch die von Werken und von Daten aus einem hochmütigen Vergangenheits-Irrtum des individualistischen Schlafrock-Künstlertums stammt. Er ist der Überzeugung, daß von Belang für die Gegenwart und die Zukunft nur die anonyme, schöpferische Zugehörigkeit zur Gemeinschaft ist.*

Geboren 12. Juni 1881, gestorben 27. Februar 1920 in Berlin. Rubiner lebte meist in Berlin, aber auch in Paris und während des ersten Weltkriegs in der Schweiz. Als der leidenschaftlichste Vorkämpfer des Aktivismus, fordernd den politischen Dichter, ‹das humanozentrische Bewußtsein›, Erdballgesinnung, hatte er, trotz seiner erfolgreich gewahrten Anonymität, großen Einfluß auf die expressionistische Generation.

Die indischen Opale, Kriminalroman; Berlin 1912. — Kriminalsonette (mit Friedrich Eisenlohr u. Livingstone Hahn); Leipzig 1913 (ill. Neuausg., hgb. v. R. Braun und G. E. Scholz; Stuttgart 1962). — Das himmlische Licht, Gedichte; Leipzig 1916.— Der Mensch in der Mitte, Aufrufe; Berlin 1917 (Neuaufl. 1920). — Die Gewaltlosen, Drama; Potsdam 1919.

Herausgeber von: M. A. Kusmin, ‹Taten des großen Alexander›; München 1910. — Tolstoi, Tagebuch; Zürich 1918. — Kameraden der Menschheit, Dichtungen zur Weltrevolution; Potsdam 1919. — Die Gemeinschaft, Dokumente der geistigen Weltwende; Potsdam 1919. — Voltaire, Die Romane und Erzählungen, vollständige Ausgabe; Potsdam 1919.

Die Zeitschrift ‹Zeit-Echo› gab er im dritten Jahrgang heraus (Bern 1917). Für die erste Doppelnummer, Mai, schrieb er alle Beiträge selber; das 2. u. 3. Heft enthält auch Beiträge anderer expressionistischer Autoren.

RENÉ SCHICKELE. *Geboren am 4. August 1883. Gymnasium: Zabern und Straßburg. Universitäten: Straßburg, München, Paris. Reisen durch ganz Europa westlich der Elbe, Griechenland, Palästina, Ägyp-*

*ten, Indien. Wo ich gerade bin, ist es immer am schönsten. Jetzt in
einem Schweizer Fischerdorf am Bodensee.*

*Ich bin ein deutscher Dichter, gallisch-alemannischen Geblüts, das
in den Formen der deutschen Sprache austreibt, ein Fall wie Gottfried
von Straßburg auch — dreifache Verbeugung vor dem unerreichbaren Ahnen! —, den doch auch keiner zu ‹annektieren› und zu
‹desannektieren› gedenkt. Gestern deutscher, heute französischer
Staatsangehöriger: ich pfeife darauf. Es gibt Menschen (und dazu
gehören die meisten meiner Landsleute), die sich sogar ihre Henker
aussuchen wollen. Soweit geht mein ästhetisches Gewissen nicht. Was
kümmerts mich, wohin die Eroberer ihren Fußball schieben! Für
mich gehören Grenzverschiebungen wie alle andern nationalen Transaktionen zum Börsenspiel. Ich bin nicht daran beteiligt, sie gehn
mich nichts an. Weil ich es mit solchen Ketzereien ernst genommen
habe und von jeher und gar erst im Krieg, stehe ich in schlechtem Ruf
beim livrierten Gesindel diesseits wie jenseits des Rheins. Die Psychologen darunter enthüllen mich jahraus jahrein als einen ‹unsicheren Kantonisten›, obwohl ich es nie abgeleugnet habe. Gott erhalte mir meine Unsicherheit!*

*Immerhin gehöre ich zur deutschen Literatur, die ich — wie sich
allmählich zeigt: mit Recht — für eine größere Realität ansehe als
die gepanzerten, pulvergeladenen, geschliffenen und schaumlügenden Äußerungen der deutschen Öffentlichkeit. Keiner meiner Kameraden wird mich durch meine Schuld verlieren. Und begänne der
Krieg von neuem, und welche Militarismen einander auch ablösen
mögen. Ich weiß: Der Mensch, bisher das traurigste der Tiere, hat seine Lage erkannt, und nichts wird ihn hindern, für seine Befreiung
einen Ruck zu tun, wie die Geschichte noch keinen vermerkt hat.*

Als Sohn einer französischen Mutter und eines deutschen Weingutsbesitzers in Oberehnheim (Elsaß) geboren, studierte Schickele
seit 1901 Naturwissenschaften und Philosophie an den Universitäten
Straßburg, München, Paris und Berlin. Er lebte, nach seiner Verheiratung 1904, als freier Schriftsteller und vielfach auf Reisen: Griechenland, Italien, Kleinasien, Nordafrika und Indien, als Journalist
in Paris und Berlin, während des 1. Weltkriegs in Zürich. Unablässig um die Versöhnung Deutschlands und Frankreichs bemüht, siedelte er sich 1920 in Badenweiler im Schwarzwald an, lebte aber seit
1932 an der französischen Riviera, meist in Sanary-sur-Mer. Er starb
am 31. Januar 1940 in Vence. [Hgb.]

Sommernächte, Gedichte; Straßburg 1902. — Pan, Gedichte; Straßburg 1902. — Mon Repos, Gedichte; Berlin 1905. — Der Ritt ins Leben, Gedichte; Stuttgart 1906. — Der Fremde, Roman; Berlin 1907
(Neuaufl. Leipzig 1913). — Meine Freundin Lo, Novelle; Leipzig
1911 (erw. Ausg. Berlin 1931, Neuaufl. 1935). — Weiß und Rot, Ge-

dichte; Leipzig 1911 (erw. Ausg. Berlin 1920). — Das Glück, Novelle (ill. v. W. Wagner); Berlin 1913. — Schreie auf dem Boulevard, Essays; Leipzig 1913 (Neuaufl. Berlin 1920). — Benkal, der Frauentröster, Roman; Leipzig 1914. — Trimpopp und Manasse, Erzählung; Leipzig 1914. — Die Leibwache, Gedichte; Leipzig 1914. — Mein Herz, mein Land, Ausgewählte Gedichte; Leipzig 1915. — Hans im Schnakenloch, Schauspiel; Leipzig 1915 (Neuaufl. München 1927). — Aissé, Novelle (ill. v. Ottomar Starke); Leipzig 1915. — Die Genfer Reise, Essays; Berlin 1919. — Der neunte November, Essay; Berlin 1919. — Der deutsche Träumer, Prosa; Zürich 1919. — Die Mädchen, Drei Erzählungen; Berlin 1920. — Am Glockenturm, Schauspiel; Berlin 1920. — Die neuen Kerle, Schauspiel; Basel 1920 (Neuaufl., mit Vorwort v. Schickele, ill. v. Emil Bizer; Basel 1924). — Wir wollen nicht sterben! Essay; München 1922. — Ein Erbe am Rhein, Roman in zwei Bänden; München 1925. — Das Erbe am Rhein, Erster Roman: Maria Capponi; München 1925. — Zweiter Roman: Blick auf die Vogesen; München 1927. — Dritter Roman: Der Wolf in der Hürde; Berlin 1931. — Symphonie für Jazz, Roman; Berlin 1929. — Die Grenze, Essays; Berlin 1932. — Himmlische Landschaft, Gedichte in Prosa (ill. v. Hans Meid); Berlin 1933 (Neuaufl. 1956). — Die Witwe Bosca, Roman; Berlin 1933 (Neuaufl. Hamburg 1951). — Liebe und Ärgernis des D. H. Lawrence, Essay; Amsterdam 1935. — Die Flaschenpost, Roman; Amsterdam 1937 (Neuaufl. Hamburg 1950). — Le Retour, Souvenirs inédits; Paris 1938. Erschien v. Ferdinand Hardekopf übersetzt als ‹Die Heimkehr›; Straßburg 1939. — Das Vermächtnis, Deutsche Gedichte v. Walther v. d. Vogelweide bis Nietzsche; erste Ausg., Amsterdam 1940, wurde von den Nazis vernichtet; Neuausg. Freiburg 1948. — Werke in 3 Bänden, hgb. v. Hermann Kesten; Köln 1960.

Schickele übersetzte: Balzac, ‹Die Lilie im Tal›, Leipzig 1923; ‹Die verlassene Frau›, Leipzig 1923; Flaubert ‹Madame Bovary›, München 1928 (Neuaufl. Zürich 1932).

René Schickele gab folgende Zeitschriften heraus: Der Stürmer, Halbmonatsschrift für künstlerische Renaissance im Elsaß; Straßburg 1902 (neun Nummern). — Der Merker (mit Otto Flake), Halbmonatsschrift; Straßburg 1903 (drei Nummern). — Das neue Magazin, Berlin, Juli bis Dezember 1904. — Die weißen Blätter, Monatsschrift; Leipzig, September 1913 bis März 1916; Zürich, April 1916 bis Dezember 1917; Bern, Januar 1918 bis Dezember 1918; Berlin, Januar 1919 bis Dezember 1919.

Der Nachlaß ist bei Frau Anna Schickele, Badenweiler, und im Schiller-Nationalmuseum, Marbach a. N. Der größte Teil des Nachlasses ging während des zweiten Weltkriegs verloren. Vorhanden sind ein Tagebuch (Auszüge veröffentlicht in: Monatshefte f. d. deutschen Unterricht, November 1954, hgb. v.P.K. Ackermann); einzelne Prosastücke.

Ernst Stadler. *Geboren am 11. August 1883 in Colmar i. Els., war in Straßburg Dozent für deutsche Sprache und Literatur, fiel zu Anfang des Weltkrieges im Westen.*

Geboren 11. August 1883 in Colmar (Elsaß) als Sohn eines Staatsanwalts, besuchte Stadler das Gymnasium in Straßburg, studierte dort und seit 1904 in München Germanistik, Romanistik und vergleichende Sprachwissenschaft, promovierte mit einer Studie über den ‹Parzival›. 1906—1908 arbeitete er als Rhodes-scholar in Oxford, wo er eine Schrift über Wielands Shakespeare-Übersetzung verfaßte, mit der er sich 1908 in Straßburg habilitierte. 1910 wurde er an die Université Libre in Brüssel berufen und erhielt 1914 ein Angebot, als Gastprofessor nach Toronto (Kanada) überzusiedeln. Aber bei Beginn des ersten Weltkriegs mußte er als Artillerieoffizier einrücken und wurde am 30. Oktober 1914 bei Ypern durch eine Granate getötet. Er liegt in Straßburg begraben. Als Elsässer hat sich Stadler, wie sein Freund René Schickele, stets für eine Annäherung zwischen Frankreich und Deutschland eingesetzt; dieser versöhnenden Tendenz gilt auch seine Übersetzertätigkeit und seine auf die literarischen Wechselbeziehungen der Völker abzielende wissenschaftliche Arbeit. [Hgb.]

Präludien, Gedichte; Straßburg 1905.—Der Aufbruch, Gedichte; Leipzig 1914 (Neuausg. v. K. L. Schneider; Hamburg 1962). — Das Balzac-Buch, Erzählungen und Novellen, übers. u. eingel. v. E. Stadler; Straßburg 1913. — Francis Jammes, Die Gebete der Demut, übertr. v. E. Stadler; Leipzig 1913 (verm. Aufl. Leipzig 1917; Neuausg. Graz 1949).

Dichtungen, 2 Bde. Gedichte und Übertragungen mit einer Auswahl der kleinen kritischen Schriften und Briefe (eingel., textkritisch durchgesehen und erläutert v. Karl Ludwig Schneider); Hamburg 1954.

August Stramm. *Geboren am 29. Juli 1874 zu Münster in Westfalen, besuchte das Gymnasium in Eupen und Aachen. Trotz innerem Widerstreben ergriff er auf Wunsch seines Vaters den Postberuf. Nach Beendigung des Studiums wurde er Postinspektor in Bremen, später in Berlin, und dort wurde er ins Reichspostministerium versetzt. Nebenbei promovierte er in Halle zum Dr. phil. Bei Ausbruch des Krieges wurde er als Hauptmann der Reserve eingezogen. Er fiel am 1. September 1915 als Letzter seiner Kompagnie bei einem Sturmangriff in Rußland, nachdem er über siebzig Schlachten und Gefechte mitgemacht hatte. Begraben liegt August Stramm auf dem Friedhof bei Horodec in Rußland.* [Herwarth Walden]

Sancta Susanna, Drama; Berlin 1914. — Rudimentär, Drama; Berlin 1914. — Die Haidebraut, Drama; Berlin 1914. — Du, Liebesgedichte; Berlin 1915. Erwachen, Drama; Berlin 1915. — Kräfte, Drama; Berlin 1915. — Die Unfruchtbaren, Drama; Berlin 1916. — Geschehen, Drama; Berlin 1916. — Die Menschheit; Berlin 1917. — Tropfblut, Nachgelassene Gedichte; Berlin 1919 (auch in großformatiger Luxusausgabe erschienen). — Weltwehe, Dichtung; Berlin 1922.

Dichtungen, Gesamt-Ausgabe; Berlin 1919 (v. 3 geplanten Bdn. erschienen nur 2, enthaltend Bd. 1: Die Unfruchtbaren, Rudimentär, Sancta Susanna, Die Haidebraut; Bd. 2: Erwachen, Kräfte, Weltwehe, Geschehen, Die Menschheit). — Dein Lächeln weint, Gesammelte Gedichte; Wiesbaden 1956 (erschien statt des 3. Bds. d. Gesamtausg., hgb. u. eingel. v. August Stramms Tochter Inge; enthaltend die früheren Gedichtbände: Du; Tropfblut). — Das Werk. Vollständige Gesamtausgabe der Gedichte und Dramen, hgb. v. René Radrizzani; Wiesbaden 1963.

Nachlaß in der Universitätsbibliothek Münster i. Westf.

GEORG TRAKL *war am 3. Februar 1887 in Salzburg geboren. Er kam als Fünfundzwanzigjähriger im Jahre 1913 als Medikamentenakzessist ans Garnisonhospital nach Innsbruck, gab aber diese und andere Tätigkeit bald auf und lebte bis zum Kriegsausbruch in Innsbruck im Hause* LUDWIG FICKERS. *«Er fand sich im äußeren Leben immer schwerer zurecht, während sich der Born seiner dichterischen Schöpfung immer tiefer erschloß ... Ihn, der ein starker Trinker und Drogenesser war, verließ nie seine edle, geistig ungemein gestählte Haltung; es gibt keinen Menschen, der ihn im Zustand der Trunkenheit jemals auch nur hätte schwanken oder vorlaut werden gesehen, obschon sich seine sonst so milde und wie um eine unsägliche Verstummtheit kreisende Art des Sprechens in vorgeschrittener Nachtstunde beim Wein oft seltsam verhärten und ins Funkelnd-Böse zuspitzen konnte. Aber darunter hat er oft mehr gelitten als die, über deren Köpfe hinweg er die Dolche seiner Rede in die schweigende Runde blitzen ließ; denn er schien in solchen Augenblicken von einer Wahrhaftigkeit, die sein Herz förmlich bluten machte. Im übrigen war er ein schweigender, in sich verstummter, aber keineswegs verschlossener Mensch; er konnte sich im Gegenteil mit einfachen, ungezwungenen Menschen, sofern sie nur das Herz ‹auf dem rechten Fleck› hatten — von den höchsten bis zu den niedersten sozialen Schichten —, insonderheit auch mit Kindern, auf die gütigste, menschlichste Art verständigen. Hab und Gut besaß er kaum mehr, Besitz von Büchern erschien ihm immer überflüssiger, und schließlich ‹verkitschte› er auch noch seinen ganzen Dostojewski, den er aufs inbrünstigste verehrte ... Da brach der Krieg aus, und Trakl mußte in seiner alten Charge als Medikamentenakzessist mit einem fliegen-*

den Spital ins Feld. Nach Galizien. Erst schien er aufgetaut und seiner Schwermut entrissen. Dann aber — nach dem Rückzug von Grodek — erhielt ich aus dem Garnisonsspital in Krakau, wohin er zur Beobachtung seines Geisteszustands gebracht worden war, ein paar Karten, die wie seelische Hilferufe klangen. Kurz entschlossen machte ich mich auf und reiste nach Krakau. Dort hatte ich die letzte, erschütternde Begegnung mit dem unvergeßlichen Freund. In Krakau und auf der Rückreise in Wien bot ich alles auf, um ihn zurück in häusliche Pflege zu bekommen. Aber kaum hierher zurückgekehrt, erhielt ich die Nachricht seines Todes. Er ist in der Nacht vom 3. auf 4. November 1914, nachdem er einen Tag in Agonie gelegen — vermutlich an der Wirkung einer zu starken Dosis Gift, die er zu sich genommen —, gestorben; doch ist sein Ende immerhin in Dunkel gehüllt, da man seinen Diener in seinen letzten Lebensstunden nicht mehr zu ihm ließ. Dieser — ein Bergarbeiter aus Hallstatt, zugeteilt der Sanität, namens Mathias Roth — war der einzige Mensch, der bei Trakls Begräbnis als Leidtragender zugegen war.»
[Aus Mitteilungen Ludwig Fickers an den Herausgeber, 1919]

Dieser Darstellung von Ludwig Ficker, der in seiner Zeitschrift ‹Der Brenner› seit 1912 fortlaufend fast sämtliche Gedichte Trakls veröffentlichte, seien noch einige Daten angefügt. Trakl war das vierte von sechs Kindern des Eisenhändlers Tobias Trakl. Er besuchte das Gymnasium in Salzburg; nach Absolvierung eines dreijährigen Praktikantendienstes studierte er in Wien Pharmazie und ließ sich nach Erwerbung des Magistertitels im Militärapothekerdienst aktivieren. Vom Mai 1912 bis August 1914 lebte er meist in Innsbruck; das erste halbe Jahr als Medikamentenakzessist am Garnisonsspital. Im Januar 1913 ließ er sich in die Reserve versetzen, versuchte dreimal vergeblich, in Wien Fuß zu fassen, kehrte aber immer wieder nach Innsbruck zurück, wo ihn schließlich Ludwig Ficker aufnahm und für ihn sorgte. Freunde ermöglichten ihm kurze Reisen nach Venedig, Berlin und an den Gardasee. Ende August 1914 rückte er mit einer Sanitätskolonne nach Galizien an die Front. «Nach der Schlacht bei Grodek mußte er in einer Scheune neunzig Schwerverwundete allein betreuen, ohne ihnen helfen zu können», worauf er zusammenbrach. — Im Herbst 1925 wurden die Gebeine des Dichters nach Tirol überführt und auf dem Friedhof von Mühlau b. Innsbruck bestattet. [Hgb. nach Angaben in ‹Erinnerung an Georg Trakl›, Innsbruck 1926]

Gedichte; Leipzig 1913. — Sebastian im Traum, Gedichte; Leipzig 1915. — Die Dichtungen, Erste Gesamtausgabe (hgb. v. Karl Roeck); Leipzig 1917 (weitere Aufl. Zwickau 1928, Salzburg 1938 ff). — Der Herbst des Einsamen, Gedichte; München 1920. — Gesang des Abgeschiedenen, Gedichte; Leipzig 1933 (Insel-Bücherei). — Aus golde-

nem Kelch, Die Jugenddichtungen (Vorw. u. Hgb. Erhard Buschbeck);
Salzburg 1939 (erw. Ausgabe Salzburg 1951 ff). — Die Dichtungen,
Gesamtausgabe. Mit einem Anhang: Zeugnisse und Erinnerungen
(hgb. v. Kurt Horwitz); Zürich 1945. — Offenbarung und Untergang,
Die Prosadichtungen (m. Federzeichnungen v. Alfred Kubin); Salz-
burg 1947.

Gesammelte Werke (hgb. v. W. Schneditz) Bd. 1 Dichtungen; Bd.
2 Aus goldenem Kelch, Die Jugenddichtungen; Bd. 3 Nachlaß und
Biographie — Gedichte, Briefe, Bilder, Essays; Salzburg 1948 ff. —
Historisch-kritische Gesamtausgabe (hgb. v. Walter Killy) enthal-
tend auch den gesamten Nachlaß und Briefe, ist in Vorbereitung.

Franz Werfel. *Geboren 1890 in Prag, gelebt in Hamburg, Leipzig
und jetzt in Wien.*

Geboren war Werfel am 10. September 1890 in Prag als Sohn ei-
nes sehr wohlhabenden Handschuhfabrikanten, der so entsetzt war
über die dichterische Betätigung des jungen Menschen, daß er ihn,
nach Absolvierung des Gymnasiums, in strenge kaufmännische Leh-
re in ein Hamburger Exporthaus gab. Nach Erscheinen seiner Erst-
lingsgedichte ‹Der Weltfreund› wurde er 1912 nach Leipzig an den
Kurt Wolff Verlag berufen. Dort stellte er mit Walter Hasenclever
und dem Herausgeber dieses Buchs ein Sammelzentrum dar, wo vie-
le junge Autoren der expressionistischen Generation und ihr nahe-
stehende ältere Dichter freundschaftliche Aufnahme und Förderung
fanden. 1915 bis 1917 diente er als österreichischer Soldat im 1.
Weltkrieg. In Wien lernte er dann Alma Mahler, die Witwe des
Komponisten, kennen und blieb vereint mit ihr bis zu seinem Tode.

1925 erhielt er den Grillparzerpreis, 1921 den Schillerpreis. Die
Werfels waren stets, wo sie auch lebten, Mittelpunkt eines Kreises
von Künstlern aller Gebiete; sie lebten in Wien, in Breitenstein am
Semmering, in Venedig und oft auf Reisen, bis in den Nahen Orient.
Beim Einrücken von Hitlers Truppen in Österreich 1938 flüchteten
sie nach Frankreich, erst nach Paris, dann nach der Südküste. Ihr
Versuch, rechtzeitig nach Spanien zu entkommen, wurde vereitelt,
aber sie fanden Zuflucht in Lourdes, und Werfel gelobte, wenn ihnen
der Weg in die Freiheit gelänge, ein Buch über die heilige Bernadette
zu schreiben. Nachdem sie auf geheimen Wegen zu Fuß über die Py-
renäen nach Spanien und schließlich von Portugal im Oktober 1940
nach New York gelangt waren und sich in Hollywood-Beverly Hills
angesiedelt hatten, löste er sein Versprechen ein. 1943 erlitt er zwei
Herzanfälle, und am 27. August 1945, den Federhalter in der Hand,
die Bogen seiner ‹Gedichte aus den Jahren 1908 bis 1945› korrigie-
rend, traf ihn ein tödlicher Herzschlag. [Hgb.]

Der Weltfreund, Gedichte; Berlin 1911 (3. verbesserte Aufl. Leipzig 1918). — Die Versuchung, ein Gespräch des Dichters mit dem Erzengel und Luzifer; Leipzig 1913. — Wir sind, Neue Gedichte; Leipzig 1913. — Einander — Oden, Lieder, Gestalten; Leipzig 1915. — Die Troerinnen des Euripides, in deutscher Bearbeitung; Leipzig 1915. — Gesänge aus den drei Reichen, Ausgewählte Gedichte; Leipzig 1917. — Der Gerichtstag, Gedichte in fünf Büchern; Leipzig 1919. — Der neue Dämon: Sonderheft Franz Werfel (Erzählungen, Gedichte, Fragmente); Wien 1919. — Spielhof, Eine Phantasie; München 1920. — Spiegelmensch, Magische Trilogie; München 1920. — Nicht der Mörder, der Ermordete ist schuldig, Novelle; München 1920. — Der Besuch aus dem Elysium, Romantisches Drama; München 1920 (geschrieben 1910, erste Veröffentlichung im Sammelband ‹Arkadia› 1911). — Bocksgesang, Drama; München 1921. — Arien; Leipzig 1921. — Schweiger, Trauerspiel; München 1922. — Die Mittagsgöttin, Zauberspiel; München 1923. — Beschwörungen, Gedichte; München 1923. — Juarez und Maximilian, Dramatische Historie; Wien 1924. — Verdi, Roman der Oper; Wien 1924. — Paulus unter den Juden, Dramatische Legende; Wien 1926. — Gedichte (enthält: Der Weltfreund, Wir sind, Einander, Der Gerichtstag, Neue Gedichte); Wien 1927. — Der Tod des Kleinbürgers, Novelle; Wien 1927 (Neuausg. m. Federzeichnungen v. Alfred Kubin; Wien 1928). — Geheimnis eines Menschen, Novellen (enthält: Die Entfremdung, Geheimnis eines Menschen, die Hoteltreppe, Das Trauerhaus); Wien 1927. — Der Abituriententag, die Geschichte einer Jugendschuld; Wien 1928. — Neue Gedichte; Wien 1928. — Barbara oder die Frömmigkeit, Roman; Wien 1929. — Dramatische Dichtungen (Die Troerinnen, Juarez und Maximilian, Paulus unter den Juden); Wien 1929. — Das Reich Gottes in Böhmen, Tragödie eines Führers; Wien 1930. — Die Geschwister von Neapel, Roman; Wien 1931. — Realismus und Innerlichkeit, Rede; Wien 1931. — Kleine Verhältnisse, Novelle (mit Ill. v. A. Kubin); Wien 1931. — Können wir ohne Gottesglauben leben? Rede; Wien 1932. — Die vierzig Tage des Musa Dagh, Roman, 2 Bde.; Wien 1933. — Schlaf und Erwachen, Neue Gedichte; Wien 1935. — Der Weg der Verheißung, Ein Bibelspiel; Wien 1935 (als ‹The Eternal Road› m. Musik v. Kurt Weill, New York 1937). — Höret die Stimme, Roman; Wien 1937 (als ‹Jeremias. Höret die Stimme›; Frankfurt a. M. 1956). — In einer Nacht, Schauspiel; Wien 1937.

Von der reinsten Glückseligkeit des Menschen, Rede; Stockholm 1938. — Der veruntreute Himmel, Roman; Stockholm 1938. — Gedichte aus dreißig Jahren; Stockholm 1939. — Das Lied von Bernadette, Roman; Stockholm 1941. — Eine blaßblaue Frauenhandschrift, Novelle; Buenos Aires 1941. — Jakobowsky und der Oberst, Komödie einer Tragödie; Stockholm 1942. — Die wahre Geschichte vom wiederhergestellten Kreuz; Los Angeles 1942. — Stern der Ungeborenen, Ein Reiseroman; Stockholm 1946. — Gedichte aus den Jahren 1908—1945; Los Angeles 1946 (neu hgb. v. Adolf Klarmann; Frankfurt a. M. 1953). — Zwischen Oben und Unten, Drei Reden und Theologumena; Stockholm 1946.

Werfel übersetzte (mit Emil Saudek) von Otokar Brezina: Wind von Mitternacht nach Mitternacht, München 1920; Musik der Quellen, München 1923. — Er schrieb das Vorwort zu: Schlesische Lieder v. Petr Bezruk (übers. v. Rudolf Fuchs), das Vorwort zu dem Roman: Ein Kind unserer Zeit, von dem im Pariser Exil durch Unglücksfall umgekommenen Ödön von Horvath, Amsterdam 1938; ebenso das Nachwort zu: Karl Brand, Das Vermächtnis eines Jünglings, hgb. v. Joh. Urzidil, Wien 1920, und das Vorwort zu dem Roman von Hermann Borchardt: The Conspiracy of the Carpenters, Historical Account of a Ruling Class; New York 1943.

Werfel gab (mit Richard Specht) Verdis Briefe heraus (Wien 1926) und übersetzte und bearbeitete den Text mehrerer Opern Verdis, so ‹Simone Boccanegra›, ‹Don Carlo› und ‹Die Macht des Schicksals› (‹dem Italienischen des F. M. Piave frei nachgedichtet und für die deutsche Opernbühne bearbeitet›).

Im Erscheinen begriffen sind seit 1948 Gesammelte Werke in Einzelbänden, Frankfurt a. M., hgb. v. Adolf Klarmann. Bisher erschienen, außer Neudrucken der Romane: ‹Erzählungen aus zwei Welten›, 3 Bde. (Bd. 1 Stockholm 1948, Bd. 2 Frankfurt a. M. 1952, Bd. 3 Frankfurt a. M. 1954), enthaltend alle früher in Buchausgaben und Zeitschriften erschienenen Erzählungen, sowie einiges aus dem Nachlaß, besonders den in Buchform noch nicht veröffentlichten Roman ‹Cella›; ‹Gedichte von 1907—1945› (Frankfurt a. M. 1954); ‹Die Dramen›, 2 Bde. (Frankfurt a. M. 1959); ‹Zwischen oben und unten›, Neuausgabe vermehrt und erweitert mit ungedrucktem Material aus dem Nachlaß (Frankfurt a. M. 1964). — Außerdem erschien eine Auswahl aus Werfels Gesamtwerk ‹Das Reich der Mitte›, eingel. v. Adolf Klarmann; Graz und Wien 1961.

Werfels umfangreicher Nachlaß ist bei Frau Alma Mahler-Werfel, New York (Erst-Fassungen, Fragmente, Entwürfe), aber auch in University of California, Los Angeles und Yale University, New Haven, Conn.

ALFRED WOLFENSTEIN. *Geboren wurde ich an vielen Tagen. Wer dennoch das Licht der Welt nicht erblickte, kann im Dunkeln sein Leben nicht beschreiben. Daß ich mit sechs Jahren ins Gefängnis kam, später hinaus in den toten Wald eines Holzplatzes und wieder zurück zur Schule geschickt wurde (nur ein Beispiel für unseres Schicksals frühen Befehl: freut euch, ein Nichts mit dem andern vertauschen zu dürfen —); daß ich mich neu unter Jünglingen befand, deren*

Freundschaft die trübe Liebesfreiheit hinwegstrahlte, bis ein Jüng-
lingmädchen erscheinen wird; daß ich von Leichtheit nach Paris, von
Schwere zurück in die haltlose Mitte Europas und in jede Diaspora
der Blut- und Geldwelt getrieben wurde; daß ich im südlichsten
Deutschland die Geistglut unbekannter Arbeiter und dort auf der
schnell versinkenden, seltsam hohen Insel den zur Ewigkeit fortleuch-
tenden, fortkeimenden Kampf traf, wo aus Versammlungen der
Scheinrevolution wirkliche Stimmen, Stimmen aus dem Unbekannten
laut wurden und gegen verfolgende Dummheit — Brüderlichkeit,
diese Tagesphrase, einmal rührend sich verwirklichte und der Mord
an zwei beseelten Männern aus dem Allgemeinen ins Herz schlug,
als seien mir Väter gestorben: dies alles bleibt doch im Dunkeln.

Denn es gibt nur die Lichter der Welt, die wir selbst entzünden.
Biographie gibt es nicht; stumm vergewaltigt ist jedes Wort, das
nicht gezeugt wird. Nur was ein Mensch formt, hat Sprache; um den
Menschen zu formen! Das Werk. Niemand wird geboren, ehe nicht
von ihm geboren wird. Er bleibt Gespenst, seine Geburt war kein
Anfang, und der Tod hat da nichts zu beenden. Das ist unsere
Sternenfreiheit — und des Scheinlebens gleichewige Gefahr. Aber
der Gefahr spottet jede Dichtung und verkündet: Wir selbst bringen
uns hervor! Zu unserem Grabe werden nur kommen, die unsere Ge-
stalten nicht sehen.

Wolfenstein wurde geboren am 28. Dezember 1888 in Halle a. S.;
die Familie siedelte bald nach Berlin über, wo er, nach Promovierung
zum Dr. jur., als freier Schriftsteller lebte. Von 1916 bis 1922 in
München, dann wieder in Berlin, bis er, vor seiner Verhaftung ge-
warnt, nach Prag flüchtete. Von dort entkam er 1939 während der
deutschen Besetzung im Flugzeug nach Paris.

Beim Anmarsch der deutschen Truppen versuchte er zu flüchten,
wurde aber an der Loire von der Gestapo gefaßt und gefangen ge-
setzt. Nach drei Monaten wurde er aus dem Gefängnis La Santé ent-
lassen und war nun gezwungen, sich jahrelang auf der Flucht, meist
an der Südküste Frankreichs in Bauernhütten und Ställen, verborgen
zu halten. Schließlich kehrte er unter falschem Namen nach Paris
zurück. In dieser Zeit zunehmender nervöser Zerrüttung schrieb er
den Roman eines jungen Menschen unserer Zeit, dem er den Namen
seines Sohnes Frank gab, und arbeitete an einer Auswahl seiner Ge-
dichte. Als Paris befreit wurde, lag er schwer herzleidend in einem
kleinen Hotelzimmer; er wurde ins Hospital Rothschild überführt.
Zu seinem Herzleiden kamen so tiefe Depressionen, daß er dort
am 22. Januar 1945 freiwillig aus dem Leben schied. [Hgb.]

Die gottlosen Jahre, Gedichte; Berlin 1914. — Die Nackten, Eine
Dichtung; München 1917. — Die Freundschaft, Gedichte; Berlin
1917. — Der Lebendige, Novellen; München 1918. — Menschlicher

Kämpfer, Ausgewählte Gedichte; Berlin 1919. — Der gute Kampf, Eine Dichtung; Dresden 1920. — Sturm auf den Tod, Drama; Berlin 1921. — Der Mann, Fünf szenische Dichtungen; Freiburg i. Br. 1922. — Jüdisches Wesen und neue Dichtung, Essay; Berlin 1922. — Der Mann, Szenische Dichtung; Berlin 1922. — Mörder und Träumer, Drei szenische Dichtungen; Berlin 1923. — Der Flügelmann, Eine Dichtung; Dessau 1924. — Unter den Sternen, Novellen; Dessau 1924. — Der Narr der Insel, Drama; Berlin 1925. — Bäume in den Himmel, Drama; Berlin 1926. — Netze, Sechs Einakter; Berlin 1926. — Bewegungen, Gedichte; Berlin-Wilmersdorf 1928. — Die Nacht vor dem Beil, Drama; Stuttgart 1929. — Celestina, Schauspiel; Berlin 1929. — Die gefährlichen Engel, 30 Geschichten; Mährisch-Ostrau u. Leipzig 1936.

Wolfenstein gab heraus: Die Erhebung, Jahrbuch für neue Dichtung und Wertung (zwei Jahrgänge); Berlin 1919 und 1920. — Hier schreibt Paris, Eine Sammlung von heute; Berlin 1931. — Stimmen der Völker, Die schönsten Gedichte aller Zeiten und Länder; Amsterdam 1938. — Wolfenstein übersetzte: Gérard de Nerval ‹Erzählungen› 3 Bde.; München 1921. — Percy B. Shelley ‹Dichtungen› und ‹Die Cenci›, Drama; Berlin 1922. — E. A. Poe ‹A. G. Pyms abenteuerliche Erlebnisse›, Berlin 1922; ‹Die Denkwürdigkeiten der Scharfrichterfamilie Sanson›, Berlin 1924. — Paul Verlaine ‹Armer Lelian, Gedichte der Schwermut, der Leidenschaft und der Liebe›; Berlin 1925. — Arthur Rimbaud ‹Leben, Werke, Briefe›, übertr. u. hgb. v. A. W.; Berlin 1930. — Außerdem: Victor Hugo ‹Dreiundneunzig› und ‹Die letzten Tage eines Verurteilten›.

Alfred Wolfenstein, Eine Einführung in sein Werk und eine Auswahl v. Carl Mumm, Wiesbaden 1955.

Der Nachlaß ist bei Frau Henriette Hardenberg-Frankenschwerth und Frank Wolfenstein in London; er enthält u. a. den im französischen Gefängnis geschriebenen Gedichtzyklus ‹Der Gefangene› und den Roman ‹Frank›.

PAUL ZECH. *Lieber Leser, verlange von einem Selbstbildnis nicht immer abgeklärte Objektivität. Irgendwo bleibt stets der Reflex des Spiegels als Schminkfleck stehn. Aber was geht Dich im Grunde die Form meines Schädels an? Oder die Linie des Oberarms, wenn er sich athletisch hebt, wo er zu Gott will? Oder gar mein häuserumsaustes Erleben? Jedes Leben wird tausendmal von tausend Leben gelebt. Manchmal in Terzinen. Manchmal mit Fäusten. Manchmal auf Waldbäumen. Manchmal im Bordell. Was darüber ist, ist Legende. Ich zerstöre sie. Denn ich bin nicht ‹Jüngste Dichtung›, sondern beinah vierzig Jahre (alt). Und den ‹Wald› beschrieb ich um 1904. Auch nicht Weichselianer bin ich (obwohl bei Thorn geboren), vielmehr*

Dickschädel aus bäurisch-westfälischem Blut. Einige meiner Väter schürften Kohle. Ich selber kam (nach Leichtathletik, Griechisch und schlechten Examina) nicht über den (vom Innen geforderten) Versuch hinaus. Doch diese zwei (reichsten) Jahre —: Bottrop, Radbod, Mons, Lens, bestimmten: von Machthabern, von Schwerhörigen und Blinden —: Hellhörigkeit und Güte für Alle auf Erden zu fordern. Lange bevor die Affäre November 1918 war.

Dennoch paßt es mir nicht, daß Du mich ‹politischer Dichter› (in Deinem Sinn) schimpfst. Jede Dichtung ist, sofern sie weniger denn Blut (also belanglos) ist, politisch. Wenn Du also in meinen acht Versbüchern Dich durch Acker, Wald, Abend und staubige Straßen blätterst, von Gott und Weib (dieses zuletzt!) hörst, sollen die agrarische Gebundenheit, das Sehnige, Verrußte, die Unzucht und der Glaube Dich durcheinanderschütteln zum besseren, zum lebendigen Menschen.

Oder ich verdiene: zum alten Eisen geworfen zu werden. Nur bestrafe mich nicht: in Museen zu verstauben.

Entscheide!

Und nicht nur Dich!

Geboren am 19. Februar 1881 als Sohn eines Landschullehrers in Briesen (Westpreußen), wuchs Zech bei bäuerlichen Verwandten im Sauerland nahe dem Ruhrgebiet auf. Er ging in Wuppertal-Elberfeld zur Schule, gab aber später das Studium auf, um aus sozialem Idealismus als Hauer und Steiger in Kohlenzechen des Ruhrgebiets und dann in den Eisenhütten von Belgien und Nordfrankreich zu arbeiten. Allmählich im Industriegebiet aufsteigend, wurde er im gewerkschaftlichen Auftrag nach Paris gesandt, wo er mit jungen französischen Literaten bekannt ward. Deshalb hat er jahrzehntelang an Übersetzungen von Villon, Mallarmé, Verlaine, Rimbaud gearbeitet, und gleichzeitig begann seine eigene Produktion am Anfang des Jahrhunderts. Er lebte später meist in Berlin in den verschiedensten Berufen, als Redakteur, Mitarbeiter der Volksbühne und Bibliothekar. Der gedrungene Mann mit breiten Schultern und riesigem Schädel war ein Arbeitsfanatiker, der nur vier Stunden Schlaf brauchte; seine schriftstellerische Produktion war unerschöpflich.

1933 wurde er in Spandau inhaftiert, nach seiner Entlassung Juni 1933 emigrierte er über Prag und Paris nach Südamerika, wo er vorwiegend in Argentinien lebte. Aber nach bitteren Jahren (als Hausierer) bereiste er, meist auf Einladungen, den südamerikanischen Kontinent. «Er befährt», wie sein Sohn Rudolf nach einer Schilderung seines Vaters mitteilt, «den Amazonas und seine entlegensten Nebenarme und lebt bei wilden Indianerstämmen. Er besichtigt mit fachmännischem Interesse chilenische Kupferminen und spürt den Konquistadoren am Sonnentor von Tiahuanaco nach, befährt mit einem Binsenboot den Titicaca-See und nimmt an archäologischen

Forschungen in Inka-Ruinen teil. Heute ist er mit brasilianischen Schmetterlingsjägern unterwegs im Urwald, wenig später bei den Wasserfällen des Iguacu in Paraguay. Wir sehen ihn bei den Rest-Stämmen der Ona-Indianer im Feuerland, dann geruhsam auf einer Hazienda, Indios ausfragend, um seine Sammlung von alten Indio-Geschichten zu vervollständigen.» Er sehnte sich stets nach Europa zurück, aber die Heimkehr gelang nicht; am 7. September 1946 brach er vor dem Gartentor seiner Wohnung in Buenos Aires zusammen und starb am selben Tag im dortigen Hospital. [Hgb.]

Das schwarze Revier, Gedichte (Privatdruck); Elberfeld 1909 — Waldpastelle, Gedichte; Berlin 1910. — Schollenbruch, Gedichte; Berlin 1912. — Das schwarze Revier, Gedichte; Berlin 1912 (sehr erw. Aufl. München 1922). — Rainer Maria Rilke, Essay; Berlin 1913. — Schwarz sind die Wasser der Ruhr, Gesammelte Gedichte aus den Jahren 1902—1910; Berlin 1913. — Die eiserne Brücke, Neue Gedichte; Leipzig 1914. — Der schwarze Baal, Novellen; Leipzig 1917 (3. sehr erw. Aufl. Leipzig 1919). — Helden und Heilige, Balladen aus der Zeit; Leipzig 1917. — Vor Cressy an der Marne, Gedichte eines Frontsoldaten namens Michel Micael; Laon 1918. — Gelandet, Ein dramatisches Gedicht; Laon 1918, München 1919. — Der feurige Busch, Neue Gedichte; München 1919. — Das Grab der Welt, Eine Passion wider den Krieg; Hamburg-Berlin 1919. — Herodias, Dramatisches Fragment nach Stéphane Mallarmé in freier deutscher Nachdichtung; Berlin 1919. — Golgatha, Eine Beschwörung zwischen zwei Feuern, Gedichte; Hamburg-Berlin 1920. — Das Terzett der Sterne, Ein Bekenntnis in 3 Stationen, Gedichte, München 1920. — Der Wald, Gedichte; Dresden 1920. — Das Ereignis, Neue Novellen; München 1920. — Verbrüderung, Ein Hochgesang unter dem Regenbogen; Berlin-Hamburg 1921. — Omnia mea mecum porto, Die Ballade von mir; Berlin 1923. — Kuckucksknecht, Ein sauerländisches Stück, Leipzig 1924. — Die Reise um den Kummerberg, Novellen; Rudolstadt 1924. — Die ewige Dreieinigkeit, Neue Gedichte; Rudolstadt 1924. — Das trunkene Schiff, Eine szenische Ballade; Leipzig 1924. — Das Rad, Ein tragisches Maskenspiel; Leipzig 1924. — Steine, Ein tragisches Finale in sieben Geschehnissen; Leipzig 1924. — Der Turm, Sieben Stufen zu einem Drama; Leipzig 1924. — Erde, Vier Etappen eines Dramas zwischen Rhein und Ruhr; Leipzig 1924. — Tierweib, Ein dramatisches Spiel; Leipzig 1924. — Die Geschichte einer armen Johanna, Roman; Berlin 1925. — Peregrins Heimkehr, Roman; Berlin 1925. — Das törichte Herz, 4 Erzählungen; Berlin 1925. — Die Mutterstadt, Zwei Erzählungen; München 1925. — Triumph der Jugend, Schauspiel (m. Henry Marx); Leipzig 1925. — Ich bin Du, Roman; Leipzig 1926. — Rainer Maria Rilke, Ein Requiem, Berlin 1927. — Jean Arthur Rimbaud, Ein Querschnitt durch sein Leben und Werk; Leipzig 1927 (erw. Aufl. Berlin 1948). — Rotes Herz der Erde, Ausgewählte Balladen, Gedichte und Gesänge; Berlin 1929. — Das Baalsopfer, Vier Erzählungen; Hamburg 1929. — Rainer Maria Rilke, Der Mensch und sein Werk; Dresden 1930. — Morgenrot leuchtet, Ein Augsburger Festspiel; Augsburg 1930. — Neue Balladen von den wilden Tieren, Gesammelte Tierballaden; Dresden 1930. — Terzinen für Tino, Gedichte; Berlin 1932. — Berlin im Licht, Gedichte linker Hand (unter Pseudonym Timm Borah); Berlin 1932. — Das Schloß der Brüder Zanowsky, Eine unglaubwürdige Geschichte; Berlin 1933.

Neue Welt, Verse der Emigration; Buenos Aires 1935. — Bäume am Rio de la Plata, Gedichte; Buenos Aires 1936. — Ich suchte Schmid und fand Malva wieder, Erzählungen; Buenos Aires 1938. — Stefan Zweig, Eine Gedenkschrift; Buenos Aires 1943. — Die schwarze Orchidee, Indianische Legenden; Berlin 1947. — Occla, das Mädchen mit den versteinerten Augen, Eine indianische Legende, nacherzählt v. Pablo Cze (d. i. Paul Zech); Frankfurt 1948. — Die Sonette aus dem Exil, Gedichte; Berlin 1949. — Paul Verlaine und sein Werk, Essay mit Gedichtauswahl; Berlin 1949. — Die Kinder von Parana, Roman (ill. v. E. Zimmermann); Rudolstadt 1952. — Das rote Messer, Begegnungen mit seltsamen Menschen und Tieren (Reisebericht aus Südamerika); Rudolstadt 1953. — Die Vögel des Herrn Langfoot; Rudolstadt 1954. — Die grüne Flöte vom Rio Beni, Ausgewählte Legenden; Rudolstadt 1956. — Die Ballade von einer Weltraumrakete; Berlin-Friedenau 1958 (geschrieben 1929). — Abendgesänge und Landschaft der Insel Mara-Pampa; Berlin-Friedenau 1959. — Die Sonette vom Bauern; Berlin 1960. — Die ewigen Gespräche, Deutsche Variationen nach Themen von Charles Péguy; Berlin 1960. — Venus Urania, Sieben Gesänge für Miriam; Berlin 1961 (entstanden 1911). — Omnia mea mecum porto, Eine selbstbiographische Ballade; Berlin 1961 (geänderter Text letzter Hand der 1925 unter gleichem Titel veröffentlichten Dichtung, von Zech bezeichnet «Endgültige Fassung, Buenos Aires, Argentinien im Mai 1946» — also wenige Monate vor seinem Tod).

Zech übersetzte: Leon Deubel, Die rotdurchrasten Nächte (m. Lithogr. v. W. Rösler); Berlin 1914. — Emile Verhaeren, Die wogende Saat; Leipzig 1917. — H. de Balzac, Tante Lisbeth; Berlin 1923. — J. A. Rimbaud, Erleuchtungen, Gedichte in Prosa; Leipzig 1924; Das gesammelte Werk; Leipzig 1927, Dresden 1930; Das Herz unter der Soutane, Prosa u. nachgel. Gedichte; Lorch 1948; — François Villon, Die Balladen und lasterhaften Lieder; Weimar 1931, Berlin 1947, Rudolstadt 1953. — Stéphane Mallarmé, Nachmittagstraum eines Fauns, franz. und deutsch; Berlin 1949. — Louise Labé, Die 24 Liebesgedichte einer schönen Seilerin; Berlin 1949 (2. Aufl. ill. v. Stratil; Rudolstadt 1957). — Jorge Icaza, Huasi-pungo, Roman aus dem Spanischen m. Vorwort (ill. v. E. Zimmermann); Rudolstadt 1952. — Als Privatdrucke gab er Übersetzungen v. Verlaine, Rimbaud, Villon, Baudelaire, Mallarmé heraus und für den Volksbühnenverlag eine zweibändige Grabbe-Ausgabe.

Folgende Theaterstücke erschienen als Bühnenexemplare (in kleinen Auflagen): Fremdes Gesicht im Haus, 1926; Der unbekannte Kumpel, 1927; Jochanaan, 1928; Windjacke, 1932; Nur ein Judenweib, 1934; Der Fall Robert Puhl, 1935.

Zech gab folgende Zeitschriften heraus: Das Neue Pathos (m. Ehrenbaum-Degele u. a.) Jahrgang 1 (1913) Heft 1—6, Jahrgang 2 (1914) Heft 1—2, Jahrgang 3 (1920) Heft 1—4. — Jahrbuch der Zeitschrift ‹Das Neue Pathos› 1914/1915, 1917/1918, 1919. — Das Dramatische Theater, 4 Hefte; Leipzig 1924. — Weihnachtsblätter, 1918—1932, 13 Hefte.

Der gesamte Nachlaß Paul Zechs wird von seinem Sohn Rudolf Zech in Berlin betreut und ins Schiller-Nationalmuseum, Marbach, übergeführt. Er enthält 16 Manuskripte: Gedichte, Erzählungen und Übersetzungen aus den Jahren 1920—1935, und aus den Jahren der Emigration 1934—1946 etwa 50 z. T. sehr umfangreiche Manuskripte: Romane, Erzählungen, Indianische Legenden, Gedichte, Essays, 12 Theaterstücke und 8 Bände Reisetagebücher aus Südamerika. All diese Arbeiten liegen druckreif vor, außerdem Fragmente, Unbetiteltes, Überarbeitungen letzter Hand.

NACHBEMERKUNG

Der Herausgeber hat vielen Menschen in Europa und Amerika, die ihm mit Auskunft aller Art geholfen haben, zu danken. Die Namenliste würde sehr lang werden, deshalb seien nur die genannt, denen ich besonders verpflichtet bin:

Frau Anni Knize in New York und Oskar Kokoschka, welche die Wiedergabe des Trakl-Porträts ermöglichen (s. S. 384); der (inzwischen verstorbene) Sammler Wilhelm Badenhop, Wuppertal; die Dichter: Kurt Heynicke, Merzhausen b. Freiburg i. B.; Wilhelm Klemm, Wiesbaden; Karl Otten, Locarno, Schweiz; Claire Goll, Paris; Heinrich F. Bachmair, Berlin; Henriette Hardenberg-Frankenschwerth, London; Doris Lubasch, Berlin; Alma Mahler-Werfel, New York; Hilde Guttmann, London; Paul Pörtner, Zürich; Rudolf Zech, Berlin; Helmut Henning, Hamburg; die Professoren: P. K. Ackermann, Boston; Alfred Kantorowicz, München; Edgar Lohner, Palo Alto, Cal.; Fritz Martini, Stutgart; Walter H. Sokel, Palo Alto, Cal.; Karl Ludwig Schneider, Hamburg; die Akademien der Künste in West-Berlin und Ost-Berlin und die unermüdliche Helferin, meine Schwester Else Pinthus.

Sturz und Schrei

Jakob van Hoddis, Weltende	39
Georg Heym, Umbra vitae	39
Wilhelm Klemm, Meine Zeit	40
Johannes R. Becher, Verfall	40
Georg Heym, Der Gott der Stadt	42
Johannes R. Becher, Berlin	43
Alfred Wolfenstein, Städter	45
Jakob van Hoddis, Die Stadt	46
Alfred Wolfenstein, Bestienhaus	46
Alfred Lichtenstein, Die Dämmerung	47
Ernst Stadler, Abendschluß	47
Theodor Däubler, Diadem	48
Theodor Däubler, Flügellahmer Versuch	51
Georg Heym, Die Dämonen der Städte	51
Gottfried Benn, Kleine Aster	52
Jakob van Hoddis, Tristitia ante ...	53
Ernst Stadler, Tage	53
Alfred Wolfenstein, Verdammte Jugend	54
Paul Zech, Fabrikstraße Tags	55
Paul Zech, Sortiermädchen	55
Paul Zech, Fräser	59
Alfred Lichtenstein, Nebel	59
Alfred Lichtenstein, Der Ausflug	60
Theodor Däubler, Hätte ich ein Fünkchen Glück	60
Albert Ehrenstein, So schneit auf mich die tote Zeit	61
August Stramm, Untreu	61
Theodor Däubler, Was?	62
Theodor Däubler, Einsam	63
Alfred Lichtenstein, Sommerfrische	63
Alfred Wolfenstein, Nacht im Dorfe	64
Georg Trakl, De Profundis	64
Georg Trakl, Ruh und Schweigen	65
Georg Trakl, In den Nachmittag geflüstert	66
Albert Ehrenstein, Verzweiflung	66
Albert Ehrenstein, Leid	69
Albert Ehrenstein, Auf der hartherzigen Erde	69
Gottfried Benn, Der junge Hebbel	70
Alfred Wolfenstein, Die gottlosen Jahre	70
Albert Ehrenstein, Der Wanderer	71
Kurt Heynicke, Erhebe die Hände	71
Franz Werfel, Fremde sind wir auf der Erde alle	72
Walter Hasenclever, Tritt aus dem Tor, Erscheinung	73
Wilhelm Klemm, Philosophie	73
August Stramm, Schwermut	74

Albert Ehrenstein, Schmerz   74
Albert Ehrenstein, Ich bin des Lebens und des Todes müde   75
August Stramm, Verzweifelt   75
Wilhelm Klemm, Lichter   75
Kurt Heynicke, Gethsemane   76
Albert Ehrenstein, Unentrinnbar   76
Georg Heym, Der Krieg   79
Ernst Stadler, Der Aufbruch   80
Walter Hasenclever, Die Lagerfeuer an der Küste   80
Albert Ehrenstein, Die Nachtgefangenen   81
Franz Werfel, Der Krieg   82
Albert Ehrenstein, Der Kriegsgott   84
Kurt Heynicke, Das Bild   85
Albert Ehrenstein, Der Berserker schreit   86
Wilhelm Klemm, Schlacht an der Marne   86
August Stramm, Wache   87
August Stramm, Patrouille   87
August Stramm, Sturmangriff   87
Alfred Lichtenstein, Die Schlacht bei Saarburg   88
Albert Ehrenstein, Der Dichter und der Krieg   88
Paul Zech, Musik der Sterne   91
Georg Heym, Die Heimat der Toten   92
Franz Werfel, Der Ritt   94
Gottfried Benn, Mann und Frau gehn durch die Krebsbaracke   96
Georg Heym, Die Morgue   97
Albert Ehrenstein, Julian   100
Georg Trakl, An den Knaben Elis   100
Georg Trakl, Elis   101
Else Lasker-Schüler, Senna Hoy   102
Else Lasker-Schüler, Meine Mutter   103
Jakob van Hoddis, Der Todesengel   103
Georg Heym, Ophelia   107
Albert Ehrenstein, Der ewige Schlaf   108
Franz Werfel, Trinklied   109
Georg Trakl, Helian   110
Albert Ehrenstein, Die Götter   113
Franz Werfel, Warum mein Gott   116
Franz Werfel, Wir nicht   119

ERWECKUNG DES HERZENS

Alfred Wolfenstein, Das Herz   123
Franz Werfel, Der dicke Mann im Spiegel   123
Paul Zech, Aus den Fenstern eines Kesselhauses   124
Alfred Lichtenstein, Spaziergang   126
Ernst Wilhelm Lotz, Glanzgesang   126
Franz Werfel, Der schöne strahlende Mensch   127
Ernst Wilhelm Lotz, Ich flamme das Gaslicht an ...   128
Walter Hasenclever, Gasglühlicht summt   128
Walter Hasenclever, Die Nacht fällt scherbenlos   129

Walter Hasenclever, Oft am Erregungsspiel ...   129
Walter Hasenclever, Kehr mir zurück, mein Geist   130
Gottfried Benn, D-Zug   130
René Schickele, Bei der Einfahrt in den Hafen von Bombay   131
Walter Hasenclever, Der Gefangene   131
René Schickele, Die Leibwache   132
Walter Hasenclever, Der Schauspieler   134
Franz Werfel, Hekuba   134
Gottfried Benn, Karyatide   135
Alfred Lichtenstein, Mädchen   136
Johannes R. Becher, Aus den Gedichten um Lotte   136
Ernst Wilhelm Lotz, Wir fanden Glanz   139
Ernst Wilhelm Lotz, Und schöne Raubtierflecken ...   139
Else Lasker-Schüler, Ein Lied der Liebe   139
Else Lasker-Schüler, Mein Liebeslied   141
Else Lasker-Schüler, Ein alter Tibetteppich   141
August Stramm, Blüte   142
August Stramm, Wunder   142
Ernst Stadler, In der Frühe   143
Wilhelm Klemm, Bekenntnis   144
August Stramm, Dämmerung   144
August Stramm, Abendgang   145
Johannes R. Becher, Abendgebet um Lotte   145
Kurt Heynicke, In der Mitte der Nacht   146
Else Lasker-Schüler, Doktor Benn   147
Albert Ehrenstein, Verlassen   148
Else Lasker-Schüler, Ein Lied   148
Else Lasker-Schüler, Abschied   151
Else Lasker-Schüler, Versöhnung   151
Walter Hasenclever, Begegnung   152
Georg Heym, Deine Wimpern, die langen ...   152
Franz Werfel, Als mich Dein Wandeln an den Tod verzückte   153
Theodor Däubler, Der Atem der Natur   154
Johannes R. Becher, Der Wald   155
Iwan Goll, Wald   156
Paul Zech, Der Wald   159
Theodor Däubler, Die Buche   160
Wilhelm Klemm, Der Baum   160
Georg Heym, Der Baum   161
Theodor Däubler, Der Baum   161
Theodor Däubler, Millionen Nachtigallen schlagen   164
August Stramm, Vorfrühling   164
Ernst Stadler, Vorfrühling   165
Wilhelm Klemm, Herbst   165
Georg Trakl, Der Herbst des Einsamen   166
Ernst Wilhelm Lotz, In gelben Buchten   166
Theodor Däubler, Winter   167
Wilhelm Klemm, Ausgleich   167
Jakob van Hoddis, Morgens   168

René Schickele, Sonnenuntergang 168
René Schickele, Der Knabe im Garten 169
Theodor Däubler, Dämmerung 169
Alfred Lichtenstein, In den Abend 170
Paul Zech, Die Häuser haben Augen aufgetan 170
Georg Trakl, Abendlied 170
Georg Heym, Alle Landschaften haben 171
Albert Ehrenstein, Abendsee 171
Albert Ehrenstein, Friede 172
René Schickele, Mondaufgang 172
Georg Heym, Mond 175
Gottfried Benn, O, Nacht — 176
August Stramm, Traum 179
Ernst Stadler, Fahrt über die Kölner Rheinbrücke bei Nacht 179
Theodor Däubler, Überraschung 180
Georg Trakl, Sebastian im Traum 182
Wilhelm Klemm, Betrachtungen 184
Franz Werfel, Die Träne 185
Franz Werfel, Gesang 185
Gottfried Benn, Gesänge 186
Gottfried Benn, Synthese 187
Iwan Goll, Karawane der Sehnsucht 187
Franz Werfel, Ballade von Wahn und Tod 187
Wilhelm Klemm, Aufsuchung 190
Wilhelm Klemm, Erscheinung 190
Georg Heym, Mit den fahrenden Schiffen 193
Johannes R. Becher, Klage und Frage 194
Ernst Stadler, Der Spruch 196
Franz Werfel, Ich habe eine gute Tat getan 197
Theodor Däubler, Oft 198
Else Lasker-Schüler, An Gott 198
Else Lasker-Schüler, Zebaoth 199
Else Lasker-Schüler, Abraham und Isaak 199
Ernst Stadler, Anrede 200
Wilhelm Klemm, Sehnsucht 200
Paul Zech, Ich ahne Dich 201
Ernst Stadler, Zwiegespräch 202
August Stramm, Allmacht 203
Wilhelm Klemm, Reifung 203
Karl Otten, Gott 204
Kurt Heynicke, Lieder an Gott 205
Kurt Heynicke, Gedicht 206
René Schickele, Ode an die Engel 206
Franz Werfel, Ich bin ja noch ein Kind 208

AUFRUF UND EMPÖRUNG

Johannes R. Becher, Vorbereitung 213
Walter Hasenclever, Der politische Dichter 213
Franz Werfel, Aus meiner Tiefe 217

Karl Otten, Des Tagdomes Spitze 218
Wilhelm Klemm, Phantasie 219
Alfred Wolfenstein, Glück der Äußerung 220
Theodor Däubler, Mein Grab ist keine Pyramide 223
Kurt Heynicke, Aufbruch 224
Walter Hasenclever, Mein Jüngling, du 224
Ernst Wilhelm Lotz, Aufbruch der Jugend 225
René Schickele, Der rote Stier träumt 225
Karl Otten, Arbeiter! 227
Paul Zech, Die neue Bergpredigt 230
René Schickele, Großstadtvolk 233
Paul Zech, Mai-Nacht 234
Ludwig Rubiner, Die Stimme 234
Johannes R. Becher, An die Zwanzigjährigen 236
Alfred Wolfenstein, Chor 236
Alfred Wolfenstein, Kameraden! 237
Karl Otten, Für Martinet 238
Karl Otten, Die Thronerhebung des Herzens 245
Walter Hasenclever, Jaurès' Tod 245
Walter Hasenclever, Jaurès' Auferstehung 246
Rudolf Leonhard, Der mongolische Totenkopf 247
Albert Ehrenstein, Stimme über Barbaropa 248
Ludwig Rubiner, Die Engel 248
Ludwig Rubiner, Denke 249
Rudolf Leonhard, Der seraphische Marsch 250
Walter Hasenclever, 1917 251
Franz Werfel, Revolutions-Aufruf 252
Johannes R. Becher, Mensch stehe auf 253
Walter Hasenclever, Schon aus roten Kasematten 258
Alfred Wolfenstein, Der gute Kampf 259
Johannes R. Becher, Ewig im Aufruhr 262
Rudolf Leonhard, Prolog zu jeder kommenden Revolution 263
Johannes R. Becher, Eroïca 265
Johannes R. Becher, Klänge aus Utopia 268
Kurt Heynicke, Volk 268
Else Lasker-Schüler, Mein Volk 269
Iwan Goll, Noëmi 270
Ludwig Rubiner, Der Mensch 273
Kurt Heynicke, Mensch 274
Franz Werfel, Der gute Mensch 275

LIEBE DEN MENSCHEN

Franz Werfel, An den Leser 279
Wilhelm Klemm, Einleitung 279
Paul Zech, An meinen Sohn 280
Franz Werfel, Vater und Sohn 281
Walter Hasenclever, Die Todesanzeige 282
Wilhelm Klemm, Der Bettler 282
Albert Ehrenstein, Hoffnung 283

Else Lasker-Schüler, Und suche Gott   283
Franz Werfel, Eine alte Frau geht   284
Johannes R. Becher, Hymne auf Rosa Luxemburg   285
Rudolf Leonhard, Der tote Liebknecht   287
Iwan Goll, Schöpfung   288
Alfred Wolfenstein, Hingebung des Dichters   289
Franz Werfel, Lächeln Atmen Schreiten   290
René Schickele, Heilige Tiere . . .!   291
Georg Heym, Die Seefahrer   292
Iwan Goll, Der Panama-Kanal (frühere Fassung 1912–1918)   292
Iwan Goll, Der Panamakanal (spätere Fassung 1918)   295
Karl Otten, An die Besiegten   298
Alfred Wolfenstein, Andante der Freundschaft   299
Kurt Heynicke, Freundschaft   300
Ludwig Rubiner, Die Ankunft   301
Alfred Wolfenstein, Die Friedensstadt   306
Wilhelm Klemm, Ergriffenheit   307
Wilhelm Klemm, Erfüllung   308
René Schickele, Pfingsten   308
René Schickele, Abschwur   311
Franz Werfel, Das Maß der Dinge   311
Ernst Stadler, Form ist Wollust   312
Theodor Däubler, Der stumme Freund   312
Johannes R. Becher, Die Insel der Verzweiflung   313
Iwan Goll, Wassersturz   313
Theodor Däubler, Es sind die Sonnen und Planeten   314
Rudolf Leonhard, Abendlied   316
Walter Hasenclever, Gedichte   317
Walter Hasenclever, Auf den Tod einer Frau   318
Else Lasker-Schüler, Gebet   318
Franz Werfel, Veni creator spiritus   321
Theodor Däubler, Der Mensch ist eine welke Klette   322
Kurt Heynicke, Gesang   323
Franz Werfel, Ein geistliches Lied   323
Franz Werfel, Die Leidenschaftlichen   324
Paul Zech, Das ist die Stunde   325
Wilhelm Klemm, Einheit   326
Georg Trakl, Gesang des Abgeschiedenen   326
Walter Hasenclever, Du Geist, der mich verließ   327
Kurt Heynicke, Psalm   327
Franz Werfel, Ein Lebens-Lied   328

Dichter und Werke. Biographisches und Bibliographisches   331

VERZEICHNIS DER GEDICHTE
NACH DER
ALPHABETISCHEN FOLGE DER DICHTER

BECHER, JOHANNES R.

Verfall 40 / Berlin 43 / Aus den Gedichten um Lotte 136 / Abendgebet um
Lotte 145 / Der Wald 155 / Klage und Frage 194 / Vorbereitung 213 / An
die Zwanzigjährigen 236 / Mensch stehe auf! 253 / Ewig im Aufruhr 262 /
Eroica 265 / Klänge aus Utopia 268 / Hymne auf Rosa Luxemburg 285 /
Die Insel der Verzweiflung 313

BENN, GOTTFRIED

Kleine Aster 52 / Der junge Hebbel 70 / Mann und Frau gehn durch die
Krebsbaracke 96 / D-Zug 130 / Karyatide 135 / O, Nacht — 176 / Gesänge
186 / Synthese 187

DÄUBLER, THEODOR

Diadem 48 / Flügellahmer Versuch 51 / Hätte ich ein Fünkchen Glück 60 /
Was? 62 / Einsam 63 / Der Atem der Natur 154 / Die Buche 160 / Der
Baum 161 / Millionen Nachtigallen schlagen 164 / Winter 167 / Dämme-
rung 169 / Überraschung 180 / Oft 198 / Mein Grab ist keine Pyramide
223 / Der stumme Freund 312 / Es sind die Sonnen und Planeten 314 / Der
Mensch ist eine welke Klette 322

EHRENSTEIN, ALBERT

So schneit auf mich die tote Zeit 61 / Verzweiflung 66 / Leid 69 / Auf der
hartherzigen Erde 69 / Der Wanderer 71 / Schmerz 74 / Ich bin des Lebens
und des Todes müde 75 / Unentrinnbar 76 / Die Nachtgefangenen 81 / Der
Kriegsgott 84 / Der Berserker schreit 86 / Der Dichter und der Krieg 88 /
Julian 100 / Der ewige Schlaf 108 / Die Götter 113 / Verlassen 148 / Abend-
see 171 / Friede 172 / Stimme über Barbaropa 248 / Hoffnung 283

GOLL, IWAN

Wald 156 / Karawane der Sehnsucht 187 / Noëmi 270 / Schöpfung 288 / Der
Panama-Kanal (frühere Fassung 1912–1918) 292 / Der Panamakanal (spä-
tere Fassung 1918) 295 / Wassersturz 313

HASENCLEVER, WALTER

Tritt aus dem Tor, Erscheinung 73 / Die Lagerfeuer an der Küste 80 /
Gasglühlicht summt 128 / Die Nacht fällt scherbenlos 129 / Oft am Erre-

gungsspiel ... 129 / Kehr mir zurück, mein Geist 130 / Der Gefangene 131 /
Der Schauspieler 134 / Begegnung 152 / Der politische Dichter 213 / Mein
Jüngling, du 224 / Jaurès' Tod 245 / Jaurès' Auferstehung 246 / 1917 251 /
Schon aus roten Kasematten 258 / Die Todesanzeige 282 / Gedichte 317 /
Auf den Tod einer Frau 318 / Du Geist, der mich verließ 327

HEYM, GEORG

Umbra vitae 39 / Der Gott der Stadt 42 / Die Dämonen der Städte 51 /
Der Krieg 79 / Die Heimat der Toten 92 / Die Morgue 97 / Ophelia 107 /
Deine Wimpern, die langen ... 152 / Der Baum 161 / Alle Landschaften
haben ... 171 / Mond 175 / Mit den fahrenden Schiffen 193 / Die Seefah-
rer 292

HEYNICKE, KURT

Erhebe die Hände 71 / Gethsemane 76 / Das Bild 85 / In der Mitte der
Nacht 146 / Lieder an Gott 205 / Gedicht 206 / Aufbruch 224 / Volk 268 /
Mensch 274 / Freundschaft 300 / Gesang 323 / Psalm 327

HODDIS, JAKOB VAN

Weltende 39 / Die Stadt 46 / Tristitia ante 53 / Der Todesengel 103 /
Morgens 168

KLEMM, WILHELM

Meine Zeit 40 / Philosophie 73 / Lichter 75 / Schlacht an der Marne 86 / Be-
kenntnis 144 / Der Baum 160 / Herbst 165 / Ausgleich 167 / Betrachtun-
gen 184 / Aufsuchung 190 / Erscheinung 190 / Sehnsucht 200 / Reifung
203 / Phantasie 219 / Einleitung 279 / Der Bettler 282 / Ergriffenheit 307 /
Erfüllung 308 / Einheit 326

LASKER-SCHÜLER, ELSE

Senna Hoy 102 / Meine Mutter 103 / Ein Lied der Liebe 139 / Mein Liebes-
lied 141 / Ein alter Tibetteppich 141 / Doktor Benn 147 / Ein Lied 148 /
Abschied 151 / Versöhnung 151 / An Gott 198 / Zebaoth 199 / Abraham
und Isaak 199 / Mein Volk 269 / Und suche Gott 283 / Gebet 318

LEONHARD, RUDOLF

Der mongolische Totenkopf 247 / Der seraphische Marsch 250 / Prolog zu
jeder kommenden Revolution 263 / Der tote Liebknecht 287 / Abendlied 316

LICHTENSTEIN, ALFRED

Die Dämmerung 47 / Nebel 59 / Der Ausflug 60 / Sommerfrische 63 / Die Schlacht bei Saarburg 88 / Spaziergang 126 / Mädchen 136 / In den Abend... 170

LOTZ, ERNST WILHELM

Glanzgesang 126 / Ich flamme das Gaslicht an... 128 / Wir fanden Glanz 139 / Und schöne Raubtierflecken... 139 / In gelben Buchten 166 / Aufbruch der Jugend 225

OTTEN, KARL

Gott 204 / Der Tagdomes Spitze 218 / Arbeiter! 227 / Für Martinet 238 / Die Thronerhebung des Herzens 245 / An die Besiegten 298

RUBINER, LUDWIG

Die Stimme 234 / Die Engel 248 / Denke 249 / Der Mensch 273 / Die Ankunft 301

SCHICKELE, RENÉ

Bei der Einfahrt in den Hafen von Bombay 131 / Die Leibwache 132 / Sonnenuntergang 168 / Der Knabe im Garten 169 / Mondaufgang 172 / Ode an die Engel 206 / Der rote Stier träumt 225 / Großstadtvolk 233 / Heilige Tiere...! 291 / Pfingsten 308 / Abschwur 311

STADLER, ERNST

Abendschluß 47 / Tage 53 / Der Aufbruch 80 / In der Frühe 143 / Vorfrühling 165 / Fahrt über die Kölner Rheinbrücke bei Nacht 179 / Der Spruch 196 / Anrede 200 / Zwiegespräch 202 / Form ist Wollust 312

STRAMM, AUGUST

Untreu 61 / Schwermut 74 / Verzweifelt 75 / Wache 87 / Patrouille 87 / Sturmangriff 87 / Blüte 142 / Wunder 142 / Dämmerung 144 / Abendgang 145 / Vorfrühling 164 / Traum 179 / Allmacht 203

TRAKL, GEORG

De Profundis 64 / Ruh und Schweigen 65 / In den Nachmittag geflüstert 66 / An den Knaben Elis 100 / Elis 101 / Helian 110 / Der Herbst des Einsamen 166 / Abendlied 170 / Sebastian im Traum 182 / Gesang des Abgeschiedenen 326

WERFEL, FRANZ

Fremde sind wir auf der Erde alle 72 / Der Krieg 82 / Der Ritt 94 / Trink-
lied 109 / Warum mein Gott 116 / Wir nicht 119 / Der dicke Mann im
Spiegel 123 / Der schöne strahlende Mensch 127 / Hekuba 134 / Als mich
Dein Wandeln an den Tod verzückte 153 / Die Träne 185 / Gesang 185 /
Ballade von Wahn und Tod 187 / Ich habe eine gute Tat getan 197 / Ich
bin ja noch ein Kind 208 / Aus meiner Tiefe 217 / Revolutions-Aufruf 252 /
Der gute Mensch 275 / An den Leser 279 / Vater und Sohn 281 / Eine alte
Frau geht 284 / Lächeln Atmen Schreiten 290 / Das Maß der Dinge 311 /
Veni creator spiritus 321 / Ein geistliches Lied 323 / Die Leidenschaftlichen
324 / Ein Lebens-Lied 328

WOLFENSTEIN, ALRED

Städter 45 / Bestienhaus 46 / Verdammte Jugend 54 / Nacht im Dorfe 64 /
Die gottlosen Jahre 70 / Das Herz 123 / Glück der Äußerung 220 / Chor
236 / Kameraden! 237 / Der gute Kampf 259 / Hingebung des Dichters
289 / Andante der Freundschaft 299 / Die Friedensstadt 306

ZECH, PAUL

Fabrikstraße Tags 55 / Sortiermädchen 55 / Fräser 59 / Musik der Sterne 91 /
Aus den Fenstern eines Kesselhauses 124 / Der Wald 159 / Die Häuser ha-
ben Augen aufgetan ... 170 / Ich ahne Dich 201 / Die neue Bergpredigt
230 / Mai-Nacht 234 / An meinen Sohn 280 / Das ist die Stunde 325

VERZEICHNIS UND QUELLENNACHWEIS
DER ABBILDUNGEN

Soweit nichts anderes vermerkt ist, sind die Abbildungen nach den Wiedergaben in der zweiten Auflage der ‹Menschheitsdämmerung› (5. bis 10. Tausend, Rowohlt Verlag, Berlin 1920) reproduziert. Alle hier wiedergegebenen Dichter-Porträts, auch die neu hinzugekommenen, sind in der Zeit des Expressionismus vor 1920 entstanden.

Wilhelm Lehmbruck, Theodor Däubler. Aus: Theodor Däubler, Dichtungen und Schriften, hgb. v. Friedhelm Kemp; München 1950. Mit freundlicher Genehmigung des Kösel-Verlags   49

Ludwig Meidner, Paul Zech   57

Oskar Kokoschka, Georg Trakl. Nach einer unveröffentlichten Zeichnung aus dem Besitz von Mrs. Anni Knize, New York; mit freundlicher Genehmigung der Besitzerin und des Malers [1]   67

Adolph de Haer, Kurt Heynicke. Nach einer Zeichnung aus dem Besitz des Dichters   77

Max Oppenheimer, Alfred Lichtenstein. Nach einer Wiedergabe auf dem Titelblatt der Zeitschrift ‹Aktion›, 3. Jahr, Nr. 40   89

Ludwig Meidner, Jakob van Hoddis   105

Ludwig Meidner, Franz Werfel   117

Ludwig Meidner, Ernst Wilhelm Lotz   137

Else Lasker-Schüler, Selbstporträt   149

Marc Chagall, Iwan und Claire Goll. Nach einer Zeichnung aus dem Besitz von Frau Claire Goll   157

Oskar Kokoschka, Albert Ehrenstein (als ‹Tubutsch›)   173

E. M. Engert, Georg Heym   177

Wilhelm Klemm, Selbstbildnis. Nach einer während des ersten Weltkriegs im Felde entstandenen Zeichnung   191

Ludwig Meidner, Alfred Wolfenstein   221

Egon Schiele, Karl Otten   243

Ludwig Meidner, Johannes R. Becher   255

Wilhelm Lehmbruck, Ludwig Rubiner   303

Ludwig Meidner, René Schickele   309

Oskar Kokoschka, Walter Hasenclever   319

[1] Oskar Kokoschka schreibt dazu an Kurt Pinthus: «Ich habe Trakl zur Zeit der Entstehung meiner ‹Windsbraut› (1914) gezeichnet, als er mir oft beim Malen zugesehen hat und einmal ein Gedicht erfand, welches das Wort ‹Windsbraut› enthielt, worauf wir uns einigten, dem Bild diesen Titel zu geben.» Das Gedicht heißt ‹Die Nacht›, und der betreffende Passus lautet: Golden lodern die Feuer / Der Völker rings / Über schwärzliche Klippen / Stürzt todestrunken / Die erglühende Windsbraut ...